BIBLIOTHÈQUE UNIVERSELLE DES FAMILLES

# OEUVRES

COMPLÈTES

# DE J. RACINE

TOME DEUXIÈME.

PARIS.

PUBLIÉE PAR NAPOLÉON CHAIX,

IMPRIMEUR-ÉDITEUR.

1864.

formant

500 BEAUX VOLUMES IN-OCTAVO

choisis parmi

LES MEILLEURS OUVRAGES ANCIENS ET MODERNES

publiée

PAR NAPOLÉON CHAIX.

COLLECTION NAPOLÉON CHAIX.

# ŒUVRES

COMPLÈTES

# DE J. RACINE

TOME DEUXIÈME.

PARIS

CHEZ NAPOLEON CHAIX ET Cie,

IMPRIMEURS-ÉDITEURS.

1864.

# BÉRÉNICE.

### TRAGÉDIE.

1670.

# A MONSEIGNEUR

# COLBERT,

Secrétaire d'État, Contrôleur général des finances, Surintendant des bâtiments, grand Trésorier des ordres du roi, Marquis de Seignelay, etc.

Monseigneur,

Quelque juste défiance que j'aie de moi-même et de mes ouvrages, j'ose espérer que vous ne condamnerez pas la liberté que je prends de vous dédier cette tragédie. Vous ne l'avez pas jugée tout à fait indigne de votre approbation. Mais ce qui fait son plus grand mérite auprès de vous, c'est, Monseigneur, que vous avez été témoin du bonheur qu'elle a eu de ne pas déplaire à Sa Majesté.

L'on sait que les moindres choses vous deviennent considérables, pour peu qu'elles puissent servir ou à sa gloire ou à son plaisir; et c'est ce qui fait qu'au milieu de tant d'importantes occupations, où le zèle de votre prince et le bien public vous tiennent continuellement attaché, vous ne dédaignez pas quelquefois de descendre jusqu'à nous, pour nous demander compte de notre loisir.

J'aurais ici une belle occasion de m'étendre sur vos louanges, si vous me permettiez de vous louer. Et que ne dirais-je point de tant de rares qualités qui vous ont attiré l'admiration de toute la France; de cette pénétration à laquelle rien n'échappe; de cet esprit vaste qui embrasse, qui exécute tout à la fois tant de grandes choses; de cette âme que rien n'étonne, que rien ne fatigue!

Mais, Monseigneur, il faut être plus retenu à vous parler de vous-même; et je craindrais de m'exposer, par un éloge importun, à vous faire repentir de l'attention favorable dont vous m'avez honoré; il vaut mieux que je songe à la mériter par quelques nouveaux ouvrages : aussi bien c'est le plus agréable remercîment qu'on vous puisse faire.

Je suis avec un profond respect,

Monseigneur,

Votre très-humble et très-obéissant serviteur.

RACINE.

# PRÉFACE.

*Titus, reginam Berenicem... cui etiam nuptias pollicitus ferebatur... statim ab urbe dimisit invitus invitam* [1].

C'est-à-dire que « Titus, qui aimait passionnément » Bérénice, et qui même, à ce qu'on croyait, lui avait » promis de l'épouser, la renvoya de Rome, malgré » lui et malgré elle, dès les premiers jours de son em- » pire. » Cette action est très-fameuse dans l'histoire ; et je l'ai trouvée très-propre pour le théâtre, par la violence des passions qu'elle y pouvait exciter. En effet, nous n'avons rien de plus touchant dans tous les poëtes, que la séparation d'Énée et de Didon, dans Virgile. Et qui doute que ce qui a pu fournir assez de matière pour tout un chant d'un poëme héroïque, où l'action dure plusieurs jours, ne puisse suffire pour le sujet d'une tragédie dont la durée ne doit être que de quelques heures? Il est vrai que je n'ai point poussé Bérénice jusqu'à se tuer, comme Didon, parce que Bérénice n'ayant pas ici avec Titus les derniers engagements que Didon avait avec Énée, elle n'est pas obligée comme elle de renoncer à la vie. A cela près, le dernier adieu

[1] SUET., *in Tito*, cap. VII.

qu'elle dit à Titus, et l'effort qu'elle se fait pour s'en séparer, n'est pas le moins tragique de la pièce ; et j'ose dire qu'il renouvelle assez bien dans le cœur des spectateurs l'émotion que le reste y avait pu exciter. Ce n'est point une nécessité qu'il y ait du sang et des morts dans une tragédie : il suffit que l'action en soit grande, que les acteurs en soient héroïques, que les passions y soient excitées, et que tout s'y ressente de cette tristesse majestueuse qui fait tout le plaisir de la tragédie.

Je crus que je pourrais rencontrer toutes ces parties dans mon sujet ; mais ce qui m'en plut davantage, c'est que je le trouvai extrêmement simple. Il y avait longtemps que je voulais essayer si je pourrais faire une tragédie avec cette simplicité d'action qui a été si fort du goût des anciens ; car c'est un des premiers préceptes qu'ils nous ont laissés : « Que ce que vous ferez, dit Horace, soit toujours simple et ne soit qu'un. » Ils ont admiré l'*Ajax* de Sophocle, qui n'est autre chose qu'Ajax qui se tue de regret, à cause de la fureur où il était tombé après le refus qu'on lui avait fait des armes d'Achille. Ils ont admiré le *Philoctète*, dont tout le sujet est Ulysse qui vient pour surprendre les flèches d'Hercule. L'*OEdipe* même, quoique tout plein de reconnaissances, est moins chargé de matière que la plus simple tragédie de nos jours. Nous voyons enfin que les partisans de Térence, qui l'élèvent avec raison au-dessus de tous les poëtes comiques, pour l'élégance de sa diction et pour la vraisemblance de ses mœurs, ne laissent pas de confesser que Plaute a un grand avantage sur lui par la simplicité qui est dans la plupart des sujets de Plaute. Et c'est sans doute cette simplicité merveilleuse qui a attiré à ce dernier toutes les louanges que les anciens lui ont données. Combien Ménandre était-il encore plus simple, puisque Térence est obligé de prendre deux comédies de ce poëte pour en faire une des siennes !

Et il ne faut point croire que cette règle ne soit fondée que sur la fantaisie de ceux qui l'ont faite : il n'y a que le vraisemblable qui touche dans la tragédie. Et quelle vraisemblance y a-t-il qu'il arrive en un jour une multitude de choses qui pourraient à peine arriver en plusieurs semaines? Il y en a qui pensent que cette simplicité est une marque de peu d'invention. Ils ne songent pas qu'au contraire toute l'invention consiste à faire quelque chose de rien, et que tout ce grand nombre d'incidents a toujours été le refuge des poëtes qui ne sentaient dans leur génie ni assez d'abondance ni assez de force pour attacher durant cinq actes leurs spectateurs par une action simple, soutenue de la violence des passions, de la beauté des sentiments, et de l'élégance de l'expression. Je suis bien éloigné de croire que toutes ces choses se rencontrent dans mon ouvrage; mais aussi je ne puis croire que le public me sache mauvais gré de lui avoir donné une tragédie qui a été honorée de tant de larmes, et dont la trentième représentation a été aussi suivie que la première.

Ce n'est pas que quelques personnes ne m'aient reproché cette même simplicité que j'avais recherchée avec tant de soin. Ils ont cru qu'une tragédie qui était

si peu chargée d'intrigues ne pouvait être selon les règles du théâtre. Je m'informai s'ils se plaignaient qu'elle les eût ennuyés. On me dit qu'ils avouaient tous qu'elle n'ennuyait point, qu'elle les touchait même en plusieurs endroits, et qu'ils la verraient encore avec plaisir. Que veulent-ils davantage? Je les conjure d'avoir assez bonne opinion d'eux-mêmes pour ne pas croire qu'une pièce qui les touche, et qui leur donne du plaisir, puisse être absolument contre les règles. La principale règle est de plaire et de toucher : toutes les autres ne sont faites que pour parvenir à cette première; mais toutes ces règles sont d'un long détail, dont je ne leur conseille pas de s'embarrasser : ils ont des occupations plus importantes. Qu'ils se reposent sur nous de la fatigue d'éclaircir les difficultés de la poésie d'Aristote; qu'ils se réservent le plaisir de pleurer et d'être attendris; et qu'ils me permettent de leur dire ce qu'un musicien disait à Philippe, roi de Macédoine, qui prétendait qu'une chanson n'était pas selon les règles : « A Dieu ne plaise, seigneur, que vous soyez
» jamais si malheureux que de savoir ces choses-là
» mieux que moi! »

Voilà tout ce que j'ai à dire à ces personnes à qui je ferai toujours gloire de plaire; car pour le libelle que l'on a fait contre moi, je crois que les lecteurs me dispenseront volontiers d'y répondre. Et que répondrais-je à un homme[1] qui ne pense rien et qui ne sait pas même construire ce qu'il pense? Il parle de protase[2]

---

[1] L'abbé de Villars, auteur d'une critique de *Bérénice*.
[2] *Protase*, l'exposition du sujet.

comme s'il entendait ce mot, et veut que cette première des quatre parties de la tragédie soit toujours la plus proche de la dernière, qui est la catastrophe. Il se plaint que la trop grande connaissance des règles l'empêche de se divertir à la comédie. Certainement, si l'on en juge par sa dissertation, il n'y eut jamais de plainte plus mal fondée. Il paraît bien qu'il n'a jamais lu Sophocle, qu'il loue très-injustement d'*une grande multiplicité d'incidents;* et qu'il n'a même jamais rien lu de la poétique, que dans quelques préfaces de tragédies. Mais je lui pardonne de ne pas savoir les règles du théâtre, puisque, heureusement pour le public, il ne s'applique pas à ce genre d'écrire. Ce que je ne lui pardonne pas, c'est de savoir si peu les règles de la bonne plaisanterie, lui qui ne veut pas dire un mot sans plaisanter. Croit-il réjouir beaucoup les honnêtes gens par ces *hélas de poche*, ces *mesdemoiselles mes règles*, et quantité d'autres basses affectations qu'il trouvera condamnées dans tous les bons auteurs, s'il se mêle jamais de les lire?

Toutes ces critiques sont le partage de quatre ou cinq petits auteurs infortunés, qui n'ont jamais pu par eux-mêmes exciter la curiosité du public. Ils attendent toujours l'occasion de quelque ouvrage qui réussisse, pour l'attaquer, non point par jalousie, car sur quel fondement seraient-ils jaloux? mais dans l'espérance qu'on se donnera la peine de leur répondre, et qu'on les tirera de l'obscurité où leurs propres ouvrages les auraient laissés toute leur vie.

## PERSONNAGES.

TITUS, empereur de Rome.
BÉRÉNICE, reine de Palestine.
ANTIOCHUS, roi de Comagène.
PAULIN, confident de Titus.
ARSACE, confident d'Antiochus.
PHÉNICE, confidente de Bérénice.
RUTILE, Romain.
SUITE DE TITUS.

Acteurs qui ont joué d'original dans *Bérénice.*

| | |
|---|---|
| TITUS. | Floridor. |
| BÉRÉNICE. | M<sup>lle</sup> Champmeslé. |
| ANTIOCHUS. | Brecourt. |

La scène est à Rome, dans un cabinet qui est entre l'appartement de Titus et celui de Bérénice.

# BÉRÉNICE.

## ACTE PREMIER.

### SCÈNE I.

ANTIOCHUS, ARSACE.

ANTIOCHUS.

Arrêtons un moment. La pompe de ces lieux,
Je le vois bien, Arsace, est nouvelle à tes yeux.
Souvent ce cabinet superbe et solitaire,
Des secrets de Titus est le dépositaire.
C'est ici quelquefois qu'il se cache à sa cour,
Lorsqu'il vient à la reine expliquer son amour.
De son appartement cette porte est prochaine,
Et cette autre conduit dans celui de la reine.
Va chez elle : dis-lui qu'importun à regret
J'ose lui demander un entretien secret.

ARSACE.

Vous seigneur, importun? vous, cet ami fidèle,
Qu'un soin si généreux intéresse pour elle?
Vous, cet Antiochus, son amant autrefois?
Vous, que l'Orient compte entre ses plus grands rois?
Quoi! déjà de Titus épouse en espérance,
Ce rang entre elle et vous met-il tant de distance?

ANTIOCHUS.

Va, dis-je; et, sans vouloir te charger d'autres soins,
Vois si je puis bientôt lui parler sans témoins.

## SCÈNE II.

#### ANTIOCHUS.

Hé bien! Antiochus, es-tu toujours le même?
Pourrai-je, sans trembler, lui dire : Je vous aime?
Mais quoi! déjà je tremble; et mon cœur agité
Craint autant ce moment que je l'ai souhaité.
Bérénice autrefois m'ôta toute espérance;
Elle m'imposa même un éternel silence.
Je me suis tu cinq ans; et, jusques à ce jour,
D'un voile d'amitié j'ai couvert mon amour.
Dois-je croire qu'au rang où Titus la destine
Elle m'écoute mieux que dans la Palestine?
Il l'épouse. Ai-je donc attendu ce moment
Pour me venir encor déclarer son amant?
Quel fruit me reviendra d'un aveu téméraire?
Ah! puisqu'il faut partir, partons sans lui déplaire.
Retirons-nous, sortons; et, sans nous découvrir,
Allons loin de ses yeux l'oublier, ou mourir.
Hé quoi! souffrir toujours un tourment qu'elle ignore!
Toujours verser des pleurs qu'il faut que je dévore!
Quoi! même en la perdant, redouter son courroux!
Belle reine, et pourquoi vous offenseriez-vous?
Viens-je vous demander que vous quittiez l'empire?
Que vous m'aimiez? Hélas! je ne viens que vous dire
Qu'après m'être longtemps flatté que mon rival
Trouverait à ses vœux quelque obstacle fatal,
Aujourd'hui qu'il peut tout, que votre hymen s'avance
Exemple infortuné d'une longue constance,
Après cinq ans d'amour et d'espoir superflus,
Je pars, fidèle encor quand je n'espère plus.
Au lieu de s'offenser, elle pourra me plaindre.
Quoi qu'il en soit, parlons; c'est assez nous contraindre.

Et que peut craindre, hélas! un amant sans espoir
Qui peut bien se résoudre à ne la jamais voir?


## SCÈNE III.

#### ANTIOCHUS, ARSACE.

ANTIOCHUS.

Arsace, entrerons-nous?
ARSACE.
                Seigneur, j'ai vu la reine;
Mais, pour me faire voir, je n'ai percé qu'à peine
Les flots toujours nouveaux d'un peuple adorateur
Qu'attire sur ses pas sa prochaine grandeur.
Titus, après huit jours d'une retraite austère,
Cesse enfin de pleurer Vespasien son père :
Cet amant se redonne aux soins de son amour;
Et, si j'en crois, seigneur, l'entretien de la cour,
Peut-être avant la nuit, l'heureuse Bérénice
Change le nom de reine au nom d'impératrice.
ANTIOCHUS.
Hélas!
ARSACE.
        Quoi! ce discours pourrait-il vous troubler?
ANTIOCHUS.
Ainsi donc, sans témoins je ne lui puis parler!
ARSACE.
Vous la verrez, seigneur; Bérénice est instruite
Que vous voulez ici la voir seule et sans suite.
La reine d'un regard a daigné m'avertir
Qu'à votre empressement elle allait consentir;
Et sans doute elle attend le moment favorable
Pour disparaître aux yeux d'une cour qui l'accable.
ANTIOCHUS.
Il suffit. Cependant n'as-tu rien négligé

Des ordres importants dont je t'avais chargé?
ARSACE.
Seigneur, vous connaissez ma prompte obéissance.
Des vaisseaux dans Ostie armés en diligence,
Prêts à quitter le port de moments en moments,
N'attendent pour partir que vos commandements.
Mais qui renvoyez-vous dans votre Comagène?
ANTIOCHUS.
Arsace, il faut partir quand j'aurai vu la reine.
ARSACE.
Qui doit partir?
ANTIOCHUS.
   Moi.
ARSACE.
   Vous?
ANTIOCHUS.
     En sortant du palais,
Je sors de Rome, Arsace, et j'en sors pour jamais.
ARSACE.
Je suis surpris sans doute, et c'est avec justice.
Quoi! depuis si longtemps la reine Bérénice
Vous arrache, seigneur, du sein de vos États;
Depuis trois ans dans Rome elle arrête vos pas;
Et lorsque cette reine, assurant sa conquête,
Vous attend pour témoin de cette illustre fête;
Quand l'amoureux Titus, devenant son époux,
Lui prépare un éclat qui rejaillit sur vous...
ANTIOCHUS.
Arsace, laisse-la jouir de sa fortune,
Et quitte un entretien dont le cours m'importune.
ARSACE.
Je vous entends, seigneur : ces mêmes dignités
Ont rendu Bérénice ingrate à vos bontés.
L'inimitié succède à l'amitié trahie.

#### ANTIOCHUS.
Non, Arsace, jamais je ne l'ai moins haïe.
#### ARSACE.
Quoi donc! de sa grandeur déjà trop prévenu,
Le nouvel empereur vous a-t-il méconnu?
Quelque pressentiment de son indifférence
Vous fait-il loin de Rome éviter sa présence?
#### ANTIOCHUS.
Titus n'a point pour moi paru se démentir :
J'aurais tort de me plaindre.
#### ARSACE.
Et pourquoi donc partir?
Quel caprice vous rend ennemi de vous-même?
Le ciel met sur le trône un prince qui vous aime,
Un prince, qui, jadis témoin de vos combats,
Vous vit chercher la gloire et la mort sur ses pas,
Et de qui la valeur, par vos soins secondée,
Mit enfin sous le joug la rebelle Judée.
Il se souvient du jour illustre et douloureux
Qui décida du sort d'un long siége douteux.
Sur leurs triples remparts les ennemis tranquilles
Contemplaient sans péril nos assauts inutiles;
Le bélier impuissant les menaçait en vain :
Vous seul, seigneur, vous seul, une échelle à la main,
Vous portâtes la mort jusque sur leurs murailles.
Ce jour presque éclaira vos propres funérailles :
Titus vous embrassa mourant entre mes bras,
Et tout le camp vainqueur pleura votre trépas.
Voici le temps, seigneur, où vous devez attendre
Le fruit de tant de sang qu'ils vous ont vu répandre.
Si, pressé du désir de revoir vos États,
Vous vous lassez de vivre où vous ne régnez pas,
Faut-il que sans honneur l'Euphrate vous revoie ?
Attendez pour partir que César vous renvoie
Triomphant et chargé des titres souverains

Qu'ajoute encore aux rois l'amitié des Romains.
Rien ne peut-il, seigneur, changer votre entreprise?
Vous ne répondez point!

ANTIOCHUS.

Que veux-tu que je dise!
J'attends de Bérénice un moment d'entretien.

ARSACE.

Hé bien, seigneur?

ANTIOCHUS.

Son sort décidera du mien.

ARSACE.

Comment?

ANTIOCHUS.

Sur son hymen j'attends qu'elle s'explique.
Si sa bouche s'accorde avec la voix publique,
S'il est vrai qu'on l'élève au trône des Césars,
Si Titus a parlé, s'il l'épouse, je pars.

ARSACE.

Mais qui rend à vos yeux cet hymen si funeste?

ANTIOCHUS.

Quand nous serons partis, je te dirai le reste.

ARSACE.

Dans quel trouble, seigneur, jetez-vous mon esprit!

ANTIOCHUS.

La reine vient. Adieu. Fais tout ce que j'ai dit.


## SCÈNE IV.

BÉRÉNICE, ANTIOCHUS, PHÉNICE.

BÉRÉNICE.

Enfin je me dérobe à la joie importune
De tant d'amis nouveaux que me fait la fortune :
Je fuis de leurs respects l'inutile longueur,
Pour chercher un ami qui me parle du cœur.

Il ne faut point mentir, ma juste impatience
Vous accusait déjà de quelque négligence.
Quoi! cet Antiochus, disais-je, dont les soins
Ont eu tout l'Orient et Rome pour témoins;
Lui que j'ai vu toujours, constant dans mes traverses,
Suivre d'un pas égal mes fortunes diverses;
Aujourd'hui que le ciel semble me présager
Un honneur qu'avec vous je prétends partager,
Ce même Antiochus, se cachant à ma vue,
Me laisse à la merci d'une foule inconnue!

ANTIOCHUS.

Il est donc vrai, madame? et, selon ce discours,
L'hymen va succéder à vos longues amours?

BÉRÉNICE.

Seigneur, je vous veux bien confier mes alarmes :
Ces jours ont vu mes yeux baignés de quelques larmes;
Ce long deuil que Titus imposait à sa cour
Avait, même en secret, suspendu son amour;
Il n'avait plus pour moi cette ardeur assidue
Lorsqu'il passait les jours attachés sur ma vue;
Muet, chargé de soins, et les larmes aux yeux,
Il ne me laissait plus que de tristes adieux.
Jugez de ma douleur, moi dont l'ardeur extrême,
Je vous l'ai dit cent fois, n'aime en lui que lui-même;
Moi qui, loin des grandeurs dont il est revêtu,
Aurais choisi son cœur, et cherché sa vertu.

ANTIOCHUS.

Il a repris pour vous sa tendresse première?

BÉRÉNICE.

Vous fûtes spectateur de cette nuit dernière,
Lorsque, pour seconder ses soins religieux,
Le sénat a placé son père entre les dieux.
De ce juste devoir sa piété contente
A fait place, seigneur, aux soins de son amante;
Et même en ce moment, sans qu'il m'en ait parlé,

Il est dans le sénat, par son ordre assemblé.
Là, de la Palestine il étend la frontière;
Il y joint l'Arabie et la Syrie entière;
Et, si de ses amis j'en dois croire la voix,
Si j'en crois ses serments redoublés mille fois,
Il va sur tant d'États couronner Bérénice,
Pour joindre à plus de noms le nom d'impératrice.
Il m'en viendra lui-même assurer en ce lieu.

ANTIOCHUS.

Et je viens donc vous dire un éternel adieu.

BÉRÉNICE.

Que dites-vous? Ah! ciel! quel adieu! quel langage!
Prince, vous vous troublez et changez de visage!

ANTIOCHUS.

Madame, il faut partir.

BÉRÉNICE.

Quoi! ne puis-je savoir
Quel sujet...

ANTIOCHUS, à part.

Il fallait partir sans la revoir.

BÉRÉNICE.

Que craignez-vous? Parlez : c'est trop longtemps se taire.
Seigneur, de ce départ quel est donc le mystère?

ANTIOCHUS.

Au moins souvenez-vous que je cède à vos lois,
Et que vous m'écoutez pour la dernière fois.
Si, dans ce haut degré de gloire et de puissance,
Il vous souvient des lieux où vous prîtes naissance,
Madame, il vous souvient que mon cœur en ces lieux
Reçut le premier trait qui partit de vos yeux :
J'aimai. J'obtins l'aveu d'Agrippa votre frère :
Il vous parla pour moi. Peut-être sans colère
Alliez-vous de mon cœur recevoir le tribut;
Titus, pour mon malheur, vint, vous vit, et vous plut.
Il parut devant vous dans tout l'éclat d'un homme

## ACTE I. SCÈNE IV.

Qui porte entre ses mains la vengeance de Rome.
La Judée en pâlit : le triste Antiochus
Se compta le premier au nombre des vaincus.
Bientôt, de mon malheur interprète sévère,
Votre bouche à la mienne ordonna de se taire.
Je disputai longtemps, je fis parler mes yeux;
Mes pleurs et mes soupirs vous suivaient en tous lieux.
Enfin votre rigueur emporta la balance :
Vous sûtes m'imposer l'exil ou le silence.
Il fallut le promettre, et même le jurer.
Mais, puisque en ce moment j'ose me déclarer,
Lorsque vous m'arrachiez cette injuste promesse,
Mon cœur faisait serment de vous aimer sans cesse.

BÉRÉNICE.

Ah! que me dites-vous?

ANTIOCHUS.

Je me suis tu cinq ans,
Madame, et vais encor me taire plus longtemps.
De mon heureux rival j'accompagnai les armes;
J'espérai de verser mon sang après mes larmes,
Ou qu'au moins, jusqu'à vous porté par mille exploits,
Mon nom pourrait parler, au défaut de ma voix.
Le ciel sembla promettre une fin à ma peine :
Vous pleurâtes ma mort, hélas! trop peu certaine.
Inutiles périls! Quelle était mon erreur!
La valeur de Titus surpassait ma fureur.
Il faut qu'à sa vertu mon estime réponde.
Quoique attendu, madame, à l'empire du monde,
Chéri de l'univers, enfin aimé de vous,
Il semblait à lui seul appeler tous les coups,
Tandis que, sans espoir, haï, lassé de vivre,
Son malheureux rival ne semblait que le suivre.
Je vois que votre cœur m'applaudit en secret;
Je vois que l'on m'écoute avec moins de regret
Et que, trop attentive à ce récit funeste,

En faveur de Titus vous pardonnez le reste.
Enfin, après un siége aussi cruel que lent,
Il dompta les mutins, reste pâle et sanglant
Des flammes, de la faim, des fureurs intestines,
Et laissa leurs remparts cachés sous leurs ruines.
Rome vous vit, madame, arriver avec lui.
Dans l'Orient désert quel devint mon ennui !
Je demeurai longtemps errant dans Césarée,
Lieux charmants où mon cœur vous avait adorée.
Je vous redemandais à vos tristes États;
Je cherchais en pleurant les traces de vos pas,
Mais enfin, succombant à ma mélancolie,
Mon désespoir tourna mes pas vers l'Italie.
Le sort m'y réservait le dernier de ses coups.
Titus en m'embrassant m'amena devant vous:
Un voile d'amitié vous trompa l'un et l'autre,
Et mon amour devint le confident du vôtre.
Mais toujours quelque espoir flattait mes déplaisirs:
Rome, Vespasien, traversaient vos soupirs;
Après tant de combats Titus cédait peut-être.
Vespasien est mort, et Titus est le maître.
Que ne fuyais-je alors ! J'ai voulu quelques jours
De son nouvel empire examiner le cours.
Mon sort est accompli : votre gloire s'apprête.
Assez d'autres, sans moi, témoins de cette fête,
A vos heureux transports viendront joindre les leurs:
Pour moi, qui ne pourrais y mêler que des pleurs,
D'un inutile amour trop constante victime,
Heureux dans mes malheurs d'en avoir pu sans crime
Conter toute l'histoire aux yeux qui les ont faits,
Je pars plus amoureux que je ne fus jamais.

BÉRÉNICE.

Seigneur, je n'ai pas cru que, dans une journée
Qui doit avec César unir ma destinée,
Il fût quelque mortel qui pût impunément

Se venir à mes yeux déclarer mon amant.
Mais de mon amitié mon silence est un gage;
J'oublie en sa faveur un discours qui m'outrage.
Je n'en ai point troublé le cours injurieux;
Je fais plus, à regret je reçois vos adieux.
Le ciel sait qu'au milieu des honneurs qu'il m'envoie,
Je n'attendais que vous pour témoin de ma joie;
Avec tout l'univers j'honorais vos vertus;
Titus vous chérissait, vous admiriez Titus.
Cent fois je me suis fait une douceur extrême
D'entretenir Titus dans un autre lui-même.

ANTIOCHUS.

Et c'est ce que je fuis. J'évite, mais trop tard,
Ces cruels entretiens où je n'ai point de part.
Je fuis Titus; je fuis ce nom qui m'inquiète,
Ce nom qu'à tous moments votre bouche répète:
Que vous dirai-je enfin? Je fuis des yeux distraits,
Qui, me voyant toujours, ne me voyaient jamais.
Adieu. Je vais, le cœur trop plein de votre image,
Attendre, en vous aimant, la mort pour mon partage.
Surtout ne craignez point qu'une aveugle douleur
Remplisse l'univers du bruit de mon malheur:
Madame, le seul bruit d'une mort que j'implore
Vous fera souvenir que je vivais encore.
Adieu.

## SCÈNE V.

### BÉRÉNICE, PHÉNICE.

PHÉNICE.

Que je le plains! Tant de fidélité,
Madame, méritait plus de prospérité.
Ne le plaignez-vous pas?

BÉRÉNICE.
Cette prompte retraite
Me laisse, je l'avoue, une douleur secrète.
PHÉNICE.
Je l'aurais retenu.
BÉRÉNICE.
Qui! Moi, le retenir!
J'en dois perdre plutôt jusques au souvenir.
Tu veux donc que je flatte une ardeur insensée?
PHÉNICE.
Titus n'a point encore expliqué sa pensée.
Rome vous voit, madame, avec des yeux jaloux;
La rigueur de ses lois m'épouvante pour vous :
L'hymen chez les Romains n'admet qu'une Romaine;
Rome hait tous les rois, et Bérénice est reine.
BÉRÉNICE.
Le temps n'est plus, Phénice, où je pouvais trembler.
Titus m'aime; il peut tout; il n'a plus qu'à parler,
Il verra le sénat m'apporter ses hommages,
Et le peuple de fleurs couronner ses images.
De cette nuit, Phénice, as-tu vu la splendeur?
Tes yeux ne sont-ils pas tout pleins de sa grandeur?
Ces flambeaux, ce bûcher, cette nuit enflammée,
Ces aigles, ces faisceaux, ce peuple, cette armée,
Cette foule de rois, ces consuls, ce sénat,
Qui tous de mon amant empruntaient leur éclat;
Cette pourpre, cet or, que rehaussait sa gloire,
Et ces lauriers encor témoins de sa victoire;
Tous ces yeux qu'on voyait venir de toutes parts
Confondre sur lui seul leurs avides regards;
Ce port majestueux, cette douce présence...
Ciel! avec quel respect et quelle complaisance
Tous les cœurs en secret l'assuraient de leur foi!
Parle : peut-on le voir sans penser comme moi,
Qu'en quelque obscurité que le sort l'eût fait naître,

Le monde en le voyant eût reconnu son maître?
Mais, Phénice, où m'emporte un souvenir charmant?
Cependant Rome entière, en ce même moment,
Fait des vœux pour Titus, et, par des sacrifices,
De son règne naissant célèbre les prémices.
Que tardons-nous? Allons, pour son empire heureux,
Au ciel, qui le protége, offrir aussi nos vœux.
Aussitôt, sans l'attendre, et sans être attendue,
Je reviens le chercher, et dans cette entrevue
Dire tout ce qu'aux cœurs l'un de l'autre contents
Inspirent des transports retenus si longtemps.

**FIN DU PREMIER ACTE**

# ACTE DEUXIÈME.

## SCÈNE I.

TITUS, PAULIN, SUITE.

TITUS.
A-t-on vu de ma part le roi de Comagène ?
Sait-il que je l'attends ?
PAULIN.
J'ai couru chez la reine;
Dans son appartement ce prince avait paru;
Il en était sorti, lorsque j'y suis couru.
De vos ordres, seigneur, j'ai dit qu'on l'avertisse.
TITUS.
Il suffit. Et que fait la reine Bérénice ?
PAULIN.
La reine, en ce moment, sensible à vos bontés,
Charge le ciel de vœux pour vos prospérités.
Elle sortait, seigneur.
TITUS.
Trop aimable princesse!
Hélas!
PAULIN.
En sa faveur d'où naît cette tristesse ?
L'Orient presque entier va fléchir sous sa loi :
Vous la plaignez!
TITUS.
Paulin, qu'on vous laisse avec moi.

## SCÈNE II.

#### TITUS, PAULIN.

##### TITUS.

Hé bien, de mes desseins Rome encore incertaine
Attend que deviendra le destin de la reine,
Paulin; et les secrets de son cœur et du mien
Sont de tout l'univers devenus l'entretien.
Voici le temps enfin qu'il faut que je m'explique.
De la reine et de moi que dit la voix publique?
Parlez : qu'entendez-vous?

##### PAULIN.

J'entends de tous côtés
Publier vos vertus, seigneur, et ses beautés.

##### TITUS.

Que dit-on des soupirs que je pousse pour elle?
Quel succès attend-on d'un amour si fidèle?

##### PAULIN.

Vous pouvez tout : aimez, cessez d'être amoureux,
La cour sera toujours du parti de vos vœux.

##### TITUS.

Et je l'ai vue aussi cette cour peu sincère,
A ses maîtres toujours trop soigneuse de plaire,
Des crimes de Néron approuver les horreurs;
Je l'ai vue à genoux consacrer ses fureurs,
Je ne prends point pour juge une cour idolâtre,
Paulin : je me propose un plus noble théâtre;
Et, sans prêter l'oreille à la voix des flatteurs,
Je veux par votre bouche entendre tous les cœurs :
Vous me l'avez promis. Le respect et la crainte
Ferment autour de moi le passage à la plainte:
Pour mieux voir, cher Paulin, et pour entendre mieux,
Je vous ai demandé des oreilles, des yeux;

J'ai mis même à ce prix mon amitié secrète :
J'ai voulu que des cœurs vous fussiez l'interprète ;
Qu'au travers des flatteurs votre sincérité
Fît toujours jusqu'à moi passer la vérité.
Parlez donc. Que faut-il que Bérénice espère ?
Rome lui sera-t-elle indulgente ou sévère ?
Dois-je croire qu'assise au trône des Césars,
Une si belle reine offensât ses regards ?

PAULIN.

N'en doutez point, seigneur : soit raison, soit caprice,
Rome ne l'attend point pour son impératrice.
On sait qu'elle est charmante ; et de si belles mains
Semblent vous demander l'empire des humains ;
Elle a même, dit-on, le cœur d'une Romaine ;
Elle a mille vertus ; mais, seigneur, elle est reine :
Rome, par une loi qui ne se peut changer,
N'admet avec son sang aucun sang étranger,
Et ne reconnaît point les fruits illégitimes
Qui naissent d'un hymen contraire à ses maximes.
D'ailleurs, vous le savez, en bannissant ses rois,
Rome à ce nom, si noble et si saint autrefois,
Attacha pour jamais une haine puissante ;
Et quoiqu'à ses Césars fidèle, obéissante,
Cette haine, seigneur, reste de sa fierté,
Survit dans tous les cœurs après la liberté.
Jules, qui le premier la soumit à ses armes,
Qui fit taire les lois dans le bruit des alarmes,
Brûla pour Cléopâtre ; et, sans se déclarer,
Seule dans l'Orient la laissa soupirer.
Antoine, qui l'aima jusqu'à l'idolâtrie,
Oublia dans son sein sa gloire et sa patrie,
Sans oser toutefois se nommer son époux :
Rome l'alla chercher jusques à ses genoux,
Et ne désarma point sa fureur vengeresse,
Qu'elle n'eût accablé l'amant et la maîtresse.

Depuis ce temps, seigneur, Caligula, Néron,
Monstres dont à regret je cite ici le nom,
Et qui, ne conservant que la figure d'homme,
Foulèrent à leurs pieds toutes les lois de Rome,
Ont craint cette loi seule, et n'ont point à nos yeux
Allumé le flambeau d'un hymen odieux.
Vous m'avez commandé surtout d'être sincère.
De l'affranchi Pallas nous avons vu le frère,
Des fers de Claudius Félix encor flétri,
De deux reines, seigneur, devenir le mari ;
Et, s'il faut jusqu'au bout que je vous obéisse,
Ces deux reines étaient du sang de Bérénice.
Et vous croiriez pouvoir, sans blesser nos regards,
Faire entrer une reine au lit de nos Césars,
Tandis que l'Orient dans le lit de ses reines
Voit passer un esclave au sortir de nos chaînes !
C'est ce que les Romains pensent de votre amour :
Et je ne réponds pas, avant la fin du jour,
Que le sénat, chargé des vœux de tout l'empire,
Ne vous redise ici ce que je viens de dire ;
Et que Rome avec lui, tombant à vos genoux,
Ne vous demande un choix digne d'elle et de vous.
Vous pouvez préparer, seigneur, votre réponse.

TITUS.

Hélas ! à quel amour on veut que je renonce !

PAULIN.

Cet amour est ardent, il le faut confesser.

TITUS.

Plus ardent mille fois que tu ne peux penser,
Paulin. Je me suis fait un plaisir nécessaire
De la voir chaque jour, de l'aimer, de lui plaire.
J'ai fait plus, je n'ai rien de secret à tes yeux,
J'ai pour elle cent fois rendu grâces aux dieux
D'avoir choisi mon père au fond de l'Idumée,
D'avoir rangé sous lui l'Orient et l'armée,

Et, soulevant encor le reste des humains,
Remis Rome sanglante en ses paisibles mains.
J'ai même souhaité la place de mon père;
Moi, Paulin, qui, cent fois, si le sort moins sévère
Eût voulu de sa vie étendre les liens,
Aurais donné mes jours pour prolonger les siens :
Tout cela (qu'un amant sait mal ce qu'il désire!)
Dans l'espoir d'élever Bérénice à l'empire,
De reconnaître un jour son amour et sa foi,
Et de voir à ses pieds tout le monde avec moi.
Malgré tout mon amour, Paulin, et tous ses charmes,
Après mille serments appuyés de mes larmes,
Maintenant que je puis couronner tant d'attraits,
Maintenant que je l'aime encor plus que jamais,
Lorsqu'un heureux hymen, joignant nos destinées,
Peut payer en un jour les vœux de cinq années,
Je vais, Paulin... O ciel! puis-je le déclarer!

PAULIN.

Quoi, seigneur?

TITUS.

Pour jamais je vais m'en séparer.
Mon cœur en ce moment ne vient pas de se rendre :
Si je t'ai fait parler, si j'ai voulu t'entendre,
Je voulais que ton zèle achevât en secret
De confondre un amour qui se tait à regret.
Bérénice a longtemps balancé la victoire;
Et, si je penche enfin du côté de ma gloire,
Crois qu'il m'en a coûté, pour vaincre tant d'amour,
Des combats dont mon cœur saignera plus d'un jour.
J'aimais, je soupirais dans une paix profonde :
Un autre était chargé de l'empire du monde.
Maître de mon destin, libre dans mes soupirs,
Je ne rendais qu'à moi compte de mes désirs.
Mais à peine le ciel eut rappelé mon père,
Dès que ma triste main eut fermé sa paupière,

De mon aimable erreur je fus désabusé :
Je sentis le fardeau qui m'était imposé ;
Je connus que bientôt, loin d'être à ce que j'aime,
Il fallait, cher Paulin, renoncer à moi-même ;
Et que le choix des dieux, contraire à mes amours,
Livrait à l'univers le reste de mes jours.
Rome observe aujourd'hui ma conduite nouvelle :
Quelle honte pour moi, quel présage pour elle,
Si, dès le premier pas, renversant tous ses droits,
Je fondais mon bonheur sur le débris des lois !
Résolu d'accomplir ce cruel sacrifice,
J'y voulus préparer la triste Bérénice ;
Mais par où commencer? Vingt fois, depuis huit jours,
J'ai voulu devant elle en ouvrir le discours ;
Et, dès le premier mot, ma langue embarrassée
Dans ma bouche vingt fois a demeuré glacée.
J'espérais que du moins mon trouble et ma douleur
Lui feraient pressentir notre commun malheur ;
Mais, sans me soupçonner, sensible à mes alarmes,
Elle m'offre sa main pour essuyer mes larmes,
Et ne prévoit rien moins, dans cette obscurité,
Que la fin d'un amour qu'elle a trop mérité.
Enfin, j'ai ce matin rappelé ma constance :
Il faut la voir, Paulin, et rompre le silence.
J'attends Antiochus pour lui recommander
Ce dépôt précieux que je ne puis garder :
Jusque dans l'Orient je veux qu'il la remène.
Demain Rome avec lui verra partir la reine.
Elle en sera bientôt instruite par ma voix ;
Et je vais lui parler pour la dernière fois.

PAULIN.

Je n'attendais pas moins de cet amour de gloire
Qui partout après vous attacha la victoire.
La Judée asservie, et ses remparts fumants,
De cette noble ardeur éternels monuments,

Me répondaient assez que votre grand courage
Ne voudrait pas, seigneur, détruire son ouvrage,
Et qu'un héros vainqueur de tant de nations
Saurait bien tôt ou tard vaincre ses passions.

TITUS.

Ah ! que sous de beaux noms cette gloire est cruelle !
Combien mes tristes yeux la trouveraient plus belle,
S'il ne fallait encor qu'affronter le trépas !
Que dis-je ? Cette ardeur que j'ai pour ses appas,
Bérénice en mon sein l'a jadis allumée.
Tu ne l'ignores pas : toujours la renommée
Avec le même éclat n'a pas semé mon nom ;
Ma jeunesse, nourrie à la cour de Néron,
S'égarait, cher Paulin, par l'exemple abusée,
Et suivait du plaisir la pente trop aisée.
Bérénice me plut. Que ne fait point un cœur
Pour plaire à ce qu'il aime, et gagner son vainqueur !
Je prodiguai mon sang ; tout fit place à mes armes :
Je revins triomphant. Mais le sang et les larmes
Ne me suffisaient pas pour mériter ses vœux :
J'entrepris le bonheur de mille malheureux :
On vit de toutes parts mes bontés se répandre :
Heureux, et plus heureux que tu ne peux comprendre,
Quand je pouvais paraître à ses yeux satisfaits
Chargé de mille cœurs conquis par mes bienfaits !
Je lui dois tout, Paulin. Récompense cruelle !
Tout ce que je lui dois va retomber sur elle.
Pour prix de tant de gloire et de tant de vertus,
Je lui dirai : Partez, et ne me voyez plus.

PAULIN.

Eh quoi, seigneur ! eh quoi ! cette magnificence
Qui va jusqu'à l'Euphrate étendre sa puissance,
Tant d'honneurs dont l'excès a surpris le sénat,
Vous laissent-ils encor craindre le nom d'ingrat ?
Sur cent peuples nouveaux Bérénice commande.

#### TITUS.

Faibles amusements d'une douleur si grande !
Je connais Bérénice, et ne sais que trop bien
Que son cœur n'a jamais demandé que le mien.
Je l'aimai; je lui plus. Depuis cette journée,
(Dois-je dire funeste, hélas ! ou fortunée?)
Sans avoir, en aimant, d'objet que son amour,
Étrangère dans Rome, inconnue à la cour,
Elle passe ses jours, Paulin, sans rien prétendre
Que quelque heure à me voir, et le reste à m'attendre.
Encor, si quelquefois un peu moins assidu
Je passe le moment où je suis attendu,
Je la revois bientôt de pleurs toute trempée :
Ma main à les sécher est bientôt occupée.
Enfin tout ce qu'amour a de nœuds plus puissants,
Doux reproches, transports sans cesse renaissants,
Soin de plaire sans art, crainte toujours nouvelle,
Beauté, gloire, vertu, je trouve tout en elle.
Depuis cinq ans entiers chaque jour je la vois,
Et crois toujours la voir pour la première fois.
N'y songeons plus. Allons, cher Paulin : plus j'y pense,
Plus je sens chanceler ma cruelle constance.
Quelle nouvelle, ô ciel ! je lui vais annoncer !
Encore un coup, allons, il n'y faut plus penser.
Je connais mon devoir, c'est à moi de le suivre :
Je n'examine point si j'y pourrai survivre.

## SCÈNE III.

#### TITUS, PAULIN, RUTILE.

#### RUTILE.

Bérénice, seigneur, demande à vous parler.

#### TITUS.

Ah ! Paulin !

PAULIN.

Quoi ! déjà vous semblez reculer !
De vos nobles projets, seigneur, qu'il vous souvienne :
Voici le temps.

TITUS.

Eh bien, voyons-la. Qu'elle vienne.


SCÈNE IV.

TITUS, BÉRÉNICE, PAULIN, PHÉNICE.

BÉRÉNICE.

Ne vous offensez pas si mon zèle indiscret
De votre solitude interrompt le secret.
Tandis qu'autour de moi votre cour assemblée
Retentit des bienfaits dont vous m'avez comblée,
Est-il juste, seigneur, que seule en ce moment
Je demeure sans voix et sans ressentiment?
Mais, seigneur (car je sais que cet ami sincère
Du secret de nos cœurs connaît tout le mystère),
Vôtre deuil est fini, rien n'arrête vos pas,
Vous êtes seul enfin, et ne me cherchez pas !
J'entends que vous m'offrez un nouveau diadème,
Et ne puis cependant vous entendre vous-même.
Hélas ! plus de repos, seigneur, et moins d'éclat :
Votre amour ne peut-il paraître qu'au sénat?
Ah ! Titus ! (car enfin l'amour fuit la contrainte
De tous ces noms que suit le respect et la crainte)
De quel soin votre amour va-t-il s'importuner?
N'a-t-il que des États qu'il me puisse donner?
Depuis quand croyez-vous que ma grandeur me touche?
Un soupir, un regard, un mot de votre bouche,
Voilà l'ambition d'un cœur comme le mien :
Voyez-moi plus souvent, et ne me donnez rien.
Tous vos moments sont-ils dévoués à l'empire?

Ce cœur, après huit jours, n'a-t-il rien à me dire?
Qu'un mot va rassurer mes timides esprits!
Mais parliez-vous de moi quand je vous ai surpris?
Dans vos secrets discours étais-je intéressée,
Seigneur? Étais-je au moins présente à la pensée?

TITUS.

N'en doutez point, madame; et j'atteste les dieux
Que toujours Bérénice est présente à mes yeux.
L'absence ni le temps, je vous le jure encore,
Ne vous peuvent ravir ce cœur qui vous adore.

BÉRÉNICE.

Eh quoi, vous me jurez une éternelle ardeur,
Et vous me la jurez avec cette froideur !
Pourquoi même du ciel attester la puissance?
Faut-il par des serments vaincre ma défiance?
Mon cœur ne prétend point, seigneur, vous démentir,
Et je vous en croirai sur un simple soupir.

TITUS.

Madame...

BÉRÉNICE.

Eh bien, seigneur? Mais quoi ! sans me répondre,
Vous détournez les yeux, et semblez vous confondre!
Ne m'offrirez-vous plus qu'un visage interdit?
Toujours la mort d'un père occupe votre esprit :
Rien ne peut-il charmer l'ennui qui vous dévore?

TITUS.

Plût aux dieux que mon père, hélas ! vécût encore !
Que je vivais heureux !

BÉRÉNICE.

Seigneur, tous ces regrets
De votre piété sont de justes effets.
Mais vos pleurs ont assez honoré sa mémoire :
Vous devez d'autres soins à Rome, à votre gloire :
De mon propre intérêt je n'ose vous parler.
Bérénice autrefois pouvait vous consoler :

Avec plus de plaisir vous m'avez écoutée.
De combien de malheurs, pour vous persécutée,
Vous ai-je, pour un mot, sacrifié mes pleurs?
Vous regrettez un père : hélas ! faibles douleurs !
Et moi (ce souvenir me fait frémir encore)
On voulait m'arracher de tout ce que j'adore;
Moi dont vous connaissez le trouble et le tourment
Quand vous ne me quittez que pour quelque moment,
Moi qui mourrais le jour qu'on voudrait m'interdire
De vous...

### TITUS.

Madame, hélas! que me venez-vous dire?
Quel temps choisissez-vous? Ah! de grâce, arrêtez :
C'est trop pour un ingrat prodiguer vos bontés.

### BÉRÉNICE.

Pour un ingrat, seigneur! Et le pouvez-vous être?
Ainsi donc mes bontés vous fatiguent peut-être?

### TITUS.

Non, madame : jamais, puisqu'il faut vous parler,
Mon cœur de plus de feux ne se sentit brûler...
Mais...

### BÉRÉNICE.

Achevez.

### TITUS.

Hélas!

### BÉRÉNICE.

Parlez.

### TITUS.

Rome... l'empire...

### BÉRÉNICE.

Hé bien?

### TITUS.

Sortons, Paulin : je ne lui puis rien dire.

## SCÈNE V.

BÉRÉNICE, PHÉNICE.

BÉRÉNICE.

Quoi! me quitter si tôt! et ne me dire rien!
Chère Phénice, hélas! quel funeste entretien!
Qu'ai-je fait? Que veut-il? Et que dit ce silence?

PHÉNICE.

Comme vous, je me perds d'autant plus que j'y pense.
Mais ne s'offre-t-il rien à votre souvenir
Qui contre vous, madame, ait pu le prévenir?
Voyez, examinez.

BÉRÉNICE.

Hélas! tu peux m'en croire :
Plus je veux du passé rappeler la mémoire,
Du jour que je le vis jusqu'à ce triste jour,
Plus je vois qu'on me peut reprocher trop d'amour.
Mais tu nous entendais. Il ne faut rien me taire :
Parle. N'ai-je rien dit qui lui puisse déplaire?
Que sais-je? J'ai peut-être avec trop de chaleur
Rabaissé ses présents, ou blâmé sa douleur...
N'est-ce point que de Rome il redoute la haine?
Il craint peut-être, il craint d'épouser une reine.
Hélas! s'il était vrai... Mais non, il a cent fois
Rassuré mon amour contre leurs dures lois;
Cent fois... Ah! qu'il m'explique un silence si rude :
Je ne respire pas dans cette incertitude.
Moi, je vivrais, Phénice, et je pourrais penser
Qu'il me néglige, ou bien que j'ai pu l'offenser!
Retournons sur ses pas. Mais, quand je m'examine,
Je crois de ce désordre entrevoir l'origine,
Phénice : il aura su tout ce qui s'est passé;
L'amour d'Antiochus l'a peut-être offensé.

Il attend, m'a-t-on dit, le roi de Comagène.
Ne cherchons point ailleurs le sujet de ma peine.
Sans doute ce chagrin qui vient de m'alarmer
N'est qu'un léger soupçon facile à désarmer.
Je ne te vante point cette faible victoire,
Titus : ah! plût au ciel que, sans blesser ta gloire,
Un rival plus puissant voulût tenter ma foi,
Et pût mettre à mes pieds plus d'empires que toi;
Que de sceptres sans nombre il pût payer ma flamme;
Que ton amour n'eût rien à donner que ton âme!
C'est alors, cher Titus, qu'aimé, victorieux,
Tu verrais de quel prix ton cœur est à mes yeux.
Allons, Phénice, un mot pourra le satisfaire.
Rassurons-nous, mon cœur, je puis encor lui plaire;
Je me comptais trop tôt au rang des malheureux :
Si Titus est jaloux, Titus est amoureux.

FIN DU DEUXIÈME ACTE.

# ACTE TROISIÈME.

## SCÈNE I.

### TITUS, ANTIOCHUS, ARSACE.

TITUS.
Quoi! prince, vous partiez! Quelle raison subite
Presse votre départ, ou plutôt votre fuite?
Vouliez-vous me cacher jusques à vos adieux?
Est-ce comme ennemi que vous quittez ces lieux?
Que diront, avec moi, la cour, Rome, l'empire?
Mais, comme votre ami, que ne puis-je point dire?
De quoi m'accusez-vous? Vous avais-je sans choix
Confondu jusqu'ici dans la foule des rois?
Mon cœur vous fut ouvert tant qu'a vécu mon père :
C'était le seul présent que je pouvais vous faire;
Et lorsque avec mon cœur ma main peut s'épancher,
Vous fuyez mes bienfaits tout prêts à vous chercher!
Pensez-vous qu'oubliant ma fortune passée,
Sur ma seule grandeur j'arrête ma pensée,
Et que tous mes amis s'y présentent de loin
Comme autant d'inconnus dont je n'ai plus besoin?
Vous-même, à mes regards qui vouliez vous soustraire,
Prince, plus que jamais vous m'êtes nécessaire.

ANTIOCHUS.
Moi, seigneur?

TITUS.
Vous.

ANTIOCHUS.

              Hélas! d'un prince malheureux
Que pouvez-vous, seigneur, attendre que des vœux?

TITUS.

Je n'ai pas oublié, prince, que ma victoire
Devait à vos exploits la moitié de sa gloire;
Que Rome vit passer au nombre des vaincus
Plus d'un captif chargé des fers d'Antiochus;
Que dans le Capitole elle voit attachées
Les dépouilles des Juifs par vos mains arrachées.
Je n'attends pas de vous de ces sanglants exploits,
Et je veux seulement emprunter votre voix.
Je sais que Bérénice, à vos soins redevable,
Croit posséder en vous un ami véritable :
Elle ne voit dans Rome et n'écoute que vous;
Vous ne faites qu'un cœur et qu'une âme avec nous.
Au nom d'une amitié si constante et si belle,
Employez le pouvoir que vous avez sur elle;
Voyez-la de ma part.

ANTIOCHUS.

              Moi, paraître à ses yeux!
La reine, pour jamais, a reçu mes adieux.

TITUS.

Prince, il faut que pour moi vous lui parliez encore.

ANTIOCHUS.

Ah! parlez-lui, seigneur. La reine vous adore :
Pourquoi vous dérober vous-même en ce moment
Le plaisir de lui faire un aveu si charmant?
Elle l'attend, seigneur, avec impatience.
Je réponds, en partant, de son obéissance;
Et même elle m'a dit que, prêt à l'épouser,
Vous ne la verrez plus que pour l'y disposer.

TITUS.

Ah! qu'un aveu si doux aurait lieu de me plaire!
Que je serais heureux si j'avais à le faire!

Mes transports aujourd'hui s'attendaient d'éclater;
Cependant aujourd'hui, prince, il faut la quitter.

ANTIOCHUS.

La quitter! Vous, seigneur?

TITUS.

Telle est ma destinée :
Pour elle et pour Titus il n'est plus d'hyménée.
D'un espoir si charmant je me flattais en vain :
Prince, il faut avec vous qu'elle parte demain.

ANTIOCHUS.

Qu'entends-je? O ciel!

TITUS.

Plaignez ma grandeur importune :
Maître de l'univers, je règle sa fortune;
Je puis faire les rois, je puis les déposer;
Cependant de mon cœur je ne puis disposer.
Rome, contre les rois de tout temps soulevée,
Dédaigne une beauté dans la pourpre élevée :
L'éclat du diadème, et cent rois pour aïeux,
Déshonorent ma flamme, et blessent tous les yeux.
Mon cœur, libre d'ailleurs, sans craindre les murmures,
Peut brûler à son choix dans des flammes obscures,
Et Rome avec plaisir recevrait de ma main
La moins digne beauté qu'elle cache en son sein.
Jules céda lui-même au torrent qui m'entraîne.
Si le peuple demain ne voit partir la reine,
Demain elle entendra ce peuple furieux
Me venir demander son départ à ses yeux.
Sauvons de cet affront mon nom et sa mémoire;
Et, puisqu'il faut céder, cédons à notre gloire.
Ma bouche et mes regards, muets depuis huit jours,
L'auront pu préparer à ce triste discours;
Et même, en ce moment, inquiète, empressée,
Elle veut qu'à ses yeux j'explique ma pensée.

D'un amant interdit soulagez le tourment;
Épargnez à mon cœur cet éclaircissement.
Allez, expliquez-lui mon trouble et mon silence;
Surtout, qu'elle me laisse éviter sa présence :
Soyez le seul témoin de ses pleurs et des miens;
Portez-lui mes adieux, et recevez les siens.
Fuyons tous deux, fuyons un spectacle funeste
Qui de notre constance accablerait le reste.
Si l'espoir de régner et de vivre en mon cœur
Peut de son infortune adoucir la rigueur,
Ah! prince! jurez-lui que, toujours trop fidèle,
Gémissant dans ma cour, et plus exilé qu'elle,
Portant jusqu'au tombeau le nom de son amant,
Mon règne ne sera qu'un long bannissement,
Si le ciel, non content de me l'avoir ravie,
Veut encor m'affliger par une longue vie.
Vous, que l'amitié seule attache sur ses pas,
Prince, dans son malheur ne l'abandonnez pas :
Que l'Orient vous voie arriver à sa suite;
Que ce soit un triomphe, et non pas une fuite;
Qu'une amitié si belle ait d'éternels liens;
Que mon nom soit toujours dans tous vos entretiens.
Pour rendre vos États plus voisins l'un de l'autre,
L'Euphrate bornera son empire et le vôtre.
Je sais que le sénat, tout plein de votre nom,
D'une commune voix confirmera ce don.
Je joins la Cilicie à votre Comagène.
Adieu. Ne quittez point ma princesse, ma reine,
Tout ce qui de mon cœur fut l'unique désir,
Tout ce que j'aimerai jusqu'au dernier soupir.

## SCÈNE II.

#### ANTIOCHUS, ARSACE.

##### ARSACE.

Ainsi le ciel s'apprête à vous rendre justice :
Vous partirez, seigneur, mais avec Bérénice.
Loin de vous la ravir, on va vous la livrer.

##### ANTIOCHUS.

Arsace, laisse-moi le temps de respirer.
Ce changement est grand, ma surprise est extrême :
Titus entre mes mains remet tout ce qu'il aime !
Dois-je croire, grands dieux ! ce que je viens d'ouïr ?
Et, quand je le croirais, dois-je m'en réjouir ?

##### ARSACE.

Mais, moi-même, seigneur, que faut-il que je croie ?
Quel obstacle nouveau s'oppose à votre joie ?
Me trompiez-vous tantôt au sortir de ces lieux,
Lorsque encor tout ému de vos derniers adieux,
Tremblant d'avoir osé s'expliquer devant elle,
Votre cœur me contait son audace nouvelle ?
Vous fuyiez un hymen qui vous faisait trembler.
Cet hymen est rompu : quel soin peut vous troubler ?
Suivez les doux transports où l'amour vous invite.

##### ANTIOCHUS.

Arsace, je me vois chargé de sa conduite ;
Je jouirai longtemps de ses chers entretiens ;
Ses yeux même pourront s'accoutumer aux miens ;
Et peut-être son cœur fera la différence
Des froideurs de Titus à ma persévérance.
Titus m'accable ici du poids de sa grandeur :
Tout disparaît dans Rome auprès de sa splendeur ;
Mais, quoique l'Orient soit plein de sa mémoire,
Bérénice y verra des traces de ma gloire.

ARSACE.

N'en doutez point, seigneur, tout succède à vos vœux.

ANTIOCHUS.

Ah! que nous nous plaisons à nous tromper tous deux!

ARSACE.

Et pourquoi nous tromper?

ANTIOCHUS.

Quoi! je lui pourrais plaire?
Bérénice à mes vœux ne serait plus contraire?
Bérénice d'un mot flatterait mes douleurs?
Penses-tu seulement que, parmi ses malheurs,
Quand l'univers entier négligerait ses charmes,
L'ingrate me permît de lui donner des larmes,
Ou qu'elle s'abaissât jusques à recevoir
Des soins qu'à mon amour elle croirait devoir?

ARSACE.

Et qui peut mieux que vous consoler sa disgrâce?
Sa fortune, seigneur, va prendre une autre face :
Titus la quitte.

ANTIOCHUS.

Hélas! de ce grand changement
Il ne me reviendra que le nouveau tourment
D'apprendre par ses pleurs à quel point elle l'aime :
Je la verrai gémir, je la plaindrai moi-même.
Pour fruit de tant d'amour, j'aurai le triste emploi
De recueillir des pleurs qui ne sont pas pour moi.

ARSACE.

Quoi! ne vous plairez-vous qu'à vous gêner sans cesse?
Jamais dans un grand cœur vit-on plus de faiblesse?
Ouvrez les yeux, seigneur, et songeons entre nous
Par combien de raisons Bérénice est à vous.
Puisque aujourd'hui Titus ne prétend plus lui plaire,
Songez que votre hymen lui devient nécessaire.

ANTIOCHUS.

Nécessaire?

###### ARSACE.

À ses pleurs accordez quelques jours ;
De ses premiers sanglots laissez passer le cours :
Tout parlera pour vous, le dépit, la vengeance,
L'absence de Titus, le temps, votre présence,
Trois sceptres que son bras ne peut seul soutenir,
Vos deux États voisins qui cherchent à s'unir ;
L'intérêt, la raison, l'amitié, tout vous lie.

###### ANTIOCHUS.

Ah ! je respire, Arsace ; et tu me rends la vie :
J'accepte avec plaisir un présage si doux.
Que tardons-nous ? Faisons ce qu'on attend de nous :
Entrons chez Bérénice ; et, puisqu'on nous l'ordonne,
Allons lui déclarer que Titus l'abandonne...
Mais plutôt demeurons. Que faisais-je ? Est-ce à moi,
Arsace, à me charger de ce cruel emploi ?
Soit vertu, soit amour, mon cœur s'en effarouche.
L'aimable Bérénice entendrait de ma bouche
Qu'on l'abandonne ! Ah ! reine ! et qui l'aurait pensé
Que ce mot dût jamais vous être prononcé !

###### ARSACE.

La haine sur Titus tombera tout entière.
Seigneur, si vous parlez, ce n'est qu'à sa prière.

###### ANTIOCHUS.

Non, ne la voyons point ; respectons sa douleur :
Assez d'autres viendront lui conter son malheur.
Et ne la crois-tu pas assez infortunée
D'apprendre à quel mépris Titus l'a condamnée,
Sans lui donner encore le déplaisir fatal
D'apprendre ce mépris par son propre rival ?
Encore un coup, fuyons ; et, par cette nouvelle,
N'allons point nous charger d'une haine immortelle.

###### ARSACE.

Ah ! la voici, seigneur, prenez votre parti.

ANTIOCHUS.

O ciel!

## SCÈNE III.

BÉRÉNICE, ANTIOCHUS, ARSACE, PHÉNICE.

BÉRÉNICE.

Hé quoi, seigneur! vous n'êtes point parti!
ANTIOCHUS.
Madame, je vois bien que vous êtes déçue,
Et que c'était César que cherchait votre vue.
Mais n'accusez que lui, si, malgré mes adieux,
De ma présence encor j'importune vos yeux.
Peut-être en ce moment je serais dans Ostie,
S'il ne m'eût de sa cour défendu la sortie.
BÉRÉNICE.
Il vous cherche vous seul. Il nous évite tous.
ANTIOCHUS.
Il ne m'a retenu que pour parler de vous.
BÉRÉNICE.
De moi, prince?
ANTIOCHUS.
Oui, madame.
BÉRÉNICE.
Et qu'a-t-il pu vous dire?
ANTIOCHUS.
Mille autres mieux que moi pourront vous en instruire.
BÉRÉNICE.
Quoi, seigneur!...
ANTIOCHUS.
Suspendez votre ressentiment.
D'autres, loin de se taire en ce même moment,
Triompheraient peut-être, et, pleins de confiance,
Céderaient avec joie à votre impatience;

## ACTE III. SCÈNE III.

Mais moi, toujours tremblant, moi, vous le savez bien,
A qui votre repos est plus cher que le mien,
Pour ne le point troubler j'aime mieux vous déplaire,
Et crains votre douleur plus que votre colère.
Avant la fin du jour vous me justifierez.
Adieu, madame.

### BÉRÉNICE.

O ciel! quel discours! Demeurez.
Prince, c'est trop cacher mon trouble à votre vue :
Vous voyez devant vous une reine éperdue,
Qui, la mort dans le sein, vous demande deux mots.
Vous craignez, dites-vous, de troubler mon repos ;
Et vos refus cruels, loin d'épargner ma peine,
Excitent ma douleur, ma colère, ma haine.
Seigneur, si mon repos vous est si précieux,
Si moi-même jamais je fus chère à vos yeux,
Éclaircissez le trouble où vous voyez mon âme :
Que vous a dit Titus?

### ANTIOCHUS.

Au nom des dieux, madame...

### BÉRÉNICE.

Quoi! vous craignez si peu de me désobéir!

### ANTIOCHUS.

Je n'ai qu'à vous parler pour me faire haïr.

### BÉRÉNICE.

Je veux que vous parliez.

### ANTIOCHUS.

Dieux! quelle violence!
Madame, encore un coup, vous louerez mon silence.

### BÉRÉNICE.

Prince, dès ce moment, contentez mes souhaits,
Ou soyez de ma haine assuré pour jamais.

### ANTIOCHUS.

Madame, après cela, je ne puis plus me taire.
Hé bien, vous le voulez, il faut vous satisfaire.

Mais ne vous flattez point : je vais vous annoncer
Peut-être des malheurs où vous n'osez penser.
Je connais votre cœur : vous devez vous attendre
Que je le vais frapper par l'endroit le plus tendre.
Titus m'a commandé...
### BÉRÉNICE.
Quoi?
### ANTIOCHUS.
De vous déclarer
Qu'à jamais l'un de l'autre il faut vous séparer.
### BÉRÉNICE.
Nous séparer! Qui? Moi? Titus de Bérénice?
### ANTIOCHUS.
Il faut que devant vous je lui rende justice :
Tout ce que dans un cœur sensible et généreux,
L'amour au désespoir peut rassembler d'affreux,
Je l'ai vu dans le sien. Il pleure, il vous adore.
Mais enfin que lui sert de vous aimer encore?
Une reine est suspecte à l'empire romain.
Il faut vous séparer, et vous partez demain.
### BÉRÉNICE.
Nous séparer! Hélas! Phénice!
### PHÉNICE.
Hé bien, madame,
Il faut ici montrer la grandeur de votre âme.
Ce coup sans doute est rude; il doit vous étonner.
### BÉRÉNICE.
Après tant de serments, Titus m'abandonner!
Titus, qui me jurait... Non, je ne le puis croire :
Il ne me quitte point, il y va de sa gloire.
Contre son innocence on veut me prévenir.
Ce piége n'est tendu que pour nous désunir.
Titus m'aime, Titus ne veut point que je meure.
Allons le voir : je veux lui parler tout à l'heure.
Allons.

###### ANTIOCHUS.

Quoi! vous pourriez ici me regarder...
###### BÉRÉNICE.
Vous le souhaitez trop pour me persuader.
Non, je ne vous crois point. Mais, quoi qu'il en puisse être,
Pour jamais à mes yeux gardez-vous de paraître.
*(à Phénice.)*
Ne m'abandonne point dans l'état où je suis.
Hélas! pour me tromper je fais ce que je puis.


## SCÈNE IV.

###### ANTIOCHUS, ARSACE.

###### ANTIOCHUS.
Ne me trompé-je point? L'ai-je bien entendue?
Que je me garde, moi, de paraître à sa vue!
Je m'en garderai bien. Et ne partais-je pas,
Si Titus malgré moi n'eût arrêté mes pas?
Sans doute il faut partir. Continuons, Arsace.
Elle croit m'affliger; sa haine me fait grâce.
Tu me voyais tantôt inquiet, égaré :
Je partais amoureux, jaloux, désespéré;
Et maintenant, Arsace, après cette défense,
Je partirai peut-être avec indifférence.
###### ARSACE.
Moins que jamais, seigneur, il faut vous éloigner.
###### ANTIOCHUS.
Moi! je demeurerai pour me voir dédaigner?
Des froideurs de Titus je serai responsable?
Je me verrai puni parce qu'il est coupable?
Avec quelle injustice et quelle indignité
Elle doute, à mes yeux, de ma sincérité!
Titus l'aime, dit-elle, et moi, je l'ai trahie.
L'ingrate! m'accuser de cette perfidie!

Et dans quel temps encor? dans le moment fatal
Que j'étale à ses yeux les pleurs de mon rival;
Que, pour la consoler, je le faisais paraître
Amoureux et constant, plus qu'il ne l'est peut-être.

ARSACE.

Et de quel soin, seigneur, vous allez vous troubler?
Laissez à ce torrent le temps de s'écouler :
Dans huit jours, dans un mois, n'importe, il faut qu'il passe.
Demeurez seulement.

ANTIOCHUS.

Non, je la quitte, Arsace.
Je sens qu'à sa douleur je pourrais compatir :
Ma gloire, mon repos, tout m'excite à partir.
Allons; et de si loin évitons la cruelle,
Que de longtemps, Arsace, on ne nous parle d'elle.
Toutefois il nous reste encor assez de jour :
Je vais dans mon palais attendre ton retour.
Va voir si sa douleur ne l'a point trop saisie.
Cours; et partons du moins assurés de sa vie.

FIN DU TROISIÈME ACTE.

# ACTE QUATRIÈME.

## SCÈNE I.

### BÉRÉNICE.

Phénice ne vient point! Moments trop rigoureux,
Que vous paraissez lents à mes rapides vœux!
Je m'agite, je cours, languissante, abattue;
La force m'abandonne, et le repos me tue.
Phénice ne vient point! Ah! que cette longueur
D'un présage funeste épouvante mon cœur!
Phénice n'aura point de réponse à me rendre :
Titus, l'ingrat Titus n'a point voulu l'entendre;
Il fuit, il se dérobe à ma juste fureur.

## SCÈNE II.

### BÉRÉNICE, PHÉNICE.

### BÉRÉNICE.
Chère Phénice, hé bien! as-tu vu l'empereur?
Qu'a-t-il dit? Viendra-t-il?

### PHÉNICE.
     Oui, je l'ai vu, madame,
Et j'ai peint à ses yeux le trouble de votre âme.
J'ai vu couler des pleurs qu'il voulait retenir.

### BÉRÉNICE.
Vient-il?

### PHÉNICE.
  N'en doutez point, madame, il va venir.

Mais voulez-vous paraître en ce désordre extrême?
Remettez-vous, madame, et rentrez en vous-même.
Laissez-moi relever ces voiles détachés,
Et ces cheveux épars dont vos yeux sont cachés.
Souffrez que de vos pleurs je répare l'outrage.

BÉRÉNICE.

Laisse, laisse, Phénice : il verra son ouvrage.
Eh! que m'importe, hélas! de ces vains ornements,
Si ma foi, si mes pleurs, si mes gémissements,
Mais que dis-je? mes pleurs, si ma perte certaine,
Si ma mort toute prête enfin ne le ramène,
Dis-moi, que produiront tes secours superflus,
Et tout ce faible éclat qui ne le touche plus?

PHÉNICE.

Pourquoi lui faites-vous cet injuste reproche?
J'entends du bruit, madame, et l'empereur s'approche.
Venez, fuyez la foule, et rentrons promptement :
Vous l'entretiendrez seul dans votre appartement.

## SCÈNE III.

TITUS, PAULIN, Suite.

TITUS.

De la reine, Paulin, flattez l'inquiétude :
Je vais la voir. Je veux un peu de solitude :
Que l'on me laisse.

PAULIN, à part.

O ciel! que je crains ce combat!
Grands dieux, sauvez sa gloire et l'honneur de l'État!
Voyons la reine.

## SCÈNE IV.

### TITUS.

Hé bien! Titus, que viens-tu faire?
Bérénice t'attend. Où viens-tu, téméraire?
Tes adieux sont-ils prêts? T'es-tu bien consulté?
Ton cœur te promet-il assez de cruauté?
Car enfin au combat qui pour toi se prépare
C'est peu d'être constant, il faut être barbare.
Soutiendrai-je ces yeux dont la douce langueur
Sait si bien découvrir les chemins de mon cœur?
Quand je verrai ces yeux armés de tous leurs charmes,
Attachés sur les miens, m'accabler de leurs larmes,
Me souviendrai-je alors de mon triste devoir?
Pourrai-je dire enfin : Je ne veux plus vous voir?
Je viens percer un cœur que j'adore, qui m'aime.
Et pourquoi le percer? Qui l'ordonne? Moi-même :
Car enfin Rome a-t-elle expliqué ses souhaits?
L'entendons-nous crier autour de ce palais?
Vois-je l'État penchant au bord du précipice?
Ne le puis-je sauver que par ce sacrifice?
Tout se tait; et moi seul, trop prompt à me troubler,
J'avance des malheurs que je puis reculer.
Et qui sait si, sensible aux vertus de la reine,
Rome ne voudra point l'avouer pour Romaine?
Rome peut par son choix justifier le mien.
Non, non, encore un coup, ne précipitons rien.
Que Rome, avec ses lois, mette dans la balance
Tant de pleurs, tant d'amour, tant de persévérance;
Rome sera pour nous... Titus, ouvre les yeux!
Quel air respires-tu! N'es-tu pas dans ces lieux
Où la haine des rois, avec le lait sucée,
Par crainte ou par amour ne peut être effacée?

Rome jugea ta reine en condamnant ses rois.
N'as-tu pas en naissant entendu cette voix?
Et n'as-tu pas encore ouï la renommée
T'annoncer ton devoir jusque dans ton armée?
Et lorsque Bérénice arriva sur tes pas,
Ce que Rome en jugeait ne l'entendis-tu pas?
Faut-il donc tant de fois te le faire redire?
Ah! lâche! fais l'amour, et renonce à l'empire.
Au bout de l'univers va, cours te confiner,
Et fais place à des cœurs plus dignes de régner.
Sont-ce là ces projets de grandeur et de gloire
Qui devaient dans les cœurs consacrer ma mémoire?
Depuis huit jours je règne; et, jusques à ce jour,
Qu'ai-je fait pour l'honneur? J'ai tout fait pour l'amour.
D'un temps si précieux quel compte puis-je rendre?
Où sont ces heureux jours que je faisais attendre!
Quels pleurs ai-je séchés? Dans quels yeux satisfaits
Ai-je déjà goûté le fruit de mes bienfaits?
L'univers a-t-il vu changer ses destinées?
Sais-je combien le ciel m'a compté de journées?
Et de ce peu de jours si longtemps attendus,
Ah! malheureux! combien j'en ai déjà perdus!
Ne tardons plus : faisons ce que l'honneur exige;
Rompons le seul lien...

## SCÈNE V.

### TITUS, BÉRÉNICE.

BÉRÉNICE, en sortant de son appartement.

Non, laissez-moi, vous dis-je.
En vain tous vos conseils me retiennent ici.
Il faut que je le voie. Ah! seigneur! vous voici!
Hé bien, il est donc vrai que Titus m'abandonne!
Il faut nous séparer! et c'est lui qui l'ordonne!

## ACTE IV. SCÈNE V.

TITUS.

N'accablez point, madame, un prince malheureux.
Il ne faut point ici nous attendrir tous deux.
Un trouble assez cruel m'agite et me dévore,
Sans que des pleurs si chers me déchirent encore.
Rappelez bien plutôt ce cœur qui, tant de fois,
M'a fait de mon devoir reconnaître la voix :
Il en est temps. Forcez votre amour à se taire ;
Et d'un œil que la gloire et la raison éclaire
Contemplez mon devoir dans toute sa rigueur.
Vous-même, contre vous, fortifiez mon cœur ;
Aidez-moi, s'il se peut, à vaincre sa faiblesse,
A retenir des pleurs qui m'échappent sans cesse ;
Ou, si nous ne pouvons commander à nos pleurs,
Que la gloire du moins soutienne nos douleurs ;
Et que tout l'univers reconnaisse sans peine
Les pleurs d'un empereur et les pleurs d'une reine.
Car, enfin, ma princesse, il faut nous séparer.

BÉRÉNICE.

Ah! cruel! est-il temps de me le déclarer?
Qu'avez-vous fait? hélas! je me suis crue aimée ;
Au plaisir de vous voir mon âme accoutumée
Ne vit plus que pour vous. Ignoriez-vous vos lois
Quand je vous l'avouai pour la première fois?
A quel excès d'amour m'avez-vous amenée!
Que ne me disiez-vous : « Princesse infortunée,
» Où vas-tu t'engager, et quel est ton espoir?
» Ne donne point un cœur qu'on ne peut recevoir. »
Ne l'avez-vous reçu, cruel, que pour le rendre
Quand de vos seules mains ce cœur voudrait dépendre?
Tout l'empire a vingt fois conspiré contre nous.
Il était temps encor : que ne me quittiez-vous?
Mille raisons alors consolaient ma misère :
Je pouvais de ma mort accuser votre père,
Le peuple, le sénat, tout l'empire romain,

Tout l'univers plutôt qu'une si chère main.
Leur haine, dès longtemps contre moi déclarée,
M'avait à mon malheur dès longtemps préparée.
Je n'aurais pas, seigneur, reçu ce coup cruel
Dans le temps que j'espère un bonheur immortel,
Quand votre heureux amour peut tout ce qu'il désire,
Lorsque Rome se tait, quand votre père expire,
Lorsque tout l'univers fléchit à vos genoux,
Enfin quand je n'ai plus à redouter que vous.

TITUS.

Et c'est moi seul aussi qui pouvais me détruire.
Je pouvais vivre alors et me laisser séduire :
Mon cœur se gardait bien d'aller dans l'avenir
Chercher ce qui pouvait un jour nous désunir.
Je voulais qu'à mes yeux rien ne fût invincible,
Je n'examinais rien, j'espérais l'impossible.
Que sais-je? j'espérais de mourir à vos yeux,
Avant que d'en venir à ces cruels adieux.
Les obstacles semblaient renouveler ma flamme.
Tout l'empire parlait : mais la gloire, madame,
Ne s'était point encor fait entendre à mon cœur
Du ton dont elle parle au cœur d'un empereur.
Je sais tous les tourments où ce dessein me livre :
Je sens bien que sans vous je ne saurais plus vivre,
Que mon cœur de moi-même est prêt à s'éloigner;
Mais il ne s'agit plus de vivre, il faut régner.

BÉRÉNICE.

Hé bien! régnez, cruel, contentez votre gloire :
Je ne dispute plus. J'attendais, pour vous croire,
Que cette même bouche, après mille serments
D'un amour qui devait unir tous nos moments,
Cette bouche, à mes yeux s'avouant infidèle,
M'ordonnât elle-même une absence éternelle.
Moi-même j'ai voulu vous entendre en ce lieu.
Je n'écoute plus rien : et, pour jamais, adieu...

Pour jamais! Ah! seigneur! songez-vous en vous-même
Combien ce mot cruel est affreux quand on aime?
Dans un mois, dans un an, comment souffrirons-nous,
Seigneur, que tant de mers me séparent de vous;
Que le jour recommence, et que le jour finisse,
Sans que jamais Titus puisse voir Bérénice,
Sans que, de tout le jour, je puisse voir Titus?
Mais quelle est mon erreur, et que de soins perdus!
L'ingrat, de mon départ consolé par avance,
Daignera-t-il compter les jours de mon absence?
Ces jours, si longs pour moi, lui sembleront trop courts.

TITUS.

Je n'aurai pas, madame, à compter tant de jours :
J'espère que bientôt la triste renommée
Vous fera confesser que vous étiez aimée.
Vous verrez que Titus n'a pu sans expirer...

BÉRÉNICE.

Ah! seigneur! s'il est vrai, pourquoi nous séparer?
Je ne vous parle point d'un heureux hyménée.
Rome à ne vous plus voir m'a-t-elle condamnée?
Pourquoi m'enviez-vous l'air que vous respirez?

TITUS.

Hélas! vous pouvez tout, madame : demeurez;
Je n'y résiste point. Mais je sens ma faiblesse :
Il faudra vous combattre et vous craindre sans cesse,
Et sans cesse veiller à retenir mes pas,
Que vers vous à toute heure entraînent vos appas.
Que dis-je? En ce moment, mon cœur, hors de lui-même,
S'oublie, et se souvient seulement qu'il vous aime.

BÉRÉNICE.

Hé bien, seigneur, hé bien, qu'en peut-il arriver?
Voyez-vous les Romains prêts à se soulever?

TITUS.

Et qui sait de quel œil ils prendront cette injure?
S'ils parlent, si les cris succèdent au murmure,

Faudra-t-il par le sang justifier mon choix?
S'ils se taisent, madame, et me vendent leurs lois,
A quoi m'exposez-vous? Par quelle complaisance
Faudra-t-il quelque jour payer leur patience?
Que n'oseront-ils point alors me demander?
Maintiendrai-je des lois que je ne puis garder?

BÉRÉNICE.

Vous ne comptez pour rien les pleurs de Bérénice!

TITUS.

Je les compte pour rien! Ah! ciel! quelle injustice!

BÉRÉNICE.

Quoi! pour d'injustes lois que vous pouvez changer,
En d'éternels chagrins vous-même vous plonger!
Rome a ses droits, seigneur : n'avez-vous pas les vôtres?
Ses intérêts sont-ils plus sacrés que les nôtres?
Dites, parlez.

TITUS.

Hélas! que vous me déchirez!

BÉRÉNICE.

Vous êtes empereur, seigneur, et vous pleurez!

TITUS.

Oui, madame, il est vrai, je pleure, je soupire,
Je frémis. Mais enfin, quand j'acceptai l'empire,
Rome me fit jurer de maintenir ses droits :
Il les faut maintenir. Déjà, plus d'une fois,
Rome a de mes pareils exercé la constance.
Ah! si vous remontiez jusques à sa naissance,
Vous les verriez toujours à ses ordres soumis:
L'un, jaloux de sa foi, va chez les ennemis
Chercher, avec la mort, la peine toute prête;
D'un fils victorieux l'autre proscrit la tête;
L'autre avec des yeux secs et presque indifférents,
Voit mourir ses deux fils, par son ordre expirants.
Malheureux! Mais toujours la patrie et la gloire
Ont parmi les Romains remporté la victoire.

Je sais qu'en vous quittant le malheureux Titus
Passe l'austérité de toutes leurs vertus ;
Qu'elle n'approche point de cet effort insigne :
Mais, madame, après tout, me croyez-vous indigne
De laisser un exemple à la postérité,
Qui, sans de grands efforts, ne puisse être imité?

BÉRÉNICE.

Non, je crois tout facile à votre barbarie :
Je vous crois digne, ingrat, de m'arracher la vie.
De tous vos sentiments mon cœur est éclairci.
Je ne vous parle plus de me laisser ici :
Qui? moi, j'aurais voulu, honteuse et méprisée,
D'un peuple qui me hait soutenir la risée?
J'ai voulu vous pousser jusques à ce refus.
C'en est fait, et bientôt vous ne me craindrez plus.
N'attendez pas ici que j'éclate en injures,
Que j'atteste le ciel, ennemi des parjures ;
Non : si le ciel encore est touché de mes pleurs,
Je le prie, en mourant, d'oublier mes douleurs.
Si je forme des vœux contre votre injustice,
Si, devant que mourir, la triste Bérénice
Vous veut de son trépas laisser quelque vengeur,
Je ne le cherche, ingrat, qu'au fond de votre cœur.
Je sais que tant d'amour n'en peut être effacée ;
Que ma douleur présente, et ma bonté passée,
Mon sang qu'en ce palais je veux même verser,
Sont autant d'ennemis que je veux vous laisser ;
Et, sans me repentir de ma persévérance,
Je me remets sur eux de toute ma vengeance.
Adieu.

## SCÈNE VI.

### TITUS, PAULIN.

#### PAULIN.

Dans quel dessein vient-elle de sortir,
Seigneur? Est-elle enfin disposée à partir?

#### TITUS.

Paulin, je suis perdu, je n'y pourrai survivre :
La reine veut mourir. Allons, il faut la suivre :
Courons à son secours.

#### PAULIN.

                Hé quoi! n'avez-vous pas
Ordonné dès tantôt qu'on observe ses pas?
Ses femmes, à toute heure autour d'elle empressées,
Sauront la détourner de ces tristes pensées.
Non, non, ne craignez rien. Voilà les plus grands coups,
Seigneur, continuez, la victoire est à vous.
Je sais que sans pitié vous n'avez pu l'entendre;
Moi-même, en la voyant, je n'ai pu m'en défendre.
Mais regardez plus loin : songez, en ce malheur,
Quelle gloire va suivre un moment de douleur,
Quels applaudissements l'univers vous prépare,
Quel rang dans l'avenir...

#### TITUS.

                Non, je suis un barbare;
Moi-même je me hais. Néron, tant détesté,
N'a point à cet excès poussé sa cruauté.
Je ne souffrirai point que Bérénice expire.
Allons, Rome en dira ce qu'elle en voudra dire.

#### PAULIN.

Quoi, seigneur!

###### TITUS.

Je ne sais, Paulin, ce que je dis :
L'excès de la douleur accable mes esprits.

###### PAULIN.

Ne troublez point le cours de votre renommée :
Déjà de vos adieux la nouvelle est semée ;
Rome, qui gémissait, triomphe avec raison ;
Tous les temples ouverts fument en votre nom ;
Et le peuple, élevant vos vertus jusqu'aux nues,
Va partout de lauriers couronner vos statues.

###### TITUS.

Ah! Rome! Ah!! Bérénice! Ah! prince malheureux !
Pourquoi suis-je empereur? Pourquoi suis-je amoureux?

## SCÈNE VII.

#### TITUS, ANTIOCHUS, PAULIN, ARSACE.

###### ANTIOCHUS.

Qu'avez-vous fait, seigneur? l'aimable Bérénice
Va peut-être expirer dans les bras de Phénice.
Elle n'entend ni pleurs, ni conseil, ni raison ;
Elle implore à grands cris le fer et le poison.
Vous seul vous lui pouvez arracher cette envie :
On vous nomme, et ce nom la rappelle à la vie.
Ses yeux, toujours tournés vers votre appartement,
Semblent vous demander de moment en moment.
Je n'y puis résister, ce spectacle me tue.
Que tardez-vous? allez vous montrer à sa vue.
Sauvez tant de vertus, de grâces, de beauté,
Ou renoncez, seigneur, à toute humanité.

Dites un mot.

### TITUS.

Hélas! quel mot puis-je lui dire?
Moi-même, en ce moment, sais-je si je respire?

## SCÈNE VIII.

### TITUS, ANTIOCHUS, PAULIN, ARSACE, RUTILE.

### RUTILE.

Seigneur, tous les tribuns, les consuls, le sénat,
Viennent vous demander au nom de tout l'État.
Un grand peuple les suit, qui, plein d'impatience,
Dans votre appartement attend votre présence.

### TITUS.

Je vous entends, grands dieux! vous voulez rassurer
Ce cœur que vous voyez tout prêt à s'égarer!

### PAULIN.

Venez, seigneur, passons dans la chambre prochaine,
Allons voir le sénat.

### ANTIOCHUS.

Ah! courez chez la reine.

### PAULIN.

Quoi! vous pourriez, seigneur, par cette indignité,
De l'empire à vos pieds fouler la majesté?
Rome...

### TITUS.

Il suffit, Paulin; nous allons les entendre.
(A Antiochus.)
Prince, de ce devoir je ne puis me défendre.

## ACTE IV. SCÈNE VIII.

Voyez la reine. Allez. J'espère, à mon retour,
Qu'elle ne pourra plus douter de mon amour[1].

FIN DU QUATRIÈME ACTE.

---

[1] Après ces vers, il y a dans l'édition princeps une scène qui formait la neuvième et dernière du quatrième acte. Racine la supprima, nous la rétablissons ici.

### SCÈNE IX.

ANTIOCHUS, ARSACE.

ANTIOCHUS.

Arsace, que dis-tu de toute ma conduite ?
Rien ne pouvait tantôt s'opposer à ma fuite.
Bérénice et Titus offensaient mes regards.
Je partais pour jamais. Voilà comme je pars.
Je rentre, et dans les pleurs je retrouve la reine.
J'oublie en même temps ma vengeance et sa haine ;
Je m'attendris aux pleurs qu'un rival fait couler ;
Moi-même à son secours je le viens appeler ;
Et, si sa diligence eût secondé mon zèle,
J'allais, victorieux, le conduire auprès d'elle.
Malheureux que je suis ! avec quelle chaleur
Je travaille sans cesse à mon propre malheur !
C'en est trop. De Titus porte-lui les promesses,
Arsace. Je rougis de toutes mes faiblesses.
Désespéré, confus, à moi-même odieux,
Laisse-moi : je me veux cacher même à tes yeux.

# ACTE CINQUIÈME.

## SCÈNE I.

ARSACE.

Où pourrai-je trouver ce prince trop fidèle?
Ciel, conduisez mes pas, et secondez mon zèle :
Faites qu'en ce moment je lui puisse annoncer
Un bonheur où peut-être il n'ose plus penser!

## SCÈNE II.

ANTIOCHUS, ARSACE.

ARSACE.

Ah! quel heureux destin en ces lieux vous renvoie,
Seigneur?
    ANTIOCHUS.
  Si mon retour t'apporte quelque joie,
Arsace, rends-en grâce à mon seul désespoir.
    ARSACE.
La reine part, seigneur.
    ANTIOCHUS.
  Elle part?
    ARSACE.
      Dès ce soir :
Ses ordres sont donnés. Elle s'est offensée
Que Titus à ses pleurs l'ait si longtemps laissée.
Un généreux dépit succède à sa fureur :

Bérénice renonce à Rome, à l'empereur,
Et veut même partir avant que Rome instruite
Puisse voir son désordre et jouir de sa fuite.
Elle écrit à César.

###### ANTIOCHUS.

O ciel! qui l'aurait cru?
Et Titus?

###### ARSACE.

A ses yeux Titus n'a point paru.
Le peuple avec transport l'arrête et l'environne;
Applaudissant aux noms que le sénat lui donne;
Et ces noms, ces respects, ces applaudissements,
Deviennent pour Titus autant d'engagements,
Qui, le liant, seigneur, d'une honorable chaîne,
Malgré tous ses soupirs et les pleurs de la reine,
Fixent dans son devoir ses vœux irrésolus.
C'en est fait : et peut-être il ne la verra plus.

###### ANTIOCHUS.

Que de sujets d'espoir, Arsace! je l'avoue :
Mais d'un soin si cruel la fortune me joue,
J'ai vu tous mes projets tant de fois démentis,
Que j'écoute en tremblant tout ce que tu me dis;
Et mon cœur, prévenu d'une crainte importune,
Croit, même en espérant, irriter la fortune.
Mais que vois-je? Titus porte vers nous ses pas!
Que veut-il?

## SCÈNE III.

#### TITUS, ANTIOCHUS, ARSACE.

###### TITUS, à sa suite.

Demeurez : qu'on ne me suive pas.
(A Antiochus.)
Enfin, prince, je viens dégager ma promesse.

Bérénice m'occupe et m'afflige sans cesse.
Je viens, le cœur percé de vos pleurs et des siens,
Calmer des déplaisirs moins cruels que les miens.
Venez, prince, venez : je veux bien que vous-même
Pour la dernière fois vous voyiez si je l'aime.

## SCÈNE IV.

#### ANTIOCHUS, ARSACE.

##### ANTIOCHUS.

Hé bien, voilà l'espoir que tu m'avais rendu !
Et tu vois le triomphe où j'étais attendu !
Bérénice partait justement irritée !
Pour ne la plus revoir Titus l'avait quittée !
Qu'ai-je donc fait, grands dieux ! Quel cours infortuné
A ma funeste vie aviez-vous destiné ?
Tous mes moments ne sont qu'un éternel passage
De la crainte à l'espoir, de l'espoir à la rage.
Et je respire encor ! Bérénice ! Titus !
Dieux cruels ! de mes pleurs vous ne vous rirez plus.

## SCÈNE V.

#### TITUS, BÉRÉNICE, PHÉNICE.

##### BÉRÉNICE.

Non, je n'écoute rien. Me voilà résolue :
Je veux partir. Pourquoi vous montrer à ma vue ?
Pourquoi venir encore aigrir mon désespoir ?
N'êtes-vous pas content ? Je ne veux plus vous voir.

##### TITUS.

Mais, de grâce, écoutez.

##### BÉRÉNICE.

        Il n'est plus temps.

## ACTE V. SCÈNE V.

TITUS.

Madame,
Un mot.

BÉRÉNICE.

Non.

TITUS.

Dans quel trouble elle jette mon âme!
Ma princesse, d'où vient ce changement soudain?

BÉRÉNICE.

C'en est fait. Vous voulez que je parte demain;
Et moi, j'ai résolu de partir tout à l'heure :
Et je pars.

TITUS.

Demeurez.

BÉRÉNICE.

Ingrat! que je demeure!
Et pourquoi? Pour entendre un peuple injurieux
Qui fait de mon malheur retentir tous ces lieux?
Ne l'entendez-vous pas cette cruelle joie,
Tandis que dans les pleurs moi seule je me noie?
Quel crime, quelle offense a pu les animer?
Hélas! et qu'ai-je fait que de vous trop aimer?

TITUS.

Écoutez-vous, madame, une foule insensée?

BÉRÉNICE.

Je ne vois rien ici dont je ne sois blessée.
Tout cet appartement préparé par vos soins,
Ces lieux, de mon amour si longtemps les témoins,
Qui semblaient pour jamais me répondre du vôtre,
Ces festons, où nos noms enlacés l'un dans l'autre
A mes tristes regards viennent partout s'offrir,
Sont autant d'imposteurs que je ne puis souffrir.
Allons, Phénice.

TITUS.

O ciel! Que vous êtes injuste!

## BÉRÉNICE.

Retournez, retournez vers ce sénat auguste
Qui vient vous applaudir de votre cruauté.
Hé bien! avec plaisir l'avez-vous écouté?
Êtes-vous pleinement content de votre gloire?
Avez-vous bien promis d'oublier ma mémoire?
Mais ce n'est pas assez expier vos amours :
Avez-vous bien promis de me haïr toujours?

## TITUS.

Non, je n'ai rien promis. Moi, que je vous haïsse!
Que je puisse jamais oublier Bérénice!
Ah! dieux! dans quel moment son injuste rigueur
De ce cruel soupçon vient affliger mon cœur!
Connaissez-moi, madame; et depuis cinq années
Comptez tous les moments et toutes les journées.
Où, par plus de transports et par plus de soupirs,
Je vous ai de mon cœur exprimé les désirs :
Ce jour surpasse tout. Jamais, je le confesse,
Vous ne fûtes aimée avec tant de tendresse;
Et jamais...

## BÉRÉNICE.

Vous m'aimez, vous me le soutenez;
Et cependant je pars, et vous me l'ordonnez!
Quoi! dans mon désespoir trouvez-vous tant de charmes?
Craignez-vous que mes yeux versent trop peu de larmes?
Que me sert de ce cœur l'inutile retour?
Ah! cruel! par pitié, montrez-moi moins d'amour :
Ne me rappelez point une trop chère idée,
Et laissez-moi du moins partir persuadée
Que, déjà de votre âme exilée en secret,
J'abandonne un ingrat qui me perd sans regret.

(Titus lit une lettre).

Vous m'avez arraché ce que je viens d'écrire.
Voilà de votre amour tout ce que je désire :

Lisez, ingrat, lisez, et me laissez sortir.

### TITUS.

Vous ne sortirez point, je n'y puis consentir.
Quoi ! ce départ n'est donc qu'un cruel stratagème !
Vous cherchez à mourir ! et de tout ce que j'aime
Il ne restera plus qu'un triste souvenir !
Qu'on cherche Antiochus ; qu'on le fasse venir.

(Bérénice se laisse tomber sur un siége.)

## SCÈNE VI.

### TITUS, BÉRÉNICE.

### TITUS.

Madame, il faut vous faire un aveu véritable :
Lorsque j'envisageai le moment redoutable
Où pressé par les lois d'un austère devoir,
Il fallait pour jamais renoncer à vous voir ;
Quand de ce triste adieu je prévis les approches,
Mes craintes, mes combats, vos larmes, vos reproches,
Je préparai mon âme à toutes les douleurs
Que peut faire sentir le plus grand des malheurs ;
Mais, quoi que je craignisse, il faut que je le die,
Je n'en avais prévu que la moindre partie ;
Je croyais ma vertu moins prête à succomber,
Et j'ai honte du trouble où je la vois tomber.
J'ai vu devant mes yeux Rome entière assemblée ;
Le sénat m'a parlé, mais mon âme accablée
Écoutait sans entendre, et ne leur a laissé,
Pour prix de leurs transports, qu'un silence glacé.
Rome de votre sort est encore incertaine :
Moi-même à tous moments je me souviens à peine
Si je suis empereur, ou si je suis Romain.
Je suis venu vers vous sans savoir mon dessein :

Mon amour m'entraînait; et je venais peut-être
Pour me chercher moi-même et pour me reconnaître.
Qu'ai-je trouvé? Je vois la mort peinte en vos yeux;
Je vois pour la chercher que vous quittez ces lieux :
C'en est trop. Ma douleur, à cette triste vue,
A son dernier excès est enfin parvenue :
Je ressens tous les maux que je puis ressentir;
Mais je vois le chemin par où j'en puis sortir.
Ne vous attendez point que, las de tant d'alarmes,
Par un heureux hymen je tarisse vos larmes :
En quelque extrémité que vous m'ayez réduit,
Ma gloire inexorable à toute heure me suit;
Sans cesse elle présente à mon âme étonnée
L'empire incompatible avec votre hyménée,
Me dit qu'après l'éclat et les pas que j'ai faits,
Je dois vous épouser encor moins que jamais.
Oui, madame; et je dois moins encore vous dire
Que je suis prêt pour vous d'abandonner l'empire,
De vous suivre, et d'aller, trop content de mes fers,
Soupirer avec vous au bout de l'univers.
Vous-même rougiriez de ma lâche conduite :
Vous verriez à regret marcher à votre suite
Un indigne empereur sans empire, sans cour,
Vil spectacle aux humains des faiblesses d'amour.
Pour sortir des tourments dont mon âme est la proie,
Il est, vous le savez, une plus noble voie;
Je me suis vu, madame, enseigner ce chemin,
Et par plus d'un héros, et par plus d'un Romain :
Lorsque trop de malheurs ont lassé leur constance,
Ils ont tous expliqué cette persévérance
Dont le sort s'attachait à les persécuter,
Comme un ordre secret de n'y plus résister.
Si vos pleurs plus longtemps viennent frapper ma vue,
Si toujours à mourir je vous vois résolue,
S'il faut qu'à tout moment je tremble pour vos jours,

Si vous ne me jurez d'en respecter le cours,
Madame, à d'autres pleurs vous devez vous attendre;
En l'état où je suis, je puis tout entreprendre :
Et je ne réponds pas que ma main à vos yeux
N'ensanglante à la fin nos funestes adieux.

BÉRÉNICE.

Hélas!

TITUS.

Non, il n'est rien dont je ne sois capable.
Vous voilà de mes jours maintenant responsable.
Songez-y bien, madame; et si je vous suis cher...

## SCÈNE VII.

TITUS, BÉRÉNICE, ANTIOCHUS.

TITUS.

Venez, prince, venez, je vous ai fait chercher.
Soyez ici témoin de toute ma faiblesse;
Voyez si c'est aimer avec peu de tendresse.
Jugez-nous.

ANTIOCHUS.

Je crois tout : je vous connais tous deux.
Mais connaissez vous-même un prince malheureux.
Vous m'avez honoré, seigneur, de votre estime;
Et moi, je puis ici vous le jurer sans crime,
A vos plus chers amis j'ai disputé ce rang;
Je l'ai disputé même aux dépens de mon sang.
Vous m'avez malgré moi confié, l'un et l'autre,
La reine, son amour, et vous, seigneur, le vôtre.
La reine, qui m'entend, peut me désavouer;
Elle m'a vu toujours ardent à vous louer,

Répondre par mes soins à votre confidence.
Vous croyez m'en devoir quelque reconnaissance ;
Mais le pourriez-vous croire, en ce moment fatal,
Qu'un ami si fidèle était votre rival ?

TITUS.

Mon rival !

ANTIOCHUS.

Il est temps que je vous éclaircisse.
Oui, seigneur, j'ai toujours adoré Bérénice.
Pour ne la plus aimer j'ai cent fois combattu :
Je n'ai pu l'oublier ; au moins je me suis tu.
De votre changement la flatteuse apparence
M'avait rendu tantôt quelque faible espérance :
Les larmes de la reine ont éteint cet espoir.
Ses yeux, baignés de pleurs, demandaient à vous voir :
Je suis venu, seigneur, vous appeler moi-même ;
Vous êtes revenu. Vous aimez, on vous aime ;
Vous vous êtes rendu : je n'en ai point douté.
Pour la dernière fois je me suis consulté ;
J'ai fait de mon courage une épreuve dernière ;
Je viens de rappeler ma raison tout entière :
Jamais je ne me suis senti plus amoureux.
Il faut d'autres efforts pour rompre tant de nœuds :
Ce n'est qu'en expirant que je puis les détruire ;
J'y cours. Voilà de quoi j'ai voulu vous instruire.
Oui, madame, vers vous j'ai rappelé ses pas :
Mes soins ont réussi, je ne m'en repens pas.
Puisse le ciel verser sur toutes vos années
Mille prospérités l'une à l'autre enchaînées !
Ou, s'il vous garde encore un reste de courroux,
Je conjure les dieux d'épuiser tous les coups
Qui pourraient menacer une si belle vie,
Sur ces jours malheureux que je vous sacrifie.

BÉRÉNICE, se levant.

Arrêtez, arrêtez ! Princes trop généreux,

## ACTE V. SCÈNE VII.

En quelle extrémité me jetez-vous tous deux!
Soit que je vous regarde ou que je l'envisage,
Partout du désespoir je rencontre l'image,
Je ne vois que des pleurs et je n'entends parler
Que de troubles, d'horreurs, de sang prêt à couler.

(A Titus.)

Mon cœur vous est connu, seigneur, et je puis dire
Qu'on ne l'a jamais vu soupirer pour l'empire :
La grandeur des Romains, la pourpre des Césars,
N'ont point, vous le savez, attiré mes regards.
J'aimais, seigneur, j'aimais, je voulais être aimée.
Ce jour, je l'avouerai, je me suis alarmée.
J'ai cru que votre amour allait finir son cours.
Je connais mon erreur, et vous m'aimez toujours.
Votre cœur s'est troublé, j'ai vu couler vos larmes :
Bérénice, seigneur, ne vaut point tant d'alarmes,
Ni que par votre amour l'univers malheureux,
Dans le temps que Titus attire tous ses vœux,
Et que de vos vertus il goûte les prémices,
Se voie en un moment enlever ses délices.
Je crois, depuis cinq ans jusqu'à ce dernier jour,
Vous avoir assuré d'un véritable amour.
Ce n'est pas tout : je veux, en ce moment funeste,
Par un dernier effort couronner tout le reste :
Je vivrai, je suivrai vos ordres absolus.
Adieu, seigneur, régnez : je ne vous verrai plus.

(A Antiochus.)

Prince, après cet adieu, vous jugez bien vous-même
Que je ne consens pas de quitter ce que j'aime
Pour aller loin de Rome écouter d'autres vœux.
Vivez, et faites-vous un effort généreux.
Sur Titus et sur moi réglez votre conduite :
Je l'aime, je le fuis; Titus m'aime, il me quitte;
Portez loin de mes yeux vos soupirs et vos fers.
Adieu. Servons tous trois d'exemple à l'univers

De l'amour la plus tendre et la plus malheureuse
Dont il puisse garder l'histoire douloureuse;
Tout est prêt. On m'attend. Ne suivez point mes pas.
(A Titus.)
Pour la dernière fois, adieu, seigneur.

ANTIOCHUS.

Hélas!

FIN DE BÉRÉNICE.

# BAJAZET.

## TRAGÉDIE

1672.

# PREMIÈRE PRÉFACE [1].

Quoique le sujet de cette tragédie ne soit encore dans aucune histoire imprimée, il est pourtant très-véritable. C'est une aventure arrivée dans le sérail, il y a plus de trente ans. M. le comte de Cézy était alors ambassadeur à Constantinople. Il fut instruit de toutes les particularités de la mort de Bajazet; et il y a quantité de personnes à la cour qui se souviennent de les lui avoir entendu conter lorsqu'il fut de retour en France. M. le chevalier de Nantouillet est du nombre de ces personnes, et c'est à lui que je suis redevable de cette histoire, et même du dessein que j'ai pris d'en faire une tragédie. J'ai été obligé pour cela de changer quelques circonstances; mais comme ce changement n'est pas fort considérable, je ne pense pas aussi qu'il soit nécessaire de le marquer au lecteur. La principale chose à quoi je me suis attaché, ç'a été de ne rien changer ni aux mœurs ni aux coutumes de la nation; et j'ai pris

---

[1] Cette préface est celle que Racine mit en tête de la première édition de la tragédie de *Bajazet*, imprimée séparément, et publiée le 20 février 1672, six semaines après la première représentation.

soin de ne rien avancer qui ne fût conforme à l'histoire des Turcs et à la nouvelle Relation de l'empire ottoman, que l'on a traduite de l'anglais. Surtout je dois beaucoup aux avis de M. de la Haye, qui a eu la bonté de m'éclaircir sur toutes les difficultés que je lui ai proposées.

## SECONDE PRÉFACE [1].

Sultan Amurat, ou sultan Morat[2], empereur des Turcs, celui qui prit Babylone en 1638, a eu quatre frères. Le premier, c'est à savoir Osman, fut empereur avant lui, et régna environ trois ans, au bout desquels les janissaires lui ôtèrent l'empire et la vie. Le second se nommait Orcan. Amurat, dès les premiers jours de son règne, le fit étrangler. Le troisième était Bajazet, prince de grande espérance, et c'est lui qui est le héros de ma tragédie. Amurat, ou par politique, ou par amitié, l'avait épargné jusqu'au siége de Babylone. Après la prise de cette ville, le sultan victorieux envoya un ordre à Constantinople pour le faire mourir : ce qui fut conduit et exécuté à peu près de la manière que je le représente. Amurat avait encore un frère, qui fut depuis le sultan Ibrahim, et que ce même Amurat négligea

[1] Cette préface est celle de la troisième édition collective de 1697 : elle diffère en quelques parties de celle placée en tête des éditions de 1676 et 1687. Nous indiquons ces changements en note.

[2] Amurat IV, surnommé *l'Intrépide*, fils d'Achmet Ier, salué empereur au mois de septembre 1623, à l'âge de quinze ans. Il mourut à quarante-deux, des suites de ses débauches, le 8 février 1640.

comme un prince stupide, qui ne lui donnait point d'ombrage. Sultan Mahomet, qui règne aujourd'hui, est fils de cet Ibrahim, et par conséquent neveu de Bajazet.

Les particularités de la mort de Bajazet ne sont encore dans aucune histoire imprimée. M. le comte de Cézy était ambassadeur à Constantinople lorsque cette aventure tragique arriva dans le sérail. Il fut instruit des amours de Bajazet, et des jalousies de la sultane; il vit même plusieurs fois Bajazet, à qui on permettait de se promener quelquefois à la pointe du sérail, sur le canal de la mer Noire. M. le comte de Cézy disait que c'était un prince de bonne mine. Il a écrit depuis les circonstances de sa mort : il y a encore plusieurs personnes de qualité [1] qui se souviennent de lui en avoir entendu faire le récit lorsqu'il fut de retour en France.

Quelques lecteurs pourront s'étonner qu'on ait osé mettre sur la scène une histoire si récente; mais je n'ai rien vu dans les règles du poëme dramatique qui dût me détourner de mon entreprise. A la vérité, je ne conseillerais pas à un auteur de prendre pour sujet d'une tragédie une action aussi moderne que celle-ci, si elle s'était passée dans le pays où il veut faire représenter sa tragédie; ni de mettre des héros sur le théâtre qui auraient été connus de la plupart des spectateurs. Les

---

[1] Dans les éditions de 1676 et 1687, on lisait : « Il y a encore plu-
» sieurs personnes de qualité, *et entre autres M. le chevalier de Nan-*
» *touillet*, qui, etc. »

personnages tragiques doivent être regardés d'un autre œil que nous ne regardons d'ordinaire les personnages que nous avons vus de si près. On peut dire que le respect que l'on a pour les héros augmente à mesure qu'ils s'éloignent de nous : *major e longinquo reverentia*. L'éloignement des pays répare en quelque sorte la trop grande proximité des temps : car le peuple ne met guère de différence entre ce qui est, si j'ose ainsi parler, à mille ans de lui, et ce qui en est à mille lieues. C'est ce qui fait, par exemple, que les personnages turcs, quelque modernes qu'ils soient, ont de la dignité sur notre théâtre : on les regarde de bonne heure comme anciens. Ce sont des mœurs et des coutumes toutes différentes. Nous avons si peu de commerce avec les princes et les autres personnes qui vivent dans le sérail, que nous les considérons pour ainsi dire comme des gens qui vivent dans un autre siècle que le nôtre.

C'était à peu près de cette manière que les Persans étaient anciennement considérés des Athéniens. Aussi le poëte Eschyle ne fit point de difficulté d'introduire dans une tragédie la mère de Xerxès, qui était peut-être encore vivante, et de faire représenter sur le théâtre d'Athènes la désolation de la cour de Perse, après la déroute de ce prince. Cependant ce même Eschyle s'était trouvé en personne à la bataille de Salamine, où Xerxès avait été vaincu; et il s'était trouvé encore à la défaite des lieutenants de Darius, père de Xerxès, dans la plaine de Marathon : car Eschyle était homme de guerre, et il était frère de ce fameux Cynégire, dont il est tant parlé dans l'antiquité, et qui mourut si glorieusement en attaquant un des vaisseaux du roi de Perse [1].

---

[1] Dans les éditions de 1676 et 1687, le paragraphe suivant terminait cette préface :

« Je me suis attaché à bien exprimer dans ma tragédie ce que nous
» savons des mœurs et des maximes des Turcs. Quelques gens ont dit
» que mes héroïnes étaient trop savantes en amour et trop délicates
» pour des femmes nées parmi des peuples qui passent ici pour bar-
» bares. Mais, sans parler de tout ce qu'on lit dans les relations des
» voyageurs, il me semble qu'il suffit de dire que la scène est dans le
» sérail. En effet, y a-t-il une cour au monde où la jalousie et l'amour
» doivent être si bien connus que dans un lieu où tant de rivales sont
» enfermées ensemble, et où toutes ces femmes n'ont point d'autre
» étude, dans une éternelle oisiveté, que d'apprendre à plaire et à se
» faire aimer? Les hommes vraisemblablement n'y aiment pas avec la
» même délicatesse. Aussi ai-je pris soin de mettre une grande diffé-
» rence entre la passion de Bajazet et les tendresses de ses amantes. Il
» garde au milieu de son amour la férocité de la nation. Et si l'on
» trouve étrange qu'il consente plutôt de mourir que d'abandonner ce
» qu'il aime, et d'épouser ce qu'il n'aime pas, il ne faut que lire l'his-
» toire des Turcs; on verra partout le mépris qu'ils font de la vie; on
» verra en plusieurs endroits à quel excès ils portent les passions, et ce
» que la simple amitié est capable de leur faire faire : témoin un des
» fils de Soliman, qui se tua lui-même sur le corps de son frère aîné,
» qu'il aimait tendrement, et que l'on avait fait mourir pour lui assurer
» l'empire. »

# BAJAZET.

## TRAGÉDIE.

## PERSONNAGES.

BAJAZET, frère du sultan Amurat.
ROXANE, sultane, favorite du sultan Amurat.
ATALIDE, fille du sang ottoman.
ACOMAT, grand vizir.
OSMIN, confident du grand vizir.
ZATIME, esclave de la sultane.
ZAÏRE, esclave d'Atalide.
GARDES.

Acteurs qui ont joué d'original dans *Bajazet*.

| | |
|---|---|
| ACOMAT. | La Fleur. |
| BAJAZET. | Brécourt. |
| ROXANE. | M<sup>lle</sup> Champmeslé. |
| ATALIDE. | M<sup>lle</sup> D'Ennebaut. |

La scène est à Constantinople, autrement dite Byzance, dans le sérail du Grand Seigneur.

# BAJAZET.

## ACTE PREMIER.

### SCÈNE I.

#### ACOMAT, OSMIN.

ACOMAT.
Viens, suis-moi. La sultane en ce lieu se doit rendre.
Je pourrai cependant te parler et t'entendre.
OSMIN.
Et depuis quand, seigneur, entre-t-on dans ces lieux
Dont l'accès était même interdit à nos yeux?
Jadis une mort prompte eût suivi cette audace.
ACOMAT.
Quand tu seras instruit de tout ce qui se passe,
Mon entrée en ces lieux ne te surprendra plus.
Mais laissons, cher Osmin, les discours superflus.
Que ton retour tardait à mon impatience!
Et que d'un œil content je te vois dans Byzance!
Instruis-moi des secrets que peut t'avoir appris
Un voyage si long, pour moi seul entrepris.
De ce qu'ont vu tes yeux parle en témoin sincère:
Songe que du récit, Osmin, que tu vas faire,
Dépendent les destins de l'empire ottoman.
Qu'as-tu vu dans l'armée, et que fait le sultan?
OSMIN.
Babylone, seigneur, à son prince fidèle,

Voyait sans s'étonner notre armée autour d'elle ;
Les Persans rassemblés marchaient à son secours,
Et du camp d'Amurat s'approchaient tous les jours.
Lui-même, fatigué d'un long siége inutile,
Semblait vouloir laisser Babylone tranquille :
Et, sans renouveler ses assauts impuissants,
Résolu de combattre, attendait les Persans.
Mais, comme vous savez, malgré ma diligence,
Un long chemin sépare et le camp et Byzance ;
Mille obstacles divers m'ont même traversé,
Et je puis ignorer tout ce qui s'est passé.

ACOMAT.

Que faisaient cependant nos braves janissaires?
Rendent-ils au sultan des hommages sincères?
Dans le secret des cœurs, Osmin, n'as-tu rien lu?
Amurat jouit-il d'un pouvoir absolu?

OSMIN.

Amurat est content, si nous le voulons croire,
Et semblait se promettre une heureuse victoire.
Mais en vain par ce calme il croit nous éblouir :
Il affecte un repos dont il ne peut jouir.
C'est en vain que, forçant ses soupçons ordinaires,
Il se rend accessible à tous les janissaires :
Il se souvient toujours que son inimitié
Voulut de ce grand corps retrancher la moitié,
Lorsque, pour affermir sa puissance nouvelle,
Il voulait, disait-il, sortir de leur tutelle.
Moi-même j'ai souvent entendu leurs discours ;
Comme il les craint sans cesse, ils le craignent toujours.
Ses caresses n'ont point effacé cette injure.
Votre absence est pour eux un sujet de murmure :
Ils regrettent le temps à leur grand cœur si doux,
Lorsque assurés de vaincre ils combattaient sous vous.

ACOMAT.

Quoi! tu crois, cher Osmin, que ma gloire passée

Flatte encor leur valeur et vit dans leur pensée?
Crois-tu qu'ils me suivraient encore avec plaisir,
Et qu'ils reconnaîtraient la voix de leur vizir?
OSMIN.
Le succès du combat réglera leur conduite :
Il faut voir du sultan la victoire ou la fuite.
Quoiqu'à regret, seigneur, ils marchent sous ses lois,
Ils ont à soutenir le bruit de leurs exploits :
Ils ne trahiront point l'honneur de tant d'années ;
Mais enfin le succès dépend des destinées.
Si l'heureux Amurat, secondant leur grand cœur,
Aux champs de Babylone est déclaré vainqueur,
Vous les verrez, soumis, rapporter dans Byzance
L'exemple d'une aveugle et basse obéissance ;
Mais si dans le combat le destin, plus puissant,
Marque de quelque affront son empire naissant,
S'il fuit, ne doutez point que, fiers de sa disgrâce,
A la haine bientôt ils ne joignent l'audace,
Et n'expliquent, seigneur, la perte du combat
Comme un arrêt du ciel qui réprouve Amurat.
Cependant, s'il en faut croire la renommée,
Il a depuis trois mois fait partir de l'armée
Un esclave chargé de quelque ordre secret.
Tout le camp interdit tremblait pour Bajazet :
On craignait qu'Amurat, par un ordre sévère,
N'envoyât demander la tête de son frère.
ACOMAT.
Tel était son dessein : cet esclave est venu ;
Il a montré son ordre, et n'a rien obtenu.
OSMIN.
Quoi, seigneur! le sultan reverra son visage
Sans que de vos respects il lui porte ce gage?
ACOMAT.
Cet esclave n'est plus : un ordre, cher Osmin,
L'a fait précipiter dans le fond de l'Euxin.

OSMIN.

Mais le sultan, surpris d'une trop longue absence,
En cherchera bientôt la cause et la vengeance.
Que lui répondrez-vous?

ACOMAT.

Peut-être avant ce temps
Je saurai l'occuper de soins plus importants.
Je sais bien qu'Amurat a juré ma ruine;
Je sais à son retour l'accueil qu'il me destine.
Tu vois, pour m'arracher du cœur de ses soldats,
Qu'il va chercher sans moi les siéges, les combats,
Il commande l'armée; et moi, dans une ville
Il me laisse exercer un pouvoir inutile.
Quel emploi, quel séjour, Osmin, pour un vizir!
Mais j'ai plus dignement employé ce loisir :
J'ai su lui préparer des craintes et des veilles;
Et le bruit en ira bientôt à ses oreilles.

OSMIN.

Quoi donc? qu'avez-vous fait?

ACOMAT.

J'espère qu'aujourd'hui
Bajazet se déclare, et Roxane avec lui.

OSMIN.

Quoi! Roxane, seigneur, qu'Amurat a choisie
Entre tant de beautés dont l'Europe et l'Asie
Dépeuplent leurs États et remplissent sa cour?
Car on dit qu'elle seule a fixé son amour;
Et même il a voulu que l'heureuse Roxane,
Avant qu'elle eût un fils, prît le nom de sultane.

ACOMAT.

Il a fait plus pour elle, Osmin : il a voulu
Qu'elle eût dans son absence un pouvoir absolu.
Tu sais de nos sultans les rigueurs ordinaires :
Le frère rarement laisse jouir ses frères
De l'honneur dangereux d'être sortis d'un sang

Qui les a de trop près approchés de son rang.
L'imbécile Ibrahim, sans craindre sa naissance[1],
Traîne, exempt de péril, une éternelle enfance :
Indigne également de vivre et de mourir,
On l'abandonne aux mains qui daignent le nourrir.
L'autre, trop redoutable, et trop digne d'envie,
Voit sans cesse Amurat armé contre sa vie.
Car enfin Bajazet dédaigna de tout temps
La molle oisiveté des enfants des sultans.
Il vint chercher la guerre au sortir de l'enfance,
Et même en fit sous moi la noble expérience.
Toi-même tu l'as vu courir dans les combats
Emportant après lui tous les cœurs des soldats,
Et goûter, tout sanglant, le plaisir et la gloire
Que donne aux jeunes cœurs la première victoire.
Mais, malgré ses soupçons, le cruel Amurat,
Avant qu'un fils naissant eût rassuré l'État,
N'osait sacrifier ce frère à sa vengeance,
Ni du sang ottoman proscrire l'espérance.
Ainsi donc pour un temps Amurat désarmé
Laissa dans le sérail Bajazet enfermé.
Il partit, et voulut que, fidèle à sa haine,
Et des jours de son frère arbitre souveraine,
Roxane, au moindre bruit, et sans autres raisons,
Le fît sacrifier à ses moindres soupçons.
Pour moi, demeuré seul, une juste colère
Tourna bientôt mes vœux du côté de son frère.
J'entretins la sultane, et, cachant mon dessein,
Lui montrai d'Amurat le retour incertain,
Les murmures du camp, la fortune des armes ;
Je plaignis Bajazet, je lui vantai ses charmes,
Qui, par un soin jaloux dans l'ombre retenus,

[1] Lorsque Boileau disait que son ami avait encore plus que lui le génie satirique, il citait pour preuve ces quatre vers si admirables. (L. R.)

Si voisins de ses yeux, leur étaient inconnus.
Que te dirai-je enfin? la sultane, éperdue,
N'eut plus d'autre désir que celui de sa vue.

OSMIN.

Mais pouvaient-ils tromper tant de jaloux regards
Qui semblent mettre entre eux d'invincibles remparts?

ACOMAT.

Peut-être il te souvient qu'un récit peu fidèle
De la mort d'Amurat fit courir la nouvelle.
La sultane, à ce bruit feignant de s'effrayer,
Par des cris douloureux eut soin de l'appuyer.
Sur la foi de ses pleurs ses esclaves tremblèrent;
De l'heureux Bajazet les gardes se troublèrent;
Et les dons achevant d'ébranler leur devoir,
Leurs captifs dans ce trouble osèrent s'entrevoir.
Roxane vit le prince; elle ne put lui taire
L'ordre dont elle seule était dépositaire.
Bajazet est aimable; il vit que son salut
Dépendait de lui plaire, et bientôt il lui plut.
Tout conspirait pour lui : ses soins, sa complaisance,
Ce secret découvert, et cette intelligence,
Soupirs d'autant plus doux qu'il les fallait celer,
L'embarras irritant de ne s'oser parler,
Même témérité, périls, craintes communes,
Lièrent pour jamais leurs cœurs et leurs fortunes.
Ceux mêmes dont les yeux les devaient éclairer,
Sortis de leur devoir, n'osèrent y rentrer.

OSMIN.

Quoi! Roxane, d'abord leur découvrant son âme,
Osa-t-elle à leurs yeux faire éclater sa flamme?

ACOMAT.

Ils l'ignorent encore; et, jusques à ce jour,
Atalide a prêté son nom à cet amour.
Du père d'Amurat Atalide est la nièce;
Et même avec ses fils partageant sa tendresse,

Elle a vu son enfance élevée avec eux.
Du prince, en apparence, elle reçoit les vœux;
Mais elle les reçoit pour les rendre à Roxane,
Et veut bien, sous son nom, qu'il aime la sultane.
Cependant, cher Osmin, pour s'appuyer de moi,
L'un et l'autre ont promis Atalide à ma foi.

OSMIN.

Quoi! vous l'aimez, seigneur?

ACOMAT.

Voudrais-tu qu'à mon âge
Je fisse de l'amour le vil apprentissage?
Qu'un cœur qu'ont endurci la fatigue et les ans
Suivît d'un vain plaisir les conseils imprudents?
C'est par d'autres attraits qu'elle plaît à ma vue :
J'aime en elle le sang dont elle est descendue.
Par elle Bajazet, en m'approchant de lui,
Me va contre lui-même assurer un appui.
Un vizir aux sultans fait toujours quelque ombrage;
A peine ils l'ont choisi, qu'ils craignent leur ouvrage.
Sa dépouille est un bien qu'ils veulent recueillir,
Et jamais leurs chagrins ne nous laissent vieillir.
Bajazet aujourd'hui m'honore et me caresse;
Ses périls tous les jours réveillent sa tendresse :
Ce même Bajazet, sur le trône affermi,
Méconnaîtra peut-être un inutile ami.
Et moi, si mon devoir, si ma foi ne l'arrête,
S'il ose quelque jour me demander ma tête...
Je ne m'explique point, Osmin; mais je prétends
Que du moins il faudra la demander longtemps.
Je sais rendre aux sultans de fidèles services;
Mais je laisse au vulgaire adorer leurs caprices,
Et ne me pique point du scrupule insensé
De bénir mon trépas quand ils l'ont prononcé.
Voilà donc de ces lieux ce qui m'ouvre l'entrée,
Et comme enfin Roxane à mes yeux s'est montrée.

Invisible d'abord, elle entendait ma voix,
Et craignait du sérail les rigoureuses lois;
Mais enfin, bannissant cette importune crainte,
Qui dans nos entretiens jetait trop de contrainte,
Elle-même a choisi cet endroit écarté,
Où nos cœurs à nos yeux parlent en liberté.
Par un chemin obscur une esclave me guide,
Et... Mais on vient : c'est elle et sa chère Atalide.
Demeure; et, s'il le faut, sois prêt à confirmer
Le récit important dont je vais l'informer.

## SCÈNE II.

#### ROXANE, ATALIDE, ACOMAT, OSMIN, ZATIME, ZAÏRE.

##### ACOMAT.

La vérité s'accorde avec la renommée,
Madame. Osmin a vu le sultan et l'armée.
Le superbe Amurat est toujours inquiet;
Et toujours tous les cœurs penchent vers Bajazet :
D'une commune voix ils l'appellent au trône.
Cependant les Persans marchaient vers Babylone.
Et bientôt les deux camps au pied de son rempart
Devaient de la bataille éprouver le hasard.
Ce combat doit, dit-on, fixer nos destinées;
Et même, si d'Osmin je compte les journées,
Le ciel en a déjà réglé l'événement,
Et le sultan triomphe ou fuit en ce moment.
Déclarons-nous, madame, et rompons le silence :
Fermons-lui dès ce jour les portes de Byzance;
Et sans nous informer s'il triomphe ou s'il fuit,
Croyez-moi, hâtons-nous d'en prévenir le bruit.
S'il fuit, que craignez-vous? S'il triomphe, au contraire,
Le conseil le plus prompt est le plus salutaire.
Vous voudrez, mais trop tard, soustraire à son pouvoir

Un peuple dans ses murs prêt à le recevoir.
Pour moi, j'ai su déjà par mes brigues secrètes
Gagner de notre loi les sacrés interprètes :
Je sais combien, crédule en sa dévotion,
Le peuple suit le frein de la religion.
Souffrez que Bajazet voie enfin la lumière :
Des murs de ce palais ouvrez-lui la barrière ;
Déployez en son nom cet étendard fatal,
Des extrêmes périls l'ordinaire signal.
Les peuples, prévenus de ce nom favorable,
Savent que sa vertu le rend seule coupable.
D'ailleurs un bruit confus, par mes soins confirmé,
Fait croire heureusement à ce peuple alarmé
Qu'Amurat le dédaigne et veut loin de Byzance
Transporter désormais son trône et sa présence.
Déclarons le péril dont son frère est pressé ;
Montrons l'ordre cruel qui vous fut adressé ;
Surtout qu'il se déclare et se montre lui-même,
Et fasse voir ce front digne du diadème.

ROXANE.

Il suffit. Je tiendrai tout ce que j'ai promis.
Allez, brave Acomat, assembler vos amis :
De tous leurs sentiments venez me rendre compte ;
Je vous rendrai moi-même une réponse prompte.
Je verrai Bajazet. Je ne puis dire rien,
Sans savoir si son cœur s'accorde avec le mien.
Allez, et revenez.

## SCÈNE III.

ROXANE, ATALIDE, ZATIME, ZAÏRE.

ROXANE.

Enfin, belle Atalide,
Il faut de nos destins que Bajazet décide.

Pour la dernière fois je le vais consulter :
Je vais savoir s'il m'aime.
ATALIDE.
Est-il temps d'en douter,
Madame ? Hâtez-vous d'achever votre ouvrage.
Vous avez du vizir entendu le langage ;
Bajazet vous est cher : savez-vous si demain
Sa liberté, ses jours, seront en votre main ?
Peut-être en ce moment Amurat en furie
S'approche pour trancher une si belle vie.
Et pourquoi de son cœur doutez-vous aujourd'hui ?
ROXANE.
Mais m'en répondez-vous, vous qui parlez pour lui ?
ATALIDE.
Quoi, madame ! les soins qu'il a pris pour vous plaire,
Ce que vous avez fait, ce que vous pouvez faire,
Ses périls, ses respects, et surtout vos appas,
Tout cela de son cœur ne vous répond-il pas ?
Croyez que vos bontés vivent dans sa mémoire.
ROXANE.
Hélas ! pour mon repos, que ne le puis-je croire !
Pourquoi faut-il au moins que, pour me consoler,
L'ingrat ne parle pas comme on le fait parler ?
Vingt fois, sur vos discours pleine de confiance,
Du trouble de son cœur jouissant par avance,
Moi-même j'ai voulu m'assurer de sa foi,
Et l'ai fait en secret amener devant moi.
Peut-être trop d'amour me rend trop difficile ;
Mais, sans vous fatiguer d'un récit inutile,
Je ne retrouvais point ce trouble, cette ardeur
Que m'avait tant promis un discours trop flatteur.
Enfin, si je lui donne et la vie et l'empire,
Ces gages incertains ne me peuvent suffire.
ATALIDE.
Quoi donc ? à son amour qu'allez-vous proposer ?

#### ROXANE.
S'il m'aime, dès ce jour il me doit épouser.
#### ATALIDE.
Vous épouser! O ciel, que prétendez-vous faire?
#### ROXANE.
Je sais que des sultans l'usage m'est contraire;
Je sais qu'ils se sont fait une superbe loi
De ne point à l'hymen assujettir leur foi.
Parmi tant de beautés qui briguent leur tendresse,
Ils daignent quelquefois choisir une maîtresse;
Mais toujours inquiète avec tous ses appas,
Esclave, elle reçoit son maître dans ses bras;
Et, sans sortir du joug où leur loi la condamne,
Il faut qu'un fils naissant la déclare sultane.
Amurat plus ardent, et seul jusqu'à ce jour,
A voulu que l'on dût ce titre à son amour.
J'en reçus la puissance aussi bien que le titre,
Et des jours de son frère il me laissa l'arbitre.
Mais ce même Amurat ne me promit jamais
Que l'hymen dût un jour couronner ses bienfaits:
Et moi, qui n'aspirais qu'à cette seule gloire,
De ses autres bienfaits j'ai perdu la mémoire.
Toutefois, que sert-il de me justifier?
Bajazet, il est vrai, m'a tout fait oublier.
Malgré tous ses malheurs, plus heureux que son frère,
Il m'a plu, sans peut-être aspirer à me plaire:
Femmes, gardes, vizir, pour lui j'ai tout séduit;
En un mot, vous voyez jusqu'où je l'ai conduit.
Grâces à mon amour, je me suis bien servie
Du pouvoir qu'Amurat me donna sur sa vie.
Bajazet touche presque au trône des sultans:
Il ne faut plus qu'un pas; mais c'est où je l'attends.
Malgré tout mon amour, si dans cette journée
Il ne m'attache à lui par un juste hyménée;
S'il ose m'alléguer une odieuse loi,

Quand je fais tout pour lui, s'il ne fait tout pour moi,
Dès le même moment, sans songer si je l'aime,
Sans consulter enfin si je me perds moi-même,
J'abandonne l'ingrat, et le laisse rentrer
Dans l'état malheureux d'où je l'ai su tirer.
Voilà sur quoi je veux que Bajazet prononce :
Sa perte ou son salut dépend de sa réponse.
Je ne vous presse point de vouloir aujourd'hui
Me prêter votre voix pour m'expliquer à lui :
Je veux que, devant moi, sa bouche et son visage
Me découvrent son cœur sans me laisser d'ombrage ;
Que lui-même, en secret amené dans ces lieux,
Sans être préparé se présente à mes yeux.
Adieu. Vous saurez tout après cette entrevue.

## SCÈNE IV.

### ATALIDE, ZAÏRE.

###### ATALIDE.
Zaïre, c'en est fait, Atalide est perdue !
###### ZAÏRE.
Vous !
###### ATALIDE.
      Je prévois déjà tout ce qu'il faut prévoir.
Mon unique espérance est dans mon désespoir.
###### ZAÏRE.
Mais, madame, pourquoi !
###### ATALIDE.
            Si tu venais d'entendre
Quel funeste dessein Roxane vient de prendre,
Quelles conditions elle veut imposer !
Bajazet doit périr, dit-elle, ou l'épouser.
S'il se rend, que deviens-je en ce malheur extrême ?
Et, s'il ne se rend pas, que devient-il lui-même ?

ZAÏRE.

Je conçois ce malheur. Mais, à ne point mentir,
Votre amour, dès longtemps, a dû le pressentir.

ATALIDE.

Ah! Zaïre! l'amour a-t-il tant de prudence?
Tout semblait avec nous être d'intelligence:
Roxane, se livrant tout entière à ma foi,
Du cœur de Bajazet se reposait sur moi,
M'abandonnait le soin de tout ce qui le touche,
Le voyait par mes yeux, lui parlait par ma bouche;
Et je croyais toucher au bienheureux moment
Où j'allais par ses mains couronner mon amant.
Le ciel s'est déclaré contre mon artifice.
Et que fallait-il donc, Zaïre, que je fisse?
A l'erreur de Roxane ai-je dû m'opposer,
Et perdre mon amant pour la désabuser?
Avant que dans son cœur cette amour fut formée,
J'aimais, et je pouvais m'assurer d'être aimée.
Dès nos plus jeunes ans, tu t'en souviens assez,
L'amour serra les nœuds par le sang commencés.
Élevée avec lui dans le sein de sa mère,
J'appris à distinguer Bajazet de son frère;
Elle-même avec joie unit nos volontés:
Et, quoique après sa mort l'un de l'autre écartés,
Conservant, sans nous voir, le désir de nous plaire,
Nous avons su toujours nous aimer et nous taire.
Roxane, qui depuis, loin de s'en défier,
A ses desseins secrets voulut m'associer,
Ne put voir sans amour ce héros trop aimable:
Elle courut lui tendre une main favorable.
Bajazet, étonné, rendit grâce à ses soins,
Lui rendit des respects : pouvait-il faire moins?
Mais qu'aisément l'amour croit tout ce qu'il souhaite!
De ses moindres respects Roxane satisfaite
Nous engagea tous deux, par sa facilité,

A la laisser jouir de sa crédulité.
Zaïre, il faut pourtant avouer ma faiblesse :
D'un mouvement jaloux je ne fus pas maîtresse.
Ma rivale, accablant mon amant de bienfaits,
Opposait un empire à mes faibles attraits ;
Mille soins la rendaient présente à sa mémoire ;
Elle l'entretenait de sa prochaine gloire :
Et moi, je ne puis rien. Mon cœur, pour tout discours,
N'avait que des soupirs qu'il répétait toujours.
Le ciel seul sait combien j'en ai versé de larmes.
Mais enfin Bajazet dissipa mes alarmes :
Je condamnai mes pleurs, et jusques aujourd'hui
Je l'ai pressé de feindre, et j'ai parlé pour lui.
Hélas ! tout est fini : Roxane méprisée
Bientôt de son erreur sera désabusée.
Car enfin Bajazet ne sait point se cacher ;
Je connais sa vertu prompte à s'effaroucher.
Il faut qu'à tous moments, tremblante et secourable,
Je donne à ses discours un sens plus favorable.
Bajazet va se perdre. Ah ! si, comme autrefois,
Ma rivale eût voulu lui parler par ma voix !
Au moins, si j'avais pu préparer son visage !
Mais, Zaïre, je puis l'attendre à son passage ;
D'un mot ou d'un regard je puis le secourir.
Qu'il l'épouse en un mot plutôt que de périr.
Si Roxane le veut, sans doute il faut qu'il meure.
Il se perdra, te dis-je. Atalide, demeure ;
Laisse, sans t'alarmer, ton amant sur sa foi.
Penses-tu mériter qu'on se perde pour toi ?
Peut-être Bajazet, secondant son envie,
Plus que tu ne voudras aura soin de sa vie.

ZAÏRE.

Ah ! dans quels soins, madame, allez-vous vous plonger ?
Toujours avant le temps faut-il vous affliger ?
Vous n'en pouvez douter, Bajazet vous adore.

Suspendez, ou cachez l'ennui qui vous dévore:
N'allez point par vos pleurs déclarer vos amours.
La main qui l'a sauvé le sauvera toujours,
Pourvu qu'entretenue en son erreur fatale;
Roxane jusqu'au bout ignore sa rivale.
Venez en d'autres lieux enfermer vos regrets,
Et de leur entrevue attendre le succès.

ATALIDE.

Hé bien, Zaïre, allons. Et toi, si ta justice
De deux jeunes amants veut punir l'artifice,
O ciel! si notre amour est condamné de toi,
Je suis la plus coupable, épuise tout sur moi!

FIN DU PREMIER ACTE.

## ACTE DEUXIÈME.

### SCÈNE I.

BAJAZET, ROXANE.

ROXANE.

Prince, l'heure fatale est enfin arrivée
Qu'à votre liberté le ciel a réservée.
Rien ne me retient plus; et je puis, dès ce jour,
Accomplir le dessein qu'a formé mon amour.
Non que, vous assurant d'un triomphe facile,
Je mette entre vos mains un empire tranquille;
Je fais ce que je puis, je vous l'avais promis :
J'arme votre valeur contre vos ennemis,
J'écarte de vos jours un péril manifeste;
Votre vertu, seigneur, achèvera le reste.
Osmin a vu l'armée; elle penche pour vous;
Les chefs de notre loi conspirent avec nous;
Le vizir Acomat vous répond de Byzance;
Et moi, vous le savez, je tiens sous ma puissance
Cette foule de chefs, d'esclaves, de muets,
Peuple que dans ces murs renferme ce palais,
Et dont à ma faveur les âmes asservies
M'ont vendu dès longtemps leur silence et leurs vies.
Commencez maintenant : c'est à vous de courir
Dans le champ glorieux que j'ai su vous ouvrir.
Vous n'entreprenez point une injuste carrière,
Vous repoussez, seigneur, une main meurtrière :
L'exemple en est commun; et, parmi les sultans,

Ce chemin à l'empire a conduit de tous temps.
Mais, pour mieux commencer, hâtons-nous l'un et l'autre
D'assurer à la fois mon bonheur et le vôtre.
Montrez à l'univers, en m'attachant à vous,
Que, quand je vous servais, je servais mon époux,
Et, par le nœud sacré d'un heureux hyménée,
Justifiez la foi que je vous ai donnée.

BAJAZET.

Ah! que proposez-vous, madame?

ROXANE.

Eh quoi, seigneur!
Quel obstacle secret trouble notre bonheur?

BAJAZET.

Madame, ignorez-vous que l'orgueil de l'empire...
Que ne m'épargnez-vous la douleur de le dire?

ROXANE.

Oui, je sais que depuis qu'un de vos empereurs,
Bajazet, d'un barbare éprouvant les fureurs,
Vit au char du vainqueur son épouse enchaînée,
Et par toute l'Asie à sa suite traînée,
De l'honneur ottoman ses successeurs jaloux,
Ont daigné rarement prendre le nom d'époux.
Mais l'amour ne suit point ces lois imaginaires;
Et sans vous rapporter des exemples vulgaires,
Soliman (vous savez qu'entre tous vos aïeux,
Dont l'univers a craint le bras victorieux,
Nul n'éleva si haut la grandeur ottomane),
Ce Soliman jeta les yeux sur Roxelane.
Malgré tout son orgueil, ce monarque si fier,
A son trône, à son lit daigna l'associer,
Sans qu'elle eût d'autres droits au rang d'impératrice,
Qu'un peu d'attraits peut-être, et beaucoup d'artifice.

BAJAZET.

Il est vrai. Mais aussi voyez ce que je puis,
Ce qu'était Soliman, et le peu que je suis.

Soliman jouissait d'une pleine puissance :
L'Égypte ramenée à son obéissance ;
Rhodes, des Ottomans ce redoutable écueil,
De tous ses défenseurs devenu le cercueil ;
Du Danube asservi les rives désolées ;
De l'empire persan les bornes reculées ;
Dans leurs climats brûlants les Africains domptés,
Faisaient taire les lois devant ses volontés.
Que suis-je? J'attends tout du peuple et de l'armée :
Mes malheurs font encore toute ma renommée.
Infortuné, proscrit, incertain de régner,
Dois-je irriter les cœurs au lieu de les gagner?
Témoin de nos plaisirs, plaindront-ils nos misères?
Croiront-ils mes périls et vos larmes sincères?
Songez, sans me flatter du sort de Soliman,
Au meurtre tout récent du malheureux Osman :
Dans leur rébellion, les chefs des janissaires,
Cherchant à colorer leurs desseins sanguinaires,
Se crurent à sa perte assez autorisés
Par le fatal hymen que vous me proposez.
Que vous dirai-je, enfin? Maître de leur suffrage,
Peut-être avec le temps j'oserai davantage.
Ne précipitons rien ; et daignez commencer
A me mettre en état de vous récompenser.

ROXANE.

Je vous entends, seigneur. Je vois mon imprudence.
Je vois que rien n'échappe à votre prévoyance :
Vous avez pressenti jusqu'au moindre danger
Où mon amour trop prompt vous allait engager.
Pour vous, pour votre honneur, vous en craignez les suites ;
Et je le crois, seigneur, puisque vous me le dites.
Mais avez-vous prévu, si vous ne m'épousez,
Les périls plus certains où vous vous exposez?
Songez-vous que, sans moi, tout vous devient contraire?
Que c'est à moi surtout qu'il importe de plaire

Songez-vous que je tiens les portes du palais;
Que je puis vous l'ouvrir ou fermer pour jamais;
Que j'ai sur votre vie un empire suprême;
Que vous ne respirez qu'autant que je vous aime?
Et, sans ce même amour qu'offensent vos refus,
Songez-vous, en un mot, que vous ne seriez plus?

BAJAZET.

Oui, je tiens tout de vous; et j'avais lieu de croire
Que c'était pour vous-même une assez grande gloire,
En voyant devant moi tout l'empire à genoux,
De m'entendre avouer que je tiens tout de vous.
Je ne m'en défends point, ma bouche le confesse,
Et mon respect saura le confirmer sans cesse :
Je vous dois tout mon sang, ma vie est votre bien.
Mais enfin voulez-vous...

ROXANE.

Non, je ne veux plus rien.
Ne m'importune plus de tes raisons forcées :
Je vois combien tes vœux sont loin de mes pensées.
Je ne te presse plus, ingrat, d'y consentir :
Rentre dans le néant dont je t'ai fait sortir.
Car enfin qui m'arrête? et quelle autre assurance
Demanderais-je encore de son indifférence?
L'ingrat est-il touché de mes empressements?
L'amour même entre-t-il dans ses raisonnements?
Ah! je vois tes desseins. Tu crois, quoi que je fasse,
Que mes propres périls t'assurent de ta grâce;
Qu'engagée avec toi par de si forts liens,
Je ne puis séparer tes intérêts des miens.
Mais je m'assure encore aux bontés de ton frère;
Il m'aime, tu le sais; et, malgré sa colère,
Dans ton perfide sang je puis tout expier,
Et ta mort suffira pour me justifier.
N'en doute point, j'y cours; et, dès ce moment même...
Bajazet, écoutez; je sens que je vous aime :

Vous vous perdez. Gardez de me laisser sortir :
Le chemin est encore ouvert au repentir.
Ne désespérez point une amante en furie.
S'il m'échappait un mot, c'est fait de votre vie.

### BAJAZET.

Vous pouvez me l'ôter, elle est entre vos mains :
Peut-être que ma mort, utile à vos desseins,
De l'heureux Amurat obtenant votre grâce,
Vous rendra dans son cœur votre première place.

### ROXANE.

Dans son cœur? Ah ! crois-tu, quand il le voudrait bien,
Que, si je perds l'espoir de régner dans le tien,
D'une si douce erreur si longtemps possédée,
Je puisse désormais souffrir une autre idée,
Ni que je vive enfin, si je ne vis pour toi?
Je te donne, cruel, des armes contre moi,
Sans doute; et je devrais retenir ma faiblesse :
Tu vas en triompher. Oui, je te le confesse,
J'affectais à tes yeux une fausse fierté :
De toi dépend ma joie et ma félicité :
De ma sanglante mort ta mort sera suivie.
Quel fruit de tant de soins que j'ai pris pour ta vie !
Tu soupires enfin, et sembles te troubler :
Achève, parle.

### BAJAZET.

O ciel ! que ne puis-je parler !

### ROXANE.

Quoi donc? que dites-vous? et que viens-je d'entendre ?
Vous avez des secrets que je ne puis apprendre !
Quoi ! de vos sentiments je ne puis m'éclaircir?

### BAJAZET.

Madame, encore un coup, c'est à vous de choisir :
Daignez m'ouvrir au trône un chemin légitime;
Ou bien, me voilà prêt, prenez votre victime.

ROXANE.

Ah! c'en est trop enfin, tu seras satisfait.
Holà! gardes, qu'on vienne.

## SCÈNE II.

BAJAZET, ROXANE, ACOMAT.

ROXANE.

Acomat, c'en est fait.
Vous pouvez retourner, je n'ai rien à vous dire.
Du sultan Amurat je reconnais l'empire :
Sortez. Que le sérail soit désormais fermé;
Et que tout rentre ici dans l'ordre accoutumé.

## SCÈNE III.

BAJAZET, ACOMAT.

ACOMAT.

Seigneur, qu'ai-je entendu? quelle surprise extrême!
Qu'allez-vous devenir? Que deviens-je moi-même?
D'où naît ce changement? Qui dois-je en accuser?
O ciel !

BAJAZET.

Il ne faut point ici vous abuser.
Roxane est offensée, et court à la vengeance :
Un obstacle éternel rompt notre intelligence.
Vizir, songez à vous, je vous en averti;
Et, sans compter sur moi, prenez votre parti.

ACOMAT.

Quoi?

BAJAZET.

Vous et vos amis, cherchez quelque retraite.
Je sais dans quels périls mon amitié vous jette;

Et j'espérais un jour vous mieux récompenser.
Mais c'en est fait, vous dis-je; il n'y faut plus penser.

ACOMAT.

Et quel est donc, seigneur, cet obstacle invincible?
Tantôt dans le sérail j'ai laissé tout paisible.
Quelle fureur saisit votre esprit et le sien?

BAJAZET.

Elle veut, Acomat, que je l'épouse !

ACOMAT.

Eh bien?
L'usage des sultans à ses vœux est contraire ;
Mais cet usage, enfin, est-ce une loi sévère,
Qu'aux dépens de vos jours vous deviez observer?
La plus sainte des lois, ah ! c'est de vous sauver,
Et d'arracher, seigneur, d'une mort manifeste
Le sang des Ottomans dont vous faites le reste !

BAJAZET.

Ce reste malheureux serait trop acheté,
S'il faut le conserver par une lâcheté.

ACOMAT.

Et pourquoi vous en faire une image si noire?
L'hymen de Soliman ternit-il sa mémoire?
Cependant Soliman n'était point menacé
Des périls évidents dont vous êtes pressé.

BAJAZET.

Et ce sont ces périls et ce soin de ma vie
Qui d'un servile hymen feraient l'ignominie.
Soliman n'avait point ce prétexte odieux :
Son esclave trouva grâce devant ses yeux;
Et, sans subir le joug d'un hymen nécessaire,
Il lui fit de son cœur un présent volontaire.

ACOMAT.

Mais vous aimez Roxane.

BAJAZET.

Acomat, c'est assez.

Je me plains de mon sort moins que vous ne pensez.
La mort n'est point pour moi le comble des disgrâces;
J'osai, tout jeune encor, la chercher sur vos traces;
Et l'indigne prison où je suis renfermé
A la voir de plus près m'a même accoutumé;
Amurat à mes yeux l'a vingt fois présentée :
Elle finit le cours d'une vie agitée.
Hélas! si je la quitte avec quelque regret...
Pardonnez, Acomat, je plains avec sujet
Des cœurs dont les bontés trop mal récompensées
M'avaient pris pour objet de toutes leurs pensées.

ACOMAT.

Ah! si nous périssons, n'en accusez que vous,
Seigneur : dites un mot et vous nous sauvez tous.
Tout ce qui reste ici de braves janissaires,
De la religion les saints dépositaires,
Du peuple byzantin ceux qui, plus respectés,
Par leurs exemples seuls règlent ses volontés,
Sont prêts de vous conduire à la porte sacrée
D'où les nouveaux sultans font leur première entrée.

BAJAZET.

Hé bien, brave Acomat, si je leur suis si cher,
Que des mains de Roxane ils viennent m'arracher;
Du sérail, s'il le faut, venez forcer la porte;
Entrez accompagné de leur vaillante escorte.
J'aime mieux en sortir sanglant, couvert de coups,
Que chargé malgré moi du nom de son époux.
Peut-être je saurai, dans ce désordre extrême,
Par un beau désespoir me secourir moi-même;
Attendre, en combattant, l'effet de votre foi,
Et vous donner le temps de venir jusqu'à moi.

ACOMAT.

Hé! pourrai-je empêcher, malgré ma diligence,
Que Roxane d'un coup n'assure sa vengeance?
Alors qu'aura servi ce zèle impétueux,

Qu'à charger vos amis d'un crime infructueux?
Promettez : affranchi du péril qui vous presse,
Vous verrez de quel poids sera votre promesse.

BAJAZET.

Moi!

ACOMAT.

Ne rougissez point : le sang des Ottomans
Ne doit point en esclave obéir aux serments.
Consultez ces héros que le droit de la guerre
Mena victorieux jusqu'au bout de la terre :
Libres dans leur victoire, et maîtres de leur foi,
L'intérêt de l'État fut leur unique loi;
Et d'un trône si saint la moitié n'est fondée
Que sur la foi promise et rarement gardée.
Je m'emporte, seigneur.

BAJAZET.

Oui, je sais, Acomat,
Jusqu'où les a portés l'intérêt de l'État.
Mais ces mêmes héros, prodigues de leur vie,
Ne la rachetaient point par une perfidie.

ACOMAT.

O courage inflexible! ô trop constante foi,
Que, même en périssant, j'admire malgré moi!
Faut-il qu'en un moment un scrupule timide
Perde... Mais quel bonheur nous envoie Atalide?


## SCÈNE IV.

### BAJAZET, ATALIDE, ACOMAT.

ACOMAT.

Ah! madame! venez avec moi vous unir.
Il se perd.

ATALIDE.

C'est de quoi je viens l'entretenir.

Mais laissez-nous : Roxane, à sa perte animée,
Veut que de ce palais la porte soit fermée.
Toutefois, Acomat, ne vous éloignez pas :
Peut-être on vous fera revenir sur vos pas.

## SCÈNE V.

### BAJAZET, ATALIDE.

#### BAJAZET.

Hé bien ! c'est maintenant qu'il faut que je vous laisse.
Le ciel punit ma feinte, et confond votre adresse ;
Rien ne m'a pu parer contre ses derniers coups :
Il fallait ou mourir, ou n'être plus à vous.
De quoi nous a servi cette indigne contrainte ?
Je meurs plus tard : voilà tout le fruit de ma feinte.
Je vous l'avais prédit ; mais vous l'avez voulu ;
J'ai reculé vos pleurs autant que je l'ai pu.
Belle Atalide, au nom de cette complaisance,
Daignez de la sultane éviter la présence :
Vos pleurs vous trahiraient ; cachez-les à ses yeux,
Et ne prolongez point de dangereux adieux.

#### ATALIDE.

Non, seigneur. Vos bontés pour une infortunée
Ont assez disputé contre la destinée.
Il vous en coûte trop pour vouloir m'épargner :
Il faut vous rendre ; il faut me quitter, et régner.

#### BAJAZET.

Vous quitter ?

#### ATALIDE.

Je le veux. Je me suis consultée.
De mille soins jaloux jusqu'alors agitée,
Il est vrai, je n'ai pu concevoir sans effroi
Que Bajazet pût vivre et n'être plus à moi ;
Et, lorsque quelquefois de ma rivale heureuse

Je me représentais l'image douloureuse,
Votre mort (pardonnez aux fureurs des amants)
Ne me paraissait pas le plus grand des tourments.
Mais à mes tristes yeux votre mort préparée
Dans toute son horreur ne s'était pas montrée :
Je ne vous voyais pas, ainsi que je vous vois,
Prêt à me dire adieu pour la dernière fois.
Seigneur, je sais trop bien avec quelle constance
Vous allez de la mort affronter la présence,
Je sais que votre cœur se fait quelques plaisirs
De me prouver sa foi dans ses derniers soupirs :
Mais, hélas! épargnez une âme plus timide;
Mesurez vos malheurs aux forces d'Atalide;
Et ne m'exposez point aux plus vives douleurs
Qui jamais d'une amante épuisèrent les pleurs!

### BAJAZET.

Et que deviendrez-vous, si, dès cette journée,
Je célèbre à vos yeux ce funeste hyménée?

### ATALIDE.

Ne vous informez point ce que je deviendrai.
Peut-être à mon destin, seigneur, j'obéirai.
Que sais-je? A ma douleur je chercherai des charmes.
Je songerai peut-être, au milieu de mes larmes,
Qu'à vous perdre pour moi vous étiez résolu;
Que vous vivez; qu'enfin c'est moi qui l'ai voulu.

### BAJAZET.

Non, vous ne verrez point cette fête cruelle.
Plus vous me commandez de vous être infidèle,
Madame, plus je vois combien vous méritez
De ne point obtenir ce que vous souhaitez.
Quoi! cet amour si tendre, et né dans notre enfance,
Dont les feux avec nous ont crû dans le silence;
Vos larmes, que ma main pouvait seule arrêter;
Mes serments redoublés de ne vous point quitter :
Tout cela finirait par une perfidie?

## ACTE II. SCÈNE V.

J'épouserais, et qui? (s'il faut que je le die)
Une esclave attachée à ses seuls intérêts,
Qui présente à mes yeux les supplices tout prêts,
Qui m'offre, ou son hymen, ou la mort infaillible;
Tandis qu'à mes périls Atalide sensible,
Et trop digne du sang qui lui donna le jour,
Veut me sacrifier jusques à son amour.
Ah! qu'au jaloux sultan ma tête soit portée,
Puisqu'il faut à ce prix qu'elle soit rachetée!

ATALIDE.

Seigneur, vous pourriez vivre, et ne me point trahir.

BAJAZET.

Parlez : si je le puis, je suis prêt d'obéir.

ATALIDE.

La sultane vous aime; et, malgré sa colère,
Si vous preniez, seigneur, plus de soin de lui plaire;
Si vos soupirs daignaient lui faire pressentir
Qu'un jour...

BAJAZET.

       Je vous entends : je n'y puis consentir.
Ne vous figurez point que, dans cette journée,
D'un lâche désespoir ma vertu consternée
Craigne les soins d'un trône où je pourrais monter,
Et par un prompt trépas cherche à les éviter.
J'écoute trop peut-être une imprudente audace;
Mais, sans cesse occupé des grands noms de ma race,
J'espérais que, fuyant un indigne repos,
Je prendrais quelque place entre tant de héros.
Mais, quelque ambition, quelque amour qui me brûle,
Je ne puis plus tromper une amante crédule.
En vain, pour me sauver, je vous l'aurais promis :
Et ma bouche et mes yeux, du mensonge ennemis,
Peut-être, dans le temps que je voudrais lui plaire,
Feraient par leur désordre un effet tout contraire;
Et de mes froids soupirs ses regards offensés

Verraient trop que mon cœur ne les a point poussés.
O ciel! combien de fois je l'aurais éclaircie,
Si je n'eusse à sa haine exposé que ma vie;
Si je n'avais pas craint que ses soupçons jaloux
N'eussent trop aisément remonté jusqu'à vous!
Et j'irais l'abuser d'une fausse promesse?
Je me parjurerais? et, par cette bassesse...
Ah! loin de m'ordonner cet indigne détour,
Si votre cœur était moins plein de son amour,
Je vous verrais sans doute en rougir la première.
Mais, pour vous épargner une injuste prière,
Adieu; je vais trouver Roxane de ce pas,
Et je vous quitte.

### ATALIDE.

Et moi, je ne vous quitte pas.
Venez, cruel, venez, je vais vous y conduire;
Et de tous nos secrets c'est moi qui veux l'instruire.
Puisque, malgré mes pleurs, mon amant furieux
Se fait tant de plaisir d'expirer à mes yeux,
Roxane, malgré vous, nous joindra l'un et l'autre :
Elle aura plus de soif de mon sang que du vôtre;
Et je pourrai donner à vos yeux effrayés
Le spectacle sanglant que vous me prépariez.

### BAJAZET.

O ciel! que faites-vous?

### ATALIDE.

Cruel! pouvez-vous croire
Que je sois moins que vous jalouse de ma gloire?
Pensez-vous que cent fois, en vous faisant parler,
Ma rougeur ne fût pas prête à me déceler?
Mais on me présentait votre perte prochaine.
Pourquoi faut-il, ingrat! quand la mienne est certaine,
Que vous n'osiez pour moi ce que j'osais pour vous?
Peut-être il suffira d'un mot un peu plus doux;
Roxane dans son cœur peut-être vous pardonne.

Vous-même, vous voyez le temps qu'elle vous donne :
A-t-elle, en vous quittant, fait sortir le vizir?
Des gardes à mes yeux viennent-ils vous saisir?
Enfin, dans sa fureur implorant mon adresse,
Ses pleurs ne m'ont-ils pas découvert sa tendresse?
Peut-être elle n'attend qu'un espoir incertain
Qui lui fasse tomber les armes de la main.
Allez, seigneur, sauvez votre vie et la mienne.
### BAJAZET.
Hé bien... Mais quels discours faut-il que je lui tienne?
### ATALIDE.
Ah! daignez sur ce choix ne me point consulter.
L'occasion, le ciel pourra vous les dicter.
Allez : entre elle et vous je ne dois point paraître;
Votre trouble ou le mien nous ferait reconnaître.
Allez : encore un coup, je n'ose m'y trouver.
Dites... tout ce qu'il faut, seigneur, pour vous sauver.

FIN DU DEUXIÈME ACTE.

# ACTE TROISIÈME.

## SCÈNE I.

ATALIDE, ZAÏRE.

ATALIDE.
Zaïre, il est donc vrai, sa grâce est prononcée?
ZAÏRE.
Je vous l'ai dit, madame : une esclave empressée,
Qui courait de Roxane accomplir le désir,
Aux portes du sérail a reçu le vizir.
Ils ne m'ont point parlé; mais, mieux qu'aucun langage,
Le transport du vizir marquait sur son visage
Qu'un heureux changement le rappelle au palais,
Et qu'il y vient signer une éternelle paix.
Roxane a pris sans doute une plus douce voie.
ATALIDE.
Ainsi, de toutes parts, les plaisirs et la joie
M'abandonnent, Zaïre, et marchent sur leurs pas.
J'ai fait ce que j'ai dû; je ne m'en repens pas.
ZAÏRE.
Quoi, madame! Quelle est cette nouvelle alarme?
ATALIDE.
Et ne t'a-t-on point dit, Zaïre, par quel charme,
Ou, pour mieux dire enfin, par quel engagement
Bajazet a pu faire un si prompt changement?
Roxane en sa fureur paraissait inflexible;
A-t-elle de son cœur quelque gage infaillible?
Parle. L'épouse-t-il?

ZAÏRE.
Je n'en ai rien appris.
Mais enfin s'il n'a pu se sauver qu'à ce prix;
S'il fait ce que vous-même avez su lui prescrire;
S'il l'épouse, en un mot...
ATALIDE.
S'il l'épouse, Zaïre!
ZAÏRE.
Quoi! vous repentez-vous des généreux discours
Que vous dictait le soin de conserver ses jours?
ATALIDE.
Non, non : il ne fera que ce qu'il a dû faire.
Sentiments trop jaloux, c'est à vous de vous taire :
Si Bajazet l'épouse, il suit mes volontés;
Respectez ma vertu, qui vous a surmontés;
A ces nobles conseils ne mêlez point le vôtre;
Et, loin de me le peindre entre les bras d'une autre,
Laissez-moi sans regret me le représenter
Au trône où mon amour l'a forcé de monter.
Oui, je me reconnais, je suis toujours la même.
Je voulais qu'il m'aimât, chère Zaïre; il m'aime :
Et du moins cet espoir me console aujourd'hui
Que je vais mourir digne et contente de lui.
ZAÏRE.
Mourir! Quoi! vous auriez un dessein si funeste?
ATALIDE.
J'ai cédé mon amant; tu t'étonnes du reste!
Peux-tu compter, Zaïre, au nombre des malheurs
Une mort qui prévient et finit tant de pleurs?
Qu'il vive, c'est assez. Je l'ai voulu, sans doute;
Et je le veux toujours, quelque prix qu'il m'en coûte.
Je n'examine point ma joie ou mon ennui :
J'aime assez mon amant pour renoncer à lui.
Mais, hélas! il peut bien penser avec justice
Que, si j'ai pu lui faire un si grand sacrifice,

Ce cœur, qui de ses jours prend ce funeste soin,
L'aime trop pour vouloir en être le témoin.
Allons; je veux savoir...

ZAÏRE.

Modérez-vous, de grâce :
On vient vous informer de tout ce qui se passe.
C'est le vizir.

## SCÈNE II.

#### ATALIDE, ACOMAT, ZAÏRE.

ACOMAT.

Enfin, nos amants sont d'accord,
Madame; un calme heureux nous remet dans le port.
La sultane a laissé désarmer sa colère;
Elle m'a déclaré sa volonté dernière;
Et, tandis qu'elle montre au peuple épouvanté
Du prophète divin l'étendard redouté,
Qu'à marcher sur mes pas Bajazet se dispose,
Je vais de ce signal faire entendre la cause,
Remplir tous les esprits d'une juste terreur,
Et proclamer enfin le nouvel empereur.
Cependant permettez que je vous renouvelle
Le souvenir du prix qu'on promit à mon zèle.
N'attendez point de moi ces doux emportements,
Tels que j'en vois paraître au cœur de ces amants;
Mais si, par d'autres soins, plus dignes de mon âge,
Par de profonds respects, par un long esclavage,
Tel que nous le devons au sang de nos sultans,
Je puis...

ATALIDE.

Vous m'en pourrez instruire avec le temps.
Avec le temps aussi vous pourrez me connaître.
Mais quels sont ces transports qu'ils vous ont fait paraître?

ACOMAT.
Madame, doutez-vous des soupirs enflammés
De deux jeunes amants l'un de l'autre charmés?
ATALIDE.
Non; mais, à dire vrai, ce miracle m'étonne.
Et dit-on à quel prix Roxane lui pardonne?
L'épouse-t-il enfin?
ACOMAT.
Madame, je le croi.
Voici tout ce qui vient d'arriver devant moi :
Surpris, je l'avouerai, de leur fureur commune,
Querellant les amants, l'amour et la fortune,
J'étais de ce palais sorti désespéré.
Déjà, sur un vaisseau dans le port préparé,
Chargeant de mon débris les reliques plus chères,
Je méditais ma fuite aux terres étrangères.
Dans ce triste dessein au palais rappelé,
Plein de joie et d'espoir, j'ai couru, j'ai volé,
La porte du sérail à ma voix s'est ouverte,
Et d'abord une esclave à mes yeux s'est offerte,
Qui m'a conduit sans bruit dans un appartement
Où Roxane attentive écoutait son amant.
Tout gardait devant eux un auguste silence :
Moi-même, résistant à mon impatience,
Et respectant de loin leur secret entretien,
J'ai longtemps, immobile, observé leur maintien.
Enfin, avec des yeux qui découvraient son âme,
L'une a tendu la main pour gage de sa flamme;
L'autre, avec des regards éloquents, pleins d'amour,
L'a de ses feux, madame, assurée à son tour.
ATALIDE.
Hélas!
ACOMAT.
Ils m'ont alors aperçu l'un et l'autre.
« Voilà, m'a-t-elle dit, votre prince et le nôtre.

» Je vais, brave Acomat, le remettre en vos mains.
» Allez lui préparer les honneurs souverains ;
» Qu'un peuple obéissant l'attende dans le temple :
» Le sérail va bientôt vous en donner l'exemple. »
Aux pieds de Bajazet alors je suis tombé ;
Et soudain à leurs yeux je me suis dérobé :
Trop heureux d'avoir pu, par un récit fidèle,
De leur paix, en passant, vous conter la nouvelle,
Et m'acquitter vers vous de mes respects profonds ;
Je vais le couronner, madame, et j'en réponds.

## SCÈNE III.

### ATALIDE, ZAÏRE.

#### ATALIDE.

Allons, retirons-nous, ne troublons point leur joie.

#### ZAÏRE.

Ah ! madame ! croyez...

#### ATALIDE.

     Que veux-tu que je croie ?
Quoi donc ! à ce spectacle irai-je m'exposer ?
Tu vois que c'en est fait, ils se vont épouser ;
La sultane est contente ; il l'assure qu'il l'aime.
Mais je ne m'en plains pas, je l'ai voulu moi-même.
Cependant croyais-tu, quand, jaloux de sa foi,
Il s'allait plein d'amour sacrifier pour moi,
Lorsque son cœur, tantôt m'exprimant sa tendresse,
Refusait à Roxane une simple promesse,
Quand mes larmes en vain tâchaient de l'émouvoir,
Quand je m'applaudissais de leur peu de pouvoir,
Croyais-tu que son cœur, contre toute apparence,
Pour la persuader trouvât tant d'éloquence ?

Ah! peut-être, après tout, que, sans trop se forcer,
Tout ce qu'il a pu dire, il a pu le penser.
Peut-être, en la voyant, plus sensible pour elle,
Il a vu dans ses yeux quelque grâce nouvelle ;
Elle aura devant lui fait parler ses douleurs ;
Elle l'aime ; un empire autorise ses pleurs :
Tant d'amour touche enfin une âme généreuse.
Hélas ! que de raisons contre une malheureuse !

### ZAÏRE.

Mais ce succès, madame, est encore incertain.
Attendez.

### ATALIDE.

Non, vois-tu, je le nierais en vain,
Je ne prends point plaisir à croître ma misère ;
Je sais pour se sauver tout ce qu'il a dû faire.
Quand mes pleurs vers Roxane ont rappelé ses pas,
Je n'ai point prétendu qu'il ne m'obéît pas :
Mais après les adieux que je venais d'entendre,
Après tous les transports d'une douleur si tendre,
Je sais qu'il n'a point dû lui faire remarquer
La joie et les transports qu'on vient de m'expliquer.
Toi-même juge-nous, et vois si je m'abuse :
Pourquoi de ce conseil moi seule suis-je exclue ?
Au sort de Bajazet ai-je si peu de part ?
A me chercher lui-même attendrait-il si tard,
N'était que de son cœur le trop juste reproche
Lui fait peut-être, hélas ! éviter cette approche ?
Mais non, je lui veux bien épargner ce souci :
Il ne me verra plus.

### ZAÏRE.

Madame, le voici.

## SCÈNE IV.

#### BAJAZET, ATALIDE, ZAÏRE.

###### BAJAZET.

C'en est fait, j'ai parlé, vous êtes obéie.
Vous n'avez plus, madame, à craindre pour ma vie;
Et je serais heureux, si la foi, si l'honneur,
Ne me reprochaient point mon injuste bonheur;
Si mon cœur, dont le trouble en secret me condamne,
Pouvait me pardonner aussi bien que Roxane.
Mais enfin je me vois les armes à la main;
Je suis libre, et je puis contre un frère inhumain,
Non plus par un silence aidé de votre adresse,
Disputer en ces lieux le cœur de sa maîtresse,
Mais par de vrais combats, par de nobles dangers,
Moi-même le cherchant aux climats étrangers,
Lui disputer les cœurs du peuple et de l'armée,
Et pour juge entre nous prendre la renommée,
Que vois-je? Qu'avez-vous? Vous pleurez!

###### ATALIDE.

Non, seigneur,
Je ne murmure point contre votre bonheur :
Le ciel, le juste ciel vous devait ce miracle.
Vous savez si jamais j'y formai quelque obstacle ;
Tant que j'ai respiré, vos yeux me sont témoins
Que votre seul péril occupait tous mes soins;
Et puisqu'il ne pouvait finir qu'avec ma vie,
C'est sans regret aussi que je la sacrifie.
Il est vrai, si le ciel eût écouté mes vœux,
Qu'il pouvait m'accorder un trépas plus heureux :
Vous n'en auriez pas moins épousé ma rivale;
Vous pouviez l'assurer de la foi conjugale;
Mais vous n'auriez pas joint à ce titre d'époux

Tous ces gages d'amour qu'elle a reçus de vous.
Roxane s'estimait assez récompensée,
Et j'aurais en mourant cette douce pensée,
Que, vous ayant moi-même imposé cette loi,
Je vous ai vers Roxane envoyé plein de moi ;
Qu'emportant chez les morts toute votre tendresse,
Ce n'est point un amant en vous que je lui laisse.

BAJAZET.

Que parlez-vous, madame, et d'époux et d'amant ?
O ciel ! de ce discours quel est le fondement ?
Qui peut vous avoir fait ce récit infidèle ?
Moi, j'aimerais Roxane, ou je vivrais pour elle,
Madame ! Ah ! croyez-vous que, loin de le penser,
Ma bouche seulement eût pu le prononcer ?
Mais l'un ni l'autre enfin n'était point nécessaire :
La sultane a suivi son penchant ordinaire,
Et, soit qu'elle ait d'abord expliqué mon retour
Comme un gage certain qui marquait mon amour ;
Soit que le temps trop cher la pressât de se rendre,
A peine ai-je parlé, que, sans presque m'entendre,
Ses pleurs précipités ont coupé mes discours :
Elle met dans ma main sa fortune, ses jours,
Et, se fiant enfin à ma reconnaissance,
D'un hymen infaillible a formé l'espérance.
Moi-même, rougissant de sa crédulité,
Et d'un amour si tendre et si peu mérité,
Dans ma confusion que Roxane, madame,
Attribuait encore à l'excès de ma flamme,
Je me trouvais barbare, injuste, criminel.
Croyez qu'il m'a fallu, dans ce moment cruel,
Pour garder jusqu'au bout un silence perfide,
Rappeler tout l'amour que j'ai pour Atalide.
Cependant, quand je viens, après de tels efforts,
Chercher quelque secours contre tous mes remords,
Vous-même contre moi je vous vois, irritée,

Reprocher votre mort à mon âme agitée ;
Je vois enfin, je vois qu'en ce même moment
Tout ce que je vous dis vous touche faiblement.
Madame, finissons et mon trouble et le vôtre.
Ne nous affligeons point vainement l'un et l'autre.
Roxane n'est pas loin ; laissez agir ma foi :
J'irai, bien plus content et de vous et de moi,
Détromper son amour d'une feinte forcée,
Que je n'allais tantôt déguiser ma pensée.
La voici.

ATALIDE.

Juste ciel ! où va-t-il s'exposer ?
Si vous m'aimez, gardez de la désabuser.

## SCÈNE V.

### BAJAZET, ROXANE, ATALIDE, ZAÏRE.

ROXANE.

Venez, seigneur, venez : il est temps de paraître,
Et que tout le sérail reconnaisse son maître :
Tout ce peuple nombreux dont il est habité,
Assemblé par mon ordre, attend ma volonté.
Mes esclaves gagnés, que le reste va suivre,
Sont les premiers sujets que mon amour vous livre.
L'auriez-vous cru, madame, et qu'un si prompt retour
Fît à tant de fureur succéder tant d'amour ?
Tantôt, à me venger fixe et déterminée,
Je jurais qu'il voyait sa dernière journée :
A peine cependant Bajazet m'a parlé ;
L'amour fit le serment, l'amour l'a violé.
J'ai cru dans son désordre entrevoir sa tendresse :
J'ai prononcé sa grâce, et je crois sa promesse.

BAJAZET.

Oui, je vous ai promis et j'ai donné ma foi

De n'oublier jamais tout ce que je vous doi ;
J'ai juré que mes soins, ma juste complaisance,
Vous répondront toujours de ma reconnaissance.
Si je puis à ce prix mériter vos bienfaits,
Je vais de vos bontés attendre les effets.

## SCÈNE VI.

#### ROXANE, ATALIDE, ZAÏRE.

###### ROXANE.

De quel étonnement, ô ciel! suis-je frappée!
Est-ce un songe? et mes yeux ne m'ont-ils point trompée?
Quel est ce sombre accueil, et ce discours glacé
Qui semble révoquer tout ce qui s'est passé?
Sur quel espoir croit-il que je me sois rendue,
Et qu'il ait regagné mon amitié perdue?
J'ai cru qu'il me jurait que jusques à la mort
Son amour me laissait maîtresse de son sort.
Se repent-il déjà de m'avoir apaisée?
Mais moi-même tantôt me serais-je abusée?
Ah!... Mais il vous parlait : quels étaient ses discours,
Madame?

###### ATALIDE.

Moi, madame! Il vous aime toujours.

###### ROXANE.

Il y va de sa vie, au moins, que je le croie.
Mais, de grâce, parmi tant de sujets de joie,
Répondez-moi, comment pouvez-vous expliquer
Ce chagrin qu'en sortant il m'a fait remarquer?

###### ATALIDE.

Madame, ce chagrin n'a point frappé ma vue.
Il m'a de vos bontés longtemps entretenue,
Il en était tout plein quand je l'ai rencontré :
J'ai cru le voir sortir tel qu'il était entré.

Mais, madame, après tout, faut-il être surprise
Que, tout près d'achever cette grande entreprise,
Bajazet s'inquiète, et qu'il laisse échapper
Quelques marques des soins qui doivent l'occuper?

ROXANE.

Je vois qu'à l'excuser votre adresse est extrême :
Vous parlez mieux pour lui qu'il ne parle lui-même.

ATALIDE.

Et quel autre intérêt...

ROXANE.

Madame, c'est assez.
Je conçois vos raisons mieux que vous ne pensez.
Laissez-moi : j'ai besoin d'un peu de solitude.
Ce jour me jette aussi dans quelque inquiétude :
J'ai, comme Bajazet, mon chagrin et mes soins :
Et je veux un moment y penser sans témoins.

## SCÈNE VII.

ROXANE.

De tout ce que je vois que faut-il que je pense?
Tous deux à me tromper sont-ils d'intelligence?
Pourquoi ce changement, ce discours, ce départ?
N'ai-je pas même entre eux surpris quelque regard?
Bajazet interdit! Atalide étonnée!
O ciel! à cet affront m'auriez-vous condamnée?
De mon aveugle amour seraient-ce là les fruits?
Tant de jours douloureux, tant d'inquiètes nuits;
Mes brigues, mes complots, ma trahison fatale,
N'aurai-je tout tenté que pour une rivale?
Mais peut-être qu'aussi, trop prompte à m'affliger,
J'observe de trop près un chagrin passager :
J'impute à son amour l'effet de son caprice.
N'eût-il pas jusqu'au bout conduit son artifice?

Prêt à voir le succès de son déguisement,
Quoi! ne pouvait-il pas feindre encore un moment?
Non, non, rassurons-nous : trop d'amour m'intimide.
Et pourquoi dans son cœur redouter Atalide?
Quel serait son dessein? Qu'a-t-elle fait pour lui?
Qui de nous deux enfin le couronne aujourd'hui?
Mais, hélas! de l'amour ignorons-nous l'empire?
Si par quelque autre charme Atalide l'attire,
Qu'importe qu'il nous doive et le sceptre et le jour?
Les bienfaits dans un cœur balancent-ils l'amour?
Et sans chercher plus loin, quand l'ingrat me sut plaire,
Ai-je mieux reconnu les bontés de son frère?
Ah! si d'une autre chaîne il n'était point lié,
L'offre de mon hymen l'eût-il tant effrayé?
N'eût-il pas sans regret secondé mon envie?
L'eût-il refusé, même aux dépens de sa vie?
Que de justes raisons... Mais qui vient me parler?
Que veut-on?

## SCÈNE VIII.

### ROXANE, ZATIME.

#### ZATIME.

Pardonnez si j'ose vous troubler :
Mais, madame, un esclave arrive de l'armée;
Et, quoique sur la mer la porte fût fermée,
Les gardes, sans tarder, l'ont ouverte à genoux,
Aux ordres du sultan qui s'adressent à vous.
Mais ce qui me surprend, c'est Orcan qu'il envoie.

#### ROXANE.

Orcan!

#### ZATIME.

Oui, de tous ceux que le sultan emploie,
Orcan, le plus fidèle à servir ses desseins,

Né sous le ciel brûlant des plus noirs Africains.
Madame, il vous demande avec impatience.
Mais j'ai cru vous devoir avertir par avance;
Et, souhaitant surtout qu'il ne vous surprît pas,
Dans votre appartement j'ai retenu ses pas.

ROXANE.

Quel malheur imprévu vient encor me confondre?
Quel peut être cet ordre? et que puis-je répondre?
Il n'en faut point douter, le sultan, inquiet,
Une seconde fois condamne Bajazet.
On ne peut sur ses jours sans moi rien entreprendre :
Tout m'obéit ici. Mais dois-je le défendre?
Quel est mon empereur? Bajazet? Amurat?
J'ai trahi l'un; mais l'autre est peut-être un ingrat.
Le temps presse. Que faire en ce doute funeste?
Allons, employons bien le moment qui nous reste.
Ils ont beau se cacher, l'amour le plus discret
Laisse par quelque marque échapper son secret.
Observons Bajazet; étonnons Atalide;
Et couronnons l'amant, ou perdons le perfide.

FIN DU TROISIÈME ACTE.

# ACTE QUATRIÈME.

### SCÈNE I.

#### ATALIDE, ZAÏRE.

##### ATALIDE.

Ah! sais-tu mes frayeurs? sais-tu que dans ces lieux
J'ai vu du fier Orcan le visage odieux?
En ce moment fatal, que je crains sa venue!
Que je crains... Mais dis-moi, Bajazet t'a-t-il vue?
Qu'a-t-il dit? se rend-il, Zaïre, à mes raisons?
Ira-t-il voir Roxane, et calmer ses soupçons?

##### ZAÏRE.

Il ne peut plus la voir sans qu'elle le commande :
Roxane ainsi l'ordonne, elle veut qu'il l'attende.
Sans doute à cet esclave elle veut le cacher.
J'ai feint en le voyant de ne le point chercher.
J'ai rendu votre lettre, et j'ai pris sa réponse.
Madame, vous verrez ce qu'elle vous annonce.

##### ATALIDE lit :

« Après tant d'injustes détours,
» Faut-il qu'à feindre encor votre amour me convie!
» Mais je veux bien prendre soin d'une vie
» Dont vous jurez que dépendent vos jours :
» Je verrai la sultane; et par ma complaisance,
» Par de nouveaux serments de ma reconnaissance,
» J'apaiserai, si je puis, son courroux.
» N'exigez rien de plus : ni la mort, ni vous-même,

» Ne me ferez jamais prononcer que je l'aime,
» Puisque jamais je n'aimerai que vous. »

Hélas! que me dit-il? Croit-il que je l'ignore?
Ne sais-je pas assez qu'il m'aime, qu'il m'adore?
Est-ce ainsi qu'à mes vœux il sait s'accommoder?
C'est Roxane, et non moi, qu'il faut persuader.
De quelle crainte encor me laisse-t-il saisie!
Funeste aveuglement! perfide jalousie!
Récit menteur, soupçons que je n'ai pu celer,
Fallait-il vous entendre, ou fallait-il parler?
C'était fait, mon bonheur surpassait mon attente :
J'étais aimée, heureuse; et Roxane contente.
Zaïre, s'il se peut, retourne sur tes pas :
Qu'il l'apaise. Ces mots ne me suffisent pas:
Que sa bouche, ses yeux, tout l'assure qu'il l'aime :
Qu'elle le croie enfin. Que ne puis-je moi-même,
Échauffant par mes pleurs ses soins trop languissants,
Mettre dans ses discours tout l'amour que je sens!
Mais à d'autres périls je crains de le commettre.

ZAÏRE.

Roxane vient à vous.

ATALIDE.

Ah! cachons cette lettre.

## SCÈNE II.

ROXANE, ATALIDE, ZATIME, ZAÏRE.

ROXANE, à Zatime.

Viens. J'ai reçu cet ordre. Il faut l'intimider.

ATALIDE, à Zaïre.

Va, cours; et tâche enfin de le persuader.

## SCÈNE III.

#### ROXANE, ATALIDE, ZATIME.

##### ROXANE.

Madame, j'ai reçu des lettres de l'armée.
De tout ce qui s'y passe êtes-vous informée ?

##### ATALIDE.

On m'a dit que du camp un esclave est venu :
Le reste est un secret qui ne m'est pas connu.

##### ROXANE.

Amurat est heureux : la fortune est changée,
Madame, et sous ses lois Babylone est rangée.

##### ATALIDE.

Hé quoi, madame ! Osmin...

##### ROXANE.

     Était mal averti ;
Et depuis son départ cet esclave est parti.
C'en est fait.

##### ATALIDE à part.

  Quel revers !

##### ROXANE.

     Pour comble de disgrâces,
Le sultan, qui l'envoie, est parti sur ses traces.

##### ATALIDE.

Quoi ! les Persans armés ne l'arrêtent donc pas ?

##### ROXANE.

Non, madame : vers nous il revient à grands pas.

##### ATALIDE.

Que je vous plains, madame ! et qu'il est nécessaire
D'achever promptement ce que vous vouliez faire !

##### ROXANE.

Il est tard de vouloir s'opposer au vainqueur.

ATALIDE, à part.

O ciel!

ROXANE.

Le temps n'a point adouci sa rigueur.
Vous voyez dans mes mains sa volonté suprême.

ATALIDE.

Et que vous mande-t-il?

ROXANE.

Voyez: lisez vous-même.
Vous connaissez, madame, et la lettre et le seing.

ATALIDE.

Du cruel Amurat je reconnais la main.

(Elle lit.)

« Avant que Babylone éprouvât ma puissance,
» Je vous ai fait porter mes ordres absolus:
» Je ne veux point douter de votre obéissance,
» Et crois que maintenant Bajazet ne vit plus.
» Je laisse sous mes lois Babylone asservie,
» Et confirme en partant mon ordre souverain.
» Vous, si vous avez soin de votre propre vie,
» Ne vous montrez à moi que sa tête à la main. »

ROXANE.

Hé bien?

ATALIDE, à part.

Cache tes pleurs, malheureuse Atalide.

ROXANE.

Que vous semble?

ATALIDE.

Il poursuit son dessein parricide.
Mais il pense proscrire un prince sans appui;
Il ne sait pas l'amour qui vous parle pour lui;
Que vous et Bajazet vous ne faites qu'une âme;
Que plutôt, s'il le faut, vous mourrez...

ROXANE.

Moi, madame?

ACTE IV. SCÈNE IV.

Je voudrais le sauver, je ne puis le haïr;
Mais...

ATALIDE.

Quoi donc? qu'avez-vous résolu?

ROXANE.

D'obéir.

ATALIDE.

D'obéir!

ROXANE.

Et que faire en ce péril extrême?
Il le faut.

ATALIDE.

Quoi! ce prince aimable.... qui vous aime,
Verra finir ses jours qu'il vous a destinés!

ROXANE.

Il le faut; et déjà mes ordres sont donnés.

ATALIDE.

Je me meurs.

ZATIME.

Elle tombe et ne vit plus qu'à peine.

ROXANE.

Allez, conduisez-la dans la chambre prochaine;
Mais au moins observez ses regards, ses discours,
Tout ce qui convaincra leurs perfides amours.

SCÈNE IV.

ROXANE.

Ma rivale à mes yeux s'est enfin déclarée.
Voilà sur quelle foi je m'étais assurée!
Depuis six mois entiers j'ai cru que, nuit et jour
Ardente, elle veillait au soin de mon amour :

Et c'est moi qui, du sien ministre trop fidèle,
Semble depuis six mois ne veiller que pour elle ;
Qui me suis appliquée à chercher les moyens
De lui faciliter tant d'heureux entretiens ;
Et qui même souvent, secondant son envie,
Ai hâté les moments les plus doux de sa vie.
Ce n'est pas tout : il faut maintenant m'éclaircir
Si dans sa perfidie elle a su réussir ;
Il faut... Mais que pourrais-je apprendre davantage ?
Mon malheur n'est-il pas écrit sur son visage ?
Vois-je pas, au travers de son saisissement,
Un cœur dans ses douleurs content de son amant ?
Exempte des soupçons dont je suis tourmentée.
Ce n'est que pour ses jours qu'elle est épouvantée.
N'importe : poursuivons. Elle peut, comme moi,
Sur des gages trompeurs s'assurer de sa foi.
Pour le faire expliquer, tendons-lui quelque piége.
Mais quel indigne emploi moi-même m'imposé-je !
Quoi donc ! à me gêner appliquant mes esprits,
J'irai faire à mes yeux éclater ses mépris ?
Lui-même il peut prévoir et tromper mon adresse.
D'ailleurs l'ordre, l'esclave, et le vizir me presse.
Il faut prendre parti : l'on m'attend. Faisons mieux :
Sur tout ce que j'ai vu fermons plutôt les yeux ;
Laissons de leur amour la recherche importune ;
Poussons à bout l'ingrat, et tentons la fortune :
Voyons si, par mes soins sur le trône élevé,
Il osera trahir l'amour qui l'a sauvé,
Et si, de mes bienfaits lâchement libérale,
Sa main en osera couronner ma rivale.
Je saurai bien toujours retrouver le moment
De punir, s'il le faut, la rivale et l'amant :
Dans ma juste fureur observant le perfide,
Je saurai le surprendre avec son Atalide,
Et d'un même poignard les unissant tous deux,

Les percer l'un et l'autre et moi-même après eux.
Voilà n'en doutons point, le parti qu'il faut prendre.
Je veux tout ignorer.

## SCÈNE V.

#### ROXANE, ZATIME.

ROXANE.

Ah! que viens-tu m'apprendre,
Zatime? Bajazet en est-il amoureux?
Vois-tu, dans ses discours, qu'ils s'entendent tous deux?
ZATIME.
Elle n'a point parlé : toujours évanouie,
Madame, elle ne marque aucun reste de vie
Que par de longs soupirs et des gémissements
Qu'il semble que son cœur va suivre à tous moments.
Vos femmes, dont le soin à l'envi la soulage,
Ont découvert son sein pour leur donner passage.
Moi-même, avec ardeur secondant ce dessein,
J'ai trouvé ce billet enfermé dans son sein :
Du prince votre amant j'ai reconnu la lettre,
Et j'ai cru qu'en vos mains je devais la remettre.
ROXANE.
Donne... Pourquoi frémir? et quel trouble soudain
Me glace à cet objet, et fait trembler ma main?
Il peut l'avoir écrit sans m'avoir offensée;
Il peut même... Lisons, et voyons sa pensée:
« . . . . . . . . . . ni la mort, ni vous-même,
» Ne me ferez jamais prononcer que je l'aime,
» Puisque jamais je n'aimerai que vous. »
Ah! de la trahison me voilà donc instruite!
Je reconnais l'appât dont ils m'avaient séduite.
Ainsi donc mon amour était récompensé,
Lâche, indigne du jour que je t'avais laissé!

Ah! je respire enfin; et ma joie est extrême
Que le traître, une fois, se soit trahi lui-même.
Libre des soins cruels où j'allais m'engager,
Ma tranquille fureur n'a plus qu'à se venger.
Qu'il meure : vengeons-nous. Courez : qu'on le saisisse.
Que la main des muets s'arme pour son supplice;
Qu'ils viennent préparer ces nœuds infortunés
Par qui de ses pareils les jours sont terminés.
Cours, Zatime, sois prompte à servir ma colère.

ZATIME.

Ah! madame!

ROXANE.

Quoi donc?

ZATIME.

Si sans trop vous déplaire,
Dans les justes transports, madame, où je vous vois,
J'osais vous faire entendre une timide voix :
Bajazet, il est vrai, trop indigne de vivre,
Aux mains de ces cruels mérite qu'on le livre;
Mais, tout ingrat qu'il est, croyez-vous aujourd'hui
Qu'Amurat ne soit pas plus à craindre que lui?
Et qui sait si déjà quelque bouche infidèle
Ne l'a point averti de votre amour nouvelle?
Des cœurs comme le sien, vous le savez assez,
Ne se regagnent plus quand ils sont offensés;
Et la plus prompte mort, dans ce moment sévère,
Devient de leur amour la marque la plus chère.

ROXANE.

Avec quelle insolence et quelle cruauté
Ils se jouaient tous deux de ma crédulité!
Quel penchant, quel plaisir je sentais à les croire!
Tu ne remportais pas une grande victoire,
Perfide, en abusant ce cœur préoccupé,
Qui lui-même craignait de se voir détrompé!
Moi qui, de ce haut rang qui me rendait si fière,
Dans le sein du malheur t'ai cherché la première

Pour attacher des jours tranquilles, fortunés,
Aux périls dont tes jours étaient environnés.
Après tant de bontés, de soins, d'ardeurs extrêmes,
Tu ne saurais jamais prononcer que tu m'aimes!
Mais dans quel souvenir me laissé-je égarer?
Tu pleures, malheureuse! Ah! tu devais pleurer
Lorsque d'un vain désir à ta perte poussée,
Tu conçus de le voir la première pensée.
Tu pleures! et l'ingrat, tout prêt à te trahir,
Prépare les discours dont il veut t'éblouir;
Pour plaire à ta rivale, il prend soin de sa vie.
Ah! traître, tu mourras!... Quoi! tu n'es point partie?
Va. Mais nous-même allons, précipitons nos pas:
Qu'il me voie, attentive au soin de son trépas,
Lui montrer à la fois, et l'ordre de son frère,
Et de sa trahison ce gage trop sincère.
Toi, Zatime, retiens ma rivale en ces lieux.
Qu'il n'ait, en expirant, que ses cris pour adieux,
Qu'elle soit cependant fidèlement servie;
Prends soin d'elle : ma haine a besoin de sa vie.
Ah! si pour son amant facile à s'attendrir,
La peur de son trépas la fit presque mourir,
Quel surcroît de vengeance et de douceur nouvelle
De le montrer bientôt pâle et mort devant elle,
De voir sur cet objet ses regards arrêtés
Me payer les plaisirs que je leur ai prêtés!
Va, retiens-la. Surtout, garde bien le silence.
Moi... Mais qui vient ici différer ma vengeance?

## SCÈNE VI.

#### ROXANE, ACOMAT, OSMIN.

##### ACOMAT.

Que faites-vous, madame? en quels retardements

D'un jour si précieux perdez-vous les moments?
Bysance, par mes soins presque entière assemblée,
Interroge ses chefs de leur crainte troublée;
Et tous pour s'expliquer, ainsi que mes amis,
Attendent le signal que vous m'aviez promis.
D'où vient que, sans répondre à leur impatience,
Le sérail cependant garde un triste silence?
Déclarez-vous, madame; et sans plus différer...

ROXANE.

Oui, vous serez content, je vais me déclarer.

ACOMAT.

Madame, quel regard, et quelle voix sévère,
Malgré votre discours m'assurent du contraire?
Quoi, déjà votre amour, des obstacles vaincu...

ROXANE.

Bajazet est un traître, et n'a que trop vécu.

ACOMAT.

Lui!

ROXANE.

Pour moi, pour vous-même, également perfide,
Il nous trompait tous deux.

ACOMAT.

Comment?

ROXANE.

Cette Atalide,
Qui même n'était pas un assez digne prix
De tout ce que pour lui vous avez entrepris...

ACOMAT.

Hé bien?

ROXANE.

Lisez : jugez après cette insolence,
Si nous devons d'un traître embrasser la défense.
Obéissons plutôt à la juste rigueur
D'Amurat, qui s'approche et retourne vainqueur;
Et, livrant sans regret un indigne complice,

Apaisons le sultan par un prompt sacrifice.
ACOMAT, lui rendant le billet.
Oui, puisque jusque-là l'ingrat m'ose outrager,
Moi-même, s'il le faut, je m'offre à vous venger,
Madame. Laissez-moi nous laver l'un et l'autre
Du crime que sa vie a jeté sur la nôtre.
Montrez-moi le chemin, j'y cours.
ROXANE.
Non, Acomat :
Laissez-moi le plaisir de confondre l'ingrat.
Je veux voir son désordre, et jouir de sa honte.
Je perdrais ma vengeance en la rendant si prompte.
Je vais tout préparer. Vous cependant, allez
Disperser promptement vos amis assemblés.

## SCÈNE VII.

ACOMAT, OSMIN.

ACOMAT.
Demeure : il n'est pas temps, cher Osmin, que je sorte.
OSMIN.
Quoi! jusque-là, seigneur, votre amour vous transporte?
N'avez-vous pas poussé la vengeance assez loin?
Voulez-vous de sa mort être encor le témoin?
ACOMAT.
Que veux-tu dire? Es-tu toi-même si crédule
Que de me soupçonner d'un courroux ridicule?
Moi jaloux! Plût au ciel qu'en me manquant de foi
L'imprudent Bajazet n'eût offensé que moi!
OSMIN.
Et pourquoi donc, seigneur, au lieu de le défendre...
ACOMAT.
Eh! la sultane est-elle en état de m'entendre?

Ne voyais-tu pas bien, quand je l'allais trouver,
Que j'allais avec lui me perdre ou me sauver?
Ah! de tant de conseils événement sinistre!
Prince aveugle! ou plutôt trop aveugle ministre,
Il te sied bien d'avoir en de si jeunes mains,
Chargé d'ans et d'honneurs, confié tes desseins,
Et laissé d'un vizir la fortune flottante
Suivre de ces amants la conduite imprudente!

OSMIN.

Hé! laissez-les entre eux excercer leur courroux:
Bajazet veut périr, seigneur, songez à vous.
Qui peut de vos desseins révéler le mystère,
Sinon quelques amis engagés à se taire?
Vous verrez par sa mort le sultan adouci.

ACOMAT.

Roxane en sa fureur peut raisonner ainsi:
Mais moi qui vois plus loin, qui, par un long usage,
Des maximes du trône ai fait l'apprentissage;
Qui, d'emplois en emplois, vieilli sous trois sultans,
Ai vu de mes pareils les malheurs éclatants,
Je sais, sans me flatter, que de sa seule audace
Un homme tel que moi doit attendre sa grâce,
Et qu'une mort sanglante est l'unique traité
Qui reste entre l'esclave et le maître irrité.

OSMIN.

Fuyez donc.

ACOMAT.

J'approuvais tantôt cette pensée:
Mon entreprise alors était moins avancée;
Mais il m'est désormais trop dur de reculer.
Par une belle chute il faut me signaler,
Et laisser un débris, du moins après ma fuite,
Qui de mes ennemis retarde la poursuite.
Bajazet vit encor: pourquoi nous étonner?
Acomat de plus loin a su le ramener.

Sauvons-le malgré lui de ce péril extrême,
Pour nous, pour nos amis, pour Roxane elle-même,
Tu vois combien son cœur, prêt à le protéger,
A retenu mon bras trop prompt à la venger.
Je connais peu l'amour ; mais j'ose te répondre
Qu'il n'est pas condamné, puisqu'on veut le confondre,
Que nous avons du temps. Malgré son désespoir,
Roxane l'aime encore, Osmin, et le va voir.

OSMIN.

Enfin, que vous inspire une si noble audace?
Si Roxane l'ordonne il faut quitter la place :
Ce palais est tout plein...

ACOMAT.

Oui, d'esclaves obscurs,
Nourris, loin de la guerre, à l'ombre de ses murs.
Mais toi, dont la valeur, d'Amurat oubliée,
Par de communs chagrins à mon sort s'est liée,
Voudras-tu jusqu'au bout seconder mes fureurs?

OSMIN.

Seigneur vous m'offensez : si vous mourez, je meurs.

ACOMAT.

D'amis et de soldats une troupe hardie
Aux portes du palais attend notre sortie ;
La sultane d'ailleurs se fie à mes discours :
Nourri dans le sérail, j'en connais les détours ;
Je sais de Bajazet l'ordinaire demeure ;
Ne tardons plus, marchons ; et, s'il faut que je meure,
Mourons ; moi, cher Osmin, comme un vizir ; et toi,
Comme le favori d'un homme tel que moi.

FIN DU QUATRIÈME ACTE.

# ACTE CINQUIÈME.

## SCÈNE I.

### ATALIDE.

Hélas! je cherche en vain : rien ne s'offre à ma vue.
Malheureuse! Comment puis-je l'avoir perdue?
Ciel, aurais-tu permis que mon funeste amour
Exposât mon amant tant de fois en un jour?
Que, pour dernier malheur, cette lettre fatale
Fût encor parvenue aux yeux de ma rivale?
J'étais en ce lieu même; et ma timide main,
Quand Roxane a paru, l'a cachée en mon sein.
Sa présence a surpris mon âme désolée;
Ses menaces, sa voix, un ordre m'a troublée :
J'ai senti défaillir ma force et mes esprits :
Ses femmes m'entouraient quand je les ai repris;
A mes yeux étonnés leur troupe est disparue.
Ah! trop cruelles mains, qui m'avez secourue,
Vous m'avez vendu cher vos secours inhumains;
Et par vous cette lettre a passé dans ses mains.
Quels desseins maintenant occupent sa pensée?
Sur qui sera d'abord sa vengeance exercée?
Quel sang pourra suffire à son ressentiment?
Ah! Bajazet est mort, ou meurt en ce moment.
Cependant on m'arrête, on me tient enfermée.
On ouvre : de son sort je vais être informée.

## SCÈNE II.

ROXANE, ATALIDE, ZATIME, GARDES.

ROXANE, à Atalide.

Retirez-vous.

ATALIDE.

Madame... Excusez l'embarras...

ROXANE.

Retirez-vous, vous dis-je; et ne répliquez pas.
Gardes, qu'on la retienne.

## SCÈNE III.

ROXANE, ZATIME.

ROXANE.

Oui, tout est prêt, Zatime :
Orcan et les muets attendent leur victime.
Je suis pourtant toujours maîtresse de son sort :
Je puis le retenir. Mais, s'il sort, il est mort.
Vient-il?

ZATIME.

Oui, sur mes pas un esclave l'amène;
Et loin de soupçonner sa disgrâce prochaine,
Il m'a paru, madame, avec empressement,
Sortir, pour vous chercher, de son appartement.

ROXANE.

Ame lâche, et trop digne enfin d'être déçue,
Peut-tu souffrir encor qu'il paraisse à ta vue?
Crois-tu par tes discours le vaincre ou l'étonner?
Quand même il se rendrait, peux-tu lui pardonner?
Quoi! ne devrais-tu pas être déjà vengée?
Ne crois-tu pas encore être assez outragée?

Sans perdre tant d'efforts sur ce cœur endurci,
Que ne le laissons-nous périr?... Mais le voici.

## SCÈNE IV.

### BAJAZET, ROXANE.

#### ROXANE.

Je ne vous ferai point des reproches frivoles :
Les moments sont trop chers pour les perdre en paroles.
Mes soins vous sont connus : en un mot, vous vivez ;
Et je ne vous dirais que ce que vous savez.
Malgré tout mon amour, si je n'ai pu vous plaire,
Je n'en murmure point ; quoiqu'à ne vous rien taire,
Ce même amour peut-être, et ces mêmes bienfaits,
Auraient dû suppléer à mes faibles attraits.
Mais je m'étonne enfin que, pour reconnaissance,
Pour prix de tant d'amour, de tant de confiance,
Vous ayez si longtemps, par des détours si bas,
Feint un amour pour moi que vous ne sentiez pas.

#### BAJAZET.

Qui? moi, madame?

#### ROXANE.

Oui, toi. Voudrais-tu point encore
Me nier un mépris que tu crois que j'ignore?
Ne prétendrais-tu point, par tes fausses couleurs,
Déguiser un amour qui te retient ailleurs ;
Et me jurer enfin d'une bouche perfide,
Tout ce que tu ne sens que pour ton Atalide?

#### BAJAZET.

Atalide, madame! O ciel! qui vous a dit...

#### ROXANE.

Tiens, perfide, regarde, et démens cet écrit.

#### BAJAZET, après avoir regardé la lettre.

Je ne vous dis plus rien : cette lettre sincère

D'un malheureux amour contient tout le mystère ;
Vous savez un secret que tout prêt à s'ouvrir
Mon cœur a mille fois voulu vous découvrir.
J'aime, je le confesse ; et devant que votre âme,
Prévenant mon espoir, m'eût déclaré sa flamme,
Déjà plein d'un amour dès l'enfance formé,
A tout autre désir mon cœur était fermé.
Vous me vîntes offrir et la vie et l'empire ;
Et même votre amour, si j'ose vous le dire,
Consultant vos bienfaits, les crut, et sur leur foi,
De tous mes sentiments vous répondit pour moi.
Je connus votre erreur. Mais que pouvais-je faire ?
Je vis en même temps qu'elle vous était chère.
Combien le trône tente un cœur ambitieux !
Un si noble présent me fit ouvrir les yeux.
Je chéris, j'acceptai, sans tarder davantage,
L'heureuse occasion de sortir d'esclavage,
D'autant plus qu'il fallait l'accepter ou périr ;
D'autant plus que vous-même, ardente à me l'offrir,
Vous ne craigniez rien tant que d'être refusée ;
Que même mes refus vous auraient exposée ;
Qu'après avoir osé me voir et me parler,
Il était dangereux pour vous de reculer.
Cependant, je n'en veux pour témoins que vos plaintes.
Ai-je pu vous tromper par des promesses feintes ?
Songez combien de fois vous m'avez reproché
Un silence témoin de mon trouble caché :
Plus l'effet de vos soins et ma gloire étaient proches,
Plus mon cœur, interdit, se faisait de reproches.
Le ciel, qui m'entendait, sait bien qu'en même temps
Je ne m'arrêtais pas à des vœux impuissants ;
Et si l'effet enfin, suivant mon espérance,
Eût ouvert un champ libre à ma reconnaissance,
J'aurais, par tant d'honneurs, par tant de dignités,
Contenté votre orgueil et payé vos bontés,

Que vous-même peut-être...
### ROXANE.
Et que pourrais-tu faire?
Sans l'offre de ton cœur, par où peux-tu me plaire?
Quels seraient de tes vœux les inutiles fruits?
Ne te souvient-il plus de tout ce que je suis?
Maîtresse du sérail, arbitre de ta vie,
Et même de l'État, qu'Amurat me confie,
Sultane, et, ce qu'en vain j'ai cru trouver en toi,
Souveraine d'un cœur qui n'eût aimé que moi :
Dans ce comble de gloire où je suis arrivée,
A quel indigne honneur m'avais-tu réservée?
Traînerais-je en ces lieux un sort infortuné,
Vil rebut d'un ingrat que j'aurais couronné,
De mon rang descendue, à mille autres égale,
Ou la première esclave enfin de ma rivale?
Laissons ces vains discours : et, sans m'importuner,
Pour la dernière fois, veux-tu vivre et régner?
J'ai l'ordre d'Amurat, et je puis t'y soustraire.
Mais tu n'as qu'un moment : parle.
### BAJAZET.
Que faut-il faire?
### ROXANE.
Ma rivale est ici : suis-moi sans différer;
Dans les mains des muets viens la voir expirer;
Et, libre d'un amour à ta gloire funeste,
Viens m'engager ta foi : le temps fera le reste.
Ta grâce est à ce prix, si tu veux l'obtenir.
### BAJAZET.
Je ne l'accepterais que pour vous en punir;
Que pour faire éclater aux yeux de tout l'empire
L'horreur et le mépris que cette offre m'inspire.
Mais à quelle fureur me laissant emporter,
Contre ses tristes jours vais-je vous irriter!
De mes emportements elle n'est point complice,

Ni de mon amour même, et de mon injustice :
Loin de me retenir par des conseils jaloux,
Elle me conjurait de me donner à vous.
En un mot, séparez ses vertus de mon crime.
Poursuivez, s'il le faut, un courroux légitime ;
Aux ordres d'Amurat hâtez-vous d'obéir :
Mais laissez-moi du moins mourir sans vous haïr.
Amurat avec moi ne l'a point condamnée :
Épargnez une vie assez infortunée.
Ajoutez cette grâce à tant d'autres bontés,
Madame ; et si jamais je vous fus cher...

ROXANE.

Sortez.

## SCÈNE V.

ROXANE, ZATIME.

ROXANE.

Pour la dernière fois, perfide, tu m'as vue,
Et tu vas rencontrer la peine qui t'est due.

ZATIME.

Atalide à vos pieds demande à se jeter,
Et vous prie un moment de vouloir l'écouter,
Madame : elle vous veut faire l'aveu fidèle
D'un secret important qui vous touche plus qu'elle.

ROXANE.

Oui, qu'elle vienne. Et toi, suis Bajazet qui sort ;
Et, quand il sera temps, viens m'apprendre son sort.

## SCÈNE VI.

#### ROXANE, ATALIDE.

##### ATALIDE.

Je ne viens plus, madame, à feindre disposée,
Tromper votre bonté si longtemps abusée ;
Confuse, et digne objet de vos inimitiés,
Je viens mettre mon cœur et mon crime à vos pieds.
Oui, madame, il est vrai que je vous ai trompée :
Du soin de mon amour seulement occupée,
Quand j'ai vu Bajazet, loin de vous obéir,
Je n'ai dans mes discours songé qu'à vous trahir.
Je l'aimai dès l'enfance ; et dès ce temps, madame,
J'avais par mille soins su prévenir son âme.
La sultane sa mère, ignorant l'avenir,
Hélas ! pour son malheur se plut à nous unir.
Vous l'aimâtes depuis : plus heureux l'un et l'autre,
Si connaissant mon cœur, ou me cachant le vôtre,
Votre amour de la mienne eût su se défier !
Je ne me noircis point pour le justifier.
Je jure par le ciel, qui me voit confondue,
Par ces grands Ottomans dont je suis descendue,
Et qui tous avec moi vous parlent à genoux
Pour le plus pur du sang qu'ils ont transmis en nous,
Bajazet à vos soins tôt ou tard plus sensible,
Madame, à tant d'attraits n'était pas invincible.
Jalouse, et toujours prête à lui représenter
Tout ce que je croyais digne de l'arrêter,
Je n'ai rien négligé, plaintes, larmes, colère,
Quelquefois attestant les mânes de sa mère ;
Ce jour même, des jours le plus infortuné,
Lui reprochant l'espoir qu'il vous avait donné,
Et de ma mort enfin le prenant à partie,

Mon importune ardeur ne s'est point ralentie,
Qu'arrachant malgré lui des gages de sa foi,
Je ne sois parvenue à le perdre avec moi.
Mais pourquoi vos bontés seraient-elles lassées?
Ne vous arrêtez point à ces froideurs passées;
C'est moi qui l'y forçai. Les nœuds que j'ai rompus
Se rejoindront bientôt quand je ne serai plus.
Quelque peine pourtant qui soit due à mon crime,
N'ordonnez pas vous-même une mort légitime,
Et ne vous montrez point à son cœur éperdu
Couverte de mon sang par vos mains répandu :
D'un cœur trop tendre encore épargnez la faiblesse.
Vous pouvez de mon sort me laisser la maîtresse,
Madame; mon trépas n'en sera pas moins prompt.
Jouissez d'un bonheur dont ma mort vous répond;
Couronnez un héros dont vous serez chérie :
J'aurai soin de ma mort; prenez soin de sa vie.
Allez, madame, allez : avant votre retour,
J'aurai d'une rivale affranchi votre amour.

ROXANE.

Je ne mérite pas un si grand sacrifice :
Je me connais, madame, et je me fais justice.
Loin de vous séparer, je prétends aujourd'hui
Par des nœuds éternels vous unir avec lui :
Vous jouirez bientôt de son aimable vue.
Levez-vous. Mais que veut Zatime tout émue?

## SCÈNE VII.

### ROXANE, ATALIDE, ZATIME.

#### ZATIME.

Ah! venez vous montrer, madame, ou désormais
Le rebelle Acomat est maître du palais :
Profanant des sultans la demeure sacrée,

Ses criminels amis en ont forcé l'entrée.
Vos esclaves tremblants, dont la moitié s'enfuit,
Doutent si le vizir vous sert ou vous trahit.

### ROXANE.

Ah! les traîtres! Allons, et courons le confondre.
Toi, garde ma captive, et songe à m'en répondre.

## SCÈNE VIII.

### ATALIDE, ZATIME.

### ATALIDE.

Hélas! pour qui mon cœur doit-il faire des vœux?
J'ignore quel dessein les anime tous deux.
Si de tant de malheurs quelque pitié te touche,
Je ne demande point, Zatime, que ta bouche
Trahisse en ma faveur Roxane et son secret :
Mais, de grâce, dis-moi ce que fait Bajazet.
L'as-tu vu? Pour ses jours n'ai-je encor rien à craindre?

### ZATIME.

Madame, en vos malheurs je ne puis que vous plaindre.

### ATALIDE.

Quoi! Roxane déjà l'a-t-elle condamné?

### ZATIME.

Madame, le secret m'est surtout ordonné.

### ATALIDE.

Malheureuse, dis-moi seulement s'il respire.

### ZATIME.

Il y va de ma vie et je ne puis rien dire.

### ATALIDE.

Ah! c'en est trop, cruelle! Achève, et que ta main
Lui donne de ton zèle un gage plus certain;
Perce toi-même un cœur que ton silence accable;
D'une esclave barbare esclave impitoyable,
Précipite des jours qu'elle me veut ravir;

Montre-toi, s'il se peut, digne de la servir.
Tu me retiens en vain; et, dès cette même heure,
Il faut que je le voie, ou du moins que je meure.

## SCÈNE IX.

#### ATALIDE, ACOMAT, ZATIME.

##### ACOMAT.

Ah! que fait Bajazet? Où le puis-je trouver,
Madame? Aurai-je encor le temps de le sauver?
Je cours tout le sérail; et, même dès l'entrée,
De mes braves amis la moitié séparée
A marché sur les pas du courageux Osmin :
Le reste m'a suivi par un autre chemin.
Je cours et je ne vois que des troupes craintives
D'esclaves effrayés, de femmes fugitives.

##### ATALIDE.

Ah! je suis de son sort moins instruite que vous.
Cette esclave le sait.

##### ACOMAT.

    Crains mon juste courroux.
Malheureuse, réponds.

## SCÈNE X.

#### ATALIDE, ACOMAT, ZATIME, ZAÏRE.

##### ZAÏRE.
Madame...
##### ATALIDE.
      Hé bien, Zaïre?
Qu'est-ce?
##### ZAÏRE.
Ne craignez plus : votre ennemie expire.

ATALIDE.

Roxane?

ZAÏRE.

Et ce qui va bien plus vous étonner,
Orcan lui-même, Orcan vient de l'assassiner.

ATALIDE.

Quoi! lui?

ZAÏRE.

Désespéré d'avoir manqué son crime,
Sans doute il a voulu prendre cette victime.

ATALIDE.

Juste ciel, l'innocence a trouvé ton appui!
Bajazet vit encor : vizir, courez à lui.

ZAÏRE.

Par la bouche d'Osmin vous serez mieux instruite.
Il a tout vu.

## SCÈNE XI.

ATALIDE, ACOMAT, OSMIN, ZAIRE.

ACOMAT.

Ses yeux ne l'ont-ils point séduite?
Roxane est-elle morte?

OSMIN.

Oui, j'ai vu l'assassin
Retirer son poignard tout fumant de son sein.
Orcan, qui méditait ce cruel stratagème,
La servait à dessein de la perdre elle-même ;
Et le sultan l'avait chargé secrètement
De lui sacrifier l'amante après l'amant.
Lui-même d'aussi loin qu'il nous a vu paraître :
« Adorez, a-t-il dit, l'ordre de votre maître ;
» De son auguste seing, reconnaissez les traits,
» Perfides, et sortez de ce sacré palais.

A ce discours laissant la sultane expirante,
Il a marché vers nous; et d'une main sanglante
Il nous a déployé l'ordre dont Amurat
Autorise ce monstre à ce double attentat.
Mais, seigneur, sans vouloir l'écouter davantage,
Transportés à la fois de douleur et de rage,
Nos bras impatients ont puni son forfait,
Et vengé dans son sang la mort de Bajazet.

ATALIDE.

Bajazet !

ACOMAT.

Que dis-tu?

OSMIN.

Bajazet est sans vie.
L'ignoriez-vous?

ATALIDE.

O ciel

OSMIN.

Son amante en furie,
Près de ces lieux, seigneur, craignant votre secours,
Avait au nœud fatal abandonné ses jours.
Moi-même des objets j'ai vu le plus funeste,
Et de sa vie en vain j'ai cherché quelque reste :
Bajazet était mort. Nous l'avons rencontré
De morts et de mourants noblement entouré,
Que, vengeant sa défaite, et cédant sous le nombre,
Ce héros a forcés d'accompagner son ombre.
Mais, puisque c'en est fait, seigneur, songeons à nous.

ACOMAT.

Ah ! destins ennemis, où me réduisez-vous !
Je sais en Bajazet la perte que vous faites,
Madame; je sais trop qu'en l'état où vous êtes,
Il ne m'appartient point de vous offrir l'appui
De quelques malheureux qui n'espéraient qu'en lui :
Saisi, désespéré d'une mort qui m'accable,

Je vais, non point sauver cette tête coupable,
Mais, redevable aux soins de mes tristes amis,
Défendre jusqu'au bout leurs jours qu'ils m'ont commis.
Pour vous, si vous voulez qu'en quelque autre contrée
Nous allions confier votre tête sacrée,
Madame, consultez : maîtres de ce palais,
Mes fidèles amis attendront vos souhaits;
Et moi, pour ne point perdre un temps si salutaire,
Je cours où ma présence est encor nécessaire;
Et jusqu'aux pieds des murs que la mer vient laver,
Sur mes vaisseaux tout prêts je viens vous retrouver.

## SCÈNE XII.

### ATALIDE, ZAÏRE.

#### ATALIDE.

Enfin, c'en est donc fait; et par mes artifices,
Mes injustes soupçons, mes funestes caprices,
Je suis donc arrivée au douloureux moment
Où je vois par mon crime expirer mon amant !
N'était-ce pas assez, cruelle destinée,
Qu'à lui survivre, hélas ! je fusse condamnée?
Et fallait-il encor, que, pour comble d'horreurs,
Je ne pusse imputer sa mort qu'à mes fureurs?
Oui, c'est moi, cher amant, qui t'arrache la vie;
Roxane, ou le sultan, ne te l'ont point ravie :
Moi seule, j'ai tissu le lien malheureux
Dont tu viens d'éprouver les détestables nœuds.
Et je puis, sans mourir, en souffrir la pensée,
Moi qui n'ai pu tantôt, de ta mort menacée,
Retenir mes esprits prompts à m'abandonner !
Ah ! n'ai-je eu de l'amour que pour t'assassiner?
Mais c'en est trop : il faut, par un prompt sacrifice,

Que ma fidèle main te venge et me punisse.
Vous, de qui j'ai troublé la gloire et le repos,
Héros, qui deviez tous revivre en ce héros;
Toi, mère malheureuse, et qui, dès notre enfance,
Me confia son cœur dans une autre espérance;
Infortuné vizir, amis désespérés,
Roxane, venez tous, contre moi conjurés,
Tourmenter à la fois une amante éperdue;
Et prenez la vengeance enfin qui vous est due.
(Elle se tue.)

### ZAÏRE.

Ah! madame!... Elle expire. O ciel! en ce malheur,
Que ne puis-je avec elle expirer de douleur!

FIN DE BAJAZET.

# MITHRIDATE.

## TRAGÉDIE.

1673.

# PRÉFACE.

Il n'y a guère de nom plus connu que celui de Mithridate [1] : sa vie et sa mort font une partie considérable de l'histoire romaine ; et, sans compter les victoires qu'il a remportées, on peut dire que ses seules défaites ont fait presque toute la gloire de trois des plus grands capitaines de la république, c'est à savoir, de Sylla, de Lucullus, et de Pompée [2]. Ainsi je ne pense pas qu'il soit besoin de citer ici mes auteurs : car, excepté quelques événements que j'ai un peu rapprochés par le droit que donne la poésie, tout le monde reconnaîtra aisément que j'ai suivi l'histoire avec beaucoup de fidélité. En effet, il n'y a guère d'actions éclatantes dans la vie de Mithridate qui n'aient trouvé place dans ma tragédie. J'y ai inséré tout ce qui pouvait mettre en jour les mœurs et les sentiments de ce prince, je veux dire sa haine violente contre les Romains, son grand courage, sa finesse, sa dissimulation, et enfin cette jalousie qui lui était si naturelle, et qui a tant de fois coûté la vie à ses maîtresses. La seule

---

[1] Mithridate III, septième roi de Pont, surnommé Eupator.
[2] *C'est à savoir, de Sylla, de Lucullus et de Pompée.* Cette fin de phrase ne se trouve pas dans l'édition princeps.

chose qui pourrait n'être pas aussi connue que le reste, c'est le dessein que je lui fais prendre de passer dans l'Italie. Comme ce dessein m'a fourni une des scènes qui ont le plus réussi dans ma tragédie, je crois que le plaisir du lecteur pourra redoubler, quand il verra que presque tous les historiens ont dit ce que je fais dire ici à Mithridate.

Florus, Plutarque et Dion Cassius nomment les pays par où il devait passer. Appien d'Alexandrie entre plus dans le détail; et, après avoir marqué les facilités et les secours que Mithridate espérait trouver dans sa marche, il ajoute que ce projet fut le prétexte dont Pharnace se servit pour faire révolter toute l'armée, et que les soldats, effrayés de l'entreprise de son père, la regardèrent comme le désespoir d'un prince qui ne cherchait qu'à périr avec éclat.

Ainsi elle fut en partie cause de sa mort, qui est l'action de ma tragédie. J'ai encore lié ce dessein de plus près à mon sujet : je m'en suis servi pour faire connaître à Mithridate les secrets sentiments de ses deux fils. On ne peut prendre trop de précaution pour ne rien mettre sur le théâtre qui ne soit très-nécessaire, et les plus belles scènes sont en danger d'ennuyer, du moment qu'on les peut séparer de l'action, et qu'elles l'interrompent au lieu de la conduire vers sa fin [1].

Voici la réflexion que fait Dion Cassius sur ce dessein de Mithridate : « Cet homme était véritablement né

---

[1] Dans l'édition princeps, la préface finit en cet endroit.

» pour entreprendre de grandes choses. Comme il avait
» souvent éprouvé la bonne et la mauvaise fortune, il
» ne croyait rien au-dessus de ses espérances et de son
» audace, et mesurait ses desseins bien plus à la gran-
» deur de son courage qu'au mauvais état de ses af-
» faires; bien résolu, si son entreprise ne réussissait
» point, de faire une fin digne d'un grand roi, et de
» s'ensevelir lui-même sous les ruines de son empire,
» plutôt que de vivre dans l'obscurité et dans la bas-
» sesse [1]. »

J'ai choisi Monime entre les femmes que Mithridate a aimées. Il paraît que c'est celle de toutes qui a été la plus vertueuse, et qu'il a aimée le plus tendrement. Plutarque semble avoir pris plaisir à décrire le malheur et les sentiments de cette princesse. C'est lui qui m'a donné l'idée de Monime; et c'est en partie sur la peinture qu'il en a faite que j'ai fondé un caractère que je puis dire qui n'a point déplu. Le lecteur trouvera bon que je rapporte ses paroles telles qu'Amyot les a traduites; car elles ont une grâce dans le vieux style de ce traducteur que je ne crois point pouvoir égaler dans notre langage moderne :

« Cette-ci estoit fort renommée entre les Grecs, pour
» ce que quelques sollicitations que lui sceust faire le
» roi en estant amoureux, jamais ne voulut entendre à
» toutes ses poursuites jusqu'à ce qu'il y eust accord
» de mariage passé entre eux, qu'il lui eust envoyé le
» diadème ou bandeau royal, et qu'il l'eust appelée

---

[1] *Hist. Rom.*, lib. XXXVII.

» royne. La pauvre dame, depuis que ce roi l'eust
» épousée, avoit vécu en grande desplaisance, ne fai-
» sant continuellement autre chose que de plorer la
» malheureuse beauté de son corps, laquelle, au lieu
» d'un mari, lui avoit donné un maistre, et, au lieu de
» compaignie conjugale, et que doibt avoir une dame
» d'honneur, lui avoit baillé une garde et garnison
» d'hommes barbares, qui la tenoient comme prison-
» nière loin du doulx pays de la Grèce, en lieu où elle
» n'avoit qu'un songe et une ombre des biens qu'elle
» avoit espérés; et au contraire avoit réellement perdu
» les véritables, dont elle jouissoit au pays de sa nais-
» sance. Et quand l'eunuque fut arrivé devers elle, et
» lui eut faict commandement de par le roi qu'elle eust
» à mourir, adonc elle s'arracha d'alentour de la teste
» son bandeau royal, et, se le nouant alentour du col,
» s'en pendit. Mais le bandeau ne fut pas assez fort, et
» se rompit incontinent. Et lors elle se prit à dire : « O
» maudit et malheureux tissu, ne me serviras-tu point
» au moins à ce triste service? » En disant ces paroles,
» elle le jeta contre terre, crachant dessus, et tendit la
» gorge à l'eunuque [1]. »

Xipharès était fils de Mithridate et d'une de ses femmes qui se nommait Stratonice. Elle livra aux Romains une place de grande importance, où étaient les trésors de Mithridate, pour mettre son fils Xipharès

---

[1] (PLUTARQUE, *Vie de Lucullus*.) Racine a supprimé plusieurs mots du texte d'Amyot, et y a fait quelques changements, afin de restreindre à Monime ce qui, dans ce récit, s'applique en général aux femmes de Mithridate.

dans les bonnes grâces de Pompée. Il y a des historiens qui prétendent que Mithridate fit mourir ce jeune prince pour se venger de la perfidie de sa mère.

Je ne dis rien de Pharnace : car qui ne sait pas que ce fut lui qui souleva contre Mithridate ce qui lui restait de troupes, et qui força ce prince à se vouloir empoisonner, et à se passer son épée au travers du corps pour ne pas tomber entre les mains de ses ennemis? C'est ce même Pharnace qui fut vaincu depuis par Jules César, et qui fut tué ensuite dans une autre bataille.

## PERSONNAGES.

MITHRIDATE, roi de Pont et de quantité d'autres royaumes.

MONIME, accordée avec Mithridate, et déjà déclarée reine.

PHARNACE,  
XIPHARÈS, } fils de Mithridate, mais de différentes mères.

ARBATE, confident de Mithridate, et gouverneur de la place de Nymphée.

PHŒDIME, confidente de Monime.

ARCAS, domestique de Mithridate.

GARDES.

Noms des acteurs qui ont créé les rôles de *Mithridate*.

| | |
|---|---|
| MITHRIDATE. | La Fleur. |
| PHARNACE. | Champmeslé. |
| XIPHARÈS. | Brecourt. |
| MONIME. | M<sup>lle</sup> Champmeslé. |
| ARBATE. | Hauteroche. |

La scène est à Nymphée, port de mer sur le Bosphore Cimmérien, dans la Chersonèse Taurique.

# MITHRIDATE.

## ACTE PREMIER.

### SCÈNE I.

#### XIPHARÈS, ARBATE.

XIPHARÈS.
On nous faisait, Arbate, un fidèle rapport :
Rome en effet triomphe, et Mithridate est mort.
Les Romains, vers l'Euphrate, ont attaqué mon père,
Et trompé dans la nuit sa prudence ordinaire.
Après un long combat, tout son camp dispersé
Dans la foule des morts, en fuyant l'a laissé ;
Et j'ai su qu'un soldat dans les mains de Pompée
Avec son diadème a remis son épée.
Ainsi ce roi qui seul a, durant quarante ans,
Lassé tout ce que Rome eut de chefs importants,
Et qui, dans l'Orient balançant la fortune,
Vengeait de tous les rois la querelle commune,
Meurt, et laisse après lui pour venger son trépas,
Deux fils infortunés qui ne s'accordent pas.
ARBATE.
Vous, seigneur ! Quoi ! l'ardeur de régner en sa place
Rend déjà Xipharès ennemi de Pharnace ?
XIPHARÈS.
Non, je ne prétends point, cher Arbate, à ce prix,
D'un malheureux empire acheter les débris.
Je sais en lui des ans respecter l'avantage ;

Et, content des États marqués pour mon partage,
Je verrai sans regret tomber entre ses mains
Tout ce que lui promet l'amitié des Romains.
### ARBATE.
L'amitié des Romains? Le fils de Mithridate,
Seigneur? Est-il bien vrai?
### XIPHARÈS.
N'en doute point, Arbate;
Pharnace, dès longtemps tout Romain dans le cœur,
Attend tout maintenant de Rome et du vainqueur.
Et moi, plus que jamais à mon père fidèle,
Je conserve aux Romains une haine immortelle.
Cependant et ma haine et ses prétentions
Sont les moindres sujets de nos divisions.
### ARBATE.
Et quel autre intérêt contre lui vous anime?
### XIPHARÈS.
Je m'en vais t'étonner : cette belle Monime,
Qui du roi notre père attira tous les vœux,
Dont Pharnace, après lui, se déclare amoureux...
### ARBATE.
Hé bien, seigneur?
### XIPHARÈS.
Je l'aime, et ne veux plus m'en taire,
Puisque enfin pour rival je n'ai plus que mon frère.
Tu ne t'attendais pas, sans doute, à ce discours;
Mais ce n'est point, Arbate, un secret de deux jours.
Cet amour s'est longtemps accru dans le silence.
Que n'en puis-je à tes yeux marquer la violence,
Et mes premiers soupirs, et mes derniers ennuis!
Mais, en l'état funeste où nous sommes réduits,
Ce n'est guère le temps d'occuper ma mémoire
A rappeler le cours d'une amoureuse histoire.
Qu'il te suffise donc, pour me justifier,
Que je vis, que j'aimai la reine le premier,

Que mon père ignorait jusqu'au nom de Monime
Quand je conçus pour elle un amour légitime.
Il la vit. Mais au lieu d'offrir à ces beautés
Un hymen, et des vœux dignes d'être écoutés,
Il crut que, sans prétendre une plus haute gloire,
Elle lui céderait une indigne victoire.
Tu sais par quels efforts il tenta sa vertu,
Et que, lassé d'avoir vainement combattu,
Absent, mais toujours plein de son amour extrême,
Il lui fit par tes mains porter son diadème.
Juge de mes douleurs quand des bruits trop certains
M'annoncèrent du roi l'amour et les desseins;
Quand je sus qu'à son lit Monime réservée
Avait pris avec toi le chemin de Nymphée!
Hélas! ce fut encor dans ce temps odieux
Qu'aux offres des Romains ma mère ouvrit les yeux :
Ou pour venger sa foi par cet hymen trompée,
Ou, ménageant pour moi la faveur de Pompée,
Elle trahit mon père, et rendit aux Romains
La place et les trésors confiés en ses mains.
Quel devins-je au récit du crime de ma mère!
Je ne regardai plus mon rival dans mon père;
J'oubliai mon amour par le sien traversé :
Je n'eus devant les yeux que mon père offensé.
J'attaquai les Romains; et ma mère, éperdue,
Me vit, en reprenant cette place rendue,
A mille coups mortels contre eux me dévouer,
Et chercher, en mourant, à la désavouer.
L'Euxin, depuis ce temps, fut libre, et l'est encore;
Et des rives du Pont aux rives du Bosphore,
Tout reconnut mon père; et ses heureux vaisseaux
N'eurent plus d'ennemis que les vents et les eaux.
Je voulais faire plus : je prétendais, Arbate,
Moi-même à son secours m'avancer vers l'Euphrate.
Je fus soudain frappé du bruit de son trépas.

Au milieu de mes pleurs, je ne le cèle pas,
Monime, qu'en tes mains mon père avait laissée,
Avec tous ses attraits revint en ma pensée.
Que dis-je? en ce malheur je tremblai pour ses jours;
Je redoutai du roi les cruelles amours;
Tu sais combien de fois ses jalouses tendresses.
Ont pris soin d'assurer la mort de ses maîtresses.
Je volai vers Nymphée; et mes tristes regards
Rencontrèrent Pharnace au pied de ses remparts.
J'en conçus, je l'avoue, un présage funeste.
Tu nous reçus tous deux, et tu sais tout le reste.
Pharnace, en ses desseins toujours impétueux,
Ne dissimula point ses vœux présomptueux :
De mon père à la reine il conta la disgrâce,
L'assura de sa mort, et s'offrit en sa place.
Comme il le dit, Arbate, il veut l'exécuter.
Mais enfin à mon tour je prétends éclater :
Autant que mon amour respecta la puissance
D'un père à qui je fus dévoué dès l'enfance,
Autant ce même amour, maintenant révolté,
De ce nouveau rival brave l'autorité.
Ou Monime, à ma flamme elle-même contraire,
Condamnera l'aveu que je prétends lui faire;
Ou bien, quelque malheur qu'il en puisse avenir,
Ce n'est que par ma mort qu'on la peut obtenir.
Voilà tous les secrets que je voulais t'apprendre.
C'est à toi de choisir quel parti tu dois prendre;
Qui des deux te paraît plus digne de ta foi,
L'esclave des Romains, ou le fils de ton roi.
Fier de leur amitié, Pharnace croit peut-être
Commander dans Nymphée et me parler en maître.
Mais ici mon pouvoir ne connaît point le sien :
Le Pont est son partage, et Colchos est le mien:
Et l'on sait que toujours la Colchide et ses princes
Ont compté ce Bosphore au rang de leurs provinces.

ARBATE.

Commandez-moi, seigneur. Si j'ai quelque pouvoir,
Mon choix est déjà fait, je ferai mon devoir :
Avec le même zèle, avec la même audace
Que je servais le père et gardais cette place,
Et contre votre frère, et même contre vous,
Après la mort du roi, je vous sers contre tous.
Sans vous, ne sais-je pas que ma mort assurée
De Pharnace en ces lieux allait suivre l'entrée?
Sais-je pas que mon sang, par ses mains répandu,
Eût souillé ce rempart contre lui défendu?
Assurez-vous du cœur et du choix de la reine;
Du reste, ou mon crédit n'est plus qu'une ombre vaine,
Ou Pharnace, laissant le Bosphore en vos mains,
Ira jouir ailleurs des bontés des Romains.

XIPHARÈS.

Que ne devrai-je point à cette ardeur extrême!
Mais on vient. Cours, ami. C'est Monime elle-même.

## SCÈNE II.

MONIME, XIPHARÈS.

MONIME.

Seigneur, je viens à vous : car enfin, aujourd'hui,
Si vous m'abandonnez quel sera mon appui?
Sans parents, sans amis, désolée et craintive,
Reine longtemps de nom, mais en effet captive,
Et veuve maintenant sans avoir eu d'époux,
Seigneur, de mes malheurs ce sont là les plus doux.
Je tremble à vous nommer l'ennemi qui m'opprime :
J'espère toutefois qu'un cœur si magnanime
Ne sacrifiera point les pleurs des malheureux
Aux intérêts du sang qui vous unit tous deux.
Vous devez à ces mots reconnaître Pharnace :

C'est lui, seigneur, c'est lui dont la coupable audace
Veut, la force à la main, m'attacher à son sort
Par un hymen pour moi plus cruel que la mort.
Sous quel astre ennemi faut-il que je sois née!
Au joug d'un autre hymen sans amour destinée,
A peine suis-je libre et goûte quelque paix,
Qu'il faut que je me livre à tout ce que je hais.
Peut-être je devrais, plus humble en ma misère,
Me souvenir du moins que je parle à son frère :
Mais, soit raison, destin, soit que ma haine en lui
Confonde les Romains, dont il cherche l'appui,
Jamais hymen formé sous le plus noir auspice
De l'hymen que je crains n'égala le supplice.
Et si Monime en pleurs ne vous peut émouvoir,
Si je n'ai plus pour moi que mon seul désespoir,
Au pied du même autel où je suis attendue,
Seigneur, vous me verrez, à moi-même rendue,
Percer ce triste cœur qu'on veut tyranniser,
Et dont jamais encor je n'ai pu disposer.

XIPHARÈS.

Madame, assurez-vous de mon obéissance;
Vous avez dans ces lieux une entière puissance :
Pharnace ira, s'il veut, se faire craindre ailleurs.
Mais vous ne savez pas encor tous vos malheurs.

MONIME.

Hé! quel nouveau malheur peut affliger Monime,
Seigneur?

XIPHARÈS.

Si vous aimer c'est faire un si grand crime,
Pharnace n'en est pas seul coupable aujourd'hui;
Et je suis mille fois plus criminel que lui.

MONIME.

Vous!

XIPHARÈS.

Mettez ce malheur au rang des plus funestes;

Attestez, s'il le faut, les puissances célestes
Contre un sang malheureux, né pour vous tourmenter,
Père, enfants, animés à vous persécuter;
Mais, avec quelque ennui que vous puissiez apprendre
Cet amour criminel qui vient de vous surprendre,
Jamais tous vos malheurs ne sauraient approcher
Des maux que j'ai soufferts en le voulant cacher.
Ne croyez point pourtant que, semblable à Pharnace,
Je vous serve aujourd'hui pour me mettre en sa place.
Vous voulez être à vous, j'en ai donné ma foi,
Et vous ne dépendrez ni de lui ni de moi.
Mais, quand je vous aurai pleinement satisfaite,
En quels lieux avez-vous choisi votre retraite?
Sera-ce loin, madame, ou près de mes États?
Me sera-t-il permis d'y conduire vos pas?
Verrez-vous d'un même œil le crime et l'innocence?
En fuyant mon rival, fuirez-vous ma présence?
Pour prix d'avoir si bien secondé vos souhaits,
Faudra-t-il me résoudre à ne vous voir jamais?

MONIME.

Ah! que m'apprenez-vous!

XIPHARÈS.

Hé quoi! belle Monime,
Si le temps peut donner quelque droit légitime,
Faut-il vous dire ici que le premier de tous
Je vous vis, je formai le dessein d'être à vous,
Quand vos charmes naissants, inconnus à mon père,
N'avaient encore paru qu'aux yeux de votre mère?
Ah! si, par mon devoir forcé de vous quitter,
Tout mon amour alors ne put pas éclater,
Ne vous souvient-il plus, sans compter tout le reste,
Combien je me plaignis de ce devoir funeste?
Ne vous souvient-il plus, en quittant vos beaux yeux,
Quelle vive douleur attendrit mes adieux?
Je m'en souviens tout seul : avouez-le, madame,

Je vous rappelle un songe effacé de votre âme.
Tandis que, loin de vous, sans espoir de retour,
Je nourrissais encor un malheureux amour,
Contente, et résolue à l'hymen de mon père,
Tous les malheurs du fils ne vous affligeaient guère.

MONIME.

Hélas!

XIPHARÈS.

Avez-vous plaint un moment mes ennuis?

MONIME.

Prince... n'abusez point de l'état où je suis.

XIPHARÈS.

En abuser, ô ciel! quand je cours vous défendre,
Sans vous demander rien, sans oser rien prétendre;
Que vous dirai-je enfin? lorsque je vous promets
De vous mettre en état de ne me voir jamais!

MONIME.

C'est me promettre plus que vous ne sauriez faire.

XIPHARÈS.

Quoi! malgré mes serments, vous croyez le contraire!
Vous croyez qu'abusant de mon autorité,
Je prétends attenter à votre liberté?
On vient, madame, on vient : expliquez-vous, de grâce.
Un mot.

MONIME.

Défendez-moi des fureurs de Pharnace :
Pour me faire, seigneur, consentir à vous voir,
Vous n'aurez pas besoin d'un injuste pouvoir.

XIPHARÈS.

Ah! madame!

MONIME.

Seigneur, vous voyez votre frère.

## SCÈNE III.

MONIME, PHARNACE, XIPHARÈS.

PHARNACE.

Jusques à quand, madame, attendrez-vous mon père?
Des témoins de sa mort viennent à tous moments
Condamner votre doute et vos retardements.
Venez, fuyez l'aspect de ce climat sauvage,
Qui ne parle à vos yeux que d'un triste esclavage :
Un peuple obéissant vous attend à genoux,
Sous un ciel plus heureux et plus digne de vous.
Le Pont vous reconnaît dès longtemps pour sa reine :
Vous en portez encor la marque souveraine;
Et ce bandeau royal fut mis sur votre front
Comme un gage assuré de l'empire de Pont.
Maître de cet État que mon père me laisse,
Madame, c'est à moi d'accomplir sa promesse.
Mais il faut, croyez-moi, sans attendre plus tard,
Ainsi que notre hymen presser notre départ :
Nos intérêts communs et mon cœur le demandent.
Prêts à vous recevoir, mes vaisseaux vous attendent;
Et du pied de l'autel vous y pouvez monter,
Souveraine des mers qui vous doivent porter.

MONIME.

Seigneur, tant de bontés ont lieu de me confondre.
Mais, puisque le temps presse, et qu'il faut vous répondre,
Puis-je, laissant la feinte et les déguisements,
Vous découvrir ici mes secrets sentiments?

PHARNACE.

Vous pouvez tout.

MONIME.

   Je crois que je vous suis connue.
Éphèse est mon pays; mais je suis descendue

D'aïeux, ou rois, seigneur, ou héros qu'autrefois
Leur vertu, chez les Grecs, mit au-dessus des rois.
Mithridate me vit; Éphèse, et l'Ionie,
A son heureux empire était alors unie :
Il daigna m'envoyer ce gage de sa foi.
Ce fut pour ma famille une suprême loi :
Il fallut obéir. Esclave couronnée,
Je partis pour l'hymen où j'étais destinée.
Le roi, qui m'attendait au sein de ses États,
Vit emporter ailleurs ses desseins et ses pas,
Et, tandis que la guerre occupait son courage,
M'envoya dans ces lieux éloignés de l'orage.
J'y vins : j'y suis encor. Mais cependant, seigneur,
Mon père paya cher ce dangereux honneur :
Et les Romains vainqueurs, pour première victime,
Prirent Philopœmen, le père de Monime.
Sous ce titre funeste il se vit immoler;
Et c'est de quoi, seigneur, j'ai voulu vous parler.
Quelque juste fureur dont je sois animée,
Je ne puis point à Rome opposer une armée;
Inutile témoin de tous ses attentats,
Je n'ai pour me venger ni sceptre ni soldats;
Enfin, je n'ai qu'un cœur. Tout ce que je puis faire,
C'est de garder la foi que je dois à mon père,
De ne point dans son sang aller tremper mes mains
En épousant en vous l'allié des Romains.

PHARNACE.

Que parlez-vous de Rome et de son alliance?
Pourquoi tout ce discours et cette défiance?
Qui vous dit qu'avec eux je prétends m'allier?

MONIME.

Mais vous-même, seigneur, pouvez-vous le nier?
Comment m'offririez-vous l'entrée et la couronne
D'un pays que partout leur armée environne,
Si le traité secret qui vous lie aux Romains

Ne vous en assurait l'empire et les chemins?

PHARNACE.

De mes intentions je pourrais vous instruire,
Et je sais les raisons que j'aurais à vous dire,
Si, laissant en effet les vains déguisements,
Vous m'aviez expliqué vos secrets sentiments;
Mais enfin je commence, après tant de traverses,
Madame, à rassembler vos excuses diverses;
Je crois voir l'intérêt que vous voulez celer,
Et qu'un autre qu'un père ici vous fait parler.

XIPHARÈS.

Quel que soit l'intérêt qui fait parler la reine,
La réponse, seigneur, doit-elle être incertaine?
Et contre les Romains votre ressentiment
Doit-il pour éclater balancer un moment?
Quoi! nous aurons d'un père entendu la disgrâce;
Et lents à le venger, prompts à remplir sa place,
Nous mettrons notre honneur et son sang en oubli!
Il est mort : savons-nous s'il est enseveli?
Qui sait si, dans le temps que votre âme empressée
Forme d'un doux hymen l'agréable pensée,
Ce roi que l'Orient, tout plein de ses exploits,
Peut nommer justement le dernier de ses rois,
Dans ses propres États, privé de sépulture,
Ou couché sans honneur dans une foule obscure,
N'accuse point le ciel qui le laisse outrager,
Et des indignes fils qui n'osent le venger?
Ah! ne languissons plus dans un coin du Bosphore :
Si dans tout l'univers quelque roi libre encore,
Parthe, Scythe ou Sarmate, aime sa liberté,
Voilà nos alliés : marchons de ce côté.
Vivons, ou périssons dignes de Mithridate;
Et songeons bien plutôt, quelque amour qui nous flatte,
A défendre du joug et nous et nos États
Qu'à contraindre des cœurs qui ne se donnent pas.

PHARNACE.

Il sait vos sentiments. Me trompais-je, madame?
Voilà cet intérêt si puissant sur votre âme,
Ce père, ces Romains que vous me reprochez.

XIPHARÈS.

J'ignore de son cœur les sentiments cachés;
Mais je m'y soumettrais sans vouloir rien prétendre,
Si, comme vous, seigneur, je croyais les entendre.

PHARNACE.

Vous feriez bien; et moi, je fais ce que je doi :
Votre exemple n'est pas une règle pour moi.

XIPHARÈS.

Toutefois en ces lieux je ne connais personne
Qui ne doive imiter l'exemple que je donne.

PHARNACE.

Vous pourriez à Colchos vous expliquer ainsi.

XIPHARÈS.

Je le puis à Colchos, et je le puis ici.

PHARNACE.

Ici! vous y pourriez rencontrer votre perte...


## SCÈNE IV.

MONIME, PHARNACE, XIPHARÈS, PHŒDIME.

PHŒDIME.

Princes, toute la mer est de vaisseaux couverte;
Et bientôt, démentant le faux bruit de sa mort,
Mithridate lui-même arrive dans le port.

MONIME.

Mithridate!

XIPHARÈS.

    Mon père!

PHARNACE.

        Ah! que viens-je d'entendre!

####### PHOEDIME.

Quelques vaisseaux légers sont venus nous l'apprendre.
C'est lui-même : et déjà, pressé de son devoir,
Arbate loin du bord l'est allé recevoir.

####### XIPHARÈS, à Monime.

Qu'avons-nous fait !

####### MONIME, à Xipharès.

Adieu, prince. Quelle nouvelle !

## SCÈNE V.

#### PHARNACE, XIPHARÈS.

####### PHARNACE, à part.

Mithridate revient ! Ah ! fortune cruelle !
Ma vie et mon amour tous deux courent hasard.
Les Romains que j'attends arriveront trop tard :

*(A Xipharès.)*

Comment faire ? J'entends que votre cœur soupire,
Et j'ai conçu l'adieu qu'elle vient de vous dire,
Prince ; mais ce discours demande un autre temps :
Nous avons aujourd'hui des soins plus importants.
Mithridate revient peut-être inexorable :
Plus il est malheureux, plus il est redoutable.
Le péril est pressant plus que vous ne pensez.
Nous sommes criminels, et vous le connaissez :
Rarement l'amitié désarme sa colère ;
Ses propres fils n'ont point de juge plus sévère ;
Et nous l'avons vu même à ses cruels soupçons
Sacrifier deux fils pour de moindres raisons.
Craignons pour vous, pour moi, pour la reine elle-même.
Je la plains d'autant plus que Mithridate l'aime.
Amant avec transport, mais jaloux sans retour,
Sa haine va toujours plus loin que son amour.
Ne vous assurez point sur l'amour qu'il vous porte :

Sa jalouse fureur n'en sera que plus forte.
Songez-y. Vous avez la faveur des soldats,
Et j'aurai des secours que je n'explique pas.
M'en croirez-vous? Courons assurer notre grâce :
Rendons-nous, vous et moi, maîtres de cette place;
Et faisons qu'à ses fils il ne puisse dicter
Que les conditions qu'ils voudront accepter.

XIPHARÈS.

Je sais quel est mon crime, et je connais mon père;
Et j'ai par-dessus vous le crime de ma mère;
Mais quelque amour encor qui me pût éblouir,
Quand mon père paraît, je ne sais qu'obéir.

PHARNACE.

Soyons-nous donc au moins fidèles l'un à l'autre :
Vous savez mon secret; j'ai pénétré le vôtre.
Le roi, toujours fertile en dangereux détours,
S'armera contre nous de nos moindres discours :
Vous savez sa coutume, et sous quelles tendresses
Sa haine sait cacher ses trompeuses adresses.
Allons : puisqu'il le faut, je marche sur vos pas :
Mais, en obéissant, ne nous trahissons pas.

FIN DU PREMIER ACTE.

## ACTE DEUXIÈME.

### SCÈNE I.

#### MONIME, PHŒDIME.

PHŒDIME.

Quoi! vous êtes ici quand Mithridate arrive!
Quand, pour le recevoir, chacun court sur la rive,
Que faites-vous, madame? et quel ressouvenir
Tout à coup vous arrête, et vous fait revenir?
N'offenserez-vous point un roi qui vous adore,
Qui, presque votre époux...

MONIME.

    Il ne l'est pas encore,
Phœdime; et jusque-là je crois que mon devoir
Est de l'attendre ici sans l'aller recevoir.

PHŒDIME.

Mais ce n'est point, madame, un amant ordinaire.
Songez qu'à ce grand roi promise par un père,
Vous avez de ses feux un gage solennel
Qu'il peut, quand il voudra, confirmer à l'autel.
Croyez-moi, montrez-vous; venez à sa rencontre.

MONIME.

Regarde en quel état tu veux que je me montre :
Vois ce visage en pleurs; et, loin de le chercher,
Dis-moi plutôt, dis-moi que je m'aille cacher.

PHŒDIME.

Que dites-vous? O dieux!

MONIME.
    Ah! retour qui me tue!
Malheureuse! comment paraîtrai-je à sa vue,
Son diadème au front, et dans le fond du cœur,
Phœdime... Tu m'entends, et tu vois ma rougeur.
            PHOEDIME.
Ainsi vous retombez dans les mêmes alarmes
Qui vous ont dans la Grèce arraché tant de larmes;
Et toujours Xipharès revient vous traverser.
            MONIME.
Mon malheur est plus grand que tu ne peux penser :
Xipharès ne s'offrait alors à ma mémoire
Que tout plein de vertus, que tout brillant de gloire;
Et je ne savais pas que, pour moi plein de feux,
Xipharès des mortels fût le plus amoureux...
            PHOEDIME.
Il vous aime, madame? Et ce héros aimable...
            MONIME.
Est aussi malheureux que je suis misérable.
Il m'adore, Phœdime; et les mêmes douleurs
Qui m'affligeaient ici, le tourmentaient ailleurs.
            PHOEDIME.
Sait-il en sa faveur jusqu'où va votre estime?
Sait-il que vous l'aimez?
            MONIME.
            Il l'ignore, Phœdime.
Les dieux m'ont secourue; et mon cœur, affermi,
N'a rien dit, ou du moins n'a parlé qu'à demi.
Hélas! si tu savais, pour garder le silence,
Combien ce triste cœur s'est fait de violence,
Quels assauts, quels combats j'ai tantôt soutenus!
Phœdime, si je puis, je ne le verrai plus :
Malgré tous les efforts que je pourrais me faire,
Je verrais ses douleurs, je ne pourrais me taire.
Il viendra malgré moi m'arracher cet aveu :

Mais n'importe, s'il m'aime, il en jouira peu ;
Je lui vendrai si cher ce bonheur qu'il ignore,
Qu'il vaudrait mieux pour lui qu'il l'ignorât encore.

PHOEDIME.

On vient. Que faites-vous, madame?

MONIME.

Je ne puis :
Je ne paraîtrai point dans le trouble où je suis.


## SCÈNE II.

MITHRIDATE, PHARNACE, XIPHARÈS, ARBATE, GARDES.

MITHRIDATE.

Princes, quelques raisons que vous me puissiez dire,
Votre devoir ici n'a point dû vous conduire,
Ni vous faire quitter, en de si grands besoins,
Vous, le Pont; vous Colchos, confiés à vos soins.
Mais vous avez pour juge un père qui vous aime.
Vous avez cru des bruits que j'ai semés moi-même;
Je vous crois innocents, puisque vous le voulez,
Et je rends grâce au ciel qui nous a rassemblés.
Tout vaincu que je suis, et voisin du naufrage,
Je médite un dessein digne de mon courage.
Vous en serez tantôt instruits plus amplement.
Allez, et laissez-moi reposer un moment.


## SCÈNE III.

MITHRIDATE, ARBATE.

MITHRIDATE.

Enfin, après un an, tu me revois, Arbate :
Non plus, comme autrefois, cet heureux Mithridate
Qui, de Rome toujours balançant le destin,

Tenait entre elle et moi l'univers incertain :
Je suis vaincu. Pompée a saisi l'avantage
D'une nuit qui laissait peu de place au courage :
Mes soldats presque nus, dans l'ombre intimidés,
Les rangs de toutes parts mal pris et mal gardés,
Le désordre partout redoublant les alarmes,
Nous-mêmes contre nous tournant nos propres armes,
Les cris que les rochers renvoyaient plus affreux,
Enfin toute l'horreur d'un combat ténébreux :
Que pouvait la valeur dans ce trouble funeste !
Les uns sont morts, la fuite a sauvé tout le reste ;
Et je ne dois la vie, en ce commun effroi,
Qu'au bruit de mon trépas que je laisse après moi.
Quelque temps inconnu, j'ai traversé le Phase ;
Et de là, pénétrant jusqu'au pied du Caucase,
Bientôt dans des vaisseaux sur l'Euxin préparés,
J'ai rejoint de mon camp les restes séparés.
Voilà par quels malheurs poussé dans le Bosphore,
J'y trouve des malheurs qui m'attendaient encore.
Toujours du même amour tu me vois enflammé :
Ce cœur nourri de sang, et de guerre affamé,
Malgré le faix des ans et du sort qui m'opprime,
Traîne partout l'amour qui l'attache à Monime ;
Et n'a point d'ennemis qui lui soient odieux
Plus que deux fils ingrats que je trouve en ces lieux.

ARBATE.

Deux fils, seigneur ?

MITHRIDATE.

Écoute. A travers ma colère,
Je veux bien distinguer Xipharès de son frère :
Je sais que de tout temps à mes ordres soumis,
Il hait autant que moi nos communs ennemis ;
Et j'ai vu sa valeur, à me plaire attachée,
Justifier pour lui ma tendresse cachée :
Je sais même, je sais avec quel désespoir,

A tout autre intérêt préférant son devoir,
Il courut démentir une mère infidèle,
Et tira de son crime une gloire nouvelle;
Et je ne puis encor ni n'oserais penser
Que ce fils si fidèle ait voulu m'offenser.
Mais tous deux en ces lieux que pouvaient-ils attendre?
L'un et l'autre à la reine ont-ils osé prétendre?
Avec qui semble-t-elle en secret s'accorder?
Moi-même de quel œil dois-je ici l'aborder?
Parle. Quelque désir qui m'entraîne auprès d'elle,
Il me faut de leurs cœurs rendre un compte fidèle.
Qu'est-ce qui s'est passé? Qu'as-tu vu? Que sais-tu?
Depuis quel temps, pourquoi, comment t'es-tu rendu?

ARBATE.

Seigneur, depuis huit jours l'impatient Pharnace
Aborda le premier au pied de cette place;
Et de votre trépas autorisant le bruit,
Dans ces murs aussitôt voulut être introduit.
Je ne m'arrêtai point à ce bruit téméraire,
Et je n'écoutais rien, si le prince son frère,
Bien moins par ses discours, seigneur, que par ses pleurs,
Ne m'eût en arrivant confirmé vos malheurs.

MITHRIDATE.

Enfin que firent-ils?

ARBATE.

Pharnace entrait à peine,
Qu'il courut de ses feux entretenir la reine,
Et s'offrit d'assurer, par un hymen prochain,
Le bandeau qu'elle avait reçu de votre main.

MITHRIDATE.

Traître! sans lui donner le loisir de répandre
Les pleurs que son amour auraient dus à ma cendre!
Et son frère?

ARBATE.

Son frère, au moins jusqu'à ce jour,

Seigneur, dans ses desseins n'a point marqué d'amour,
Et toujours avec vous son cœur d'intelligence
N'a semblé respirer que guerre et que vengeance.

ΜΙΤΗRIDATE.

Mais encor, quel dessein le conduisait ici?

ARBATE.

Seigneur, vous en serez tôt ou tard éclairci.

MITHRIDATE.

Parle, je te l'ordonne, et je veux tout apprendre.

ARBATE.

Seigneur, jusqu'à ce jour ce que j'ai pu comprendre,
Ce prince a cru pouvoir, après votre trépas,
Compter cette province au rang de ses États;
Et, sans connaître ici de lois que son courage,
Il venait par la force appuyer son partage.

MITHRIDATE.

Ah! c'est le moindre prix qu'il se doit proposer,
Si le ciel de mon sort me laisse disposer.
Oui, je respire, Arbate, et ma joie est extrême :
Je tremblais, je l'avoue, et pour un fils que j'aime,
Et pour moi, qui craignais de perdre un tel appui,
Et d'avoir à combattre un rival tel que lui.
Que Pharnace m'offense, il offre à ma colère
Un rival dès longtemps soigneux de me déplaire,
Qui toujours des Romains admirateur secret,
Ne s'est jamais contre eux déclaré qu'à regret;
Et s'il faut que pour lui Monime, prévenue,
Ait pu porter ailleurs une amour qui m'est due,
Malheur au criminel qui vient me la ravir,
Et qui m'ose offenser et n'ose me servir !
L'aime-t-elle?

ARBATE.

Seigneur je vois venir la reine.

MITHRIDATE.

Dieux, qui voyez ici mon amour et ma haine,

Épargnez mes malheurs, et daignez empêcher
Que je ne trouve encor ceux que je vais chercher !
Arbate, c'est assez : qu'on me laisse avec elle.

## SCÈNE IV.

#### MITHRIDATE, MONIME.

##### MITHRIDATE.

Madame, enfin le ciel près de vous me rappelle,
Et, secondant du moins mes plus tendres souhaits,
Vous rend à mon amour plus belle que jamais.
Je ne m'attendais pas que de notre hyménée
Je dusse voir si tard arriver la journée ;
Ni qu'en vous retrouvant mon funeste retour
Fît voir mon infortune, et non pas mon amour.
C'est pourtant cet amour, qui, de tant de retraites,
Ne me laisse choisir que les lieux où vous êtes ;
Et les plus grands malheurs pourront me sembler doux
Si ma présence ici n'en est point un pour vous.
C'est vous en dire assez, si vous voulez m'entendre.
Vous devez à ce jour dès longtemps vous attendre ;
Et vous portez, madame, un gage de ma foi
Qui vous dit tous les jours que vous êtes à moi.
Allons donc assurer cette foi mutuelle.
Ma gloire loin d'ici vous et moi nous appelle ;
Et, sans perdre un moment pour ce noble dessein,
Aujourd'hui votre époux, il faut partir demain.

##### MONIME.

Seigneur, vous pouvez tout : ceux par qui je respire
Vous ont cédé sur moi leur souverain empire ;
Et quand vous userez de ce droit tout-puissant,
Je ne vous répondrai qu'en vous obéissant.

##### MITHRIDATE.

Ainsi, prête à subir un joug qui vous opprime,

Vous n'allez à l'autel que comme une victime ;
Et moi, tyran d'un cœur qui se refuse au mien,
Même en vous possédant je ne vous devrai rien.
Ah ! madame ! est-ce là de quoi me satisfaire ?
Faut-il que désormais, renonçant à vous plaire,
Je ne prétende plus qu'à vous tyranniser ?
Mes malheurs, en un mot, me font-ils mépriser ?
Ah ! pour tenter encor de nouvelles conquêtes,
Quand je ne verrais pas des routes toutes prêtes,
Quand le sort ennemi m'aurait jeté plus bas,
Vaincu, persécuté, sans secours, sans États,
Errant de mers en mers, et moins roi que pirate,
Conservant pour tout bien le nom de Mithridate,
Apprenez que, suivi d'un nom si glorieux,
Partout de l'univers j'attacherais les yeux ;
Et qu'il n'est point de rois, s'ils sont dignes de l'être,
Qui, sur le trône assis, n'enviassent peut-être
Au-dessus de leur gloire un naufrage élevé,
Que Rome et quarante ans ont à peine achevé.
Vous-même, d'un autre œil me verriez-vous, madame,
Si ces Grecs vos aïeux revivaient dans votre âme ?
Et, puisqu'il faut enfin que je sois votre époux,
N'était-il pas plus noble, et plus digne de vous,
De joindre à ce devoir votre propre suffrage,
D'opposer votre estime au destin qui m'outrage,
Et de me rassurer en flattant ma douleur,
Contre la défiance attachée au malheur ?
Hé quoi ! n'avez-vous rien, madame, à me répondre ?
Tout mon empressement ne sert qu'à vous confondre.
Vous demeurez muette ; et, loin de me parler,
Je vois, malgré vos soins, vos pleurs prêts à couler.

MONIME.

Moi, seigneur ? Je n'ai point de larmes à répandre.
J'obéis : n'est-ce pas assez me faire entendre ?
Et ne suffit-il pas...

MITHRIDATE.
                Non ce n'est pas assez.
Je vous entends ici mieux que vous ne pensez;
Je vois qu'on m'a dit vrai. Ma juste jalousie
Par vos propres discours est trop bien éclaircie :
Je vois qu'un fils perfide, épris de vos beautés,
Vous a parlé d'amour et que vous l'écoutez.
Je vous jette pour lui dans des craintes nouvelles;
Mais il jouira peu de vos pleurs infidèles,
Madame; et désormais tout est sourd à mes lois,
Ou bien vous l'avez vu pour la dernière fois.
Appelez Xipharès.

MONIME.
            Ah! que voulez-vous faire?
Xipharès...

MITHRIDATE.
            Xipharès n'a point trahi son père :
Vous vous pressez en vain de le désavouer;
Et ma tendre amitié ne peut que s'en louer.
Ma honte en serait moindre, ainsi que votre crime,
Si ce fils, en effet digne de votre estime,
A quelque amour encor avait pu vous forcer.
Mais qu'un traître qui n'est hardi qu'à m'offenser,
De qui nulle vertu n'accompagne l'audace,
Que Pharnace, en un mot, ait pu prendre ma place,
Qu'il soit aimé, madame, et que je sois haï...


## SCÈNE V.

### MITHRIDATE, MONIME, XIPHARÈS.

MITHRIDATE.

Venez, mon fils; venez, votre père est trahi.
Un fils audacieux insulte à ma ruine,
Traverse mes desseins, m'outrage, m'assassine,

Aime la reine enfin, lui plaît, et me ravit
Un cœur que son devoir à moi seul asservit.
Heureux pourtant, heureux, que dans cette disgrâce
Je ne puisse accuser que la main de Pharnace;
Qu'une mère infidèle, un frère audacieux,
Vous présentent en vain leur exemple odieux!
Oui, mon fils, c'est vous seul sur qui je me repose,
Vous seul qu'aux grands desseins que mon cœur se propose,
J'ai choisi dès longtemps pour digne compagnon,
L'héritier de mon sceptre, et surtout de mon nom.
Pharnace, en ce moment, et ma flamme offensée,
Ne peuvent pas tout seuls occuper ma pensée :
D'un voyage important les soins et les apprêts,
Mes vaisseaux qu'à partir il faut tenir tout prêts,
Mes soldats, dont je veux tenter la complaisance,
Dans ce même moment demandent ma présence.
Vous cependant ici veillez pour mon repos,
D'un rival insolent arrêtez les complots :
Ne quittez point la reine; et, s'il se peut, vous-même
Rendez-la moins contraire aux vœux d'un roi qui l'aime.
Détournez-la, mon fils, d'un choix injurieux :
Juge sans intérêt, vous la convaincrez mieux.
En un mot, c'est assez éprouver ma faiblesse :
Qu'elle ne pousse point cette même tendresse,
Que sais-je? à des fureurs dont mon cœur outragé
Ne se repentirait qu'après s'être vengé.

## SCÈNE VI.

#### MONIME, XIPHARÈS.

##### XIPHARÈS.

Que dirai-je, madame? et comment dois-je entendre
Cet ordre, ce discours que je ne puis comprendre?
Serait-il vrai, grands dieux! que, trop aimé de vous,

Pharnace eût en effet mérité ce courroux?
Pharnace aurait-il part à ce désordre extrême?
### MONIME.
Pharnace? O ciel! Pharnace! Ah! qu'entends-je moi-même?
Ce n'est donc pas assez que ce funeste jour
A tout ce que j'aimais m'arrache sans retour,
Et que, de mon devoir esclave infortunée,
A d'éternels ennuis je me voie enchaînée?
Il faut qu'on joigne encor l'outrage à mes douleurs!
A l'amour de Pharnace on impute mes pleurs!
Malgré toute ma haine on veut qu'il m'ait su plaire!
Je le pardonne au roi, qu'aveugle sa colère,
Et qui de mes secrets ne peut être éclairci;
Mais vous, seigneur, mais vous, me traitez-vous ainsi?
### XIPHARÈS.
Ah! madame, excusez un amant qui s'égare,
Qui lui-même, lié par un devoir barbare,
Se voit près de tout perdre et n'ose se venger.
Mais des fureurs du roi que puis-je enfin juger?
Il se plaint qu'à ses vœux un autre amour s'oppose :
Quel heureux criminel en peut être la cause?
Qui? Parlez.
### MONIME.
    Vous cherchez, prince, à vous tourmenter.
Plaignez votre malheur, sans vouloir l'augmenter.
### XIPHARÈS.
Je sais trop quel tourment je m'apprête moi-même.
C'est peu de voir un père épouser ce que j'aime :
Voir encor un rival honoré de vos pleurs,
Sans doute, c'est pour moi le comble des malheurs;
Mais dans mon désespoir je cherche à les accroître.
Madame, par pitié, faites-le-moi connaître :
Quel est-il, cet amant? Qui dois-je soupçonner?
### MONIME.
Avez-vous tant de peine à vous l'imaginer?

Tantôt, quand je fuyais une injuste contrainte,
A qui contre Pharnace ai-je adressé ma plainte?
Sous quel appui tantôt mon cœur s'est-il jeté?
Quel amour ai-je enfin sans colère écouté?

XIPHARÈS.

O ciel! Quoi! je serais ce bienheureux coupable
Que vous avez pu voir d'un regard favorable?
Vos pleurs pour Xipharès auraient daigné couler?

MONIME.

Oui, prince : il n'est plus temps de le dissimuler;
Ma douleur pour se taire a trop de violence.
Un rigoureux devoir me condamne au silence;
Mais il faut bien enfin, malgré ses dures lois,
Parler pour la première et la dernière fois.
Vous m'aimez dès longtemps : une égale tendresse
Pour vous, depuis longtemps, m'afflige et m'intéresse.
Songez depuis quel jour ces funestes appas
Firent naître un amour qu'ils ne méritaient pas;
Rappelez un espoir qui ne vous dura guère,
Le trouble où vous jeta l'amour de votre père,
Le tourment de me perdre et de le voir heureux,
Les rigueurs d'un devoir contraire à tous vos vœux :
Vous n'en sauriez, seigneur, retracer la mémoire,
Ni conter vos malheurs, sans conter mon histoire;
Et lorsque ce matin j'en écoutais le cours,
Mon cœur vous répondait tous vos mêmes discours.
Inutile, ou plutôt funeste sympathie!
Trop parfaite union par le sort démentie!
Ah! par quel soin cruel le ciel avait-il joint
Deux cœurs que l'un pour l'autre il ne destinait point?
Car, quel que soit vers vous le penchant qui m'attire,
Je vous le dis, seigneur, pour ne plus vous le dire,
Ma gloire me rappelle et m'entraîne à l'autel,
Où je vais vous jurer un silence éternel.
J'entends, vous gémissez; mais telle est ma misère,

Je ne suis point à vous, je suis à votre père.
Dans ce dessein vous-même il faut me soutenir,
Et de mon faible cœur m'aider à vous bannir.
J'attends du moins, j'attends de votre complaisance
Que désormais partout vous fuirez ma présence.
J'en viens de dire assez pour vous persuader
Que j'ai trop de raisons de vous le commander.
Mais après ce moment, si ce cœur magnanime
D'un véritable amour a brûlé pour Monime,
Je ne reconnais plus la foi de vos discours,
Qu'au soin que vous prendrez de m'éviter toujours.

XIPHARÈS.

Quelle marque, grands dieux! d'un amour déplorable!
Combien, en un moment, heureux et misérable!
De quel comble de gloire et de félicités,
Dans quel abîme affreux vous me précipitez!
Quoi! j'aurai pu toucher un cœur comme le vôtre,
Vous aurez pu m'aimer; et cependant un autre
Possédera ce cœur dont j'attirais les vœux?
Père injuste, cruel, mais d'ailleurs malheureux!...
Vous voulez que je fuie, et que je vous évite?
Et cependant le roi m'attache à votre suite.
Que dira-t-il?

MONIME.

N'importe, il me faut obéir.
Inventez des raisons qui puissent l'éblouir.
D'un héros tel que vous c'est là l'effort suprême :
Cherchez, prince, cherchez, pour vous trahir vous-même,
Tout ce que, pour jouir de leurs contentements,
L'amour fait inventer aux vulgaires amants.
Enfin, je me connais, il y va de ma vie :
De mes faibles efforts ma vertu se défie.
Je sais qu'en vous voyant, un tendre souvenir
Peut m'arracher du cœur quelque indigne soupir;
Que je verrai mon âme, en secret déchirée,

Revoler vers le bien dont elle est séparée ;
Mais je sais bien aussi que, s'il dépend de vous
De me faire chérir un souvenir si doux,
Vous n'empêcherez pas que ma gloire offensée
N'en punisse aussitôt la coupable pensée ;
Que ma main dans mon cœur ne vous aille chercher,
Pour y laver ma honte, et vous en arracher.
Que dis-je? En ce moment, le dernier qui nous reste,
Je me sens arrêter par un plaisir funeste :
Plus je vous parle, et plus, trop faible que je suis,
Je cherche à prolonger le péril que je fuis.
Il faut pourtant, il faut se faire violence :
Et, sans perdre en adieux un reste de constance,
Je fuis. Souvenez-vous, prince, de m'éviter ;
Et méritez les pleurs que vous m'allez coûter.

XIPHARÈS.

Ah! madame!... Elle fuit et ne veut plus m'entendre.
Malheureux Xipharès, quel parti dois-tu prendre?
On t'aime; on te bannit : toi-même tu vois bien
Que ton propre devoir s'accorde avec le sien :
Cours par un prompt trépas abréger ton supplice.
Toutefois attendons que son sort s'éclaircisse ;
Et s'il faut qu'un rival la ravisse à ma foi,
Du moins, en expirant, ne la cédons qu'au roi.

FIN DU DEUXIÈME ACTE.

# ACTE TROISIÈME.

## SCÈNE I.

MITHRIDATE, PHARNACE, XIPHARÈS.

MITHRIDATE.

Approchez, mes enfants. Enfin l'heure est venue
Qu'il faut que mon secret éclate à votre vue :
A mes nobles projets je vois tout conspirer;
Il ne me reste plus qu'à vous les déclarer.
Je fuis : ainsi le veut la fortune ennemie.
Mais vous savez trop bien l'histoire de ma vie
Pour croire que longtemps, soigneux de me cacher,
J'attende en ces déserts qu'on me vienne chercher.
La guerre a ses faveurs, ainsi que ses disgrâces :
Déjà plus d'une fois, retournant sur mes traces,
Tandis que l'ennemi, par ma fuite trompé,
Tenait après son char un vain peuple occupé,
Et, gravant en airain ses frêles avantages,
De mes États conquis enchaînait les images,
Le Bosphore m'a vu, par de nouveaux apprêts,
Ramener la terreur du fond de ses marais,
Et, chassant les Romains de l'Asie, étonnée,
Renverser en un jour l'ouvrage d'une année.
D'autres temps, d'autres soins. L'Orient, accablé,
Ne peut plus soutenir leur effort redoublé :
Il voit, plus que jamais, ses campagnes couvertes
De Romains que la guerre enrichit de nos pertes.

Des biens des nations ravisseurs altérés,
Le bruit de nos trésors les a tous attirés :
Ils y courent en foule; et, jaloux l'un de l'autre,
Désertent leur pays pour inonder le nôtre.
Moi seul je leur résiste : ou lassés, ou soumis,
Ma funeste amitié pèse à tous mes amis;
Chacun à ce fardeau veut dérober sa tête.
Le grand nom de Pompée assure sa conquête :
C'est l'effroi de l'Asie; et, loin de l'y chercher,
C'est à Rome, mes fils, que je prétends marcher.
Ce dessein vous surprend; et vous croyez peut-être
Que le seul désespoir aujourd'hui le fait naître.
J'excuse votre erreur; et, pour être approuvés,
De semblables projets veulent être achevés.
Ne vous figurez point que de cette contrée,
Par d'éternels remparts Rome soit séparée :
Je sais tous les chemins par où je dois passer;
Et si la mort bientôt ne me vient traverser,
Sans reculer plus loin l'effet de ma parole,
Je vous rends dans trois mois au pied du Capitole.
Doutez-vous que l'Euxin ne me porte en deux jours
Aux lieux où le Danube y vient finir son cours?
Que du Scythe avec moi l'alliance jurée
De l'Europe en ces lieux ne me livre l'entrée ?
Recueilli dans leur port, accru de leurs soldats,
Nous verrons notre camp grossir à chaque pas.
Daces, Pannoniens, la fière Germanie,
Tous n'attendent qu'un chef contre la tyrannie.
Vous avez vu l'Espagne, et surtout les Gaulois,
Contre ces mêmes murs qu'ils ont pris autrefois
Exciter ma vengeance, et, jusque dans la Grèce,
Par des ambassadeurs accuser ma paresse.
Ils savent que, sur eux prêt à se déborder,
Ce torrent, s'il m'entraîne, ira tout inonder;
Et vous les verrez tous, prévenant son ravage,

## ACTE III. SCÈNE I.

Guider dans l'Italie et suivre mon passage.
C'est là qu'en arrivant, plus qu'en tout le chemin,
Vous trouverez partout l'horreur du nom romain,
Et la triste Italie encor toute fumante
Des feux qu'a rallumés sa liberté mourante.
Non, princes, ce n'est point au bout de l'univers
Que Rome fait sentir tout le poids de ses fers :
Et de près inspirant les haines les plus fortes,
Tes plus grands ennemis, Rome, sont à tes portes.
Ah! s'ils ont pu choisir pour leur libérateur
Spartacus, un esclave, un vil gladiateur;
S'ils suivent au combat des brigands qui les vengent,
De quelle noble ardeur pensez-vous qu'ils se rangent
Sous les drapeaux d'un roi longtemps victorieux,
Qui voit jusqu'à Cyrus remonter ses aïeux?
Que dis-je? En quel état croyez-vous la surprendre?
Vide de légions qui la puissent défendre,
Tandis que tout s'occupe à me persécuter,
Leurs femmes, leurs enfants, pourront-ils m'arrêter?
Marchons, et dans son sein rejetons cette guerre
Que sa fureur envoie aux deux bouts de la terre.
Attaquons dans leurs murs ces conquérants si fiers;
Qu'ils tremblent, à leur tour, pour leurs propres foyers.
Annibal l'a prédit, croyons-en ce grand homme :
Jamais on ne vaincra les Romains que dans Rome.
Noyons-la dans son sang justement répandu;
Brûlons ce Capitole, où j'étais attendu;
Détruisons ses honneurs, et faisons disparaître
La honte de cent rois, et la mienne peut-être;
Et, la flamme à la main, effaçons tous ces noms
Que Rome y consacrait à d'éternels affronts.
Voilà l'ambition dont mon âme est saisie.
Ne croyez point pourtant qu'éloigné de l'Asie
J'en laisse les Romains tranquilles possesseurs :
Je sais où je lui dois trouver des défenseurs;

Je veux que d'ennemis partout enveloppée,
Rome rappelle en vain le secours de Pompée.
Le Parthe, des Romains comme moi la terreur,
Consent de succéder à ma juste fureur ;
Prêt d'unir avec moi sa haine et sa famille,
Il me demande un fils pour époux à sa fille.
Cet honneur vous regarde, et j'ai fait choix de vous,
Pharnace : allez, soyez ce bienheureux époux.
Demain, sans différer, je prétends que l'aurore
Découvre mes vaisseaux déjà loin du Bosphore.
Vous, que rien n'y retient, partez dès ce moment,
Et méritez mon choix par votre empressement ;
Achevez cet hymen ; et repassant l'Euphrate,
Faites voir à l'Asie un autre Mithridate.
Que nos tyrans communs en pâlissent d'effroi,
Et que le bruit à Rome en vienne jusqu'à moi.

PHARNACE.

Seigneur, je ne vous puis déguiser ma surprise.
J'écoute avec transport cette grande entreprise
Je l'admire ; et jamais un plus hardi dessein
Ne mit à des vaincus les armes à la main.
Surtout j'admire en vous ce cœur infatigable
Qui semble s'affermir sous le faix qui l'accable.
Mais, si j'ose parler avec sincérité,
En êtes-vous réduit à cette extrémité ?
Pourquoi tenter si loin des courses inutiles,
Quand vos États encor vous offrent tant d'asiles ;
Et vouloir affronter des travaux infinis,
Dignes plutôt d'un chef de malheureux bannis,
Que d'un roi qui naguère avec quelque apparence
De l'aurore au couchant portait son espérance,
Fondait sur trente États son trône florissant,
Dont le débris est même un empire puissant ?
Vous seul, seigneur, vous seul, après quarante années,
Pouvez encor lutter contre les destinées.

Implacable ennemi de Rome et du repos,
Comptez-vous vos soldats pour autant de héros?
Pensez-vous que ces cœurs, tremblants de leur défaite,
Fatigués d'une longue et pénible retraite,
Cherchent avidement sous un ciel étranger
La mort, et le travail pire que le danger?
Vaincus plus d'une fois aux yeux de la patrie,
Soutiendront-ils ailleurs un vainqueur en furie?
Sera-t-il moins terrible, et le vaincront-ils mieux
Dans le sein de sa ville, à l'aspect de ses dieux?
Le Parthe vous recherche et vous demande un gendre.
Mais ce Parthe, seigneur, ardent à nous défendre
Lorsque tout l'univers semblait nous protéger,
D'un gendre sans appui voudra-t-il se charger?
M'en irai-je moi seul, rebut de la fortune,
Essuyer l'inconstance au Parthe si commune;
Et peut-être, pour fruit d'un téméraire amour,
Exposer votre nom au mépris de sa cour?
Du moins, s'il faut céder, si, contre notre usage,
Il faut d'un suppliant emprunter le visage,
Sans m'envoyer du Parthe embrasser les genoux,
Sans vous-même implorer des rois moindres que vous,
Ne pourrions-nous pas prendre une plus sûre voie?
Jetons-nous dans les bras qu'on nous tend avec joie :
Rome en notre faveur facile à s'apaiser...

XIPHARÈS.

Rome, mon frère! O ciel! Qu'osez-vous proposer?
Vous voulez que le roi s'abaisse et s'humilie?
Qu'il démente en un jour tout le cours de sa vie?
Qu'il se fie aux Romains, et subisse des lois
Dont il a quarante ans défendu tous les rois?
Continuez, seigneur : tout vaincu que vous êtes,
La guerre, les périls sont vos seules retraites.
Rome poursuit en vous un ennemi fatal
Plus conjuré contre elle et plus craint qu'Annibal.

Tout couvert de son sang, quoi que vous puissiez faire,
N'en attendez jamais qu'une paix sanguinaire,
Telle qu'en un seul jour un ordre de vos mains
La donna dans l'Asie à cent mille Romains.
Toutefois épargnez votre tête sacrée :
Vous-même n'allez point de contrée en contrée
Montrer aux nations Mithridate détruit,
Et de votre grand nom diminuer le bruit.
Votre vengeance est juste ; il la faut entreprendre :
Brûlez le Capitole, et mettez Rome en cendre.
Mais c'est assez pour vous d'en ouvrir les chemins :
Faites porter ce feu par de plus jeunes mains ;
Et, tandis que l'Asie occupera Pharnace,
De cette autre entreprise honorez mon audace.
Commandez : laissez-nous de votre nom suivis,
Justifier partout que nous sommes vos fils.
Embrasez par nos mains le couchant et l'aurore ;
Remplissez l'univers sans sortir du Bosphore ;
Que les Romains, pressés de l'un à l'autre bout,
Doutent où vous serez, et vous trouvent partout.
Dès ce même moment ordonnez que je parte.
Ici tout vous retient et moi tout m'en écarte :
Et, si ce grand dessein surpasse ma valeur,
Du moins ce désespoir convient à mon malheur.
Trop heureux d'avancer la fin de ma misère,
J'irai... j'effacerai le crime de ma mère.
Seigneur, vous m'en voyez rougir à vos genoux ;
J'ai honte de me voir si peu digne de vous ;
Tout mon sang doit laver une tache si noire.
Mais je cherche un trépas utile à votre gloire ;
Et Rome, unique objet d'un désespoir si beau,
Du fils de Mithridate est le digne tombeau.

MITHRIDATE, se levant.

Mon fils, ne parlons plus d'une mère infidèle.
Votre père est content, il connaît votre zèle,

Et ne vous verra point affronter de danger
Qu'avec vous son amour ne veuille partager :
Vous me suivrez ; je veux que rien ne nous sépare.
Et vous, à m'obéir, prince, qu'on se prépare ;
Les vaisseaux sont tout prêts : j'ai moi-même ordonné
La suite et l'appareil qui vous est destiné.
Arbate, à cet hymen chargé de vous conduire,
De votre obéissance aura soin de m'instruire.
Allez, et soutenant l'honneur de vos aïeux,
Dans cet embrassement recevez mes adieux.

PHARNACE.

Seigneur...

MITHRIDATE.

    Ma volonté, prince, vous doit suffire.
Obéissez. C'est trop vous le faire redire.

PHARNACE.

Seigneur, si, pour vous plaire, il ne faut que périr,
Plus ardent qu'aucun autre on m'y verra courir :
Combattant à vos yeux permettez que je meure.

MITHRIDATE.

Je vous ai commandé de partir tout à l'heure.
Mais après ce moment... Prince, vous m'entendez,
Et vous êtes perdu si vous me répondez.

PHARNACE.

Dussiez-vous présenter mille morts à ma vue,
Je ne saurais chercher une fille inconnue.
Ma vie est en vos mains.

MITHRIDATE.

    Ah ! c'est où je t'attends.
Tu ne saurais partir, perfide ! et je t'entends.
Je sais pourquoi tu fuis l'hymen où je t'envoie :
Il te fâche en ces lieux d'abandonner ta proie ;
Monime te retient ; ton amour criminel
Prétendait l'arracher à l'hymen paternel.
Ni l'ardeur dont tu sais que je l'ai recherchée,

Ni déjà sur son front ma couronne attachée,
Ni cet asile même où je la fais garder,
Ni mon juste courroux, n'ont pu t'intimider.
Traître! pour les Romains tes lâches complaisances
N'étaient pas à mes yeux d'assez noires offenses :
Il te manquait encor ces perfides amours
Pour être le supplice et l'horreur de mes jours.
Loin de t'en repentir, je vois sur ton visage
Que ta confusion ne part que de ta rage :
Il te tarde déjà qu'échappé de mes mains
Tu ne coures me perdre et me vendre aux Romains.
Mais, avant de partir je me ferai justice :
Je te l'ai dit. Holà, gardes!

## SCÈNE II.

MITHRIDATE, PHARNACE, XIPHARÈS, GARDES.

MITHRIDATE.

Qu'on le saisisse.
Oui, lui-même, Pharnace. Allez; et de ce pas
Qu'enfermé dans la tour on ne le quitte pas.

PHARNACE.

Hé bien! sans me parer d'une innocence vaine,
Il est vrai, mon amour mérite votre haine;
J'aime ; l'on vous a fait un fidèle récit.
Mais Xipharès, seigneur, ne vous a pas tout dit;
C'est le moindre secret qu'il pouvait vous apprendre :
Et ce fils si fidèle a dû vous faire entendre
Que, des mêmes ardeurs dès longtemps enflammé,
Il aime aussi la reine, et même en est aimé.

## SCÈNE III.

#### MITHRIDATE, XIPHARÈS.

XIPHARÈS.
Seigneur, le croirez-vous, qu'un dessein si coupable...
MITHRIDATE.
Mon fils, je sais de quoi votre frère est capable.
Me préserve le ciel de soupçonner jamais
Que d'un prix si cruel vous payez mes bienfaits;
Qu'un fils qui fut toujours le bonheur de ma vie
Ait pu percer ce cœur qu'un père lui confie!
Je ne le croirai point. Allez : loin d'y songer,
Je ne vais désormais penser qu'à nous venger.

## SCÈNE IV.

#### MITHRIDATE.

Je ne le croirai point? Vain espoir qui me flatte!
Tu ne le crois que trop, malheureux Mithridate!
Xipharès mon rival? et, d'accord avec lui,
Le reine aurait osé me tromper aujourd'hui?
Quoi! de quelque côté que je tourne la vue,
La foi de tous les cœurs est pour moi disparue!
Tout m'abandonne ailleurs! tout me trahit ici!
Pharnace, amis, maîtresse; et toi, mon fils, aussi!
Toi de qui la vertu consolant ma disgrâce...
Mais ne connais-je pas le perfide Pharnace?
Quelle faiblesse à moi d'en croire un furieux
Qu'arme contre son frère un courroux envieux,
Ou dont le désespoir, me troublant par des fables,
Grossit, pour se sauver, le nombre des coupables!
Non, ne l'en croyons point! et sans trop nous presser,

Voyons, examinons. Mais par où commencer?
Qui m'en éclaircira? quels témoins? quel indice?...
Le ciel en ce moment m'inspire un artifice.
Qu'on appelle la reine. Oui, sans aller plus loin,
Je veux l'ouïr : mon choix s'arrête à ce témoin.
L'amour avidement croit tout ce qui le flatte.
Qui peut de son vainqueur mieux parler que l'ingrate?
Voyons qui son amour accusera des deux.
S'il n'est digne de moi, le piége est digne d'eux.
Trompons qui nous trahit : et, pour connaître un traître,
Il n'est point de moyens... Mais je la vois paraître :
Feignons; et de son cœur, d'un vain espoir flatté,
Par un mensonge adroit tirons la vérité.

## SCÈNE V.

#### MONIME, MITHRIDATE.

##### MITHRIDATE.

Enfin j'ouvre les yeux, et je me fais justice :
C'est faire à vos beautés un triste sacrifice,
Que de vous présenter, madame, avec ma foi,
Tout l'âge et le malheur que je traîne avec moi.
Jusqu'ici la fortune et la victoire mêmes
Cachaient mes cheveux blancs sous trente diadèmes.
Mais ce temps-là n'est plus : je régnais; et je fuis.
Mes ans se sont accrus; mes honneurs sont détruits;
Et mon front, dépouillé d'un si noble avantage,
Du temps qui l'a flétri laisse voir tout l'outrage.
D'ailleurs mille desseins partagent mes esprits :
D'un camp prêt à partir vous entendez les cris;
Sortant de mes vaisseaux, il faut que j'y remonte.
Quel temps pour un hymen qu'une fuite si prompte,
Madame! Et de quel front vous unir à mon sort,
Quand je ne cherche plus que la guerre et la mort?

Cessez pourtant, cessez de prétendre à Pharnace :
Quand je me fais justice, il faut qu'on se la fasse.
Je ne souffrirai point que ce fils odieux,
Que je viens pour jamais de bannir de mes yeux,
Possédant une amour qui me fut déniée,
Vous fasse des Romains devenir l'alliée.
Mon trône vous est dû : loin de m'en repentir,
Je vous y place même avant que de partir,
Pourvu que vous vouliez qu'une main qui m'est chère,
Un fils, le digne objet de l'amour de son père,
Xipharès, en un mot, devenant votre époux,
Me venge de Pharnace et m'acquitte envers vous.

MONIME.

Xipharès ! lui, seigneur ?

MITHRIDATE.

Oui, lui-même, madame.
D'où peut naître à ce nom le trouble de votre âme ?
Contre un si juste choix qui peut vous révolter ?
Est-ce quelque mépris qu'on ne puisse dompter ?
Je le répète encor : c'est un autre moi-même,
Un fils victorieux, qui me chérit, que j'aime,
L'ennemi des Romains, l'héritier et l'appui
D'un empire et d'un nom qui va renaître en lui ;
Et, quoi que votre amour ait osé se promettre,
Ce n'est qu'entre ses mains que je puis vous remettre.

MONIME.

Que dites-vous ? O ciel ! Pourriez-vous approuver...
Pourquoi, seigneur, pourquoi voulez-vous m'éprouver ?
Cessez de tourmenter une âme infortunée :
Je sais que c'est à vous que je fus destinée ;
Je sais qu'en ce moment, pour ce nœud solennel,
La victime, seigneur, nous attend à l'autel.
Venez.

MITHRIDATE.

Je le vois bien : quelque effort que je fasse,

Madame, vous voulez vous garder à Pharnace.
Je reconnais toujours vos injustes mépris;
Ils ont même passé sur mon malheureux fils.

MONIME.

Je le méprise?

MITHRIDATE.

Hé bien, n'en parlons plus, madame.
Continuez : brûlez d'une honteuse flamme.
Tandis qu'avec mon fils, je vais, loin de vos yeux,
Chercher au bout du monde un trépas glorieux,
Vous cependant ici servez avec son frère,
Et vendez aux Romains le sang de votre père.
Venez : je ne saurais mieux punir vos dédains,
Qu'en vous mettant moi-même en ses serviles mains;
Et, sans plus me charger du soin de votre gloire,
Je veux laisser de vous jusqu'à votre mémoire.
Allons, madame, allons. Je m'en vais vous unir.

MONIME.

Plutôt de mille morts dussiez-vous me punir!

MITHRIDATE.

Vous résistez en vain, et j'entends votre fuite.

MONIME.

En quelle extrémité, seigneur, suis-je réduite?
Mais enfin je vous crois, et je ne puis penser
Qu'à feindre si longtemps vous puissiez vous forcer.
Les dieux me sont témoins qu'à vous plaire bornée,
Mon âme à tout son sort s'était abandonnée.
Mais si quelque faiblesse avait pu m'alarmer,
Si de tous ses efforts mon cœur a dû s'armer,
Ne croyez point, seigneur, qu'auteur de mes alarmes,
Pharnace m'ait jamais coûté les moindres larmes.
Ce fils victorieux que vous favorisez,
Cette vivante image en qui vous vous plaisez,
Cet ennemi de Rome, et cet autre vous-même,
Enfin ce Xipharès que vous voulez que j'aime...

#### MITHRIDATE.

Vous l'aimez?

#### MONIME.

Si le sort ne m'eût donnée à vous,
Mon bonheur dépendait de l'avoir pour époux.
Avant que votre amour m'eût envoyé ce gage,
Nous nous aimions... Seigneur, vous changez de visage!

#### MITHRIDATE.

Non, madame. Il suffit. Je vais vous l'envoyer.
Allez : le temps est cher, il le faut employer.
Je vois qu'à m'obéir vous êtes disposée :
Je suis content.

#### MONIME, en s'en allant.

O ciel! me serais-je abusée?

## SCÈNE VI.

#### MITHRIDATE.

Ils s'aiment! c'est ainsi qu'on se jouait de nous!
Ah! fils ingrat, tu vas me répondre pour tous :
Tu périras! Je sais combien ta renommée
Et tes fausses vertus ont séduit mon armée;
Perfide, je te veux porter des coups certains :
Il faut pour te mieux perdre écarter les mutins,
Et faisant à mes yeux partir les plus rebelles,
Ne garder près de moi que des troupes fidèles.
Allons. Mais sans montrer un visage offensé,
Dissimulons encor, comme j'ai commencé.

FIN DU TROISIÈME ACTE.

# ACTE QUATRIÈME.

## SCÈNE I.

MONIME, PHŒDIME.

MONIME.

Phœdime, au nom des dieux, fais ce que je désire :
Va voir ce qui se passe, et reviens me le dire.
Je ne sais; mais mon cœur ne se peut rassurer :
Mille soupçons affreux viennent me déchirer.
Que tarde Xipharès? et d'où vient qu'il diffère
A seconder des vœux qu'autorise son père?
Son père, en me quittant, me l'allait envoyer...
Mais il feignait peut-être. Il fallait tout nier.
Le roi feignait! Et moi, découvrant ma pensée...
O dieux! en ce péril m'auriez-vous délaissée?
Et se pourrait-il bien qu'à son ressentiment
Mon amour indiscret eût livré mon amant?
Quoi, prince! quand tout plein de ton amour extrême
Pour savoir mon secret tu me pressais toi-même,
Mes refus trop cruels vingt fois te l'ont caché;
Je t'ai même puni de l'avoir arraché :
Et quand de toi peut-être un père se défie,
Que dis-je? quand peut-être il y va de ta vie,
Je parle; et, trop facile à me laisser tromper,
Je lui marque le cœur où sa main doit frapper!

PHŒDIME.

Ah! traitez-le, madame, avec plus de justice;
Un grand roi descend-il jusqu'à cet artifice?

A prendre ce détour qui l'aurait pu forcer?
Sans murmure à l'autel vous l'alliez devancer.
Voulait-il perdre un fils qu'il aime avec tendresse?
Jusqu'ici les effets secondent sa promesse :
Madame, il vous disait qu'un important dessein,
Malgré lui, le forçait à vous quitter demain :
Ce seul dessein l'occupe; et, hâtant son voyage,
Lui-même ordonne tout, présent sur le rivage;
Ses vaisseaux en tous lieux se chargent de soldats,
Et partout Xipharès accompagne ses pas.
D'un rival en fureur est-ce là la conduite?
Et voit-on ses discours démentis par la suite?

MONIME.

Pharnace, cependant, par son ordre arrêté,
Trouve en lui d'un rival toute la dureté.
Phœdime, à Xipharès fera-t-il plus de grâce?

PHŒDIME.

C'est l'ami des Romains qu'il punit en Pharnace :
L'amour a peu de part à ses justes soupçons.

MONIME.

Autant que je le puis, je cède à tes raisons;
Elles calment un peu l'ennui qui me dévore.
Mais pourtant Xipharès ne paraît point encore.

PHŒDIME.

Vaine erreur des amants, qui, pleins de leurs désirs,
Voudraient que tout cédât au soin de leurs plaisirs,
Qui, prêts à s'irriter contre le moindre obstacle...

MONIME.

Ma Phœdime, eh! qui peut concevoir ce miracle?
Après deux ans d'ennuis, dont tu sais tout le poids,
Quoi! je puis respirer pour la première fois!
Quoi! cher prince, avec toi je me verrais unie!
Et loin que ma tendresse eût exposé ta vie,
Tu verrais ton devoir, je verrais ma vertu,
Approuver un amour si longtemps combattu!

Je pourrais tous les jours t'assurer que je t'aime !
Que ne viens-tu ?

## SCÈNE II.

#### MONIME, XIPHARÈS, PHŒDIMÉ.

##### MONIME.

Seigneur, je parlais de vous-même.
Mon âme souhaitait de vous voir en ce lieu,
Pour vous...

##### XIPHARÈS.

C'est maintenant qu'il faut vous dire adieu.

##### MONIME.

Adieu ! vous ?

##### XIPHARÈS.

Oui, madame, et pour toute ma vie.

##### MONIME.

Qu'entends-je ? On me disait... Hélas ! ils m'ont trahie !

##### XIPHARÈS.

Madame, je ne sais quel ennemi couvert,
Révélant nos secrets, vous trahit, et me perd.
Mais le roi, qui tantôt n'en croyait point Pharnace,
Maintenant dans nos cœurs sait tout ce qui se passe.
Il feint, il me caresse, et cache son dessein ;
Mais moi, qui dès l'enfance élevé dans son sein,
De tous ses mouvements ai trop d'intelligence,
J'ai lu dans ses regards sa prochaine vengeance.
Il presse, il fait partir tous ceux dont mon malheur
Pourrait à la révolte exciter la douleur.
De ses fausses bontés j'ai connu la contrainte.
Un mot même d'Arbate a confirmé ma crainte :
Il a su m'aborder ; et, les larmes aux yeux,
« On sait tout, m'a-t-il dit, sauvez-vous de ces lieux. »
Ce mot m'a fait frémir du péril de ma reine ;

Et ce cher intérêt est le seul qui m'amène.
Je vous crains pour vous-même; et je viens à genoux
Vous prier, ma princesse, et vous fléchir pour vous.
Vous dépendez ici d'une main violente,
Que le sang le plus cher rarement épouvante;
Et je n'ose vous dire à quelle cruauté
Mithridate jaloux s'est souvent emporté.
Peut-être c'est moi seul que sa fureur menace;
Peut-être, en me perdant, il veut vous faire grâce :
Daignez, au nom des dieux, daignez en profiter;
Par de nouveaux refus n'allez point l'irriter.
Moins vous l'aimez, et plus tâchez de lui complaire;
Feignez, efforcez-vous : songez qu'il est mon père.
Vivez; et permettez que dans tous mes malheurs
Je puisse à votre amour ne coûter que des pleurs.

MONIME.

Ah! je vous ai perdu!

XIPHARÈS.

Généreuse Monime,
Ne vous imputez point le malheur qui m'opprime.
Votre seule bonté n'est point ce qui me nuit;
Je suis un malheureux que le destin poursuit;
C'est lui qui m'a ravi l'amitié de mon père,
Qui le fit mon rival, qui révolta ma mère,
Et vient de susciter, dans ce moment affreux,
Un secret ennemi pour nous trahir tous deux.

MONIME.

Eh quoi! cet ennemi vous l'ignorez encore?

XIPHARÈS.

Pour surcroît de douleur, madame, je l'ignore.
Heureux! si je pouvais, avant que m'immoler,
Percer le traître cœur qui m'a pu déceler!

MONIME.

Eh bien, seigneur, il faut vous le faire connaître.
Ne cherchez point ailleurs cet ennemi, ce traître;

Frappez : aucun respect ne vous doit retenir.
J'ai tout fait : et c'est moi que vous devez punir.
XIPHARÈS.
Vous!
MONIME.
Ah! si vous saviez, prince, avec quelle adresse
Le cruel est venu surprendre ma tendresse!
Quelle amitié sincère il affectait pour vous!
Content, s'il vous voyait devenir mon époux!
Qui n'aurait cru?... Mais non, mon amour, plus timide,
Devait moins vous livrer à sa bonté perfide.
Les dieux, qui m'inspiraient, et que j'ai mal suivis,
M'ont fait taire trois fois par de secrets avis.
J'ai dû continuer; j'ai dû dans tout le reste...
Que sais-je enfin? j'ai dû vous être moins funeste;
J'ai dû craindre du roi les dons empoisonnés,
Et je m'en punirai, si vous me pardonnez.
XIPHARÈS.
Quoi, madame! c'est vous, c'est l'amour qui m'expose?
Mon malheur est parti d'une si belle cause?
Trop d'amour a trahi nos secrets amoureux?
Et vous vous excusez de m'avoir fait heureux?
Que voudrais-je de plus? glorieux et fidèle,
Je meurs. Un autre sort au trône vous appelle :
Consentez-y, madame; et, sans plus résister,
Achevez un hymen qui vous y fait monter.
MONIME.
Quoi! vous me demandez que j'épouse un barbare
Dont l'odieux amour pour jamais nous sépare?
XIPHARÈS.
Songez que ce matin, soumise à ses souhaits,
Vous deviez l'épouser et ne me voir jamais.
MONIME.
Eh! connaissais-je alors toute sa barbarie?
Ne voudriez-vous point qu'approuvant sa furie,

Après vous avoir vu tout percé de ses coups,
Je suivisse à l'autel un tyrannique époux;
Et que, dans une main de votre sang fumante,
J'allasse mettre, hélas! la main de votre amante?
Allez : de ses fureurs songez à vous garder,
Sans perdre ici le temps à me persuader :
Le ciel m'inspirera quel parti je dois prendre.
Que serait-ce, grands dieux! s'il venait vous surprendre!
Que dis-je? on vient. Allez : courez. Vivez enfin;
Et du moins attendez quel sera mon destin.

## SCÈNE III.

### MONIME, PHŒDIME.

#### PHŒDIME.

Madame, à quels périls il exposait sa vie!
C'est le roi.

#### MONIME.

Cours l'aider à cacher sa sortie.
Va, ne le quitte point; et qu'il se garde bien
D'ordonner de son sort, sans être instruit du mien.

## SCÈNE IV.

### MITHRIDATE, MONIME.

#### MITHRIDATE.

Allons, madame, allons. Une raison secrète
Me fait quitter ces lieux et hâter ma retraite.
Tandis que mes soldats, prêts à suivre leur roi,
Rentrent dans mes vaisseaux pour partir avec moi,
Venez, et qu'à l'autel ma promesse accomplie
Par des nœuds éternels l'un à l'autre nous lie.

MONIME.

Nous, seigneur?

MITHRIDATE.

Quoi, madame! osez-vous balancer?

MONIME.

Et ne m'avez-vous pas défendu d'y penser?

MITHRIDATE.

J'eus mes raisons alors : oublions-les, madame.
Ne songez maintenant qu'à répondre à ma flamme.
Songez que votre cœur est un bien qui m'est dû.

MONIME.

Eh! pourquoi donc, seigneur, me l'avez-vous rendu?

MITHRIDATE.

Quoi! pour un fils ingrat toujours préoccupée,
Vous croiriez...

MONIME.

Quoi, seigneur! vous m'auriez donc trompée?

MITHRIDATE.

Perfide! il vous sied bien de tenir ce discours,
Vous qui, gardant au cœur d'infidèles amours,
Quand je vous élevais au comble de la gloire,
M'avez des trahisons préparé la plus noire!
Ne vous souvient-il plus, cœur ingrat et sans foi,
Plus que tous les Romains conjuré contre moi,
De quel rang glorieux j'ai bien voulu descendre
Pour vous porter au trône où vous n'osiez prétendre?
Ne me regardez point vaincu, persécuté :
Revoyez-moi vainqueur, et partout redouté.
Songez de quelle ardeur dans Éphèse adorée,
Aux filles de cent rois je vous ai préférée;
Et, négligeant pour vous tant d'heureux alliés,
Quelle foule d'États je mettais à vos pieds.
Ah! si d'un autre amour le penchant invincible
Dès lors à mes bontés vous rendait insensible,
Pourquoi chercher si loin un odieux époux?

Avant que de partir, pourquoi vous taisiez-vous?
Attendiez-vous, pour faire un aveu si funeste,
Que le sort ennemi m'eût ravi tout le reste,
Et que, de toutes parts me voyant accabler,
J'eusse en vous le seul bien qui me pût consoler?
Cependant, quand je veux oublier cet outrage,
Et cacher à mon cœur cette funeste image,
Vous osez à mes yeux rappeler le passé!
Vous m'accusez encor, quand je suis offensé!
Je vois que pour un traître un fol espoir vous flatte.
A quelle épreuve, ô ciel, réduis-tu Mithridate?
Par quel charme secret laissé-je retenir
Ce courroux si sévère et si prompt à punir?
Profitez du moment que mon amour vous donne :
Pour la dernière fois, venez, je vous l'ordonne.
N'attirez point sur vous des périls superflus,
Pour un fils insolent que vous ne verrez plus.
Sans vous parer pour lui d'une foi qui m'est due,
Perdez-en la mémoire, aussi bien que la vue;
Et désormais, sensible à ma seule bonté,
Méritez le pardon qui vous est présenté.

MONIME.

Je n'ai point oublié quelle reconnaissance,
Seigneur, m'a dû ranger sous votre obéissance :
Quelque rang où jadis soient montés mes aïeux,
Leur gloire de si loin n'éblouit point mes yeux.
Je songe avec respect de combien je suis née
Au-dessous des grandeurs d'un si noble hyménée;
Et, malgré mon penchant et mes premiers desseins
Pour un fils, après vous, le plus grand des humains,
Du jour que sur mon front on mit ce diadème,
Je renonçai, seigneur, à ce prince, à moi-même.
Tous deux d'intelligence à nous sacrifier,
Loin de moi, par mon ordre, il courait m'oublier.
Dans l'ombre du secret ce feu s'allait éteindre;

Et même de mon sort je ne pouvais me plaindre,
Puisque enfin, aux dépens de mes vœux les plus doux,
Je faisais le bonheur d'un héros tel que vous.
Vous seul, seigneur, vous seul, vous m'avez arrachée
A cette obéissance où j'étais attachée ;
Et ce fatal amour dont j'avais triomphé,
Ce feu que dans l'oubli je croyais étouffé,
Dont la cause à jamais s'éloignait de ma vue,
Vos détours l'ont surpris, et m'en ont convaincue.
Je vous l'ai confessé, je le dois soutenir.
En vain vous en pourriez perdre le souvenir ;
Et cet aveu honteux, où vous m'avez forcée,
Demeurera toujours présent à ma pensée ;
Toujours je vous croirais incertain de ma foi :
Et le tombeau, seigneur, est moins triste pour moi
Que le lit d'un époux qui m'a fait cet outrage,
Qui s'est acquis sur moi ce cruel avantage,
Et qui, me préparant un éternel ennui,
M'a fait rougir d'un feu qui n'était pas pour lui.

### MITHRIDATE.

C'est donc votre réponse ? et, sans plus me complaire,
Vous refusez l'honneur que je voulais vous faire ?
Pensez-y bien. J'attends pour me déterminer...

### MONIME.

Non, seigneur, vainement vous croyez m'étonner.
Je vous connais : je sais tout ce que je m'apprête,
Et je vois quels malheurs j'assemble sur ma tête :
Mais le dessein est pris ; rien ne peut m'ébranler.
Jugez-en, puisque ainsi je vous ose parler,
Et m'emporte au-delà de cette modestie
Dont jusqu'à ce moment je n'étais point sortie.
Vous vous êtes servi de ma funeste main
Pour mettre à votre fils un poignard dans le sein :
De ses feux innocents j'ai trahi le mystère ;
Et, quand il n'en perdrait que l'amour de son père,

Il en mourra, seigneur. Ma foi ni mon amour
Ne seront point le prix d'un si cruel détour.
Après cela, jugez. Perdez une rebelle;
Armez-vous du pouvoir qu'on vous donna sur elle :
J'attendrai mon arrêt; vous pouvez commander.
Tout ce qu'en vous quittant j'ose vous demander,
Croyez (à la vertu je dois cette justice)
Que je vous trahis seule, et n'ai point de complice;
Et que d'un plein succès vos vœux seraient suivis
Si j'en croyais, seigneur, les vœux de votre fils.

## SCÈNE V.

#### MITHRIDATE.

Elle me quitte! Et moi, dans un lâche silence,
Je semble de sa fuite approuver l'insolence!
Peu s'en faut que mon cœur, penchant de son côté,
Ne me condamne encor de trop de cruauté!
Qui suis-je? Est-ce Monime? Et suis-je Mithridate?
Non, non, plus de pardon, plus d'amour pour l'ingrate.
Ma colère revient, et je me reconnais :
Immolons, en partant, trois ingrats à la fois.
Je vais à Rome; et c'est par de tels sacrifices
Qu'il faut à ma fureur rendre les dieux propices.
Je le dois, je le puis; ils n'ont plus de support :
Les plus séditieux sont déjà loin du bord.
Sans distinguer entre eux qui je hais ou qui j'aime,
Allons, et commençons par Xipharès lui-même.
Mais quelle est ma fureur? et qu'est-ce que je dis?
Tu vas sacrifier... qui, malheureux? Ton fils !
Un fils que Rome craint ! qui peut venger son père !
Pourquoi répandre un sang qui m'est si nécessaire?
Ah! dans l'état funeste où ma chute m'a mis,
Est-ce que mon malheur m'a laissé trop d'amis?

Songeons plutôt, songeons à gagner sa tendresse :
J'ai besoin d'un vengeur et non d'une maîtresse.
Quoi ! ne vaut-il pas mieux, puisqu'il faut m'en priver,
La céder à ce fils que je veux conserver?
Cédons-la. Vains efforts, qui ne font que m'instruire
Des faiblesses d'un cœur qui cherche à se séduire!
Je brûle, je l'adore; et, loin de la bannir...
Ah! c'est un crime encor dont je la veux punir.
Quelle pitié retient mes sentiments timides?
N'en ai-je pas déjà puni de moins perfides?
O Monime! ô mon fils! Inutile courroux!
Et vous, heureux Romains, quel triomphe pour vous
Si vous saviez ma honte, et qu'un avis fidèle
De mes lâches combats vous portât la nouvelle!
Quoi! des plus chères mains craignant les trahisons,
J'ai pris soin de m'armer contre tous les poisons;
J'ai su, par une longue et pénible industrie,
Des plus mortels venins prévenir la furie;
Ah! qu'il eût mieux valu, plus sage et plus heureux,
En repoussant les traits d'un amour dangereux,
Ne pas laisser remplir d'ardeurs empoisonnées
Un cœur déjà glacé par le froid des années!
De ce trouble fatal par où dois-je sortir?

## SCÈNE VI.

### MITHRIDATE, ARBATE.

ARBATE.

Seigneur, tous vos soldats refusent de partir :
Pharnace les retient, Pharnace leur révèle
Que vous cherchez à Rome une guerre nouvelle.

MITHRIDATE.

Pharnace!

ARBATE.

Il a séduit ses gardes les premiers;
Et le seul nom de Rome étonne les plus fiers.
De mille affreux périls ils se forment l'image.
Les uns avec transport embrassent le rivage;
Les autres qui partaient s'élancent dans les flots,
Ou présentent leurs dards aux yeux des matelots.
Le désordre est partout; et, loin de nous entendre,
Ils demandent la paix, et parlent de se rendre.
Pharnace est à leur tête; et, flattant leurs souhaits,
De la part des Romains, il leur promet la paix.

MITHRIDATE.

Ah! le traître! Courez : qu'on appelle son frère,
Qu'il me suive, qu'il vienne au secours de son père.

ARBATE.

J'ignore son dessein; mais un soudain transport
L'a déjà fait descendre et courir vers le port;
Et l'on dit que, suivi d'un gros d'amis fidèles,
On l'a vu se mêler au milieu des rebelles.
C'est tout ce que j'en sais.

MITHRIDATE.

Ah ! qu'est-ce que j'entends?
Perfides, ma vengeance a tardé trop longtemps!
Mais je ne vous crains point : malgré leur insolence,
Les mutins n'oseraient soutenir ma présence.
Je ne veux que les voir; je ne veux qu'à leurs yeux
Immoler de ma main deux fils audacieux.

## SCÈNE VII.

MITHRIDATE, ARBATE, ARCAS.

ARCAS.

Seigneur, tout est perdu. Les rebelles, Pharnace,
Les Romains sont en foule autour de cette place.

MITHRIDATE.

Les Romains !

ARCAS.

De Romains le rivage est chargé,
Et bientôt dans ces murs vous êtes assiégé.

MITHRIDATE.
(A Arcas).

Ciel ! Courons. Écoutez... Du malheur qui me presse
Tu ne jouiras pas, infidèle princesse.

FIN DU QUATRIEME ACTE.

# ACTE CINQUIÈME.

## SCÈNE 1.

### MONIME, PHŒDIME.

#### PHŒDIME.
Madame, où courez-vous? Quels aveugles transports
Vous font tenter sur vous de criminels efforts?
Eh quoi! vous avez pu, trop cruelle à vous-même,
Faire un affreux lien d'un sacré diadème!
Ah! ne voyez-vous pas que les dieux, plus humains,
Ont eux-mêmes rompu ce bandeau dans vos mains?

#### MONIME.
Eh! par quelle fureur, obstinée à me suivre,
Toi-même, malgré moi, veux-tu me faire vivre?
Xipharès ne vit plus; le roi, désespéré,
Lui-même n'attend plus qu'un trépas assuré :
Quel fruit te promets-tu de ta coupable audace?
Perfide, prétends-tu me livrer à Pharnace?

#### PHŒDIME.
Ah! du moins attendez qu'un fidèle rapport
De son malheureux frère ait confirmé la mort.
Dans la confusion que nous venons d'entendre,
Les yeux peuvent-ils pas aisément se méprendre?
D'abord, vous le savez, un bruit injurieux
Le rangeait du parti d'un camp séditieux;
Maintenant on vous dit que ces mêmes rebelles
Ont tourné contre lui leurs armes criminelles.

Jugez de l'un par l'autre, et daignez écouter...
MONIME.
Xipharès ne vit plus, il n'en faut point douter :
L'événement n'a point démenti mon attente.
Quand je n'en aurais pas la nouvelle sanglante,
Il est mort; et j'en ai pour garants trop certains
Son courage et son nom trop suspects aux Romains.
Ah! que d'un si beau sang dès lontemps altérée,
Rome tient maintenant sa victoire assurée !
Quel ennemi son bras leur allait opposer !
Mais sur qui, malheureuse, oses-tu t'excuser?
Quoi! tu ne veux pas voir que c'est toi qui l'opprimes,
Et dans tous ses malheurs reconnaître tes crimes?
De combien d'assassins l'avais-je enveloppé !
Comment à tant de coups serait-il échappé?
Il évitait en vain les Romains et son frère :
Ne le livrais-je pas aux fureurs de son père?
C'est moi qui, les rendant l'un de l'autre jaloux,
Vins allumer le feu qui les embrase tous :
Tison de la discorde, et fatale furie,
Que le démon de Rome a formée et nourrie.
Et je vis! Et j'attends que, de leur sang baigné,
Pharnace des Romains revienne accompagné,
Qu'il étale à mes yeux sa parricide joie !
La mort au désespoir ouvre plus d'une voie ;
Oui, cruelles, en vain vos injustes secours
Me ferment du tombeau les chemins les plus courts,
Je trouverai la mort jusque dans vos bras même.
Et toi, fatal tissu, malheureux diadème,
Instrument et témoin de toutes mes douleurs,
Bandeau, que mille fois j'ai trempé de mes pleurs,
Au moins, en terminant ma vie et mon supplice,
Ne pouvais-tu me rendre un funeste service?
A mes tristes regards, va, cesse de t'offrir;
D'autres armes sans toi sauront me secourir ;

## ACTE V. SCÈNE II.

Et périsse le jour et la main meurtrière
Qui jadis sur mon front t'attacha la première!
### PHŒDIME.
On vient, madame, on vient; et j'espère qu'Arcas,
Pour bannir vos frayeurs porte vers vous ses pas.

## SCÈNE II.

#### MONIME, PHŒDIME, ARCAS.

### MONIME.
En est-ce fait, Arcas? et le cruel Pharnace...
### ARCAS.
Ne me demandez rien de tout ce qui se passe,
Madame : on m'a chargé d'un plus funeste emploi;
Et ce poison vous dit les volontés du roi.
### PHŒDIME.
Malheureuse princesse!
### MONIME.
                Ah! quel comble de joie!
Donnez. Dites, Arcas, au roi qui me l'envoie
Que de tous les présents que m'a faits sa bonté,
Je reçois le plus cher et le plus souhaité.
A la fin je respire; et le ciel me délivre
Des secours importuns qui me forçaient de vivre.
Maîtresse de moi-même, il veut bien qu'une fois
Je puisse de mon sort disposer à mon choix.
### PHŒDIME.
Hélas!
### MONIME.
      Retiens tes cris; et, par d'indignes larmes,
De cet heureux moment ne trouble point les charmes.
Si tu m'aimais, Phœdime, il fallait me pleurer
Quand d'un titre funeste on me vint honorer,
Et lorsque, m'arrachant du doux sein de la Grèce,

Dans ce climat barbare on traîna ta maîtresse.
Retourne maintenant chez ces peuples heureux;
Et, si mon nom encor s'est conservé chez eux,
Dis-leur ce que tu vois, et de toute ma gloire,
Phœdime, conte-leur la malheureuse histoire.
Et toi, qui de ce cœur, dont tu fus adoré,
Par un jaloux destin fus toujours séparé,
Héros, avec qui, même en terminant ma vie,
Je n'ose en un tombeau demander d'être unie,
Reçois ce sacrifice; et puisse, en ce moment,
Ce poison expier le sang de mon amant!


## SCÈNE III.

#### MONIME, ARBATE, PHŒDIME, ARCAS.

##### ARBATE.

Arrêtez! arrêtez!

##### ARCAS.
Que faites-vous Arbate?

##### ARBATE.

Arrêtez! j'accomplis l'ordre de Mithridate.

##### MONIME.

Ah! laissez-moi...

##### ARBATE, jetant le poison.

Cessez, vous dis-je et laissez-moi,
Madame, exécuter les volontés du roi :
Vivez. Et vous, Arcas, du succès de mon zèle
Courez à Mithridate apprendre la nouvelle.

## SCÈNE IV.

#### MONIME, ARBATE, PHŒDIME.

###### MONIME.

Ah! trop cruel Arbate, à quoi m'exposez-vous!
Est-ce qu'on croit encor mon supplice trop doux?
Et le roi, m'enviant une mort si soudaine,
Veut-il plus d'un trépas pour contenter sa haine?

###### ARBATE.

Vous l'allez voir paraître; et j'ose m'assurer
Que vous-même avec moi vous allez le pleurer.

###### MONIME.

Quoi! le roi...

###### ARBATE.

Le roi touche à son heure dernière,
Madame, et ne voit plus qu'un reste de lumière.
Je l'ai laissé sanglant, porté par des soldats;
Et Xipharès en pleurs accompagne leurs pas.

###### MONIME.

Xipharès! Ah! grands dieux! Je doute si je veille,
Et n'ose qu'en tremblant en croire mon oreille.
Xipharès vit encor! Xipharès que mes pleurs...

###### ARBATE.

Il vit chargé de gloire, accablé de douleurs.
De sa mort en ces lieux la nouvelle semée
Ne vous a pas vous seule et sans cause alarmée :
Les Romains, qui partout l'appuyaient par des cris,
Ont par ce bruit fatal glacé tous les esprits.
Le roi, trompé lui-même, en a versé des larmes,
Et, désormais certain du malheur de ses armes,
Par un rebelle fils de toutes parts pressé,
Sans espoir de secours tout prêt d'être forcé,
Et voyant, pour surcroît de douleur et de haine,

Parmi ses étendards porter l'aigle romaine,
Il n'a plus aspiré qu'à s'ouvrir des chemins
Pour éviter l'affront de tomber dans leurs mains.
D'abord il a tenté les atteintes mortelles
Des poisons que lui-même a crus les plus fidèles ;
Il les a trouvés tous sans force et sans vertu.
« Vain secours, a-t-il dit, que j'ai trop combattu !
» Contre tous les poisons soigneux de me défendre,
» J'ai perdu tout le fruit que j'en pouvais attendre.
» Essayons maintenant des secours plus certains,
» Et cherchons un trépas plus funeste aux Romains. »
Il parle ; et défiant leurs nombreuses cohortes,
Du palais, à ces mots, il fait ouvrir les portes.
A l'aspect de ce front dont la noble fureur
Tant de fois dans leurs rangs répandit la terreur,
Vous les eussiez vus tous, retournant en arrière,
Laisser entre eux et nous une large carrière ;
Et déjà quelques-uns couraient épouvantés
Jusque dans les vaisseaux qui les ont apportés.
Mais le dirai-je? ô ciel ! rassurés par Pharnace,
Et la honte en leurs cœurs réveillant leur audace,
Ils reprennent courage, ils attaquent le roi,
Qu'un reste de soldats défendait avec moi.
Qui pourait exprimer par quels faits incroyables,
Quels coups accompagnés de regards effroyables,
Son bras, se signalant pour la dernière fois,
A de ce grand héros terminé les exploits?
Enfin, las et couvert de sang et de poussière,
Il s'était fait de morts une noble barrière :
Un autre bataillon s'est avancé vers nous :
Les Romains pour le joindre ont suspendu leurs coups.
Ils voulaient tous ensemble accabler Mithridate,
Mais lui : « C'en est assez, m'a-t-il dit, cher Arbate,
» Le sang et la fureur m'emportent trop avant.
» Ne livrons pas surtout Mithridate vivant. »

Aussitôt dans son sein il plonge son épée.
Mais la mort fuit encor sa grande âme trompée.
Ce héros dans mes bras est tombé tout sanglant,
Faible, et qui s'irritait contre un trépas si lent;
Et, se plaignant à moi de ce reste de vie,
Il soulevait encor sa main appesantie;
Et, marquant à mon bras la place de son cœur,
Semblait d'un coup plus sûr implorer la faveur.
Tandis que, possédé de ma douleur extrême,
Je songe bien plutôt à me percer moi-même,
De grands cris ont soudain attiré mes regards :
J'ai vu, qui l'aurait cru? j'ai vu de toutes parts
Vaincus et renversés les Romains et Pharnace,
Fuyant vers leurs vaisseaux, abandonner la place;
Et le vainqueur, vers nous s'avançant de plus près,
A mes yeux éperdus a montré Xipharès.

MONIME.

Juste ciel !

ARBATE.

Xipharès, toujours resté fidèle,
Et qu'au fort du combat une troupe rebelle,
Par ordre de son frère, avait enveloppé,
Mais qui, d'entre leurs bras à la fin échappé,
Forçant les plus mutins, et regagnant le reste,
Heureux et plein de joie, en ce moment funeste,
A travers mille morts, ardent, victorieux,
S'était fait vers son père un chemin glorieux.
Jugez de quelle horreur cette joie est suivie.
Son bras aux pieds du roi l'allait jeter sans vie;
Mais on court, on s'oppose à son emportement.
Le roi m'a regardé dans ce triste moment,
Et m'a dit d'une voix qu'il poussait avec peine :
« S'il en est temps encor, cours, et sauve la reine. »
Ces mots m'ont fait trembler pour vous, pour Xipharès,
J'ai craint, j'ai soupçonné quelques ordres secrets.

Tout lassé que j'étais, ma frayeur et mon zèle
M'ont donné pour courir une force nouvelle;
Et, malgré nos malheurs, je me tiens trop heureux
D'avoir paré le coup qui vous perdait tous deux.

MONIME.

Ah! que, de tant d'horreurs justement étonnée,
Je plains de ce grand roi la triste destinée!
Hélas! et plût aux dieux qu'à son sort inhumain
Moi-même j'eusse pu ne point prêter la main,
Et que, simple témoin du malheur qui l'accable,
Je le pusse pleurer sans en être coupable!
Il vient. Quel nouveau trouble excite en mes esprits
Le sang du père, ô ciel! et les larmes du fils!

## SCÈNE V.

MITHRIDATE, MONIME, XIPHARÈS, ARBATE, PHŒDIME, ARCAS,
GARDES, qui soutiennent Mithridate.

MONIME.

Ah! que vois-je, seigneur, et quel sort est le vôtre!

MITHRIDATE.

Cessez et retenez vos larmes l'un et l'autre :
(Montrant Xipharès.)
Mon sort de sa tendresse et de votre amitié
Veut d'autres sentiments que ceux de la pitié;
Et ma gloire, plutôt digne d'être admirée,
Ne doit point par des pleurs être déshonorée,
J'ai vengé l'univers autant que je l'ai pu :
La mort dans ce projet m'a seule interrompu.
Ennemi des Romains et de la tyrannie,
Je n'ai point de leur joug subi l'ignominie;
Et j'ose me flatter qu'entre les noms fameux
Qu'une pareille haine a signalés contre eux,
Nul ne leur a plus fait acheter la victoire,

Ni de jours malheureux plus rempli leur histoire.
Le ciel n'a pas voulu qu'achevant mon dessein
Rome en cendres me vît expirer dans son sein ;
Mais au moins quelque joie en mourant me console :
J'expire environné d'ennemis que j'immole ;
Dans leur sang odieux j'ai pu tremper mes mains ;
Et mes derniers regards ont vu fuir les Romains.
A mon fils Xipharès je dois cette fortune ;
Il épargne à ma mort leur présence importune.
Que ne puis-je payer ce service important
De tout ce que mon trône eut de plus éclatant !
Mais vous me tenez lieu d'empire, de couronne ;
Vous seule me restez : souffrez que je vous donne,
Madame ; et tous ces vœux que j'exigeais de vous,
Mon cœur pour Xipharès vous les demande tous.

MONIME.

Vivez, seigneur, vivez, pour le bonheur du monde,
Et pour sa liberté, qui sur vous seul se fonde ;
Vivez pour triompher d'un ennemi vaincu,
Pour venger...

MITHRIDATE.

C'en est fait, madame, et j'ai vécu.
Mon fils, songez à vous : gardez-vous de prétendre
Que de tant d'ennemis vous puissiez vous défendre.
Bientôt tous les Romains, de leur honte irrités,
Viendront ici sur vous fondre de tous côtés.
Ne perdez point le temps que vous laisse leur fuite
A rendre à mon tombeau des soins dont je vous quitte.
Tant de Romains sans vie, en cent lieux dispersés,
Suffisent à ma cendre et l'honorent assez.
Cachez-leur pour un temps vos noms et votre vie,
Allez, réservez-vous...

XIPHARÈS.

Moi, seigneur ! que je fuie !
Que Pharnace impuni, les Romains triomphants,

N'éprouvent pas bientôt...
MITHRIDATE.
Non, je vous le défends.
Tôt ou tard il faudra que Pharnace périsse :
Fiez-vous aux Romains du soin de son supplice [1].
Mais je sens affaiblir ma force et mes esprits;
Je sens que je me meurs. Approchez-vous, mon fils;
Dans cet embrassement dont la douceur me flatte,
Venez, et recevez l'âme de Mithridate.
MONIME.
Il expire.
XIPHARÈS.
Ah! madame, unissons nos douleurs,
Et par tout l'univers cherchons-lui des vengeurs.

FIN DE MITHRIDATE.

[1] A la suite de ce vers, on lit, dans l'édition princeps, une tirade que Racine supprima dans les éditions suivantes :

> Le Parthe, qu'ils gardaient pour triomphe dernier,
> Seul encor sous le joug refuse de plier :
> Allez le joindre. Allez chez ce peuple indomptable
> Porter de mon débris le reste redoutable.
> J'espère, et je m'en forme un présage certain,
> Que leurs champs bienheureux boiront le sang romain;
> Et, si quelque vengeance à ma mort est promise,
> Que c'est à leur valeur que le ciel l'a remise.
> Mais je sens, etc.

# IPHIGÉNIE EN AULIDE.

### TRAGÉDIE.

1674.

# PRÉFACE.

Il n'y a rien de plus célèbre dans les poëtes que le sacrifice d'Iphigénie; mais ils ne s'accordent pas tous ensemble sur les plus importantes particularités de ce sacrifice. Les uns, comme Eschyle dans *Agamemnon*, Sophocle dans *Électre*, et, après eux, Lucrèce, Horace, et beaucoup d'autres, veulent qu'on ait en effet répandu le sang d'Iphigénie, fille d'Agamemnon, et qu'elle soit morte en Aulide. Il ne faut que lire Lucrèce au commencement de son premier livre :

> « Aulide quo pacto Triviaï virginis aram
> » Iphianassaï turparunt sanguine fœde
> » Ductores Danaum, etc. [1] »

Et Clytemnestre dit, dans Eschyle, qu'Agamemnon, son mari, qui vient d'expirer, rencontra dans les enfers Iphigénie, sa fille, qu'il a autrefois immolée.

D'autres ont feint que Diane, ayant eu pitié de cette jeune princesse, l'avait enlevée et portée dans la Tauride, au moment qu'on l'allait sacrifier, et que la déesse avait fait trouver en sa place ou une biche, ou une

---

[1] « Comment les chefs des Grecs, rassemblés dans l'Aulide, souillèrent honteusement l'autel de Diane du sang d'Iphigénie. »

autre victime de cette nature. Euripide a suivi cette fable, et Ovide l'a mise au nombre des métamorphoses.

Il y a une troisième opinion, qui n'est pas moins ancienne que les deux autres sur Iphigénie. Plusieurs auteurs, et entre autres Stésichorus, l'un des plus fameux et des plus anciens poëtes lyriques, ont écrit qu'il était bien vrai qu'une princesse de ce nom avait été sacrifiée, mais que cette Iphigénie était une fille qu'Hélène avait eue de Thésée. Hélène, disent ces auteurs, ne l'avait osé avouer pour sa fille, parce qu'elle n'osait déclarer à Ménélas qu'elle eût été mariée en secret avec Thésée. Pausanias [1] rapporte et le témoignage et les noms des poëtes qui ont été de ce sentiment, et il ajoute que c'était la créance commune de tous le pays d'Argos.

Homère enfin, le père de tous les poëtes, a si peu prétendu qu'Iphigénie, fille d'Agamemnon, eût été ou sacrifiée en Aulide, ou transportée dans la Scythie, que, dans le neuvième livre de l'*Iliade*, c'est-à-dire près de dix ans depuis l'arrivée des Grecs devant Troie, Agamemnon fait offrir en mariage à Achille sa fille Iphigénie, qu'il a, dit-il, laissée à Mycène, dans sa maison.

J'ai rapporté tous ces avis si différents, et surtout le passage de Pausanias, parce que c'est à cet auteur que je dois l'heureux personnage d'Ériphile, sans lequel je n'aurais jamais osé entreprendre cette tragédie. Quelle apparence que j'eusse souillé la scène par le meurtre horrible d'une personne aussi vertueuse et aussi ai-

---

[1] *Corinth.*, p. 125.

mable qu'il fallait représenter Iphigénie? Et quelle apparence encore de dénouer ma tragédie par le secours d'une déesse et d'une machine, et par une métamorphose, qui pouvait bien trouver quelque créance du temps d'Euripide, mais qui serait trop absurde et trop incroyable parmi nous?

Je puis dire donc que j'ai été très-heureux de trouver dans les anciens cette autre Iphigénie que j'ai pu représenter telle qu'il m'a plu, et qui, tombant dans le malheur où cette amante jalouse voulait précipiter sa rivale, mérite en quelque façon d'être punie, sans être pourtant tout à fait indigne de compassion. Ainsi le dénoûment de la pièce est tiré du fond même de la pièce; et il ne faut que l'avoir vu représenter pour comprendre quel plaisir j'ai fait aux spectateurs, et en sauvant à la fin une princesse vertueuse pour qui il s'est si fort intéressé dans le cours de la tragédie, et en la sauvant par une autre voie que par un miracle qu'il n'aurait pu souffrir, parce qu'il ne le saurait jamais croire.

Le voyage d'Achille à Lesbos, dont ce héros se rend maître, et d'où il enlève Ériphile avant que de venir en Aulide, n'est pas non plus sans fondement. Euphorion de Chalcide, poëte très-connu parmi les anciens, et dont Virgile [1] et Quintilien [2] font une mention honorable, parlait de ce voyage de Lesbos. Il disait dans un de ces poëmes, au rapport de Parthénius, qu'Achille avait fait la conquête de cette île avant que de joindre

---

[1] *Eclog* X.
[2] *Instit.*, lib. X.

l'armée des Grecs, et qu'il y avait même trouvé une princesse qui s'était éprise d'amour pour lui.

Voici les principales choses en quoi je me suis un peu éloigné de l'économie et de la fable d'Euripide. Pour ce qui regarde les passions, je me suis attaché à le suivre plus exactement. J'avoue que je lui dois un bon nombre des endroits qui ont été le plus approuvés dans ma tragédie; et je l'avoue d'autant plus volontiers, que ces approbations m'ont confirmé dans l'estime et dans la vénération que j'ai toujours eues pour les ouvrages qui nous restent de l'antiquité. J'ai reconnu avec plaisir, par l'effet qu'a produit sur notre théâtre tout ce que j'ai imité ou d'Homère ou d'Euripide, que le bon sens et la raison étaient les mêmes dans tous les siècles. Le goût de Paris s'est trouvé conforme à celui d'Athènes; mes spectateurs ont été émus des mêmes choses qui ont mis autrefois en larmes le plus savant peuple de la Grèce, et qui ont fait dire qu'entre les poëtes Euripide était extrêmement tragique, τραγικώτατος, c'est-à-dire qu'il savait merveilleusement exciter la compassion et la terreur, qui sont les véritables effets de la tragédie.

Je m'étonne, après cela, que les modernes aient témoigné depuis peu tant de dégoût pour ce grand poëte, dans le jugement qu'ils ont fait de son *Alceste*. Il ne s'agit point ici de l'*Alceste;* mais en vérité j'ai trop d'obligation à Euripide pour ne pas prendre quelque soin de sa mémoire, et pour laisser échapper l'occasion de le réconcilier avec ces messieurs : je m'assure qu'il n'est si mal dans leur esprit que parce qu'ils n'ont pas bien

## PRÉFACE. 231

lu l'ouvrage sur lequel ils l'ont condamné. J'ai choisi la plus importante de leurs objections, pour leur montrer que j'ai raison de parler ainsi. Je dis la plus importante de leurs objections, car ils la répètent à chaque page, et ils ne soupçonnent pas seulement que l'on y puisse répliquer.

Il y a, dans l'*Alceste* d'Euripide, une scène merveilleuse, où Alceste, qui se meurt et qui ne peut plus se soutenir, dit à son mari les derniers adieux. Admète, tout en larmes, la prie de reprendre ses forces, et de ne se point abandonner elle-même. Alceste, qui a l'image de la mort devant les yeux, lui parle ainsi :

> Je vois déjà la rame et la barque fatale ;
> J'entends le vieux nocher sur la rive infernale.
> Impatient, il crie : « On t'attend ici-bas ;
> » Tout est prêt, descends, viens, ne me retarde pas. »

J'aurais souhaité de pouvoir exprimer dans ces vers les grâces qu'ils ont dans l'original ; mais au moins en voilà le sens. Voici comme ces messieurs les ont entendus : il leur est tombé entre les mains une malheureuse édition d'Euripide où l'imprimeur a oublié de mettre dans le latin, à côté de ces vers, un *Al.*, qui signifie que c'est Alceste qui parle ; et à côté des vers suivants, un *Ad.*, qui signifie que c'est Admète qui répond. Làdessus il leur est venu dans l'esprit la plus étrange pensée du monde : ils ont mis dans la bouche d'Admète les paroles qu'Alceste dit à Admète, et celles qu'elle se fait dire par Caron. Ainsi ils supposent qu'Admète,

quoiqu'il soit en parfaite santé, *pense voir déjà Caron qui le vient prendre;* et au lieu que, dans ce passage d'Euripide, Caron, impatient, presse Alceste de le venir trouver, selon ces messieurs, c'est Admète effrayé qui est l'impatient, et qui presse Alceste d'expirer, de peur que Caron ne le prenne. *Il l'exhorte,* ce sont leurs termes, *à avoir courage, à ne pas faire une lâcheté, et à mourir de bonne grâce; il interrompt les adieux d'Alceste pour lui dire de se dépêcher de mourir.* Peu s'en faut, à les entendre, qu'il ne la fasse mourir lui-même. Ce sentiment leur a paru *fort vilain,* et ils ont raison : il n'y a personne qui n'en fût très-scandalisé. Mais comment l'ont-ils pu attribuer à Euripide? En vérité, quand toutes les autres éditions où cet *Al.* n'a point été oublié ne donneraient pas un démenti au malheureux imprimeur qui les a trompés, la suite de ces quatre vers, et tous les discours qu'Admète tient dans la même scène, étaient plus que suffisants pour les empêcher de tomber dans une erreur si déraisonnable : car Admète, bien éloigné de presser Alceste de mourir, s'écrie : « Que toutes les morts en-
» semble lui seraient moins cruelles que de la voir dans
» l'état où il la voit. Il la conjure de l'entraîner avec
» elle; il ne peut plus vivre si elle meurt; il vit en elle,
» il ne respire que pour elle. »

Ils ne sont pas plus heureux dans les autres objections. Ils disent, par exemple, qu'Euripide a fait deux *époux surannés* d'Admète et d'Alceste; que l'un est un *vieux mari,* et l'autre *une princesse déjà sur l'âge.* Euripide a pris soin de leur répondre en un seul vers, où il fait dire par le chœur qu'Alceste, toute jeune, et dans la première fleur de son âge, expire pour son jeune époux.

Ils reprochent encore à Alceste qu'elle a deux grands enfants à marier. Comment n'ont-ils point lu le contraire en cent endroits, et surtout dans ce beau récit où l'on dépeint Alceste mourante au milieu de ses deux petits enfants, qui la tirent, en pleurant, par la robe, et qu'elle prend sur ses bras l'un après l'autre pour les baiser?

Tout le reste de leurs critiques est à peu près de la force de celle-ci. Mais je crois qu'en voilà assez pour la défense de mon auteur. Je conseille à ces messieurs de ne plus décider si légèrement sur les ouvrages des anciens. Un homme tel qu'Euripide méritait au moins qu'ils l'examinassent, puisqu'ils avaient envie de le condamner; ils devaient se souvenir de ces sages paroles de Quintilien : « Il faut être extrêmement circonspect » et très-retenu à prononcer sur les ouvrages de ces » grands hommes, de peur qu'il ne nous arrive, comme » à plusieurs, de condamner ce que nous n'entendons » pas ; et s'il faut tomber dans quelque excès, encore » vaut-il mieux pécher en admirant tout dans leurs » écrits, qu'en y blâmant beaucoup de choses. » — « Modeste tamen et circumspecto judicio de tantis viris » pronuntiandum est, ne, quod plerisque accidit, dam- » nent quæ non intelligunt. Ac si necesse est in alteram » errare partem, omnia eorum legentibus placere quam » multa displicere maluerim[1]. »

---

[1] *Inst. Orator.*, lib. X, cap. I.

## PERSONNAGES.

AGAMEMNON.

ACHILLE.

ULYSSE.

CLYTEMNESTRE, femme d'Agamemnon.

IPHIGÉNIE, fille d'Agamemnon.

ÉRIPHILE, fille d'Hélène et de Thésée.

ARCAS, \
EURYBATE, / domestiques d'Agamemnon.

ÆGINE, femme de la suite de Clytemnestre.

DORIS, confidente d'Ériphile.

TROUPE DE GARDES.

Noms des acteurs qui ont joué d'original dans *Iphigénie*.

| | |
|---|---|
| AGAMEMNON. | La Fleur. |
| ACHILLE. | Baron. |
| IPHIGÉNIE. | M^lle Champmeslé. |
| CLYTEMNESTRE. | M^lle Beauchâteau. |
| ÉRIPHILE. | M^lle d'Ennebaut. |
| ULYSSE. | Hauteroche. |

La scène est en Aulide, dans la tente d'Agamemnon.

# IPHIGÉNIE EN AULIDE.

## ACTE PREMIER.

### SCÈNE I.

AGAMEMNON, ARCAS.

AGAMEMNON.
Oui, c'est Agamemnon, c'est ton roi qui t'éveille.
Viens, reconnais la voix qui frappe ton oreille.
ARCAS.
C'est vous-même, seigneur! Quel important besoin
Vous a fait devancer l'aurore de si loin?
A peine un faible jour vous éclaire et me guide,
Vos yeux seuls et les miens sont ouverts dans l'Aulide.
Avez-vous dans les airs entendu quelque bruit?
Les vents nous auraient-ils exaucés cette nuit?
Mais tout dort, et l'armée, et les vents, et Neptune.
AGAMEMNON.
Heureux qui, satisfait de son humble fortune,
Libre du joug superbe où je suis attaché,
Vit dans l'état obscur où les dieux l'ont caché!
ARCAS.
Et depuis quand, seigneur, tenez-vous ce langage?
Comblé de tant d'honneurs, par quel secret outrage
Les dieux, à vos désirs toujours si complaisants,
Vous font-ils méconnaître et haïr leurs présents?
Roi, père, époux heureux, fils du puissant Atrée,

Vous possédez des Grecs la plus riche contrée :
Du sang de Jupiter issu de tous côtés,
L'hymen vous lie encor aux dieux dont vous sortez ;
Le jeune Achille enfin, vanté par tant d'oracles,
Achille, à qui le ciel promet tant de miracles,
Recherche votre fille, et d'un hymen si beau
Veut dans Troie embrasée allumer le flambeau.
Quelle gloire, seigneur, quels triomphes égalent
Le spectacle pompeux que ces bords vous étalent ;
Tous ces mille vaisseaux, qui, chargés de vingt rois,
N'attendent que les vents pour partir sous vos lois?
Ce long calme, il est vrai, retarde vos conquêtes ;
Ces vents depuis trois mois enchaînés sur nos têtes
D'Ilion trop longtemps vous ferment le chemin :
Mais, parmi tant d'honneurs, vous êtes homme enfin ;
Tandis que vous vivrez, le sort, qui toujours change,
Ne vous a point promis un bonheur sans mélange.
Bientôt... Mais quels malheurs dans ce billet tracés
Vous arrachent, seigneur, les pleurs que vous versez?
Votre Oreste au berceau va-t-il finir sa vie?
Pleurez-vous Clytemnestre, ou bien Iphigénie?
Qu'est-ce qu'on vous écrit? Daignez m'en avertir.

AGAMEMNON.

Non, tu ne mourras point ; je n'y puis consentir.

ARCAS.

Seigneur...

AGAMEMNON.

Tu vois mon trouble ; apprends ce qui le cause,
Et juge s'il est temps, ami, que je repose.
Tu te souviens du jour qu'en Aulide assemblés
Nos vaisseaux par les vents semblaient être appelés :
Nous partions ; et déjà, par mille cris de joie,
Nous menacions de loin les rivages de Troie.
Un prodige étonnant fit taire ce transport ;
Le vent qui nous flattait nous laissa dans le port.

Il fallut s'arrêter, et la rame inutile
Fatigua vainement une mer immobile.
Ce miracle inouï me fit tourner les yeux
Vers la divinité qu'on adore en ces lieux :
Suivi de Ménélas, de Nestor et d'Ulysse,
J'offris sur ses autels un secret sacrifice.
Quelle fut sa réponse! et quel devins-je, Arcas,
Quand j'entendis ces mots prononcés par Calchas!
« Vous armez contre Troie une puissance vaine,
» Si dans un sacrifice auguste et solennel,
  » Une fille du sang d'Hélène,
» De Diane, en ces lieux, n'ensanglante l'autel.
» Pour obtenir les vents que le ciel vous dénie,
  » Sacrifiez Iphigénie. »

     ARCAS.

Votre fille!

    AGAMEMNON.

   Surpris, comme tu peux penser,
Je sentis dans mon corps tout mon sang se glacer.
Je demeurai sans voix, et n'en repris l'usage
Que par mille sanglots qui se firent passage.
Je condamnai les dieux, et, sans plus rien ouïr,
Fis vœu, sur leurs autels, de leur désobéir.
Que n'en croyais-je alors ma tendresse alarmée!
Je voulais sur-le-champ congédier l'armée.
Ulysse, en apparence, approuvant mes discours,
De ce premier torrent laissa passer le cours.
Mais bientôt, rappelant sa cruelle industrie,
Il me représenta l'honneur et la patrie,
Tout ce peuple, ces rois, à mes ordres soumis,
Et l'empire d'Asie à la Grèce promis :
De quel front, immolant tout l'État à ma fille,
Roi sans gloire, j'irais vieillir dans ma famille.
Moi-même, je l'avoue avec quelque pudeur,
Charmé de mon pouvoir, et plein de ma grandeur,

Ces noms de roi des rois, et de chef de la Grèce,
Chatouillaient de mon cœur l'orgueilleuse faiblesse.
Pour comble de malheur, les dieux, toutes les nuits,
Dès qu'un léger sommeil suspendait mes ennuis,
Vengeant de leurs autels le sanglant privilége,
Me venaient reprocher ma pitié sacrilége;
Et présentant la foudre à mon esprit confus,
Le bras déjà levé, menaçaient mes refus.
Je me rendis, Arcas; et, vaincu par Ulysse,
De ma fille, en pleurant, j'ordonnai le supplice.
Mais des bras d'une mère il fallait l'arracher.
Quel funeste artifice il me fallut chercher!
D'Achille, qui l'aimait, j'empruntai le langage :
J'écrivis en Argos, pour hâter ce voyage,
Que ce guerrier, pressé de partir avec nous,
Voulait revoir ma fille, et partir son époux.

ARCAS.

Et ne craignez-vous point l'impatient Achille?
Avez-vous prétendu que, muet et tranquille,
Ce héros, qu'armera l'amour et la raison,
Vous laisse pour ce meurtre abuser de son nom?
Verra-t-il à ses yeux son amante immolée?

AGAMEMNON.

Achille était absent; et son père Pelée,
D'un voisin ennemi redoutant les efforts,
L'avait, tu t'en souviens, rappelé de ces bords;
Et cette guerre, Arcas, selon toute apparence,
Aurait dû plus longtemps prolonger son absence.
Mais qui peut dans sa course arrêter ce torrent?
Achille va combattre, et triomphe en courant;
Et ce vainqueur, suivant de près sa renommée,
Hier avec la nuit arriva dans l'armée.
Mais des nœuds plus puissants me retiennent le bras :
Ma fille, qui s'approche, et court à son trépas;
Qui, loin de soupçonner un arrêt si sévère,

Peut-être s'applaudit des bontés de son père;
Ma fille... Ce nom seul, dont les droits sont si saints,
Sa jeunesse, mon sang, n'est pas ce que je plains :
Je plains mille vertus, une amour mutuelle,
Sa piété pour moi, ma tendresse pour elle,
Un respect qu'en son cœur rien ne peut balancer,
Et que j'avais promis de mieux récompenser.
Non, je ne croirai point, ô ciel, que ta justice
Approuve la fureur de ce noir sacrifice :
Tes oracles sans doute ont voulu m'éprouver;
Et tu me punirais si j'osais l'achever.
Arcas, je t'ai choisi pour cette confidence;
Il faut montrer ici ton zèle et ta prudence.
La reine, qui dans Sparte avait connu ta foi,
T'a placé dans le rang que tu tiens près de moi.
Prends cette lettre, cours au-devant de la reine,
Et suis sans t'arrêter le chemin de Mycène.
Dès que tu la verras, défends-lui d'avancer,
Et rends-lui ce billet que je viens de tracer.
Mais ne t'écarte point; prends un fidèle guide :
Si ma fille une fois met le pied dans l'Aulide,
Elle est morte : Calchas, qui l'attend en ces lieux,
Fera taire nos pleurs, fera parler les dieux;
Et la religion, contre nous irritée,
Par les timides Grecs sera seule écoutée;
Ceux même dont ma gloire aigrit l'ambition
Réveilleront leur brigue et leur prétention,
M'arracheront peut-être un pouvoir qui les blesse...
Va, dis-je, sauve-la de ma propre faiblesse.
Mais surtout ne va point, par un zèle indiscret,
Découvrir à ses yeux mon funeste secret.
Que, s'il se peut, ma fille, à jamais abusée,
Ignore à quel péril je l'avais exposée;
D'une mère en fureur épargne-moi les cris;
Et que ta voix s'accorde avec ce que j'écris.

Pour renvoyer la fille, et la mère offensée,
Je leur écris qu'Achille a changé de pensée;
Et qu'il veut désormais jusques à son retour
Différer cet hymen que pressait son amour.
Ajoute, tu le peux, que des froideurs d'Achille
On accuse en secret cette jeune Ériphile
Que lui-même captive amena de Lesbos,
Et qu'auprès de ma fille on garde dans Argos.
C'est leur en dire assez : le reste, il le faut taire.
Déjà le jour plus grand nous frappe et nous éclaire;
Déjà même l'on entre, et j'entends quelque bruit.
C'est Achille. Va, pars. Dieux! Ulysse le suit!

## SCÈNE II.

#### AGAMEMNON, ACHILLE, ULYSSE.

##### AGAMEMNON.

Quoi, seigneur, se peut-il que d'un cours si rapide
La victoire vous ait ramené dans l'Aulide?
D'un courage naissant sont-ce là les essais?
Quels triomphes suivront de si nobles succès!
La Thessalie entière ou vaincue ou calmée,
Lesbos même conquise en attendant l'armée,
De toute autre valeur éternels monuments,
Ne sont d'Achille oisif que les amusements.

##### ACHILLE.

Seigneur, honorez moins une faible conquête :
Et que puisse bientôt le ciel, qui nous arrête,
Ouvrir un champ plus noble à ce cœur excité
Par le prix glorieux dont vous l'avez flatté!
Mais cependant, seigneur, que faut-il que je croie
D'un bruit qui me surprend et me comble de joie?
Daignez-vous avancer le succès de mes vœux?
Et bientôt des mortels suis-je le plus heureux?

On dit qu'Iphigénie, en ces lieux amenée,
Doit bientôt à son sort unir ma destinée.

AGAMEMNON.

Ma fille! Qui vous dit qu'on la doit amener?

ACHILLE.

Seigneur, qu'a donc ce bruit qui vous doive étonner.

AGAMEMNON.
(A Ulysse.)

Juste ciel! Saurait-il mon funeste artifice?

ULYSSE.

Seigneur, Agamemnon s'étonne avec justice.
Songez-vous aux malheurs qui nous menacent tous?
O ciel! pour un hymen quel temps choisissez-vous?
Tandis qu'à nos vaisseaux la mer toujours fermée
Trouble toute la Grèce et consume l'armée;
Tandis que, pour fléchir l'inclémence des dieux,
Il faut du sang peut-être, et du plus précieux,
Achille seul, Achille à son amour s'applique?
Voudrait-il insulter à la crainte publique,
Et que le chef des Grecs, irritant les destins,
Préparât d'un hymen la pompe et les festins?
Ah! seigneur, est-ce ainsi que votre âme attendrie
Plaint le malheur des Grecs, et chérit la patrie?

ACHILLE.

Dans les champs phrygiens les effets feront foi
Qui la chérit le plus ou d'Ulysse ou de moi :
Jusque-là je vous laisse étaler votre zèle;
Vous pouvez à loisir faire des vœux pour elle.
Remplissez les autels d'offrandes et de sang,
Des victimes vous-même interrogez le flanc.
Du silence des vents demandez-leur la cause;
Mais moi, qui de ce soin sur Calchas me repose,
Souffrez, seigneur, souffrez que je coure hâter
Un hymen dont les dieux ne sauraient s'irriter.
Transporté d'une ardeur qui ne peut être oisive,

Je rejoindrai bientôt les Grecs sur cette rive :
J'aurais trop de regret si quelque autre guerrier
Au rivage troyen descendait le premier.

AGAMEMNON.

O ciel! pourquoi faut-il que ta secrète envie
Ferme à de tels héros le chemin de l'Asie!
N'aurai-je vu briller cette noble chaleur
Que pour m'en retourner avec plus de douleur!

ULYSSE.

Dieux! qu'est-ce que j'entends?

ACHILLE.

Seigneur qu'osez-vous dire?

AGAMEMNON.

Qu'il faut, prince, qu'il faut que chacun se retire;
Que, d'un crédule espoir trop longtemps abusés,
Nous attendons les vents qui nous sont refusés,
Le ciel protége Troie; et par trop de présages
Son courroux nous défend d'en chercher les passages.

ACHILLE.

Quels présages affreux nous marquent son courroux?

AGAMEMNON.

Vous-même consultez ce qu'il prédit de vous.
Que sert de se flatter? On sait qu'à votre tête
Les dieux ont d'Ilion attaché la conquête;
Mais on sait que, pour prix d'un triomphe si beau,
Ils ont aux champs troyens marqué votre tombeau;
Que votre vie, ailleurs et longue et fortunée,
Devant Troie en sa fleur doit être moissonnée.

ACHILLE.

Ainsi, pour vous venger, tant de rois assemblés
D'un opprobre éternel retourneront comblés;
Et Pâris, couronnant son insolente flamme,
Retiendra sans péril la sœur de votre femme!

AGAMEMNON.

Hé quoi! votre valeur, qui nous a devancés,

N'a-t-elle pas pris soin de nous venger assez?
Les malheurs de Lesbos, par vos mains ravagée,
Épouvantent encor toute la mer Égée :
Troie en a vu la flamme; et jusque dans ses ports,
Les flots en ont poussé le débris et les morts.
Que dis-je? les Troyens pleurent une autre Hélène
Que vous avez captive envoyée à Mycène :
Car, je n'en doute point, cette jeune beauté
Garde en vain un secret que trahit sa fierté;
Et son silence même, accusant sa noblesse,
Nous dit qu'elle nous cache une illustre princesse.

ACHILLE.

Non, non, tous ces détours sont trop ingénieux :
Vous lisez de trop loin dans les secrets des dieux.
Moi, je m'arrêterais à de vaines menaces?
Et je fuirais l'honneur qui m'attend sur vos traces?
Les Parques à ma mère, il est vrai, l'ont prédit,
Lorsqu'un époux mortel fut reçu dans son lit :
Je puis choisir, dit-on, ou beaucoup d'ans sans gloire,
Ou peu de jours suivis d'une longue mémoire.
Mais, puisqu'il faut enfin que j'arrive au tombeau,
Voudrais-je, de la terre inutile fardeau,
Trop avare d'un sang reçu d'une déesse,
Attendre chez mon père une obscure vieillesse;
Et, toujours de la gloire évitant le sentier,
Ne laisser aucun nom et mourir tout entier?
Ah! ne nous formons point ces indignes obstacles;
L'honneur parle, il suffit : ce sont là nos oracles.
Les dieux sont de nos jours les maîtres souverains;
Mais, seigneur, notre gloire est dans nos propres mains.
Pourquoi nous tourmenter de leurs ordres suprêmes?
Ne songeons qu'à nous rendre immortels comme eux-mêmes;
Et, laissant faire au sort, courons où la valeur
Nous promet un destin aussi grand que le leur.
C'est à Troie, et j'y cours; et, quoi qu'on me prédise,

Je ne demande aux dieux qu'un vent qui m'y conduise;
Et quand moi seul enfin il faudrait l'assiéger,
Patrocle et moi, seigneur, nous irons vous venger;
Mais non, c'est en vos mains que le destin la livre :
Je n'aspire en effet qu'à l'honneur de vous suivre.
Je ne vous presse plus d'approuver les transports
D'un amour qui m'allait éloigner de ces bords;
Ce même amour, soigneux de votre renommée,
Veut qu'ici mon exemple encourage l'armée,
Et me défend surtout de vous abandonner
Aux timides conseils qu'on ose vous donner.

## SCÈNE III.

#### AGAMEMNON, ULYSSE.

##### ULYSSE.

Seigneur, vous entendez : quelque prix qu'il en coûte,
Il veut voler à Troie et poursuivre sa route.
Nous craignions son amour : et lui-même aujourd'hui
Par une heureuse erreur nous arme contre lui.

##### AGAMEMNON.

Hélas!

##### ULYSSE.

De ce soupir que faut-il que j'augure?
Du sang qui se révolte est-ce quelque murmure?
Croirai-je qu'une nuit a pu vous ébranler?
Est-ce donc votre cœur qui vient de nous parler?
Songez-y : vous devez votre fille à la Grèce :
Vous nous l'avez promise; et, sur cette promesse,
Calchas, par tous les Grecs consulté chaque jour,
Leur a prédit des vents l'infaillible retour.
A ses prédictions si l'effet est contraire,
Pensez-vous que Calchas continue à se taire;
Que ses plaintes, qu'en vain vous voudrez apaiser,

Laissent mentir les dieux sans vous en accuser?
Et qui sait ce qu'aux Grecs, frustrés de leur victime,
Peut permettre un courroux qu'ils croiront légitime?
Gardez-vous de réduire un peuple furieux,
Seigneur, à prononcer entre vous et les dieux.
N'est-ce pas vous enfin de qui la voix pressante
Nous a tous appelés aux campagnes du Xante?
Et qui de ville en ville attestiez les serments
Que d'Hélène autrefois firent tous les amants,
Quand presque tous les Grecs, rivaux de votre frère,
La demandaient en foule à Tyndare, son père?
De quelque heureux époux que l'on dût faire choix,
Nous jurâmes dès lors de défendre ses droits;
Et, si quelque insolent lui volait sa conquête,
Nos mains du ravisseur lui promirent la tête.
Mais sans vous, ce serment que l'amour a dicté,
Libres de cet amour, l'aurions-nous respecté?
Vous seul, nous arrachant à de nouvelles flammes,
Nous avez fait laisser nos enfants et nos femmes.
Et quand, de toutes parts assemblés en ces lieux,
L'honneur de vous venger brille seul à nos yeux;
Quand la Grèce, déjà vous donnant son suffrage,
Vous reconnaît l'auteur de ce fameux ouvrage;
Que ses rois, qui pouvaient vous disputer ce rang,
Sont prêts pour vous servir de verser tout leur sang,
Le seul Agamemnon, refusant la victoire,
N'ose d'un peu de sang acheter tant de gloire?
Et, dès le premier pas se laissant effrayer,
Ne commande les Grecs que pour les renvoyer!

AGAMEMNON.

Ah! seigneur! qu'éloigné du malheur qui m'opprime,
Votre cœur aisément se montre magnanime!
Mais que si vous voyiez ceint du bandeau mortel
Votre fils Télémaque approcher de l'autel,
Nous vous verrions, troublé de cette affreuse image,

Changer bientôt en pleurs ce superbe langage,
Éprouver la douleur que j'éprouve aujourd'hui,
Et courir vous jeter entre Calchas et lui!
Seigneur, vous le savez, j'ai donné ma parole;
Et, si ma fille vient, je consens qu'on l'immole.
Mais, malgré tous mes soins, si son heureux destin
La retient dans Argos ou l'arrête en chemin,
Souffrez que, sans presser ce barbare spectacle,
En faveur de mon sang j'explique cet obstacle,
Que j'ose pour ma fille accepter le secours
De quelque dieu plus doux qui veille sur ses jours.
Vos conseils sur mon cœur n'ont eu que trop d'empire
Et je rougis...

## SCÈNE IV.

#### AGAMEMNON, ULYSSE, EURYBATE.

###### EURYBATE.

Seigneur...

###### AGAMEMNON.

Ah! que vient-on me dire?

###### EURYBATE.

La reine, dont la course a devancé mes pas,
Va remettre bientôt sa fille entre vos bras;
Elle approche. Elle s'est quelque temps égarée
Dans ces bois qui du camp semblent cacher l'entrée;
A peine nous avons, dans leur obscurité,
Retrouvé le chemin que nous avions quitté.

###### AGAMEMNON.

Ciel!

###### EURYBATE

Elle amène aussi cette jeune Ériphile,
Que Lesbos a livrée entre les mains d'Achille,
Et qui, de son destin, qu'elle ne connaît pas,

ACTE I. SCÈNE V.

Vient, dit-elle, en Aulide interroger Calchas.
Déjà de leur abord la nouvelle est semée;
Et déjà de soldats une foule charmée,
Surtout d'Iphigénie admirant la beauté,
Pousse au ciel mille vœux pour sa félicité.
Les uns avec respect environnaient la reine;
D'autres me demandaient le sujet qui l'amène.
Mais tous ils confessaient que si jamais les dieux
Ne mirent sur le trône un roi plus glorieux,
Également comblé de leurs faveurs secrètes,
Jamais père ne fut plus heureux que vous l'êtes.

AGAMEMNON.

Eurybate, il suffit; vous pouvez nous laisser :
Le reste me regarde, et je vais y penser.


SCÈNE V.

AGAMEMNON, ULYSSE.

AGAMEMNON.

Juste ciel! c'est ainsi qu'assurant ta vengeance
Tu romps tous les ressorts de ma vaine prudence!
Encor si je pouvais, libre dans mon malheur,
Par des larmes au moins soulager ma douleur!
Triste destin des rois! Esclaves que nous sommes
Et des rigueurs du sort et des discours des hommes,
Nous nous voyons sans cesse assiégés de témoins;
Et les plus malheureux osent pleurer le moins!

ULYSSE.

Je suis père, seigneur; et, faible comme un autre,
Mon cœur se met sans peine en la place du vôtre;
Et frémissant du coup qui vous fait soupirer,
Loin de blâmer vos pleurs, je suis près de pleurer.
Mais votre amour n'a plus d'excuse légitime;
Les dieux ont à Calchas amené leur victime :

Il le sait, il l'attend ; et, s'il la voit tarder,
Lui-même à haute voix viendra la demander.
Nous sommes seuls encor : hâtez-vous de répandre
Des pleurs que vous arrache un intérêt si tendre ;
Pleurez ce sang, pleurez ; ou plutôt, sans pâlir,
Considérez l'honneur qui doit en rejaillir :
Voyez tout l'Hellespont blanchissant sous nos rames,
Et la perfide Troie abandonnée aux flammes,
Ses peuples dans vos fers, Priam à vos genoux,
Hélène par vos mains rendue à son époux ;
Voyez de vos vaisseaux les poupes couronnées
Dans cette même Aulide avec vous retournées,
Et ce triomphe heureux qui s'en va devenir
L'éternel entretien des siècles à venir.

AGAMEMNON.

Seigneur, de mes efforts je connais l'impuissance :
Je cède, et laisse aux dieux opprimer l'innocence.
La victime bientôt marchera sur vos pas,
Allez. Mais cependant faites taire Calchas ;
Et, m'aidant à cacher ce funeste mystère,
Laissez-moi de l'autel écarter une mère.

FIN DU PREMIER ACTE.

# ACTE DEUXIÈME.

### SCÈNE I.

#### ÉRIPHILE, DORIS.

ÉRIPHILE.
Ne les contraignons point, Doris, retirons-nous,
Laissons les dans les bras d'un père et d'un époux;
Et tandis qu'à l'envi leur amour se déploie,
Mettons en liberté ma tristesse et leur joie.
DORIS.
Quoi, madame! toujours irritant vos douleurs,
Croirez-vous ne plus voir que des sujets de pleurs?
Je sais que tout déplaît aux yeux d'une captive;
Qu'il n'est point dans les fers de plaisir qui la suive :
Mais dans le temps fatal que, repassant les flots,
Nous suivions malgré nous le vainqueur de Lesbos,
Lorsque dans son vaisseau, prisonnière timide,
Vous voyez devant vous ce vainqueur homicide,
Le dirai-je? vos yeux de larmes moins trempés,
A pleurer vos malheurs étaient moins occupés.
Maintenant tout vous rit : l'aimable Iphigénie
D'une amitié sincère avec vous est unie;
Elle vous plaint, vous voit avec des yeux de sœur,
Et vous seriez dans Troie avec moins de douceur.
Vous vouliez voir l'Aulide, où son père l'appelle,
Et l'Aulide vous voit arriver avec elle :
Cependant, par un sort que je ne conçois pas,

Votre douleur redouble et croît à chaque pas.
ÉRIPHILE.
Hé quoi! te semble-t-il que la triste Ériphile
Doive être de leur joie un témoin si tranquille?
Crois-tu que mes chagrins doivent s'évanouir
A l'aspect d'un bonheur dont je ne puis jouir?
Je vois Iphigénie entre les bras d'un père;
Elle fait tout l'orgueil d'une superbe mère;
Et moi, toujours en butte à de nouveaux dangers,
Remise dès l'enfance en des bras étrangers,
Je reçus et je vois le jour que je respire,
Sans que mère ni père ait daigné me sourire.
J'ignore qui je suis; et, pour comble d'horreur,
Un oracle effrayant m'attache à mon erreur,
Et, quand je veux chercher le sang qui m'a fait naître,
Me dit que, sans périr, je ne me puis connaître.
DORIS.
Non, non, jusques au bout vous devez le chercher.
Un oracle toujours se plaît à se cacher;
Toujours avec un sens il en présente un autre :
En perdant un faux nom, vous reprendrez le vôtre.
C'est là tout le danger que vous pouvez courir;
Et c'est peut-être ainsi que vous devez périr.
Songez que votre nom fut changé dès l'enfance;
ÉRIPHILE.
Je n'ai de tout mon sort que cette connaissance;
Et ton père, du reste infortuné témoin,
Ne me permit jamais de pénétrer plus loin.
Hélas! dans cette Troie où j'étais attendue,
Ma gloire, disait-il, m'allait être rendue;
J'allais, en reprenant et mon nom et mon rang,
Des plus grands rois en moi reconnaître le sang.
Déjà je découvrais cette fameuse ville,
Le ciel mène à Lesbos l'impitoyable Achille :
Tout cède, tout ressent ses funestes efforts;

Ton père, enseveli dans la foule des morts,
Me laisse dans les fers à moi-même inconnue :
Et, de tant de grandeurs, dont j'étais prévenue,
Vile esclave des Grecs, je n'ai pu conserver
Que la fierté d'un sang que je ne puis prouver.

DORIS.

Ah ! que perdant, madame, un témoin si fidèle,
La main qui vous l'ôta vous doit sembler cruelle !
Mais Calchas est ici, Calchas si renommé,
Qui des secrets des dieux fut toujours informé.
Le ciel souvent lui parle : instruit par un tel maître,
Il sait tout ce qui fut et tout ce qui doit être.
Pourrait-il de vos jours ignorer les auteurs ?
Ce camp même est pour vous tout plein de protecteurs.
Bientôt Iphigénie, en épousant Achille,
Vous va sous son appui présenter un asile ;
Elle vous l'a promis et juré devant moi,
Ce gage est le premier qu'elle attend de sa foi.

ÉRIPHILE.

Que dirais-tu, Doris, si, passant tout le reste,
Cet hymen de mes maux était le plus funeste ?

DORIS.

Quoi, madame !

ÉRIPHILE.

Tu vois avec étonnement
Que ma douleur ne souffre aucun soulagement.
Écoute, et tu te vas étonner que je vive :
C'est peu d'être étrangère, inconnue, et captive :
Ce destructeur fatal des tristes Lesbiens,
Cet Achille, l'auteur de tes maux et des miens,
Dont la sanglante main m'enleva prisonnière,
Qui m'arracha d'un coup ma naissance et ton père,
De qui jusques au nom tout doit m'être odieux,
Est de tous les mortels le plus cher à mes yeux.

DORIS.

Ah! que me dites-vous!

ÉRIPHILE.

Je me flattais sans cesse
Qu'un silence éternel cacherait ma faiblesse;
Mais mon cœur trop pressé m'arrache ce discours,
Et te parle une fois pour se taire toujours.
Ne me demande point sur quel espoir fondée
De ce fatal amour je me vis possédée.
Je n'en accuse point quelques feintes douleurs
Dont je crus voir Achille honorer mes malheurs :
Le ciel s'est fait, sans doute, une joie inhumaine
A rassembler sur moi tous les traits de sa haine.
Rappellerai-je encor le souvenir affreux
Du jour qui dans les fers nous jeta toutes deux?
Dans les cruelles mains par qui je fus ravie
Je demeurai longtemps sans lumière et sans vie :
Enfin mes tristes yeux cherchèrent la clarté;
Et, me voyant presser d'un bras ensanglanté,
Je frémissais, Doris, et d'un vainqueur sauvage
Craignais de rencontrer l'effroyable visage.
J'entrai dans son vaisseau, détestant sa fureur,
Et toujours détournant ma vue avec horreur.
Je le vis : son aspect n'avait rien de farouche;
Je sentis le reproche expirer dans ma bouche;
Je sentis contre moi mon cœur se déclarer;
J'oubliai ma colère, et ne sus que pleurer.
Je me laissai conduire à cet aimable guide.
Je l'aimais à Lesbos et je l'aime en Aulide.
Iphigénie en vain s'offre à me protéger,
Et me tend une main prompte à me soulager :
Triste effet des fureurs dont je suis tourmentée!
Je n'accepte la main qu'elle m'a présentée
Que pour m'armer contre elle, et, sans me découvrir,
Traverser son bonheur, que je ne puis souffrir.

###### DORIS.

Et que pourrait contre elle une impuissante haine?
Ne valait-il pas mieux, renfermée à Mycène,
Éviter les tourments que vous venez chercher,
Et combattre des feux contraints de se cacher?

###### ÉRIPHILE.

Je le voulais, Doris. Mais quelque triste image
Que sa gloire à mes yeux montrât sur ce rivage,
Au sort qui me traînait il fallut consentir :
Une secrète voix m'ordonna de partir,
Me dit qu'offrant ici ma présence importune,
Peut-être j'y pourrais porter mon infortune;
Que peut-être, approchant ces amants trop heureux,
Quelqu'un de mes malheurs se répandrait sur eux.
Voilà ce qui m'amène, et non l'impatience
D'apprendre à qui je dois une triste naissance;
Ou plutôt leur hymen me servira de loi :
S'il s'achève, il suffit, tout est fini pour moi :
Je périrai, Doris; et, par une mort prompte,
Dans la nuit du tombeau j'enfermerai ma honte,
Sans chercher des parents si longtemps ignorés,
Et que ma folle amour a trop déshonorés.

###### DORIS.

Que je vous plains, madame! et que la tyrannie...

###### ÉRIPHILE.

Tu vois Agamemnon avec Iphigénie.


## SCÈNE II.

##### AGAMEMNON, IPHIGÉNIE, ÉRIPHILE, DORIS.

###### IPHIGÉNIE.

Seigneur, où courez-vous? et quels empressements
Vous dérobent sitôt à nos embrassements?
A qui dois-je imputer cette fuite soudaine?

Mon respect a fait place aux transports de la reine;
Un moment à mon tour ne vous puis-je arrêter?
Et ma joie à vos yeux n'ose-t-elle éclater?
Ne puis-je...

AGAMEMNON.

Hé bien, ma fille, embrassez votre père;
Il vous aime toujours.

IPHIGÉNIE.

Que cette amour m'est chère!
Quel plaisir de vous voir et de vous contempler
Dans ce nouvel éclat dont je vous vois briller!
Quels honneurs! quel pouvoir! Déjà la renommée
Par d'étonnants récits m'en avait informée;
Mais que, voyant de près ce spectacle charmant,
Je sens croître ma joie et mon étonnement!
Dieux! avec quel amour la Grèce vous révère!
Quel bonheur de me voir la fille d'un tel père!

AGAMEMNON.

Vous méritiez, ma fille, un père plus heureux.

IPHIGÉNIE.

Quelle félicité peut manquer à vos vœux?
A de plus grands honneurs un roi peut-il prétendre?
J'ai cru n'avoir au ciel que des grâces à rendre.

AGAMEMNON, à part.

Grands dieux! à son malheur dois-je la préparer?

IPHIGÉNIE.

Vous vous cachez, seigneur, et semblez soupirer;
Tous vos regards sur moi ne tombent qu'avec peine :
Avons-nous sans votre ordre abandonné Mycène?

AGAMEMNON.

Ma fille, je vous vois toujours des mêmes yeux;
Mais les temps sont changés aussi bien que les lieux.
D'un soin cruel ma joie est ici combattue.

IPHIGÉNIE.

Hé! mon père, oubliez votre rang à ma vue.

Je prévois la rigueur d'un long éloignement.
N'osez-vous sans rougir être père un moment?
Vous n'avez devant vous qu'une jeune princesse
A qui j'avais pour moi vanté votre tendresse;
Cent fois lui promettant mes soins, votre bonté,
J'ai fait gloire à ses yeux de ma félicité :
Que va-t-elle penser de votre indifférence?
Ai-je flatté ses vœux d'une fausse espérance?
N'éclaircirez-vous point ce front chargé d'ennuis?

AGAMEMNON.

Ah! ma fille!

IPHIGÉNIE.

Seigneur, poursuivez.

AGAMEMNON.

Je ne puis.

IPHIGÉNIE.

Périsse le Troyen auteur de nos alarmes!

AGAMEMNON.

Sa perte à ses vainqueurs coûtera bien des larmes.

IPHIGÉNIE.

Les dieux daignent surtout prendre soin de vos jours!

AGAMEMNON

Les dieux depuis un temps me sont cruels et sourds.

IPHIGÉNIE.

Calchas, dit-on, prépare un pompeux sacrifice?

AGAMEMNON

Puissé-je auparavant fléchir leur injustice!

IPHIGÉNIE.

L'offrira-t-on bientôt?

AGAMEMNON.

Plus tôt que je ne veux.

IPHIGÉNIE.

Me sera-t-il permis de me joindre à vos vœux?
Verra-t-on à l'autel votre heureuse famille?

###### AGAMEMNON.

Hélas!

###### IPHIGÉNIE.

Vous vous taisez?

###### AGAMEMNON.

Vous y serez, ma fille.
Adieu.

## SCÈNE III.

#### IPHIGÉNIE, ÉRIPHILE, DORIS.

###### IPHIGÉNIE.

De cet accueil que dois-je soupçonner?
D'une secrète horreur je me sens frissonner :
Je crains, malgré moi-même, un malheur que j'ignore.
Justes dieux! vous savez pour qui je vous implore!

###### ÉRIPHILE.

Quoi! parmi tous les soins qui doivent l'accabler,
Quelque froideur suffit pour vous faire trembler!
Hélas! à quels soupirs suis-je donc condamnée,
Moi qui, de mes parents toujours abandonnée,
Étrangère partout, n'ai pas, même en naissant,
Peut-être reçu d'eux un regard caressant!
Du moins, si vos respects sont rejetés d'un père,
Vous en pouvez gémir dans le sein d'une mère;
Et, de quelque disgrâce enfin que vous pleuriez,
Quels pleurs par un amant ne sont point essuyés!

###### IPHIGÉNIE.

Je ne m'en défends point : mes pleurs, belle Ériphile,
Ne tiendraient pas longtemps contre les soins d'Achille;
Sa gloire, son amour, mon père, mon devoir,
Lui donnent sur mon âme un trop juste pouvoir.
Mais de lui-même ici que faut-il que je pense?
Cet amant, pour me voir brûlant d'impatience,

Que les Grecs de ces bords ne pouvaient arracher,
Qu'un père de si loin m'ordonne de chercher,
S'empresse-t-il assez pour joüir d'une vue
Qu'avec tant de transports je croyais attendue?
Pour moi, depuis deux jours qu'approchant de ces lieux,
Leur aspect souhaité se découvre à nos yeux,
Je l'attendais partout; et, d'un regard timide,
Sans cesse parcourant les chemins de l'Aulide,
Mon cœur pour le chercher volait loin devant moi,
Et je demande Achille à tout ce que je voi.
Je viens, j'arrive enfin sans qu'il m'ait prévenue.
Je n'ai percé qu'à peine une foule inconnue;
Lui seul ne paraît point : le triste Agamemnon
Semble craindre à mes yeux de prononcer son nom.
Que fait-il? Qui pourra m'expliquer ce mystère?
Trouverai-je l'amant glacé comme le père?
Et les soins de la guerre auraient-ils en un jour
Éteint dans tous les cœurs la tendresse et l'amour?
Mais non, c'est l'offenser par d'injustes alarmes :
C'est à moi que l'on doit le secours de ses armes.
Il n'était point à Sparte entre tous ces amants
Dont le père d'Hélène a reçu les serments :
Lui seul de tous les Grecs, maître de sa parole,
S'il part contre Ilion, c'est pour moi qu'il y vole;
Et, satisfait d'un prix qui lui semble si doux,
Il veut même y porter le nom de mon époux.

## SCÈNE IV.

#### CLYTEMNESTRE, IPHIGÉNIE, ÉRIPHILE, DORIS.

##### CLYTEMNESTRE.

Ma fille, il faut partir sans que rien nous retienne,
Et sauver, en fuyant, votre gloire et la mienne.
Je ne m'étonne plus qu'interdit et distrait,

Votre père ait paru nous revoir à regret :
Aux affronts d'un refus craignant de vous commettre,
Il m'avait par Arcas envoyé cette lettre.
Arcas s'est vu trompé par notre égarement,
Et vient de me la rendre en ce même moment.
Sauvons, encore un coup, notre gloire offensée :
Pour votre hymen Achille a changé de pensée,
Et, refusant l'honneur qu'on lui veut accorder,
Jusques à son retour il veut le retarder.

ÉRIPHILE.

Qu'entends-je?

CLYTEMNESTRE.

Je vous vois rougir de cet outrage.
Il faut d'un noble orgueil armer votre courage.
Moi-même, de l'ingrat approuvant le dessein,
Je vous l'ai dans Argos présenté de ma main ;
Et mon choix, que flattait le bruit de sa noblesse,
Vous donnait avec joie au fils d'une déesse.
Mais, puisque désormais son lâche repentir
Dément le sang des dieux dont on le fait sortir,
Ma fille, c'est à nous de montrer qui nous sommes,
Et de ne voir en lui que le dernier des hommes.
Lui ferons-nous penser, par un plus long séjour,
Que vos vœux de son cœur attendent le retour?
Rompons avec plaisir un hymen qu'il diffère.
J'ai fait de mon dessein avertir votre père;
Je ne l'attends ici que pour m'en séparer;
Et pour ce prompt départ je vais tout préparer.

(A Ériphile.)

Je ne vous presse point, madame, de nous suivre ;
En de plus chères mains ma retraite vous livre.
De vos desseins secrets on est trop éclairci ;
Et ce n'est pas Calchas que vous cherchez ici.

## SCÈNE V.

### IPHIGÉNIE, ÉRIPHILE, DORIS.

#### IPHIGÉNIE.

En quel funeste état ces mots m'ont-ils laissée !
Pour mon hymen Achille a changé de pensée !
Il me faut sans honneur retourner sur mes pas,
Et vous cherchez ici quelque autre que Calchas ?

#### ÉRIPHILE.

Madame, à ce discours je ne puis rien comprendre.

#### IPHIGÉNIE.

Vous m'entendez assez, si vous voulez m'entendre.
Le sort injurieux me ravit un époux ;
Madame, à mon malheur m'abandonnerez-vous ?
Vous ne pouviez sans moi demeurer à Mycène ;
Me verra-t-on sans vous partir avec la reine ?

#### ÉRIPHILE.

Je voulais voir Calchas avant que de partir.

#### IPHIGÉNIE

Que tardez-vous, madame, à le faire avertir ?

#### ÉRIPHILE.

D'Argos, dans un moment, vous reprenez la route.

#### IPHIGÉNIE.

Un moment quelquefois éclaircit plus d'un doute.
Mais, madame, je vois que c'est trop vous presser ;
Je vois ce que jamais je n'ai voulu penser ;
Achille... Vous brûlez que je ne sois partie.

#### ÉRIPHILE.

Moi ? vous me soupçonnez de cette perfidie ?
Moi, j'aimerais, madame, un vainqueur furieux,
Qui toujours tout sanglant se présente à mes yeux,
Qui, la flamme à la main, et de meurtres avide,
Mit en cendres Lesbos...

IPHIGÉNIE.
                    Oui, vous l'aimez, perfide ;
Et ces mêmes fureurs que vous me dépeignez,
Ces bras que dans le sang vous avez vus baignés,
Ces morts, cette Lesbos, ces cendres, cette flamme,
Sont les traits dont l'amour l'a gravé dans votre âme,
Et, loin d'en détester le cruel souvenir,
Vous vous plaisez encore à m'en entretenir.
Déjà plus d'une fois dans vos plaintes forcées,
J'ai dû voir et j'ai vu le fond de vos pensées ;
Mais toujours sur mes yeux ma facile bonté
A remis le bandeau que j'avais écarté.
Vous l'aimez. Que faisais-je? Et quelle erreur fatale
M'a fait entre mes bras recevoir ma rivale ?
Crédule, je l'aimais : mon cœur même aujourd'hui
De son parjure amant lui promettait l'appui.
Voilà donc le triomphe où j'étais amenée !
Moi-même à votre char je me suis enchaînée.
Je vous pardonne, hélas ! des vœux intéressés,
Et la perte d'un cœur que vous me ravissez ;
Mais que, sans m'avertir du piége qu'on me dresse,
Vous me laissiez chercher jusqu'au fond de la Grèce
L'ingrat qui ne m'attend que pour m'abandonner,
Perfide, cet affront se peut-il pardonner?
                ÉRIPHILE.
Vous me donnez des noms qui doivent me surprendre,
Madame : on ne m'a pas instruite à les entendre ;
Et les dieux, contre moi dès longtemps indignés,
A mon oreille encor les avaient épargnés.
Mais il faut des amants excuser l'injustice.
Et de quoi vouliez-vous que je vous avertisse?
Avez-vous pu penser qu'au sang d'Agamemnon
Achille préférât une fille sans nom,
Qui de tout son destin ce qu'elle a pu comprendre,
C'est qu'elle sort d'un sang qu'il brûle de répandre?

IPHIGÉNIE

Vous triomphez, cruelle, et bravez ma douleur.
Je n'avais pas encor senti tout mon malheur :
Et vous ne comparez votre exil et ma gloire,
Que pour mieux relever votre injuste victoire.
Toutefois vos transports sont trop précipités :
Ce même Agamemnon à qui vous insultez,
Il commande à la Grèce, il est mon père, il m'aime,
Il ressent mes douleurs beaucoup plus que moi-même.
Mes larmes par avance avaient su le toucher ;
J'ai surpris ses soupirs qu'il me voulait cacher.
Hélas! de son accueil condamnant la tristesse,
J'osais me plaindre à lui de son peu de tendresse !

## SCÈNE VI.

ACHILLE, IPHIGÉNIE, ÉRIPHILE, DORIS.

ACHILLE.

Il est donc vrai, madame, et c'est vous que je vois !
Je soupçonnais d'erreur tout le camp à la fois.
Vous en Aulide! vous! Hé! qu'y venez-vous faire?
D'où vient qu'Agamemnon m'assurait le contraire?

IPHIGÉNIE.

Seigneur, rassurez-vous : vos vœux seront contents.
Iphigénie encor n'y sera pas longtemps.

## SCÈNE VII.

ACHILLE, ÉRIPHILE, DORIS.

ACHILLE.

Elle me fuit! Veillé-je? ou n'est-ce point un songe?
Dans quel trouble nouveau cette fuite me plonge !
Madame, je ne sais si sans vous irriter

Achille devant vous pourra se présenter ;
Mais, si d'un ennemi vous souffrez la prière,
Si lui-même souvent a plaint sa prisonnière,
Vous savez quel sujet conduit ici leurs pas ;
Vous savez...

### ÉRIPHILE.

Quoi ! seigneur, ne le savez-vous pas,
Vous qui depuis un mois brûlant sur ce rivage
Avez conclu vous-même et hâté leur voyage ?

### ACHILLE.

De ce même rivage absent depuis un mois,
Je le revis hier pour la première fois.

### ÉRIPHILE.

Quoi ! lorsque Agamemnon écrivait à Mycène,
Votre amour, votre main n'a pas conduit la sienne ?
Quoi ! vous qui de sa fille adoriez les attraits...

### ACHILLE

Vous m'en voyez encore épris plus que jamais,
Madame ; et si l'effet eût suivi ma pensée,
Moi-même dans Argos je l'aurais devancée.
Cependant on me fuit. Quel crime ai-je commis ?
Mais je ne vois partout que des yeux ennemis.
Que dis-je ? en ce moment Calchas, Nestor, Ulysse,
De leur vaine éloquence employant l'artifice,
Combattaient mon amour et semblaient m'annoncer
Que, si j'en crois ma gloire, il y faut renoncer.
Quelle entreprise ici pourrait être formée ?
Suis-je, sans le savoir, la fable de l'armée ?
Entrons : c'est un secret qu'il leur faut arracher.

## SCÈNE VIII.

### ÉRIPHILE, DORIS.

ÉRIPHILE.

Dieux, qui voyez ma honte, où me dois-je cacher?
Orgueilleuse rivale, on t'aime, et tu murmures!
Souffrirai-je à la fois ta gloire et tes injures?
Ah! plutôt... Mais, Doris, ou j'aime à me flatter,
Ou sur eux quelque orage est tout prêt d'éclater.
J'ai des yeux. Leur bonheur n'est pas encor tranquille.
On trompe Iphigénie; on se cache d'Achille;
Agamemnon gémit. Ne désespérons point;
Et, si le sort contre elle à ma haine se joint,
Je saurai profiter de cette intelligence
Pour ne pas pleurer seule et mourir sans vengeance.

FIN DU DEUXIÈME ACTE.

# ACTE TROISIÈME.

## SCÈNE I.

AGAMEMNON, CLYTEMNESTRE.

CLYTEMNESTRE.

Oui, seigneur, nous partions; et mon juste courroux
Laissait bientôt Achille et le camp loin de nous :
Ma fille dans Argos courait pleurer sa honte.
Mais lui-même, étonné d'une fuite si prompte,
Par combien de serments dont je n'ai pu douter,
Vient-il de me convaincre, et de nous arrêter!
Il presse cet hymen qu'on prétend qu'il diffère,
Et vous cherche, brûlant d'amour et de colère :
Prêt d'imposer silence à ce bruit imposteur,
Achille en veut connaître et confondre l'auteur.
Bannissez ces soupçons qui troublaient notre joie.

AGAMEMNON.

Madame, c'est assez : je consens qu'on le croie.
Je reconnais l'erreur qui nous avait séduits,
Et ressens notre joie autant que je le puis.
Vous voulez que Calchas l'unisse à ma famille :
Vous pouvez à l'autel envoyer votre fille;
Je l'attends. Mais, avant que de passer plus loin,
J'ai voulu vous parler un moment sans témoin.
Vous voyez en quels lieux vous l'avez amenée :
Tout y ressent la guerre, et non point l'hyménée.
Le tumulte d'un camp, soldats et matelots,

Un autel hérissé de dards, de javelots,
Tout ce spectacle enfin, pompe digne d'Achille,
Pour attirer vos yeux n'est point assez tranquille;
Et les Grecs y verraient l'épouse de leur roi
Dans un état indigne et de vous et de moi.
M'en croirez-vous? Laissez, de vos femmes suivie,
A cet hymen, sans vous, marcher Iphigénie.

### CLYTEMNESTRE.

Qui? moi! que, remettant ma fille en d'autres bras,
Ce que j'ai commencé je ne l'achève pas!
Qu'après l'avoir d'Argos amenée en Aulide,
Je refuse à l'autel de lui servir de guide?
Dois-je donc de Calchas être moins près que vous?
Et qui présentera ma fille à son époux?
Quelle autre ordonnera cette pompe sacrée?

### AGAMEMNON.

Vous n'êtes point ici dans le palais d'Atrée ;
Vous êtes dans un camp...

### CLYTEMNESTRE.

Où tout vous est soumis;
Où le sort de l'Asie en vos mains est remis;
Où je vois sous vos lois marcher la Grèce entière;
Où le fils de Thétis va m'appeler sa mère.
Dans quel palais superbe et plein de ma grandeur
Puis-je jamais paraître avec plus de splendeur?

### AGAMEMNON.

Madame, au nom des dieux auteurs de notre race,
Daignez à mon amour accorder cette grâce.
J'ai mes raisons.

### CLYTEMNESTRE.

Seigneur, au nom des mêmes dieux,
D'un spectacle si doux ne privez point mes yeux.
Daignez ne point ici rougir de ma présence.

### AGAMEMNON.

J'avais plus espéré de votre complaisance.

Mais, puisque la raison ne vous peut émouvoir,
Puisque enfin ma prière a si peu de pouvoir,
Vous avez entendu ce que je vous demande,
Madame : je le veux, et je vous le commande.
Obéissez.

## SCÈNE II.

#### CLYTEMNESTRE.

D'où vient que d'un soin si cruel
L'injuste Agamemnon m'écarte de l'autel?
Fier de son nouveau rang, m'ose-t-il méconnaître?
Me croit-il à sa suite indigne de paraître?
Ou, de l'empire encor timide possesseur,
N'oserait-il d'Hélène ici montrer la sœur?
Et pourquoi me cacher? et par quelle injustice
Faut-il que sur mon front sa honte rejaillisse?
Mais n'importe; il le veut, et mon cœur s'y résout.
Ma fille, ton bonheur me console de tout !
Le ciel te donne Achille; et ma joie est extrême
De t'entendre nommer... Mais le voici lui-même.

## SCÈNE III.

#### ACHILLE, CLYTEMNESTRE.

#### ACHILLE.

Tout succède, madame, à mon empressement :
Le roi n'a pas voulu d'autre éclaircissement;
Il en croit mes transports; et, sans presque m'entendre,
Il vient en m'embrassant de m'accepter pour gendre.
Il ne m'a dit qu'un mot. Mais vous a-t-il conté
Quel bonheur dans le camp vous avez apporté?
Les dieux vont s'apaiser : du moins Calchas public
Qu'avec eux, dans une heure, il nous réconcilie;

Que Neptune et les vents, prêts à nous exaucer,
N'attendent que le sang que sa main va verser.
Déjà dans les vaisseaux la voile se déploie,
Déjà sur sa parole ils se tournent vers Troie.
Pour moi, quoique le ciel, au gré de mon amour,
Dût encore des vents retarder le retour,
Que je quitte à regret la rive fortunée
Où je vais allumer les flambeaux d'hyménée !
Puis-je ne point chérir l'heureuse occasion
D'aller du sang troyen sceller notre union,
Et de laisser bientôt, sous Troie ensevelie,
Le déshonneur d'un nom à qui le mien s'allie?

## SCÈNE IV.

ACHILLE, CLYTEMNESTRE, IPHIGÉNIE, ÉRIPHILE, ÆGINE, DORIS.

#### ACHILLE.

Princesse, mon bonheur ne dépend que de vous;
Votre père à l'autel vous destine un époux :
Venez-y recevoir un cœur qui vous adore.

#### IPHIGÉNIE.

Seigneur, il n'est pas temps que nous partions encore;
La reine permettra que j'ose demander
Un gage à votre amour, qu'il me doit accorder.
Je viens vous présenter une jeune princesse :
Le ciel a sur son front imprimé sa noblesse.
De larmes tous les jours ses yeux sont arrosés;
Vous savez ses malheurs, vous les avez causés.
Moi-même (où m'emportait une aveugle colère !)
J'ai tantôt, sans respect, affligé sa misère.
Que ne puis-je aussi bien par d'utiles secours,
Réparer promptement mes injustes discours !
Je lui prête ma voix, je ne puis davantage.
Vous seul pouvez, seigneur, détruire votre ouvrage :

Elle est votre captive ; et ses fers, que je plains,
Quand vous l'ordonnerez, tomberont de ses mains.
Commencez donc par là cette heureuse journée.
Qu'elle puisse à nous voir n'être plus condamnée.
Montrez que je vais suivre au pied de nos autels
Un roi qui, non content d'effrayer les mortels,
A des embrasements ne borne point sa gloire,
Laisse aux pleurs d'une épouse attendrir sa victoire,
Et, par les malheureux quelquefois désarmé,
Sait imiter en tout les dieux qui l'ont formé.

ÉRIPHILE.

Oui, seigneur, des douleurs soulagez la plus vive.
La guerre dans Lesbos me fit votre captive ;
Mais c'est pousser trop loin ses droits injurieux.
Qu'y joindre le tourment que je souffre en ces lieux.

ACHILLE.

Vous, madame ?

ÉRIPHILE.

Oui, seigneur, et sans compter le reste,
Pouvez-vous m'imposer une loi plus funeste
Que de rendre mes yeux les tristes spectateurs
De la félicité de mes persécuteurs ?
J'entends de toutes parts menacer ma patrie ;
Je vois marcher contre elle une armée en furie ;
Je vois déjà l'hymen, pour mieux me déchirer,
Mettre en vos mains le feu qui la doit dévorer.
Souffrez que, loin du camp et loin de votre vue,
Toujours infortunée et toujours inconnue,
J'aille cacher un sort si digne de pitié,
Et dont mes pleurs encor vous taisent la moitié.

ACHILLE.

C'est trop, belle princesse : il ne faut que nous suivre.
Venez, qu'aux yeux des Grecs Achille vous délivre ;
Et que le doux moment de ma félicité
Soit le moment heureux de votre liberté.

## SCÈNE V.

ACHILLE, CLYTEMNESTRE, IPHIGÉNIE, ÉRIPHILE, ARCAS, ÆGINE, DORIS.

ARCAS.
Madame tout est prêt pour la cérémonie.
Le roi près de l'autel attend Iphigénie;
Je viens la demander : ou plutôt contre lui,
Seigneur, je viens pour elle implorer votre appui.

ACHILLE.
Arcas, que dites-vous?

CLYTEMNESTRE.
Dieux ! que vient-il m'apprendre?

ARCAS, à Achille.
Je ne vois plus que vous qui la puisse défendre.

ACHILLE.
Contre qui?

ARCAS.
Je le nomme et l'accuse à regret :
Autant que je l'ai pu j'ai gardé son secret.
Mais le fer, le bandeau, la flamme est toute prête;
Dût tout cet appareil retomber sur ma tête,
Il faut parler.

CLYTEMNESTRE.
Je tremble. Expliquez-vous, Arcas.

ACHILLE.
Qui que ce soit, parlez, et ne le craignez pas.

ARCAS.
Vous êtes son amant, et vous êtes sa mère :
Gardez-vous d'envoyer la princesse à son père.

CLYTEMNESTRE.
Pourquoi le craindrons-nous?

ACHILLE.

Pourquoi m'en défier?

ARCAS.

Il l'attend à l'autel pour la sacrifier.

ACHILLE.

Lui!

CLYTEMNESTRE.

Sa fille!

IPHIGÉNIE.

Mon père!

ÉRIPHILE.

O ciel! quelle nouvelle!

ACHILLE.

Quelle aveugle fureur pourrait l'armer contre elle?
Ce discours sans horreur se peut-il écouter?

ARCAS.

Ah! seigneur! plût au ciel que je pusse en douter!
Par la voix de Calchas l'oracle la demande;
De toute autre victime il refuse l'offrande;
Et les dieux, jusque-là protecteurs de Pâris,
Ne nous promettent Troie et les vents qu'à ce prix.

CLYTEMNESTRE.

Les dieux ordonneraient un meurtre abominable?

IPHIGÉNIE.

Ciel! pour tant de rigueur, de quoi suis-je coupable?

CLYTEMNESTRE.

Je ne m'étonne plus de cet ordre cruel
Qui m'avait interdit l'approche de l'autel.

IPHIGÉNIE, à Achille.

Et voilà donc l'hymen où j'étais destinée!

ARCAS.

Le roi, pour vous tromper, feignait cet hyménée :
Tout le camp même encore est trompé comme vous.

CLYTEMNESTRE.

Seigneur, c'est donc à moi d'embrasser vos genoux.

ACHILLE, *la relevant.*

Ah! madame!

CLYTEMNESTRE.

Oubliez une gloire importune;
Ce triste abaissement convient à ma fortune :
Heureuse si mes pleurs vous peuvent attendrir!
Une mère à vos pieds peut tomber sans rougir.
C'est votre épouse, hélas! qui vous est enlevée;
Dans cet heureux espoir je l'avais élevée.
C'est vous que nous cherchions sur ce funeste bord;
Et votre nom, seigneur, la conduit à la mort.
Ira-t-elle, des dieux implorant la justice,
Embrasser leurs autels parés pour son supplice?
Elle n'a que vous seul : vous êtes en ces lieux
Son père, son époux, son asile, ses dieux.
Je lis dans vos regards la douleur qui vous presse.
Auprès de votre époux, ma fille, je vous laisse.
Seigneur, daignez m'attendre, et ne la point quitter.
A mon perfide époux je cours me présenter :
Il ne soutiendra point la fureur qui m'anime,
Il faudra que Calchas cherche une autre victime :
Ou, si je ne vous puis dérober à leurs coups,
Ma fille, ils pourront bien m'immoler avant vous.

## SCÈNE VI.

ACHILLE, IPHIGÉNIE.

ACHILLE.

Madame, je me tais, et demeure immobile.
Est-ce à moi que l'on parle et connaît-on Achille?
Une mère pour vous croit devoir me prier!
Une reine à mes pieds se vient humilier!
Et, me déshonorant par d'injustes alarmes,
Pour attendrir mon cœur on a recours aux larmes!

Qui doit prendre à vos jours plus d'intérêt que moi?
Ah! sans doute on s'en peut reposer sur ma foi.
L'outrage me regarde ; et, quoi qu'on entreprenne,
Je réponds d'une vie où j'attache la mienne.
Mais ma juste douleur va plus loin m'engager :
C'est peu de vous défendre, et je cours vous venger,
Et punir à la fois le cruel stratagème
Qui s'ose de mon nom armer contre vous-même.

### IPHIGÉNIE.

Ah! demeurez, seigneur, et daignez m'écouter.

### ACHILLE.

Quoi, madame! un barbare osera m'insulter?
Il voit que de sa sœur je cours venger l'outrage;
Il sait que, le premier lui donnant mon suffrage,
Je le fis nommer chef de vingt rois ses rivaux;
Et, pour fruit de mes soins, pour fruit de mes travaux,
Pour tout le prix enfin d'une illustre victoire
Qui le doit enrichir, venger, combler de gloire,
Content et glorieux du nom de votre époux,
Je ne lui demandais que l'honneur d'être à vous :
Cependant aujourd'hui, sanguinaire, parjure,
C'est peu de violer l'amitié, la nature,
C'est peu que de vouloir, sous un couteau mortel,
Me montrer votre cœur fumant sur un autel :
D'un appareil d'hymen couvrant ce sacrifice,
Il veut que ce soit moi qui vous mène au supplice,
Que ma crédule main conduise le couteau,
Qu'au lieu de votre époux je sois votre bourreau!
Et quel était pour vous ce sanglant hyménée,
Si je fusse arrivé plus tard d'une journée?
Quoi donc! à leur fureur livrée en ce moment,
Vous iriez à l'autel me chercher vainement;
Et d'un fer imprévu vous tomberiez frappée,
En accusant mon nom qui vous aurait trompée?
Il faut de ce péril, de cette trahison,

## ACTE III. SCÈNE VI.

Aux yeux de tous les Grecs lui demander raison.
A l'honneur d'un époux vous-même intéressée,
Madame, vous devez approuver ma pensée.
Il faut que le cruel qui m'a pu mépriser
Apprenne de quel nom il osait abuser.

### IPHIGÉNIE.

Hélas! si vous m'aimez, si, pour grâce dernière,
Vous daignez d'une amante écouter la prière,
C'est maintenant, seigneur, qu'il faut me le prouver :
Car enfin, ce cruel que vous allez braver,
Cet ennemi barbare, injuste, sanguinaire,
Songez, quoi qu'il ait fait, songez qu'il est mon père.

### ACHILLE.

Lui, votre père? Après son horrible dessein,
Je ne le connais plus que pour votre assassin.

### IPHIGÉNIE.

C'est mon père, seigneur, je vous le dis encore,
Mais un père que j'aime, un père que j'adore,
Qui me chérit lui-même, et dont, jusqu'à ce jour,
Je n'ai jamais reçu que des marques d'amour.
Mon cœur, dans ce respect élevé dès l'enfance,
Ne peut que s'affliger de tout ce qui l'offense,
Et, loin d'oser ici, par un prompt changement,
Approuver la fureur de votre emportement,
Loin que par mes discours je l'attise moi-même,
Croyez qu'il faut aimer autant que je vous aime
Pour avoir pu souffrir tous les noms odieux
Dont votre amour le vient d'outrager à mes yeux.
Et pourquoi voulez-vous qu'inhumain et barbare,
Il ne gémisse pas du coup qu'on me prépare?
Quel père de son sang se plaît à se priver?
Pourquoi me perdrait-il s'il pouvait me sauver?
J'ai vu, n'en doutez point, ses larmes se répandre.
Faut-il le condamner avant que de l'entendre?
Hélas! de tant d'horreurs son cœur déjà troublé

Doit-il de votre haine être encore accablé?
### ACHILLE.
Quoi, madame! parmi tant de sujets de crainte,
Ce sont là les frayeurs dont vous êtes atteinte!
Un cruel (comment puis-je autrement l'appeler?)
Par la main de Calchas s'en va vous immoler;
Et, lorsqu'à sa fureur j'oppose ma tendresse,
Le soin de son repos est le seul qui vous presse?
On me ferme la bouche? on l'excuse? on le plaint?
C'est pour lui que l'on tremble, et c'est moi que l'on craint?
Triste effet de mes soins! Est-ce donc là, madame,
Tout le progrès qu'Achille avait fait dans votre âme?
### IPHIGÉNIE.
Ah! cruel! cet amour, dont vous voulez douter,
Ai-je attendu si tard pour le faire éclater?
Vous voyez de quel œil, et comme indifférente,
J'ai reçu de ma mort la nouvelle sanglante :
Je n'en ai point pâli. Que n'avez-vous pu voir
A quel excès tantôt allait mon désespoir,
Quand, presque en arrivant, un récit peu fidèle
M'a de votre inconstance annoncé la nouvelle!
Qui sait même, qui sait si le ciel, irrité,
A pu souffrir l'excès de ma félicité?
Hélas! il me semblait qu'une flamme si belle
M'élevait au-dessus du sort d'une mortelle!
### ACHILLE.
Ah! si je vous suis cher, ma princesse, vivez!

## SCÈNE VII.

ACHILLE, CLYTEMNESTRE, IPHIGÉNIE, ÆGINE.

### CLYTEMNESTRE.
Tout est perdu, seigneur, si vous ne nous sauvez.

Agamemnon m'évite, et, craignant mon visage,
Il me fait de l'autel refuser le passage :
Des gardes, que lui-même a pris soin de placer,
Nous ont de toutes parts défendu de passer.
Il me fuit. Ma douleur étonne son audace.

ACHILLE.

Hé bien! c'est donc à moi de prendre votre place.
Il me verra, madame, et je vais lui parler.

IPHIGÉNIE.

Ah! madame!... Ah! seigneur! où voulez-vous aller?

ACHILLE.

Et que prétend de moi votre injuste prière?
Vous faudra-t-il toujours combattre la première?

CLYTEMNESTRE.

Quel est votre dessein, ma fille?

IPHIGÉNIE.

Au nom des dieux,
Madame, retenez un amant furieux :
De ce triste entretien détournons les approches.
Seigneur, trop d'amertume aigrirait vos reproches.
Je sais jusqu'où s'emporte un amant irrité;
Et mon père est jaloux de son autorité.
On ne connaît que trop la fierté des Atrides.
Laissez parler, seigneur, des bouches plus timides.
Surpris, n'en doutez point, de mon retardement,
Lui-même il me viendra chercher dans un moment :
Il entendra gémir une mère oppressée;
Et que ne pourra point m'inspirer la pensée
De prévenir les pleurs que vous verseriez tous,
D'arrêter vos transports, et de vivre pour vous?

ACHILLE.

Enfin vous le voulez : il faut donc vous complaire.
Donnez-lui l'une et l'autre un conseil salutaire :
Rappelez sa raison, persuadez-le bien,

Pour vous, pour mon repos, et surtout pour le sien.
Je perds trop de moments en des discours frivoles ;
Il faut des actions, et non pas des paroles.
(A Clytemnestre.)
Madame, à vous servir je vais tout disposer :
Dans votre appartement allez vous reposer.
Votre fille vivra, je puis vous le prédire.
Croyez du moins, croyez que tant que je respire,
Les dieux auront en vain ordonné son trépas :
Cet oracle est plus sûr que celui de Calchas.

FIN DU TROISIÈME ACTE.

# ACTE QUATRIÈME.

## SCÈNE I.

### ÉRIPHILE, DORIS.

#### DORIS.
Ah! que me dites-vous? Quelle étrange manie
Vous peut faire envier le sort d'Iphigénie?
Dans une heure elle expire. Et jamais, dites-vous,
Vos yeux de son bonheur ne furent plus jaloux.
Qui le croira, madame? Et quel cœur si farouche...

#### ÉRIPHILE.
Jamais rien de plus vrai n'est sorti de ma bouche;
Jamais de tant de soins mon esprit agité
Ne porta plus d'envie à sa félicité.
Favorables périls! Espérance inutile!
N'as-tu pas vu sa gloire, et le trouble d'Achille?
J'en ai vu, j'en ai fui les signes trop certains.
Ce héros, si terrible au reste des humains,
Qui ne connaît de pleurs que ceux qu'il fait répandre,
Qui s'endurcit contre eux dès l'âge le plus tendre,
Et qui, si l'on nous fait un fidèle discours,
Suça même le sang des lions et des ours,
Pour elle de la crainte a fait l'apprentissage :
Elle l'a vu pleurer, et changer de visage.
Et tu la plains, Doris ! Par combien de malheurs
Ne lui voudrais-je point disputer de tels pleurs !
Quand je devrais comme elle expirer dans une heure...

Mais que dis-je, expirer? ne crois pas qu'elle meure.
Dans un lâche sommeil crois-tu qu'enseveli,
Achille aura pour elle impunément pâli;
Achille à son malheur saura bien mettre obstacle.
Tu verras que les dieux n'ont dicté cet oracle
Que pour croître à la fois sa gloire et mon tourment,
Et la rendre plus belle aux yeux de son amant.
Eh quoi! ne vois-tu pas tout ce qu'on fait pour elle?
On supprime des dieux la sentence mortelle;
Et, quoique le bûcher soit déjà préparé,
Le nom de la victime est encore ignoré :
Tout le camp n'en sait rien. Doris, à ce silence,
Ne reconnais-tu pas un père qui balance?
Et que fera-t-il donc? Quel courage endurci
Soutiendrait les assauts qu'on lui prépare ici :
Une mère en fureur, les larmes d'une fille,
Les cris, le désespoir de toute une famille,
Le sang à ces objets facile à s'ébranler,
Achille menaçant, tout prêt à l'accabler?
Non, te dis-je, les dieux l'ont en vain condamnée :
Je suis et je serai la seule infortunée.
Ah! si je m'en croyais...

### DORIS.

Quoi! Que méditez-vous?

### ÉRIPHILE.

Je ne sais qui m'arrête et retient mon courroux,
Que, par un prompt avis de tout ce qui se passe,
Je ne coure des dieux divulguer la menace,
Et publier partout les complots criminels
Qu'on fait ici contre eux et contre leurs autels.

### DORIS.

Ah! quel dessein, madame!

### ÉRIPHILE.

Ah! Doris! quelle joie!
Que d'encens brûlerait dans le temple de Troie,

Si, troublant tous les Grecs, et vengeant ma prison,
Je pouvais contre Achille armer Agamemnon ;
Si leur haine, de Troie oubliant la querelle,
Tournait contre eux le fer qu'ils aiguisent contre elle,
Et si de tout le camp mes avis dangereux
Faisaient à ma patrie un sacrifice heureux !

DORIS.

J'entends du bruit. On vient : Clytemnestre s'avance.
Remettez-vous, madame, ou fuyez sa présence.

ÉRIPHILE.

Rentrons. Et pour troubler un hymen odieux,
Consultons des fureurs qu'autorisent les dieux.


## SCÈNE II.

### CLYTEMNESTRE, ÆGINE.

CLYTEMNESTRE.

Ægine, tu le vois, il faut que je la fuie :
Loin que ma fille pleure et tremble pour sa vie,
Elle excuse son père, et veut que ma douleur
Respecte encor la main qui lui perce le cœur.
O constance ! ô respect ! Pour prix de sa tendresse,
Le barbare à l'autel se plaint de sa paresse !
Je l'attends. Il viendra m'en demander raison,
Et croit pouvoir encor cacher sa trahison.
Il vient. Sans éclater contre son injustice,
Voyons s'il soutiendra son indigne artifice.


## SCÈNE III.

### AGAMEMNON, CLYTEMNESTRE, ÆGINE.

AGAMEMNON.

Que faites-vous, madame? et d'où vient que ces lieux

N'offrent point avec vous votre fille à mes yeux?
Mes ordres par Arcas vous l'avaient demandée :
Qu'attend-elle? Est-ce vous qui l'avez retardée?
A mes justes désirs ne vous rendez-vous pas?
Ne peut-elle à l'autel marcher que sur vos pas?
Parlez.

CLYTEMNESTRE.

S'il faut partir, ma fille est toute prête.
Mais vous, n'avez-vous rien, seigneur, qui vous arrête?

AGAMEMNON.

Moi, madame?

CLYTEMNESTRE.

Vos soins ont-ils tout préparé?

AGAMEMNON.

Calchas est prêt, madame, et l'autel est paré.
J'ai fait ce que m'ordonne un devoir légitime.

CLYTEMNESTRE.

Vous ne me parlez point, seigneur, de la victime.

AGAMEMNON.

Que me voulez-vous dire? et de quel soin jaloux...

## SCÈNE IV.

AGAMEMNON, CLYTEMNESTRE, IPHIGÉNIE, ÆGINE.

CLYTEMNESTRE.

Venez, venez, ma fille, on n'attend plus que vous;
Venez remercier un père qui vous aime,
Et qui veut à l'autel vous conduire lui-même.

AGAMEMNON.

Que vois-je? Quel discours! Ma fille, vous pleurez,
Et baissez devant moi vos yeux mal assurés :
Quel trouble! Mais tout pleure, et la fille et la mère.
Ah! malheureux Arcas, tu m'as trahi!

## IPHIGÉNIE.

                        Mon père,
Cessez de vous troubler, vous n'êtes point trahi :
Quand vous commanderez, vous serez obéi.
Ma vie est votre bien ; vous voulez le reprendre :
Vos ordres sans détours pouvaient se faire entendre.
D'un œil aussi content, d'un cœur aussi soumis
Que j'acceptais l'époux que vous m'aviez promis,
Je saurai, s'il le faut, victime obéissante,
Tendre au fer de Calchas une tête innocente ;
Et, respectant le coup par vous-même ordonné,
Vous rendre tout le sang que vous m'avez donné.
Si pourtant ce respect, si cette obéissance
Paraît digne à vos yeux d'une autre récompense,
Si d'une mère en pleurs vous plaignez les ennuis,
J'ose vous dire ici qu'en l'état où je suis,
Peut-être assez d'honneurs environnaient ma vie
Pour ne pas souhaiter qu'elle me fût ravie,
Ni qu'en me l'arrachant, un sévère destin,
Si près de ma naissance, en eût marqué la fin.
Fille d'Agamemnon, c'est moi qui, la première,
Seigneur vous appelai de ce doux nom de père ;
C'est moi qui, si longtemps le plaisir de vos yeux,
Vous ai fait de ce nom remercier les dieux,
Et pour qui, tant de fois prodiguant vos caresses,
Vous n'avez point du sang dédaigné les faiblesses.
Hélas ! avec plaisir je me faisais conter
Tous les noms des pays que vous allez dompter ;
Et déjà, d'Ilion présageant la conquête,
D'un triomphe si beau je préparais la fête.
Je ne m'attendais pas que, pour le commencer,
Mon sang fût le premier que vous dussiez verser.
Non que la peur du coup dont je suis menacée
Me fasse rappeler votre bonté passée :
Ne craignez rien : mon cœur, de votre honneur jaloux,

Ne fera point rougir un père tel que vous;
Et, si je n'avais eu que ma vie à défendre,
J'aurais su renfermer un souvenir si tendre;
Mais à mon triste sort, vous le savez, seigneur,
Une mère, un amant, attachaient leur bonheur.
Un roi digne de vous a cru voir la journée
Qui devait éclairer notre illustre hyménée;
Déjà, sûr de mon cœur à sa flamme promis,
Il s'estimait heureux : vous me l'aviez permis.
Il sait votre dessein; jugez de ses alarmes.
Ma mère est devant vous et vous voyez ses larmes.
Pardonnez aux efforts que je viens de tenter
Pour prévenir les pleurs que je leur vais coûter.

AGAMEMNON.

Ma fille, il est trop vrai : j'ignore pour quel crime
La colère des dieux demande une victime :
Mais ils vous ont nommée : un oracle cruel
Veut qu'ici votre sang coule sur un autel.
Pour défendre vos jours de leurs lois meurtrières,
Mon amour n'avait pas attendu vos prières.
Je ne vous dirai point combien j'ai résisté :
Croyez-en cet amour par vous-même attesté.
Cette nuit même encore, on a pu vous le dire,
J'avais révoqué l'ordre où l'on me fit souscrire :
Sur l'intérêt des Grecs vous l'aviez emporté.
Je vous sacrifiais mon rang, ma sûreté.
Arcas allait du camp vous défendre l'entrée :
Les dieux n'ont pas voulu qu'il vous ait rencontrée;
Ils ont trompé les soins d'un père infortuné
Qui protégeait en vain ce qu'ils ont condamné.
Ne vous assurez point sur ma faible puissance :
Quel frein pourrait d'un peuple arrêter la licence,
Quand les dieux, nous livrant à son zèle indiscret,
L'affranchissent d'un joug qu'il portait à regret?
Ma fille, il faut céder : votre heure est arrivée.

Songez bien dans quel rang vous êtes élevée :
Je vous donne un conseil qu'à peine je reçoi ;
Du coup qui vous attend vous mourrez moins que moi.
Montrez, en expirant, de qui vous êtes née ;
Faites rougir ces dieux qui vous ont condamnée.
Allez ; et que les Grecs, qui vont vous immoler,
Reconnaissent mon sang en le voyant couler.

CLYTEMNESTRE.

Vous ne démentez point une race funeste ;
Oui, vous êtes le sang d'Atrée et de Thyeste :
Bourreau de votre fille, il ne vous reste enfin
Que d'en faire à sa mère un horrible festin.
Barbare ! c'est donc là cet heureux sacrifice
Que vos soins préparaient avec tant d'artifice !
Quoi ! l'horreur de souscrire à cet ordre inhumain
N'a pas, en le traçant, arrêté votre main !
Pourquoi feindre à nos yeux une fausse tristesse ?
Pensez-vous par des pleurs prouver votre tendresse ?
Où sont-ils, ces combats que vous avez rendus ?
Quels flots de sang pour elle avez-vous répandus ?
Quel débris parle ici de votre résistance ?
Quel champ couvert de morts me condamne au silence ?
Voilà par quels témoins il fallait me prouver,
Cruel ! que votre amour a voulu la sauver.
Un oracle fatal ordonne qu'elle expire !
Un oracle dit-il tout ce qu'il semble dire ?
Le ciel, le juste ciel, par le meurtre honoré,
Du sang de l'innocence est-il donc altéré ?
Si du crime d'Hélène on punit sa famille,
Faites chercher à Sparte Hermione, sa fille :
Laissez à Ménélas racheter d'un tel prix
Sa coupable moitié, dont il est trop épris.
Mais vous, quelles fureurs vous rendent sa victime ?
Pourquoi vous imposer la peine de son crime ?
Pourquoi, moi-même enfin me déchirant le flanc,

Payer sa folle amour du plus pur de mon sang?
Que dis-je? cet objet de tant de jalousie,
Cette Hélène, qui trouble et l'Europe et l'Asie,
Vous semble-t-elle un prix digne de vos exploits?
Combien nos fronts pour elle ont-ils rougi de fois!
Avant qu'un nœud fatal l'unît à votre frère,
Thésée avait osé l'enlever à son père :
Vous savez, et Calchas mille fois vous l'a dit,
Qu'un hymen clandestin mit ce prince en son lit;
Et qu'il en eut pour gage une jeune princesse
Que sa mère a cachée au reste de la Grèce.
Mais non; l'amour d'un frère et son honneur blessé
Sont les moindres des soins dont vous êtes pressé :
Cette soif de régner, que rien ne peut éteindre,
L'orgueil de voir vingt rois vous servir et vous craindre,
Tous les droits de l'empire en vos mains confiés,
Cruel! c'est à ces dieux que vous sacrifiez;
Et, loin de repousser le coup qu'on vous prépare,
Vous voulez vous en faire un mérite barbare :
Trop jaloux d'un pouvoir qu'on peut vous envier.
De votre propre sang vous courez le payer;
Et voulez, par ce prix, épouvanter l'audace
De quiconque vous peut disputer votre place.
Est-ce donc être père? Ah! toute ma raison
Cède à la cruauté de cette trahison.
Un prêtre, environné d'une foule cruelle,
Portera sur ma fille une main criminelle,
Déchirera son sein, et, d'un œil curieux,
Dans son cœur palpitant consultera les dieux!
Et moi, qui l'amenai triomphante, adorée,
Je m'en retournerai seule et désespérée!
Je verrai les chemins encor tout parfumés
Des fleurs dont sous ses pas on les avait semés!
Non, je ne l'aurai point amenée au supplice,
Ou vous ferez aux Grecs un double sacrifice.

Ni crainte, ni respect ne m'en peut détacher :
De mes bras tout sanglants il faudra l'arracher.
Aussi barbare époux qu'impitoyable père,
Venez, si vous l'osez, la ravir à sa mère.
Et vous, rentrez, ma fille, et du moins à mes lois
Obéissez encor pour la dernière fois.

## SCÈNE V.

### AGAMEMNON.

A de moindres fureurs je n'ai pas dû m'attendre.
Voilà, voilà les cris que je craignais d'entendre.
Heureux si, dans le trouble où flottent mes esprits,
Je n'avais toutefois à craindre que ses cris!
Hélas! en m'imposant une loi si sévère,
Grands dieux, me deviez-vous laisser un cœur de père?

## SCÈNE VI.

### AGAMEMNON, ACHILLE.

#### ACHILLE.

Un bruit assez étrange est venu jusqu'à moi,
Seigneur; je l'ai jugé trop peu digne de foi.
On dit, et sans horreur je ne puis le redire,
Qu'aujourd'hui par votre ordre Iphigénie expire;
Que vous-même, étouffant tout sentiment humain,
Vous l'allez à Calchas livrer de votre main.
On dit que, sous mon nom à l'autel appelée,
Je ne l'y conduisais que pour être immolée;
Et que, d'un faux hymen nous abusant tous deux,
Vous voulez me charger d'un emploi si honteux.
Qu'en dites-vous, seigneur? Que faut-il que j'en pense?
Ne ferez-vous pas taire un bruit qui vous offense?

#### AGAMEMNON.

Seigneur, je ne rends point compte de mes desseins.
Ma fille ignore encor mes ordres souverains;
Et, quand il sera temps qu'elle en soit informée,
Vous apprendrez son sort, j'en instruirai l'armée.

#### ACHILLE.

Ah! je sais trop le sort que vous lui réservez.

#### AGAMEMNON.

Pourquoi le demander, puisque vous le savez?

#### ACHILLE.

Pourquoi je le demande? O ciel! le puis-je croire,
Qu'on ose des fureurs avouer la plus noire?
Vous pensez qu'approuvant vos desseins odieux,
Je vous laisse immoler votre fille à mes yeux?
Que ma foi, mon amour, mon honneur y consente?

#### AGAMEMNON.

Mais vous, qui me parlez d'une voix menaçante,
Oubliez-vous ici qui vous interrogez?

#### ACHILLE.

Oubliez-vous qui j'aime, et qui vous outragez?

#### AGAMEMNON.

Et qui vous a chargé du soin de ma famille?
Ne pourrai-je, sans vous, disposer de ma fille?
Ne suis-je plus son père? Êtes-vous son époux?
Et ne peut-elle...

#### ACHILLE.

Non, elle n'est plus à vous :
On ne m'abuse point par des promesses vaines,
Tant qu'un reste de sang coulera dans mes veines.
Vous deviez à mon sort unir tous ses moments;
Je défendrai mes droits fondés sur vos serments.
Et n'est-ce pas pour moi que vous l'avez mandée?

#### AGAMEMNON.

Plaignez-vous donc aux dieux qui me l'ont demandée :
Accusez et Calchas et le camp tout entier,

Ulysse, Ménélas, et vous tout le premier.

ACHILLE.

Moi!

AGAMEMNON.

Vous, qui de l'Asie embrassant la conquête,
Querellez tous les jours le ciel qui vous arrête;
Vous, qui vous offensant de mes justes terreurs,
Avez dans tout le camp répandu vos fureurs.
Mon cœur pour la sauver vous ouvrait une voie;
Mais vous ne demandez, vous ne cherchez que Troie.
Je vous fermais le champ où vous voulez courir :
Vous le voulez, partez; sa mort va vous l'ouvrir.

ACHILLE.

Juste ciel! puis-je entendre et souffrir ce langage?
Est-ce ainsi qu'au parjure on ajoute l'outrage?
Moi, je voulais partir aux dépens de ses jours?
Et que m'a fait à moi cette Troie où je cours?
Au pied de ses remparts quel intérêt m'appelle?
Pour qui, sourd à la voix d'une mère immortelle,
Et d'un père éperdu négligeant les avis,
Vais-je y chercher la mort tant prédite à leur fils?
Jamais vaisseaux partis des rives du Scamandre
Aux champs thessaliens osèrent-ils descendre?
Et jamais dans Larisse un lâche ravisseur
Me vint-il enlever ou ma femme ou ma sœur?
Qu'ai-je à me plaindre? Où sont les pertes que j'ai faites?
Je n'y vais que pour vous, barbare que vous êtes;
Pour vous, à qui des Grecs moi seul je ne dois rien;
Vous, que j'ai fait nommer et leur chef et le mien;
Vous, que mon bras vengeait dans Lesbos enflammée,
Avant que vous eussiez assemblé votre armée.
Et quel fut le dessein qui nous assembla tous?
Ne courons-nous pas rendre Hélène à son époux?
Depuis quand pense-t-on qu'inutile à moi-même,
Je me laisse ravir une épouse que j'aime?

Seul, d'un honteux affront votre frère blessé
A-t-il droit de venger son amour offensé?
Votre fille me plut, je prétendis lui plaire;
Elle est de mes serments seule dépositaire :
Content de son hymen, vaisseaux, armes, soldats,
Ma foi lui promit tout, et rien à Ménélas.
Qu'il poursuive, s'il veut, son épouse enlevée;
Qu'il cherche une victoire à mon sang réservée :
Je ne connais Priam, Hélène, ni Pâris ;
Je voulais votre fille, et ne pars qu'à ce prix.

### AGAMEMNON.

Fuyez donc : retournez dans votre Thessalie.
Moi-même je vous rends le serment qui vous lie.
Assez d'autres viendront, à mes ordres soumis,
Se couvrir des lauriers qui vous furent promis;
Et, par d'heureux exploits forçant la destinée,
Trouveront d'Ilion la fatale journée.
J'entrevois vos mépris, et juge, à vos discours,
Combien j'achèterais vos superbes secours.
De la Grèce déjà vous vous rendez l'arbitre :
Ses rois, à vous ouïr, m'ont paré d'un vain titre.
Fier de votre valeur, tout, si je vous en crois,
Doit marcher, doit fléchir, doit trembler sous vos lois.
Un bienfait reproché tint toujours lieu d'offense :
Je veux moins de valeur et plus d'obéissance.
Fuyez. Je ne crains point votre impuissant courroux ;
Et je romps tous les nœuds qui m'attachent à vous.

### ACHILLE.

Rendez grâce au seul nœud qui retient ma colère :
D'Iphigénie encor je respecte le père.
Peut-être, sans ce nom, le chef de tant de rois
M'aurait osé braver pour la dernière fois.
Je ne dis plus qu'un mot; c'est à vous de m'entendre.
J'ai votre fille ensemble et ma gloire à défendre :

ACTE IV. SCÈNE VIII.

Pour aller jusqu'au cœur que vous voulez percer,
Voilà par quel chemin vos coups doivent passer.

## SCÈNE VII.

#### AGAMEMNON.

Et voilà ce qui rend sa perte inévitable.
Ma fille toute seule était plus redoutable.
Ton insolent amour, qui croit m'épouvanter,
Vient de hâter le coup que tu veux arrêter.
Ne délibérons plus. Bravons sa violence :
Ma gloire intéressée emporte la balance.
Achille menaçant détermine mon cœur :
Ma pitié semblerait un effet de ma peur.
Holà ! Gardes, à moi !

## SCÈNE VIII.

#### AGAMEMNON, EURYBATE, GARDES.

#### EURYBATE.
Seigneur.
#### AGAMEMNON.
Que vais-je faire ?
Puis-je leur prononcer cet ordre sanguinaire ?
Cruel ! à quel combat faut-il te préparer !
Quel est cet ennemi que tu leur vas livrer ?
Une mère m'attend ; une mère intrépide,
Qui défendra son sang contre un père homicide :
Je verrai mes soldats, moins barbares que moi,
Respecter dans ses bras la fille de leur roi.
Achille nous menace, Achille nous méprise ;
Mais ma fille en est-elle à mes lois moins soumise ?
Ma fille, de l'autel cherchant à s'échapper,

Gémit-elle du coup dont je la veux frapper?
Que dis-je? Que prétend mon sacrilége zèle?
Quels vœux, en l'immolant, formerai-je sur elle?
Quelques prix glorieux qui me soient proposés,
Quels lauriers me plairont, de son sang arrosés?
Je veux fléchir des dieux la puissance suprême :
Ah! quels dieux me seraient plus cruels que moi-même?
Non, je ne puis. Cédons au sang, à l'amitié,
Et ne rougissons plus d'une juste pitié :
Qu'elle vive. Mais quoi! peu jaloux de ma gloire,
Dois-je au superbe Achille accorder la victoire?
Son téméraire orgueil, que je vais redoubler,
Croira que je lui cède, et qu'il m'a fait trembler...
De quel frivole soin mon esprit s'embarrasse!
Ne puis-je pas d'Achille humilier l'audace?
Que ma fille à ses yeux soit un sujet d'ennui :
Il l'aime; elle vivra pour un autre que lui.
Eurybate, appelez la princesse, la reine :
Qu'elles ne craignent point.

## SCÈNE IX.

### AGAMEMNON, GARDES.

#### AGAMEMNON.

Grands dieux! si votre haine
Persévère à vouloir l'arracher de mes mains,
Que peuvent devant vous tous les faibles humains!
Loin de la secourir, mon amitié l'opprime,
Je le sais; mais, grands dieux! une telle victime
Vaut bien que, confirmant vos rigoureuses lois,
Vous me la demandiez une seconde fois.

## SCÈNE X.

AGAMEMNON, CLYTEMNESTRE, IPHIGÉNIE, ÉRIPHILE, EURYBATE, DORIS, GARDES.

AGAMEMNON.

Allez, madame, allez; prenez soin de sa vie :
Je vous rends votre fille, et je vous la confie.
Loin de ces lieux cruels précipitez ses pas;
Mes gardes vous suivront, commandés par Arcas :
Je veux bien excuser son heureuse imprudence.
Tout dépend du secret et de la diligence :
Ulysse ni Calchas n'ont point encor parlé;
Gardez que ce départ ne leur soit révélé.
Cachez bien votre fille; et que tout le camp croie
Que je la retiens seule, et que je vous renvoie.
Fuyez. Puissent les dieux, de mes larmes contents,
A mes tristes regards ne l'offrir de longtemps!
Gardes, suivez la reine.

CLYTEMNESTRE.

Ah! seigneur!

IPHIGÉNIE.

Ah! mon père!

AGAMEMNON.

Prévenez de Calchas l'empressement sévère.
Fuyez, vous dis-je. Et moi, pour vous favoriser,
Par de feintes raisons je m'en vais l'abuser.
Je vais faire suspendre une pompe funeste,
Et de ce jour, au moins, lui demander le reste.

## SCÈNE XI.

### ÉRIPHILE, DORIS.

ÉRIPHILE.

Suis-moi : ce n'est pas là, Doris, notre chemin.

DORIS.

Vous ne les suivez pas ?

ÉRIPHILE.

Ah ! je succombe enfin.
Je reconnais l'effet des tendresses d'Achille.
Je n'emporterai point une rage inutile :
Plus de raisons; il faut ou la perdre ou périr.
Viens, te dis-je. A Calchas je vais tout découvrir.

FIN DU QUATRIÈME ACTE.

# ACTE CINQUIÈME.

## SCÈNE I.

IPHIGÉNIE, ÆGINE.

IPHIGÉNIE.

Cesse de m'arrêter. Va, retourne à ma mère,
Ægine : il faut des dieux apaiser la colère.
Pour ce sang malheureux qu'on veut leur dérober,
Regarde quel orage est tout prêt à tomber :
Considère l'état où la reine est réduite ;
Vois comme tout le camp s'oppose à notre fuite ;
Avec quelle insolence ils ont, de toutes parts,
Fait briller à nos yeux la pointe de leurs dards ;
Nos gardes repoussés, la reine évanouie...
Ah! c'est trop l'exposer : souffre que je la fuie,
Et, sans attendre ici ses secours impuissants,
Laisse-moi profiter du trouble de ses sens.
Mon père même, hélas! puisqu'il faut te le dire,
Mon père, en me sauvant, ordonne que j'expire.

ÆGINE.

Lui, madame! Quoi donc? qu'est-ce qui s'est passé?

IPHIGÉNIE.

Achille, trop ardent, l'a peut-être offensé :
Mais le roi, qui le hait, veut que je le haïsse ;
Il ordonne à mon cœur cet affreux sacrifice :
Il m'a fait par Arcas expliquer ses souhaits ;
Ægine, il me défend de lui parler jamais.

ÆGINE.

Ah! madame!

IPHIGÉNIE.

Ah! sentence! ah! rigueur inouïe!
Dieux plus doux, vous n'avez demandé que ma vie!
Mourons, obéissons. Mais qu'est-ce que je voi?
Dieux! Achille!

## SCÈNE II.

ACHILLE, IPHIGÉNIE.

ACHILLE.

Venez, madame, suivez-moi ·
Ne craignez ni les cris ni la foule impuissante
D'un peuple qui se presse autour de cette tente.
Paraissez; et bientôt, sans attendre mes coups,
Ces flots tumultueux s'ouvriront devant vous.
Patrocle, et quelques chefs qui marchent à ma suite,
De mes Thessaliens vous amènent l'élite :
Tout le reste assemblé près de mon étendard,
Vous offre de ses rangs l'invincible rempart.
A vos persécuteurs opposons cet asile :
Qu'ils viennent vous chercher sous les tentes d'Achille.
Quoi, madame! est-ce ainsi que vous me secondez?
Ce n'est que par des pleurs que vous me répondez!
Vous fiez-vous encore à de si faibles armes?
Hâtons-nous : votre père a déjà vu vos larmes.

IPHIGÉNIE.

Je le sais bien, seigneur : aussi tout mon espoir
N'est plus qu'au coup mortel que je vais recevoir.

ACHILLE.

Vous, mourir? Ah! cessez de tenir ce langage.
Songez-vous quel serment vous et moi nous engage?
Songez-vous, pour trancher d'inutiles discours,

Que le bonheur d'Achille est fondé sur vos jours?
IPHIGÉNIE.
Le ciel n'a point aux jours de cette infortunée
Attaché le bonheur de votre destinée.
Notre amour nous trompait; et les arrêts du sort
Veulent que ce bonheur soit un fruit de ma mort.
Songez, seigneur, songez à ces moissons de gloire
Qu'à vos vaillantes mains présente la victoire :
Ce champ si glorieux où vous aspirez tous,
Si mon sang ne l'arrose est stérile pour vous.
Telle est la loi des dieux à mon père dictée.
En vain, sourd à Calchas, il l'avait rejetée :
Par la bouche des Grecs contre moi conjurés
Leurs ordres éternels se sont trop déclarés.
Partez; à vos honneurs j'apporte trop d'obstacles;
Vous-même dégagez la foi de vos oracles;
Signalez ce héros à la Grèce promis;
Tournez votre douleur contre ses ennemis.
Déjà Priam pâlit; déjà Troie en alarmes
Redoute mon bûcher, et frémit de vos larmes.
Allez; et, dans ses murs vides de citoyens,
Faites pleurer ma mort aux veuves des Troyens.
Je meurs dans cet espoir, satisfaite et tranquille.
Si je n'ai pas vécu la compagne d'Achille,
J'espère que du moins un heureux avenir
A vos faits immortels joindra mon souvenir;
Et qu'un jour mon trépas, source de votre gloire,
Ouvrira le récit d'une si belle histoire.
Adieu, prince; vivez, digne race des dieux.
ACHILLE.
Non, je ne reçois point vos funestes adieux.
En vain, par ce discours, votre cruelle adresse
Veut servir votre père, et tromper ma tendresse.
En vain vous prétendez, obstinée à mourir,
Intéresser ma gloire à vous laisser périr :

Ces moissons de lauriers, ces honneurs, ces conquêtes,
Ma main, en vous servant, les trouve toutes prêtes.
Et qui de ma faveur se voudrait honorer
Si mon hymen prochain ne peut vous assurer?
Ma gloire, mon amour, vous ordonnent de vivre :
Venez, madame, il faut les en croire et me suivre.

IPHIGÉNIE.

Qui? moi? que, contre un père osant me révolter,
Je mérite la mort que j'irais éviter?
Où serait le respect? Et ce devoir suprême...

ACHILLE.

Vous suivrez un époux avoué par lui-même.
C'est un titre qu'en vain il prétend me voler :
Ne fait-il des serments que pour les violer?
Vous-même, que retient un devoir si sévère,
Quand il vous donne à moi, n'est-il point votre père?
Suivez-vous seulement ses ordres absolus
Quand il cesse de l'être et ne vous connaît plus?
Enfin c'est trop tarder, ma princesse, et ma crainte...

IPHIGÉNIE.

Quoi, seigneur! vous iriez jusques à la contrainte?
D'un coupable transport écoutant la chaleur,
Vous pourriez ajouter ce comble à mon malheur?
Ma gloire vous serait moins chère que ma vie?
Ah! seigneur! épargnez la triste Iphigénie.
Asservie à des lois que j'ai dû respecter,
C'est déjà trop pour moi que de vous écouter :
Ne portez pas plus loin votre injuste victoire;
Ou, par mes propres mains immolée à ma gloire,
Je saurai m'affranchir, dans ces extrémités,
Du secours dangereux que vous me présentez.

ACHILLE.

Hé bien, n'en parlons plus. Obéissez, cruelle,
Et cherchez une mort qui vous semble si belle :
Portez à votre père un cœur où j'entrevois

Moins de respect pour lui que de haine pour moi.
Une juste fureur s'empare de mon âme :
Vous allez à l'autel; et moi j'y cours, madame.
Si de sang et de morts le ciel est affamé,
Jamais de plus de sang ses autels n'ont fumé.
A mon aveugle amour tout sera légitime :
Le prêtre deviendra la première victime ;
Le bûcher, par mes mains détruit et renversé,
Dans le sang des bourreaux nagera dispersé,
Et si, dans les horreurs de ce désordre extrême,
Votre père, frappé, tombe et périt lui-même,
Alors, de vos respects voyant les tristes fruits,
Reconnaissez les coups que vous aurez conduits.

### IPHIGÉNIE.

Ah! seigneur! Ah! cruel!... Mais il fuit, il m'échappe.
O toi, qui veux ma mort, me voilà seule, frappe,
Termine, juste ciel, ma vie et mon effroi,
Et lance ici des traits qui n'accablent que moi!

## SCÈNE III.

#### CLYTEMNESTRE, IPHIGÉNIE, EURYBATE, ÆGINE, GARDES.

### CLYTEMNESTRE.

Oui, je la défendrai contre toute l'armée.
Lâches, vous trahissez votre reine opprimée!

### EURYBATE.

Non, madame, il suffit que vous me commandiez :
Vous nous verrez combattre et mourir à vos pieds.
Mais de nos faibles mains que pouvez-vous attendre?
Contre tant d'ennemis qui vous pourra défendre?
Ce n'est plus un vain peuple en désordre assemblé;
C'est d'un zèle fatal tout le camp aveuglé;
Plus de pitié. Calchas seul règne, seul commande :
La piété sévère exige son offrande.

Le roi de son pouvoir se voit déposséder,
Et lui-même au torrent nous contraint de céder.
Achille, à qui tout cède, Achille à cet orage
Voudrait lui-même en vain opposer son courage :
Que fera-t-il, madame? et qui peut dissiper
Tous les flots d'ennemis prêts à l'envelopper?

CLYTEMNESTRE.

Qu'ils viennent donc sur moi prouver leur zèle impie,
Et m'arrachent ce peu qui me reste de vie!
La mort seule, la mort pourra rompre les nœuds
Dont mes bras nous vont joindre et lier toutes deux :
Mon corps sera plutôt séparé de mon âme,
Que je souffre jamais... Ah! ma fille!

IPHIGÉNIE.

Ah! madame!
Sous quel astre cruel avez-vous mis au jour
Le malheureux objet d'une si tendre amour!
Mais que pouvez-vous faire en l'état où nous sommes?
Vous avez à combattre et les dieux et les hommes.
Contre un peuple en fureur vous exposerez-vous?
N'allez point, dans un camp rebelle à votre époux,
Seule à me retenir vainement obstinée,
Par des soldats peut-être indignement traînée,
Présenter, pour tout fruit d'un déplorable effort,
Un spectacle à mes yeux plus cruel que la mort.
Allez : laissez aux Grecs achever leur ouvrage,
Et quittez pour jamais un malheureux rivage;
Du bûcher qui m'attend, trop voisin de ces lieux,
La flamme de trop près viendrait frapper vos yeux.
Surtout, si vous m'aimez, par cet amour de mère,
Ne reprochez jamais mon trépas à mon père.

CLYTEMNESTRE.

Lui! par qui votre cœur à Calchas présenté...

IPHIGÉNIE.

Pour me rendre à vos pleurs que n'a-t-il point tenté?

CLYTEMNESTRE.
Par quelle trahison le cruel m'a déçue!
IPHIGÉNIE.
Il me cédait aux dieux dont il m'avait reçue.
Ma mort n'emporte pas tout le fruit de vos feux :
De l'amour qui vous joint vous avez d'autres nœuds;
Vos yeux me reverront dans Oreste mon frère.
Puisse-t-il être, hélas! moins funeste à sa mère!
D'un peuple impatient vous entendez la voix.
Daignez m'ouvrir vos bras pour la dernière fois,
Madame; et rappelant votre vertu sublime...
Eurybate, à l'autel conduisez la victime.

## SCÈNE IV.

CLYTEMNESTRE, ÆGINE, GARDES.

CLYTEMNESTRE.
Ah! vous n'irez pas seule; et je ne prétends pas...
Mais on se jette en foule au-devant de mes pas.
Perfides! contentez votre soif sanguinaire.
ÆGINE.
Où courez-vous, madame? et que voulez-vous faire?
CLYTEMNESTRE.
Hélas! je me consume en impuissants efforts,
Et rentre au trouble affreux dont à peine je sors.
Mourrai-je tant de fois sans sortir de la vie?
ÆGINE.
Ah! savez-vous le crime, et qui vous a trahie,
Madame? Savez-vous quel serpent inhumain
Iphigénie avait retiré dans son sein?
Ériphile en ces lieux, par vous-même conduite,
A seule à tous les Grecs révélé votre fuite.
CLYTEMNESTRE.
O monstre, que Mégère en ses flancs a porté!

Monstre, que dans nos bras les enfers ont jeté!
Quoi! tu ne mourras point! Quoi! pour punir son crime...
Mais où va ma douleur chercher une victime?
Quoi! pour noyer les Grecs et leurs mille vaisseaux,
Mer, tu n'ouvriras pas des abîmes nouveaux?
Quoi! lorsque les chassant du port qui les recèle,
L'Aulide aura vomi leur flotte criminelle,
Les vents, les mêmes vents, si longtemps accusés,
Ne te couvriront pas de ses vaisseaux brisés?
Et toi, soleil, et toi, qui, dans cette contrée,
Reconnais l'héritier et le vrai fils d'Atrée,
Toi, qui n'osas du père éclairer le festin,
Recule, ils t'ont appris ce funeste chemin.
Mais, cependant, ô ciel! ô mère infortunée!
De festons odieux ma fille couronnée
Tend la gorge aux couteaux par son père apprêtés!
Calchas va dans son sang... Barbares! arrêtez :
C'est le pur sang du dieu qui lance le tonnerre...
J'entends gronder la foudre, et sens trembler la terre :
Un dieu vengeur, un dieu fait retentir ces coups.

## SCÈNE V.

### CLYTEMNESTRE, ARCAS, ÆGINE, GARDES.

#### ARCAS.

N'en doutez point, madame, un dieu combat pour vous.
Achille, en ce moment, exauce vos prières;
Il a brisé des Grecs les trop faibles barrières :
Achille est à l'autel. Calchas est éperdu :
Le fatal sacrifice est encor suspendu.
On se menace, on court, l'air gémit, le fer brille.
Achille fait ranger autour de votre fille
Tous ses amis, pour lui prêts à se dévouer.
Le triste Agamemnon, qui n'ose l'avouer,

Pour détourner ses yeux des meurtres qu'il présage,
Ou pour cacher ses pleurs, s'est voilé le visage.
Venez, puisqu'il se tait, venez par vos discours
De votre défenseur appuyer le secours.
Lui-même de sa main, de sang toute fumante,
Il veut entre vos bras remettre son amante;
Lui-même il m'a chargé de conduire vos pas :
Ne craignez rien.

### CLYTEMNESTRE.

Moi, craindre! Ah! courons, cher Arcas.
Le plus affreux péril n'a rien dont je pâlisse.
J'irai partout... Mais, dieux! ne vois-je pas Ulysse?
C'est lui : ma fille est morte! Arcas, il n'est plus temps!

## SCÈNE VI.

### ULYSSE, CLYTEMNESTRE, ARCAS, ÆGINE, GARDES.

### ULYSSE.

Non, votre fille vit, et les dieux sont contents.
Rassurez-vous : le ciel a voulu vous la rendre.

### CLYTEMNESTRE.

Elle vit! Et c'est vous qui venez me l'apprendre!

### ULYSSE.

Oui, c'est moi qui longtemps, contre elle et contre vous,
Ai cru devoir, madame, affermir votre époux;
Moi qui, jaloux tantôt de l'honneur de nos armes,
Par d'austères conseils ai fait couler vos larmes;
Et qui viens, puisque enfin le ciel est apaisé,
Réparer tout l'ennui que je vous ai causé.

### CLYTEMNESTRE.

Ma fille! Ah! prince! O ciel! je demeure éperdue.
Quel miracle, seigneur, quel dieu me l'a rendue?

### ULYSSE.

Vous m'en voyez moi-même, en cet heureux moment,

Saisi d'horreur, de joie, et de ravissement.
Jamais jour n'a paru si mortel à la Grèce.
Déjà de tout le camp la discorde maîtresse
Avait sur tous les yeux mis son bandeau fatal,
Et donné du combat le funeste signal.
De ce spectacle affreux votre fille alarmée
Voyait pour elle Achille, et contre elle l'armée ;
Mais, quoique seul pour elle, Achille furieux
Épouvantait l'armée, et partageait les dieux.
Déjà de traits en l'air s'élevait un nuage ;
Déjà coulait le sang, prémices du carnage :
Entre les deux partis Calchas s'est avancé,
L'œil farouche, l'air sombre, et le poil hérissé,
Terrible, et plein du dieu qui l'agitait sans doute :
« Vous, Achille, a-t-il dit, et vous, Grecs, qu'on m'écoute.
» Le dieu qui maintenant vous parle par ma voix
» M'explique son oracle, et m'instruit de son choix.
» Un autre sang d'Hélène, une autre Iphigénie
» Sur ce bord immolée y doit laisser sa vie.
» Thésée avec Hélène uni secrètement
» Fit succéder l'hymen à son enlèvement :
» Une fille en sortit, que sa mère a celée ;
» Du nom d'Iphigénie elle fut appelée.
» Je vis moi-même alors ce fruit de leurs amours :
» D'un sinistre avenir je menaçai ses jours.
» Sous un nom emprunté sa noire destinée
» Et ses propres fureurs ici l'ont amenée.
» Elle me voit, m'entend, elle est devant vos yeux ;
» Et c'est elle, en un mot, que demandent les dieux. »
Ainsi parle Calchas. Tout le camp immobile
L'écoute avec frayeur, et regarde Ériphile.
Elle était à l'autel ; et peut-être en son cœur
Du fatal sacrifice accusait la lenteur.
Elle-même tantôt, d'une course subite,
Était venue aux Grecs annoncer votre fuite.

On admire en secret sa naissance et son sort.
Mais puisque Troie enfin est le prix de sa mort,
L'armée à haute voix se déclare contre elle,
Et prononce à Calchas sa sentence mortelle.
Déjà pour la saisir Calchas lève le bras :
« Arrête, a-t-elle dit, et ne m'approche pas.
» Le sang de ces héros dont tu me fais descendre
» Sans tes profanes mains saura bien se répandre. »
Furieuse, elle vole, et, sur l'autel prochain,
Prend le sacré couteau, le plonge dans son sein.
A peine son sang coule et fait rougir la terre,
Les dieux font sur l'autel entendre le tonnerre ;
Les vents agitent l'air d'heureux frémissements,
Et la mer leur répond par des mugissements ;
La rive au loin gémit blanchissante d'écume :
La flamme du bûcher d'elle-même s'allume ;
Le ciel brille d'éclairs, s'entr'ouvre, et parmi nous
Jette une sainte horreur qui nous rassure tous.
Le soldat, étonné, dit que dans une nue
Jusque sur le bûcher Diane est descendue ;
Et croit que, s'élevant au travers de ses feux,
Elle portait au ciel notre encens et nos vœux.
Tout s'empresse, tout part. La seule Iphigénie
Dans ce commun bonheur pleure son ennemie.
Des mains d'Agamemnon venez la recevoir ;
Venez : Achille et lui, brûlant de vous revoir,
Madame, et désormais, tous deux d'intelligence,
Sont prêts à confirmer leur auguste alliance.

CLYTEMNESTRE.

Par quel prix, quel encens, ô ciel, puis-je jamais
Récompenser Achille, et payer tes bienfaits !

FIN D'IPHIGÉNIE EN AULIDE.

# PHÈDRE.

## TRAGÉDIE.

1677.

# PRÉFACE.

Voici encore une tragédie dont le sujet est pris d'Euripide. Quoique j'aie suivi une route un peu différente de celle de cet auteur pour la conduite de l'action, je n'ai pas laissé d'enrichir ma pièce de tout ce qui m'a paru le plus éclatant dans la sienne. Quand je ne lui devrais que la seule idée du caractère de Phèdre, je pourrais dire que je lui dois ce que j'ai peut-être mis de plus raisonnable sur le théâtre. Je ne suis point étonné que ce caractère ait eu un succès si heureux du temps d'Euripide, et qu'il ait encore si bien réussi dans notre siècle, puisqu'il a toutes les qualités qu'Aristote demande dans le héros de la tragédie, et qui sont propres à exciter la compassion et la terreur. En effet, Phèdre n'est ni tout à fait coupable ni tout à fait innocente : elle est engagée, par sa destinée et par la colère des dieux, dans une passion illégitime dont elle a horreur toute la première : elle fait tous ses efforts pour la surmonter : elle aime mieux se laisser mourir que de la déclarer à personne ; et lorsqu'elle est forcée de la découvrir, elle en parle avec une confusion qui fait bien voir que son crime est plutôt une punition des dieux qu'un mouvement de sa volonté.

J'ai même pris soin de la rendre un peu moins

odieuse qu'elle n'est dans les tragédies des anciens, où elle se résout d'elle-même à accuser Hippolyte. J'ai cru que la calomnie avait quelque chose de trop bas et de trop noir pour la mettre dans la bouche d'une princesse qui a d'ailleurs des sentiments si nobles et si vertueux. Cette bassesse m'a paru plus convenable à une nourrice, qui pouvait avoir des inclinations plus serviles, et qui néanmoins n'entreprend cette fausse accusation que pour sauver la vie et l'honneur de sa maîtresse. Phèdre n'y donne les mains que parce qu'elle est dans une agitation d'esprit qui la met hors d'elle-même ; et elle vient un moment après dans le dessein de justifier l'innocence, et de déclarer la vérité.

Hippolyte est accusé, dans Euripide et dans Sénèque, d'avoir en effet violé sa belle-mère : *vim corpus tulit*[1]. Mais il n'est ici accusé que d'en avoir eu le dessein. J'ai voulu épargner à Thésée une confusion qui l'aurait pu rendre moins agréable aux spectateurs.

Pour ce qui est du personnage d'Hippolyte, j'avais remarqué dans les anciens qu'on reprochait à Euripide de l'avoir représenté comme un philosophe exempt de toute imperfection : ce qui faisait que la mort de ce jeune prince causait beaucoup plus d'indignation que de pitié. J'ai cru lui devoir donner quelque faiblesse qui le rendrait un peu coupable envers son père, sans pourtant lui rien ôter de cette grandeur d'âme avec laquelle il épargne l'honneur de Phèdre, et se laisse opprimer sans l'accuser. J'appelle faiblesse la passion

---

[1] Act. III, sc. II.

qu'il ressent malgré lui pour Aricie, qui est la fille et la sœur des ennemis mortels de son père.

Cette Aricie n'est point un personnage de mon invention. Virgile dit qu'Hippolyte l'épousa, et en eut un fils, après qu'Esculape l'eut ressuscité[1]. Et j'ai lu encore dans quelques auteurs qu'Hippolyte avait épousé et emmené en Italie une jeune Athénienne de grande naissance, qui s'appelait Aricie, et qui avait donné son nom à une petite ville d'Italie.

Je rapporte ces autorités, parce que je me suis très-scrupuleusement attaché à suivre la fable. J'ai même suivi l'histoire de Thésée, telle qu'elle est dans Plutarque.

C'est dans cet historien que j'ai trouvé que ce qui avait donné occasion de croire que Thésée fût descendu dans les enfers pour enlever Proserpine, était un voyage que ce prince avait fait en Épire vers la source de l'Achéron, chez un roi dont Pirithoüs voulait enlever la femme, et qui arrêta Thésée prisonnier, après avoir fait mourir Pirithoüs. Ainsi j'ai tâché de conserver la vraisemblance de l'histoire, sans rien perdre des ornements de la fable, qui fournit extrêmement à la poésie; et le bruit de la mort de Thésée, fondé sur ce voyage fabuleux, donne lieu à Phèdre de faire une déclaration d'amour qui devient une des principales causes de son malheur, et qu'elle n'aurait jamais osé faire tant qu'elle aurait cru que son mari était vivant.

Au reste, je n'ose encore assurer que cette pièce soit

---

[1] *Æneid.*, lib. VII.

en effet la meilleure de mes tragédies. Je laisse et aux lecteurs et au temps à décider de son véritable prix. Ce que je puis assurer, c'est que je n'en ai point fait où la vertu soit plus mise en jour que dans celle-ci ; les moindres fautes y sont sévèrement punies : la seule pensée du crime y est regardée avec autant d'horreur que le crime même ; les faiblesses de l'amour y passent pour de vraies faiblesses ; les passions n'y sont présentées aux yeux que pour montrer tout le désordre dont elles sont cause ; et le vice y est peint partout avec des couleurs qui en font connaître et haïr la difformité. C'est là proprement le but que tout homme qui travaille pour le public doit se proposer ; et c'est ce que les premiers poëtes tragiques avaient en vue sur toute chose. Leur théâtre était une école où la vertu n'était pas moins bien enseignée que dans les écoles des philosophes. Aussi Aristote a bien voulu donner des règles du poëme dramatique ; et Socrate, le plus sage des philosophes, ne dédaignait pas de mettre la main aux tragédies d'Euripide. Il serait à souhaiter que nos ouvrages fussent aussi solides et aussi pleins d'utiles instructions que ceux de ces poëtes. Ce serait peut-être un moyen de réconcilier la tragédie avec quantité de personnes célèbres par leur piété et par leur doctrine, qui l'ont condamnée dans ces derniers temps, et qui en jugeraient sans doute plus favorablement, si les auteurs songeaient autant à instruire leurs spectateurs qu'à les divertir, et s'ils suivaient en cela la véritable intention de la tragédie.

# PHÈDRE.

TRAGÉDIE.

## PERSONNAGES.

THÉSÉE, fils d'Égée, roi d'Athènes.
PHÈDRE, femme de Thésée, fille de Minos et de Pasiphaé.
HIPPOLYTE, fils de Thésée et d'Antiope, reine des Amazones.
ARICIE, princesse du sang royal d'Athènes.
ŒNONE, nourrice et confidente de Phèdre.
THÉRAMÈNE, gouverneur d'Hippolyte.
ISMÈNE, confidente d'Aricie.
PANOPE, femme de la suite de Phèdre.
GARDES.

Acteurs qui ont joué d'original dans *Phèdre*.

| | |
|---|---|
| THÉSÉE. | Champmeslé. |
| HIPPOLYTE. | Baron. |
| PHÈDRE. | M<sup>lle</sup> Champmeslé. |
| ARICIE. | M<sup>lle</sup> d'Ennebaut. |
| THÉRAMÈNE. | Guérin. |
| ŒNONE. | M<sup>lle</sup> Beauval. |

La scène est à Trézène, ville du Péloponèse [1].

---

[1] Dans l'édition princeps et dans la première édition collective, la pièce a pour titre *Phèdre et Hippolyte*.

# PHÈDRE.

## ACTE PREMIER.

### SCÈNE I.

#### HIPPOLYTE, THÉRAMÈNE.

HIPPOLYTE.

Le dessein en est pris : je pars, cher Théramène,
Et quitte le séjour de l'aimable Trézène.
Dans le doute mortel dont je suis agité,
Je commence à rougir de mon oisiveté.
Depuis plus de six mois éloigné de mon père,
J'ignore le destin d'une tête si chère ;
J'ignore jusqu'aux lieux qui le peuvent cacher.

THÉRAMÈNE.

Et dans quels lieux, seigneur, l'allez-vous donc chercher ?
Déjà, pour satisfaire à votre juste crainte,
J'ai couru les deux mers que sépare Corinthe ;
J'ai demandé Thésée aux peuples de ces bords
Où l'on voit l'Achéron se perdre chez les morts ;
J'ai visité l'Élide, et, laissant le Ténare.
Passé jusqu'à la mer qui vit tomber Icare.
Sur quel espoir nouveau, dans quels heureux climats
Croyez-vous découvrir la trace de ses pas ?
Qui sait même, qui sait si le roi votre père
Veut que de son absence on sache le mystère ?
Et si, lorsqu'avec vous nous tremblons pour ses jours,

Tranquille, et nous cachant de nouvelles amours,
Ce héros n'attend point qu'une amante abusée...

### HIPPOLYTE.

Cher Théramène, arrête, et respecte Thésée.
De ses jeunes erreurs désormais revenu,
Par un indigne obstacle il n'est point retenu ;
Et, fixant de ses vœux l'inconstance fatale,
Phèdre depuis longtemps ne craint plus de rivale.
Enfin, en le cherchant je suivrai mon devoir,
Et je fuirai ces lieux, que je n'ose plus voir.

### THÉRAMÈNE.

Eh ! depuis quand, seigneur, craignez-vous la présence
De ces paisibles lieux si chers à votre enfance,
Et dont je vous ai vu préférer le séjour
Au tumulte pompeux d'Athène et de la cour ?
Quel péril, ou plutôt quel chagrin vous en chasse ?

### HIPPOLYTE.

Cet heureux temps n'est plus. Tout a changé de face,
Depuis que sur ces bords les dieux ont envoyé
La fille de Minos et de Pasiphaé.

### THÉRAMÈNE.

J'entends : de vos douleurs la cause m'est connue,
Phèdre ici vous chagrine, et blesse votre vue.
Dangereuse marâtre, à peine elle vous vit,
Que votre exil d'abord signala son crédit.
Mais sa haine sur vous autrefois attachée,
Ou s'est évanouie, ou s'est bien relâchée.
Et d'ailleurs, quels périls vous peut faire courir
Une femme mourante, et qui cherche à mourir ?
Phèdre, atteinte d'un mal qu'elle s'obstine à taire,
Lasse enfin d'elle-même et du jour qui l'éclaire,
Peut-elle contre vous former quelques desseins ?

### HIPPOLYTE.

Sa vaine inimitié n'est pas ce que je crains.
Hippolyte en partant fuit une autre ennemie :

## ACTE I. SCÈNE I.

Je fuis, je l'avouerai, cette jeune Aricie,
Reste d'un sang fatal conjuré contre nous.

THÉRAMÈNE.

Quoi ! vous-même, seigneur, la persécutez-vous ?
Jamais l'aimable sœur des cruels Pallantides
Trempa-t-elle aux complots de ses frères perfides ?
Et devez-vous haïr ses innocents appas ?

HIPPOLYTE.

Si je la haïssais, je ne la fuirais pas.

THÉRAMÈNE.

Seigneur, m'est-il permis d'expliquer votre fuite ?
Pourriez-vous n'être plus ce superbe Hippolyte
Implacable ennemi des amoureuses lois,
Et d'un joug que Thésée a subi tant de fois ?
Vénus, par votre orgueil si longtemps méprisée,
Voudrait-elle à la fin justifier Thésée ?
Et, vous mettant au rang du reste des mortels,
Vous a-t-elle forcé d'encenser ses autels ?
Aimeriez-vous, seigneur ?

HIPPOLYTE.

     Ami, qu'oses-tu dire ?
Toi, qui connais mon cœur depuis que je respire,
Des sentiments d'un cœur si fier, si dédaigneux,
Peux-tu me demander le désaveu honteux ?
C'est peu qu'avec son lait une mère amazone
M'ait fait sucer encor cet orgueil qui t'étonne ;
Dans un âge plus mûr moi-même parvenu,
Je me suis applaudi quand je me suis connu.
Attaché près de moi par un zèle sincère,
Tu me contais alors l'histoire de mon père.
Tu sais combien mon âme, attentive à ta voix,
S'échauffait au récit de ses nobles exploits ;
Quand tu me dépeignais ce héros intrépide
Consolant les mortels de l'absence d'Alcide,

Les monstres étouffés et les brigands punis,
Procuste, Cercyon, et Sciron, et Sinis,
Et les os dispersés du géant d'Épidaure,
Et la Crète fumant du sang du Minotaure.
Mais, quand tu récitais des faits moins glorieux,
Sa foi partout offerte, et reçue en cent lieux;
Hélène à ses parents dans Sparte dérobée;
Salamine témoin des pleurs de Péribée;
Tant d'autres, dont les noms lui sont même échappés,
Trop crédules esprits que sa flamme a trompés;
Ariane aux rochers contant ses injustices;
Phèdre enlevée enfin sous de meilleurs auspices;
Tu sais comme, à regret écoutant ce discours,
Je te pressais souvent d'en abréger le cours.
Heureux ! si j'avais pu ravir à la mémoire
Cette indigne moitié d'une si belle histoire !
Et moi-même, à mon tour, je me verrais lié?
Et les dieux jusque-là m'auraient humilié?
Dans mes lâches soupirs d'autant plus méprisable,
Qu'un long amas d'honneurs rend Thésée excusable,
Qu'aucuns monstres par moi domptés jusqu'aujourd'hui,
Ne m'ont acquis le droit de faillir comme lui.
Quand même ma fierté pourrait s'être adoucie,
Aurais-je pour vainqueur dû choisir Aricie?
Ne souviendrait-il plus à mes sens égarés
De l'obstacle éternel qui nous a séparés?
Mon père la réprouve; et, par des lois sévères,
Il défend de donner des neveux à ses frères :
D'une tige coupable il craint un rejeton;
Il veut avec leur sœur ensevelir leur nom;
Et que, jusqu'au tombeau soumise à sa tutelle,
Jamais les feux d'hymen ne s'allument pour elle.
Dois-je épouser ses droits contre un père irrité?
Donnerai-je l'exemple à la témérité?
Et, dans un fol amour ma jeunesse embarquée...

### THÉRAMÈNE.

Ah! seigneur! si votre heure est une fois marquée,
Le ciel de nos raisons ne sait point s'informer.
Thésée ouvre vos yeux en voulant les fermer;
Et sa haine, irritant une flamme rebelle,
Prête à son ennemie une grâce nouvelle.
Enfin d'un chaste amour pourquoi vous effrayer?
S'il a quelque douceur, n'osez-vous l'essayer?
En croirez-vous toujours un farouche scrupule?
Craint-on de s'égarer sur les traces d'Hercule?
Quels courages Vénus n'a-t-elle pas domptés?
Vous-même où seriez-vous, vous qui la combattez,
Si toujours Antiope à ses lois opposée
D'une pudique ardeur n'eût brûlé pour Thésée?
Mais que sert d'affecter un superbe discours?
Avouez-le, tout change : et, depuis quelques jours,
On vous voit moins souvent, orgueilleux et sauvage,
Tantôt faire voler un char sur le rivage,
Tantôt, savant dans l'art par Neptune inventé,
Rendre docile au frein un coursier indompté;
Les forêts de nos cris moins souvent retentissent;
Chargés d'un feu secret vos yeux s'appesantissent;
Il n'en faut point douter : vous aimez, vous brûlez;
Vous périssez d'un mal que vous dissimulez.
La charmante Aricie a-t-elle su vous plaire?

### HIPPOLYTE.

Théramène, je pars, et vais chercher mon père.

### THÉRAMÈNE.

Ne verrez-vous point Phèdre avant que de partir,
Seigneur?

### HIPPOLYTE.

   C'est mon dessein : tu peux l'en avertir.
Voyons-la, puisque ainsi mon devoir me l'ordonne
Mais quel nouveau malheur trouble sa chère OEnone?

## SCÈNE II.

#### HIPPOLYTE, THÉRAMÈNE, ŒNONE.

###### ŒNONE.

Hélas! seigneur! quel trouble au mien peut être égal?
La reine touche presque à son terme fatal.
En vain à l'observer jour et nuit je m'attache;
Elle meurt dans mes bras d'un mal qu'elle me cache.
Un désordre éternel règne dans son esprit;
Son chagrin inquiet l'arrache de son lit :
Elle veut voir le jour; et sa douleur profonde
M'ordonne toutefois d'écarter tout le monde...
Elle vient.

###### HIPPOLYTE.

Il suffit : je la laisse en ces lieux.
Et ne lui montre point un visage odieux.

## SCÈNE III.

#### PHÈDRE, ŒNONE.

###### PHÈDRE.

N'allons pas plus avant, demeurons, chère OEnone.
Je ne me soutiens plus ; ma force m'abandonne :
Mes yeux sont éblouis du jour que je revoi,
Et mes genoux tremblants se dérobent sous moi.
Hélas !

*(Elle s'assied.)*

###### ŒNONE.

Dieux tout-puissants, que nos pleurs vous apaisent!

###### PHÈDRE.

Que ces vains ornements, que ces voiles me pèsent !
Quelle importune main, en formant tous ces nœuds,

A pris soin sur mon front d'assembler mes cheveux?
Tout m'afflige et me nuit, et conspire à me nuire.

OENONE.

Comme on voit tous ses vœux l'un l'autre se détruire!
Vous-même, condamnant vos injustes desseins,
Tantôt à vous parer vous excitiez nos mains;
Vous-même, rappelant votre force première,
Vous vouliez vous montrer et revoir la lumière.
Vous la voyez, madame; et prête à vous cacher,
Vous haïssez le jour que vous venez chercher?

PHÈDRE.

Noble et brillant auteur d'une triste famille,
Toi, dont ma mère osait se vanter d'être fille,
Qui peut-être rougis du trouble où tu me vois,
Soleil, je te viens voir pour la dernière fois!

OENONE.

Quoi! vous ne perdez point cette cruelle envie?
Vous verrai-je toujours, renonçant à la vie,
Faire de votre mort les funestes apprêts?

PHÈDRE.

Dieux! que ne suis-je assise à l'ombre des forêts?
Quand pourrai-je, au travers d'une noble poussière,
Suivre de l'œil un char fuyant dans la carrière?

OENONE.

Quoi, madame?

PHÈDRE.

Insensée! où suis-je? et qu'ai-je dit?
Où laissé-je égarer mes vœux et mon esprit?
Je l'ai perdu : les dieux m'en ont ravi l'usage.
OEnone, la rougeur me couvre le visage :
Je te laisse trop voir mes honteuses douleurs;
Et mes yeux, malgré moi, se remplissent de pleurs.

OENONE.

Ah! s'il vous faut rougir, rougissez d'un silence
Qui de vos maux encore aigrit la violence.

Rebelle à tous nos soins, sourde à tous nos discours,
Voulez-vous, sans pitié, laisser finir vos jours?
Quelle fureur les borne au milieu de leur course?
Quel charme ou quel poison en a tari la source?
Les ombres par trois fois ont obscurci les cieux
Depuis que le sommeil n'est entré dans vos yeux;
Et le jour a trois fois chassé la nuit obscure
Depuis que votre corps languit sans nourriture.
A quel affreux dessein vous laissez-vous tenter?
De quel droit sur vous-même osez-vous attenter?
Vous offensez les dieux auteurs de votre vie;
Vous trahissez l'époux à qui la foi vous lie;
Vous trahissez enfin vos enfants malheureux,
Que vous précipitez sous un joug rigoureux.
Songez qu'un même jour leur ravira leur mère,
Et rendra l'espérance au fils de l'étrangère,
A ce fier ennemi de vous, de votre sang,
Ce fils qu'une Amazone a porté dans son flanc,
Cet Hippolyte...

PHÈDRE.

Ah! dieux!

OENONE.

Ce reproche vous touche.

PHÈDRE.

Malheureuse! quel nom est sorti de ta bouche!

OENONE.

Hé bien! votre colère éclate avec raison :
J'aime à vous voir frémir à ce funeste nom.
Vivez donc : que l'amour, le devoir, vous excite;
Vivez, ne souffrez pas que le fils d'une Scythe,
Accablant vos enfants d'un empire odieux,
Commande au plus beau sang de la Grèce et des dieux.
Mais ne différez point; chaque moment vous tue :
Réparez promptement votre force abattue,
Tandis que de vos jours, prêts à se consumer,

## ACTE I. SCÈNE III.

Le flambeau dure encore, et peut se rallumer.
#### PHÈDRE.
J'en ai trop prolongé la coupable durée.
#### OENONE.
Quoi! de quelques remords êtes-vous déchirée?
Quel crime a pu produire un trouble si pressant?
Vos mains n'ont point trempé dans le sang innocent?
#### PHÈDRE.
Grâces au ciel, mes mains ne sont point criminelles.
Plût aux dieux que mon cœur fût innocent comme elles!
#### OENONE.
Et quel affreux projet avez-vous enfanté
Dont votre cœur encor doive être épouvanté?
#### PHÈDRE.
Je t'en ai dit assez : épargne-moi le reste.
Je meurs, pour ne point faire un aveu si funeste.
#### OENONE.
Mourez donc, et gardez un silence inhumain;
Mais pour fermer vos yeux cherchez une autre main.
Quoiqu'il vous reste à peine une faible lumière,
Mon âme chez les morts descendra la première;
Mille chemins ouverts y conduisent toujours,
Et ma juste douleur choisira les plus courts.
Cruelle! quand ma foi vous a-t-elle déçue?
Songez-vous qu'en naissant mes bras vous ont reçue?
Mon pays, mes enfants, pour vous j'ai tout quitté.
Réserviez-vous ce prix à ma fidélité?
#### PHÈDRE.
Quel fruit espères-tu de tant de violence?
Tu frémiras d'horreur si je romps le silence.
#### OENONE.
Et que me direz-vous qui ne cède, grands dieux!
A l'horreur de vous voir expirer à mes yeux?
#### PHÈDRE.
Quand tu sauras mon crime, et le sort qui m'accable,

Je n'en mourrai pas moins : j'en mourrai plus coupable.
OENONE.
Madame, au nom des pleurs que pour vous j'ai versés,
Par vos faibles genoux, que je tiens embrassés,
Délivrez mon esprit de ce funeste doute.
PHÈDRE.
Tu le veux : lève-toi.
OENONE.
Parlez : je vous écoute.
PHÈDRE.
Ciel! que lui vais-je dire? et par où commencer?
OENONE.
Par de vaines frayeurs cessez de m'offenser.
PHÈDRE.
O haine de Vénus! O fatale colère!
Dans quels égarements l'amour jeta ma mère!
OENONE.
Oublions-les, madame; et qu'à tout l'avenir
Un silence éternel cache ce souvenir.
PHÈDRE.
Ariane, ma sœur! de quel amour blessée
Vous mourûtes aux bords où vous fûtes laissée!
OENONE.
Que faites-vous, madame? et quel mortel ennui
Contre tout votre sang vous anime aujourd'hui?
PHÈDRE.
Puisque Vénus le veut, de ce sang déplorable
Je péris la dernière et la plus misérable.
OENONE.
Aimez-vous?
PHÈDRE.
De l'amour j'ai toutes les fureurs.
OENONE.
Pour qui?

## ACTE I. SCÈNE III.

PHÈDRE.

Tu vas ouïr le comble des horreurs.
J'aime... A ce nom fatal, je tremble, je frissonne.
J'aime...

OENONE.

Qui ?

PHÈDRE.

Tu connais ce fils de l'Amazone,
Ce prince si longtemps par moi-même opprimé ?

OENONE.

Hippolyte ! Grands Dieux !

PHÈDRE.

C'est toi qui l'as nommé !

OENONE.

Juste ciel ! tout mon sang dans mes veines se glace.
O désespoir ! ô crime ! ô déplorable race !
Voyage infortuné ! Rivage malheureux,
Fallait-il approcher de tes bords dangereux ?

PHÈDRE.

Mon mal vient de plus loin. A peine au fils d'Égée
Sous les lois de l'hymen je m'étais engagée,
Mon repos, mon bonheur semblait être affermi ;
Athènes me montra mon superbe ennemi :
Je le vis, je rougis, je pâlis à sa vue ;
Un trouble s'éleva dans mon âme éperdue ;
Mes yeux ne voyaient plus, je ne pouvais parler ;
Je sentis tout mon corps et transir et brûler ;
Je reconnus Vénus et ses feux redoutables,
D'un sang qu'elle poursuit tourments inévitables.
Par des vœux assidus je crus les détourner :
Je lui bâtis un temple, et pris soin de l'orner ;
De victimes moi-même à toute heure entourée,
Je cherchais dans leurs flancs ma raison égarée :
D'un incurable amour remèdes impuissants !
En vain sur les autels ma main brûlait l'encens :

Quand ma bouche implorait le nom de la déesse,
J'adorais Hippolyte; et, le voyant sans cesse,
Même au pied des autels que je faisais fumer,
J'offrais tout à ce dieu que je n'osais nommer.
Je l'évitais partout. O comble de misère!
Mes yeux le retrouvaient dans les traits de son père.
Contre moi-même enfin j'osai me révolter :
J'excitai mon courage à le persécuter.
Pour bannir l'ennemi dont j'étais idolâtre,
J'affectai les chagrins d'une injuste marâtre;
Je pressai son exil; et mes cris éternels
L'arrachèrent du sein et des bras paternels.
Je respirais, OEnone; et, depuis son absence,
Mes jours, moins agités, coulaient dans l'innocence :
Soumise à mon époux, et cachant mes ennuis,
De son fatal hymen je cultivai les fruits.
Vaines précautions! Cruelle destinée!
Par mon époux lui-même à Trézène amenée,
J'ai revu l'ennemi que j'avais éloigné :
Ma blessure, trop vive, aussitôt a saigné.
Ce n'est plus une ardeur dans mes veines cachée :
C'est Vénus tout entière à sa proie attachée.
J'ai conçu pour mon crime une juste terreur :
J'ai pris la vie en haine, et ma flamme en horreur;
Je voulais en mourant prendre soin de ma gloire,
Et dérober au jour une flamme si noire :
Je n'ai pu soutenir tes larmes, tes combats;
Je t'ai tout avoué; je ne m'en repens pas,
Pourvu que, de ma mort respectant les approches,
Tu ne m'affliges plus par d'injustes reproches,
Et que tes vains secours cessent de rappeler
Un reste de chaleur tout prêt à s'exhaler.

## SCÈNE IV.

### PHÈDRE, ŒNONE, PANOPE.

#### PANOPE.

Je voudrais vous cacher une triste nouvelle.
Madame : mais il faut que je vous la révèle.
La mort vous a ravi votre invincible époux;
Et ce malheur n'est plus ignoré que de vous.

#### ŒNONE.

Panope, que dis-tu?

#### PANOPE.

Que la reine, abusée,
En vain demande au ciel le retour de Thésée;
Et que, par des vaisseaux arrivés dans le port,
Hippolyte, son fils, vient d'apprendre sa mort.

#### PHÈDRE.

Ciel!

#### PANOPE.

Pour le choix d'un maître Athènes se partage :
Au prince votre fils l'un donne son suffrage,
Madame; et de l'État l'autre, oubliant les lois,
Au fils de l'étrangère ose donner sa voix.
On dit même qu'au trône une brigue insolente
Veut placer Aricie et le sang de Pallante.
J'ai cru de ce péril vous devoir avertir.
Déjà même Hippolyte est tout prêt à partir;
Et l'on craint, s'il paraît dans ce nouvel orage,
Qu'il n'entraîne après lui tout un peuple volage.

#### ŒNONE.

Panope, c'est assez : la reine, qui t'entend,
Ne négligera point cet avis important.

## SCÈNE V.

### PHÈDRE, ŒNONE.

#### ŒNONE.

Madame, je cessais de vous presser de vivre,
Déjà même au tombeau je songeais à vous suivre ;
Pour vous en détourner, je n'avais plus de voix ;
Mais ce nouveau malheur vous prescrit d'autres lois.
Votre fortune change et prend une autre face :
Le roi n'est plus, madame ; il faut prendre sa place.
Sa mort vous laisse un fils à qui vous vous devez ;
Esclave s'il vous perd, et roi si vous vivez.
Sur qui, dans son malheur, voulez-vous qu'il s'appuie ?
Ses larmes n'auront plus de main qui les essuie ;
Et ses cris innocents, portés jusques aux dieux,
Iront contre sa mère irriter ses aïeux.
Vivez ; vous n'avez plus de reproche à vous faire :
Votre flamme devient une flamme ordinaire ;
Thésée en expirant vient de rompre les nœuds
Qui faisaient tout le crime et l'horreur de vos feux.
Hippolyte pour vous devient moins redoutable ;
Et vous pouvez le voir sans vous rendre coupable.
Peut-être, convaincu de votre aversion,
Il va donner un chef à la sédition :
Détrompez son erreur, fléchissez son courage.
Roi de ces bords heureux, Trézène est son partage ;
Mais il sait que les lois donnent à votre fils
Les superbes remparts que Minerve a bâtis.
Vous avez l'un et l'autre une juste ennemie :
Unissez-vous tous deux pour combattre Aricie.

PHÈDRE.

Hé bien! à tes conseils je me laisse entraîner ;
Vivons, si vers la vie on peut me ramener,
Et si l'amour d'un fils, en ce moment funeste,
De mes faibles esprits peut ranimer le reste.

FIN DU PREMIER ACTE.

# ACTE DEUXIÈME.

## SCÈNE I.

ARICIE, ISMÈNE.

ARICIE.

Hippolyte demande à me voir en ce lieu?
Hippolyte me cherche et veut me dire adieu?
Ismène, dis-tu vrai? N'es-tu point abusée?
ISMÈNE.
C'est le premier effet de la mort de Thésée.
Préparez-vous, madame, à voir de tous côtés
Voler vers vous les cœurs par Thésée écartés.
Aricie, à la fin, de son sort est maîtresse,
Et bientôt à ses pieds verra toute la Grèce.
ARICIE.
Ce n'est donc point, Ismène, un bruit mal affermi?
Je cesse d'être esclave, et n'ai plus d'ennemi?
ISMÈNE.
Non, madame, les dieux ne vous sont plus contraires;
Et Thésée a rejoint les mânes de vos frères.
ARICIE.
Dit-on quelle aventure a terminé ses jours?
ISMÈNE.
On sème de sa mort d'incroyables discours.
On dit que, ravisseur d'une amante nouvelle,
Les flots ont englouti cet époux infidèle.
On dit même, et ce bruit est partout répandu,
Qu'avec Pirithoüs aux enfers descendu,

Il a vu le Cocyte et les rivages sombres,
Et s'est montré vivant aux infernales ombres ;
Mais qu'il n'a pu sortir de ce triste séjour,
Et repasser les bords qu'on passe sans retour.

ARICIE.

Croirai-je qu'un mortel avant sa dernière heure,
Peut pénétrer des morts la profonde demeure?
Quel charme l'attirait sur ces bords redoutés?

ISMÈNE.

Thésée est mort, madame; et vous seule en doutez :
Athènes en gémit; Trézène en est instruite,
Et déjà pour son roi reconnaît Hippolyte;
Phèdre, dans ce palais, tremblante pour son fils,
De ses amis troublés demande les avis.

ARICIE.

Et tu crois que, pour moi plus humain que son père,
Hippolyte rendra ma chaîne plus légère;
Qu'il plaindra mes malheurs?

ISMÈNE.

Madame, je le croi.

ARICIE.

L'insensible Hippolyte est-il connu de toi?
Sur quel frivole espoir penses-tu qu'il me plaigne,
Et respecte en moi seule un sexe qu'il dédaigne?
Tu vois depuis quel temps il évite nos pas,
Et cherche tous les lieux où nous ne sommes pas.

ISMÈNE.

Je sais de ses froideurs tout ce que l'on récite;
Mais j'ai vu près de vous ce superbe Hippolyte;
Et même, en le voyant, le bruit de sa fierté
A redoublé pour lui ma curiosité.
Sa présence à ce bruit n'a pas paru répondre :
Dès vos premiers regards je l'ai vu se confondre;
Ses yeux, qui vainement voulaient vous éviter,
Déjà pleins de langueur, ne pouvaient vous quitter.

Le nom d'amant peut-être offense son courage;
Mais il en a les yeux, s'il n'en a le langage.
### ARICIE.
Que mon cœur, chère Ismène, écoute avidement
Un discours qui peut-être a peu de fondement !
O toi qui me connais, te semblait-il croyable
Que le triste jouet d'un sort impitoyable,
Un cœur toujours nourri d'amertume et de pleurs,
Dût connaître l'amour et ses folles douleurs?
Reste du sang d'un roi noble fils de la terre,
Je suis seule échappée aux fureurs de la guerre :
J'ai perdu, dans la fleur de leur jeune saison,
Six frères... Quel espoir d'une illustre maison !
Le fer moissonna tout; et la terre humectée
But à regret le sang des neveux d'Érechtée.
Tu sais, depuis leur mort, quelle sévère loi
Défend à tous les Grecs de soupirer pour moi :
On craint que de la sœur les flammes téméraires
Ne raniment un jour la cendre de ses frères.
Mais tu sais bien aussi de quel œil dédaigneux
Je regardais ce soin d'un vainqueur soupçonneux :
Tu sais que, de tout temps à l'amour opposée,
Je rendais souvent grâce à l'injuste Thésée,
Dont l'heureuse rigueur secondait mes mépris.
Mes yeux alors, mes yeux n'avaient pas vu son fils.
Non que, par les yeux seuls lâchement enchantée,
J'aime en lui sa beauté, sa grâce tant vantée,
Présents dont la nature a voulu l'honorer,
Qu'il méprise lui-même et qu'il semble ignorer :
J'aime, je prise en lui de plus nobles richesses,
Les vertus de son père, et non point les faiblesses;
J'aime, je l'avouerai, cet orgueil généreux
Qui jamais n'a fléchi sous le joug amoureux.
Phèdre en vain s'honorait des soupirs de Thésée :
Pour moi, je suis plus fière, et fuis la gloire aisée

D'arracher un hommage à mille autres offert,
Et d'entrer dans un cœur de toutes parts ouvert.
Mais de faire fléchir un courage inflexible,
De porter la douleur dans une âme insensible,
D'enchaîner un captif de ses fers étonné,
Contre un joug qui lui plaît vainement mutiné,
C'est là ce que je veux, c'est là ce qui m'irrite.
Hercule à désarmer coûtait moins qu'Hippolyte ;
Et vaincu plus souvent, et plus tôt surmonté,
Préparait moins de gloire aux yeux qui l'ont dompté.
Mais, chère Ismène, hélas ! quelle est mon imprudence !
On ne m'opposera que trop de résistance :
Tu m'entendras peut-être, humble dans mon ennui,
Gémir du même orgueil que j'admire aujourd'hui.
Hippolyte aimerait ! Par quel bonheur extrême
Aurais-je pu fléchir...

ISMÈNE.

Vous l'entendrez lui-même :
Il vient à vous.

## SCÈNE II.

### HIPPOLYTE, ARICIE, ISMÈNE.

HIPPOLYTE.

Madame, avant que de partir,
J'ai cru de votre sort vous devoir avertir.
Mon père ne vit plus. Ma juste défiance
Présageait les raisons de sa trop longue absence :
La mort seule, bornant ses travaux éclatants,
Pouvait à l'univers le cacher si longtemps.
Les dieux livrent enfin à la parque homicide
L'ami, le compagnon, le successeur d'Alcide.
Je crois que votre haine, épargnant ses vertus,
Écoute sans regret ces noms qui lui sont dus.

Un espoir adoucit ma tristesse mortelle :
Je puis vous affranchir d'une austère tutelle;
Je révoque des lois dont j'ai plaint la rigueur.
Vous pouvez disposer de vous, de votre cœur :
Et, dans cette Trézène, aujourd'hui mon partage,
De mon aïeul Pitthée autrefois l'héritage,
Qui m'a, sans balancer, reconnu pour son roi,
Je vous laisse aussi libre et plus libre que moi.

ARICIE.

Modérez des bontés dont l'excès m'embarrasse.
D'un soin si généreux honorer ma disgrâce,
Seigneur, c'est me ranger, plus que vous ne pensez,
Sous ces austères lois dont vous me dispensez.

HIPPOLYTE.

Du choix d'un successeur Athènes incertaine,
Parle de vous, me nomme, et le fils de la reine.

ARICIE.

De moi, seigneur?

HIPPOLYTE.

Je sais, sans vouloir me flatter,
Qu'une superbe loi semble me rejeter :
La Grèce me reproche une mère étrangère.
Mais, si pour concurrent je n'avais que mon frère,
Madame, j'ai sur lui de véritables droits,
Que je saurais sauver du caprice des lois.
Un frein plus légitime arrête mon audace :
Je vous cède, ou plutôt je vous rends une place,
Un sceptre que jadis vos aïeux ont reçu
De ce fameux mortel que la terre a conçu.
L'adoption le mit entre les mains d'Égée.
Athènes, par mon père accrue et protégée,
Reconnut avec joie un roi si généreux,
Et laissa dans l'oubli vos frères malheureux.
Athènes dans ses murs maintenant vous rappelle :

## ACTE I. SCÈNE II.

Assez elle a gémi d'une longue querelle ;
Assez dans ses sillons votre sang englouti
A fait fumer le champ dont il était sorti.
Trézène m'obéit. Les campagnes de Crète
Offrent au fils de Phèdre une riche retraite.
L'Attique est votre bien. Je pars, et vais, pour vous,
Réunir tous les vœux partagés entre nous.

ARICIE.

De tout ce que j'entends, étonnée et confuse,
Je crains presque, je crains qu'un songe ne m'abuse.
Veillé-je? Puis-je croire un semblable dessein?
Quel dieu, seigneur, quel dieu l'a mis dans votre sein?
Qu'à bon droit votre gloire en tous lieux est semée !
Et que la vérité passe la renommée !
Vous-même, en ma faveur, vous voulez vous trahir
N'était-ce pas assez de ne me point haïr,
Et d'avoir si longtemps pu défendre votre âme
De cette inimitié...

HIPPOLYTE.

Moi, vous haïr, madame !
Avec quelques couleurs qu'on ait peint ma fierté,
Croit-on que dans ses flancs un monstre m'ait porté?
Quelles sauvages mœurs, quelle haine endurcie
Pourrait, en vous voyant, n'être point adoucie?
Ai-je pu résister au charme décevant...

ARICIE.

Quoi, seigneur!

HIPPOLYTE.

Je me suis engagé trop avant.
Je vois que la raison cède à la violence :
Puisque j'ai commencé de rompre le silence,
Madame, il faut poursuivre ; il faut vous informer
D'un secret que mon cœur ne peu plus renfermer.

Vous voyez devant vous un prince déplorable,
D'un téméraire orgueil exemple mémorable.
Moi qui, contre l'amour fièrement révolté,
Aux fers de ses captifs ai longtemps insulté ;
Qui, des faibles mortels déplorant les naufrages,
Pensais toujours du bord contempler les orages ;
Asservi maintenant sous la commune loi,
Par quel trouble me vois-je emporté loin de moi !
Un moment a vaincu mon audace imprudente :
Cette âme si superbe est enfin dépendante.
Depuis près de six mois, honteux, désespéré,
Portant partout le trait dont je suis déchiré,
Contre vous, contre moi, vainement je m'éprouve :
Présente, je vous fuis ; absente, je vous trouve ;
Dans le fond des forêts votre image me suit ;
La lumière du jour, les ombres de la nuit,
Tout retrace à mes yeux les charmes que j'évite ;
Tout vous livre à l'envi le rebelle Hippolyte.
Moi-même, pour tout fruit de mes soins superflus,
Maintenant je me cherche, et ne me trouve plus ;
Mon arc, mes javelots, mon char, tout m'importune ;
Je ne me souviens plus des leçons de Neptune ;
Mes seuls gémissements font retentir les bois,
Et mes coursiers oisifs ont oublié ma voix.
Peut-être le récit d'un amour si sauvage
Vous fait, en m'écoutant, rougir de votre ouvrage.
D'un cœur qui s'offre à vous quel farouche entretien !
Quel étrange captif pour un si beau lien !
Mais l'offrande à vos yeux en doit être plus chère :
Songez que je vous parle une langue étrangère ;
Et ne rejetez pas des vœux mal exprimés,
Qu'Hippolyte sans vous n'aurait jamais formés.

## SCÈNE III.

#### HIPPOLYTE, ARICIE, THÉRAMÈNE, ISMÈNE.

THÉRAMÈNE.

Seigneur, la reine vient, et je l'ai devancée :
Elle vous cherche.

HIPPOLYTE.

Moi ?

THÉRAMÈNE.

J'ignore sa pensée.
Mais on vous est venu demander de sa part.
Phèdre veut vous parler avant votre départ.

HIPPOLYTE.

Phèdre ! Que lui dirai-je ? Et que peut-elle attendre...

ARICIE.

Seigneur, vous ne pouvez refuser de l'entendre :
Quoique trop convaincu de son inimitié,
Vous devez à ses pleurs quelque ombre de pitié.

HIPPOLYTE.

Cependant vous sortez. Et je pars : et j'ignore
Si je n'offense point les charmes que j'adore !
J'ignore si ce cœur que je laisse en vos mains...

ARICIE.

Partez, prince, et suivez vos généreux desseins :
Rendez de mon pouvoir Athènes tributaire.
J'accepte tous les dons que vous me voulez faire.
Mais cet empire enfin si grand, si glorieux,
N'est pas de vos présents le plus cher à mes yeux.

## SCÈNE IV.

#### HIPPOLYTE, THÉRAMÈNE.

######## HIPPOLYTE.

Ami, tout est-il prêt ? Mais la reine s'avance.
Va, que pour le départ tout s'arme en diligence.
Fais donner le signal, cours, ordonne ; et revien
Me délivrer bientôt d'un fâcheux entretien.

## SCÈNE V.

#### PHÈDRE, HIPPOLYTE, ŒNONE.

######## PHÈDRE, à Œnone, dans le fond du théâtre.

Le voici : vers mon cœur tout mon sang se retire.
J'oublie, en le voyant, ce que je viens lui dire.

######## OENONE.

Souvenez-vous d'un fils qui n'espère qu'en vous.

######## PHÈDRE.

On dit qu'un prompt départ vous éloigne de nous,
Seigneur. A vos douleurs je viens joindre mes larmes ;
Je vous viens pour un fils expliquer mes alarmes.
Mon fils n'a plus de père ; et le jour n'est pas loin
Qui de ma mort encor doit le rendre témoin.
Déjà mille ennemis attaquent son enfance :
Vous seul pouvez contre eux embrasser sa défense.
Mais un secret remords agite mes esprits ;
Je crains d'avoir fermé votre oreille à ses cris.
Je tremble que sur lui votre juste colère
Ne poursuive bientôt une odieuse mère.

######## HIPPOLYTE.

Madame, je n'ai point des sentiments si bas.

#### PHÈDRE.

Quand vous me haïriez, je ne m'en plaindrais pas,
Seigneur : vous m'avez vue attachée à vous nuire ;
Dans le fond de mon cœur vous ne pouviez pas lire.
A votre inimitié j'ai pris soin de m'offrir :
Aux bords que j'habitais je n'ai pu vous souffrir ;
En public, en secret, contre vous déclarée,
J'ai voulu par des mers en être séparée ;
J'ai même défendu, par une expresse loi,
Qu'on osât prononcer votre nom devant moi.
Si pourtant à l'offense on mesure la peine,
Si la haine peut seule attirer votre haine,
Jamais femme ne fut plus digne de pitié,
Et moins digne, seigneur, de votre inimitié.

#### HIPPOLYTE.

Des droits de ses enfants une mère jalouse
Pardonne rarement au fils d'une autre épouse ;
Madame, je le sais : les soupçons importuns
Sont d'un second hymen les fruits les plus communs.
Toute autre aurait pour moi pris les mêmes ombrages,
Et j'en aurais peut-être essuyé plus d'outrages.

#### PHÈDRE.

Ah ! seigneur ! que le ciel, j'ose ici l'attester,
De cette loi commune a voulu m'excepter !
Qu'un soin bien différent me trouble et me dévore !

#### HIPPOLYTE.

Madame, il n'est pas temps de vous troubler encore :
Peut-être votre époux voit encore le jour ;
Le ciel peut à nos pleurs accorder son retour.
Neptune le protége, et ce dieu tutélaire
Ne sera pas en vain imploré par mon père.

#### PHÈDRE.

On ne voit point deux fois le rivage des morts,
Seigneur : puisque Thésée a vu les sombres bords,
En vain vous espérez qu'un dieu vous le renvoie ;

Et l'avare Achéron ne lâche point sa proie.
Que dis-je? Il n'est point mort, puisqu'il respire en vous.
Toujours devant mes yeux je crois voir mon époux :
Je le vois, je lui parle; et mon cœur... je m'égare,
Seigneur : ma folle ardeur malgré moi se déclare.

HIPPOLYTE.

Je vois de votre amour l'effet prodigieux :
Tout mort qu'il est, Thésée est présent à vos yeux;
Toujours de son amour votre âme est embrasée.

PHÈDRE.

Oui, prince, je languis, je brûle pour Thésée :
Je l'aime, non point tel que l'ont vu les enfers,
Volage adorateur de mille objets divers,
Qui va du dieu des morts déshonorer la couche;
Mais fidèle, mais fier, et même un peu farouche,
Charmant, jeune, traînant tous les cœurs après soi,
Tel qu'on dépeint nos dieux, ou tel que je vous voi.
Il avait votre port, vos yeux, votre langage;
Cette noble pudeur colorait son visage
Lorsque de notre Crète il traversa les flots,
Digne sujet des vœux des filles de Minos.
Que faisiez-vous alors? Pourquoi, sans Hippolyte,
Des héros de la Grèce assembla-t-il l'élite?
Pourquoi, trop jeune encore, ne pûtes-vous alors
Entrer dans le vaisseau qui le mit sur nos bords?
Par vous aurait péri le monstre de la Crète,
Malgré tous les détours de sa vaste retraite :
Pour en développer l'embarras incertain,
Ma sœur du fil fatal eût armé votre main.
Mais non : dans ce dessein je l'aurais devancée :
L'amour m'en eût d'abord inspiré la pensée :
C'est moi, prince, c'est moi, dont l'utile secours
Vous eût du labyrinthe enseigné les détours.
Que de soins m'eût coûtés cette tête charmante!
Un fil n'eût point assez rassuré votre amante :

Compagne du péril qu'il vous fallait chercher,
Moi-même devant vous j'aurais voulu marcher;
Et Phèdre, au labyrinthe avec vous descendue,
Se serait avec vous retrouvée ou perdue.

#### HIPPOLYTE.

Dieux! qu'est-ce que j'entends? Madame, oubliez-vous
Que Thésée est mon père, et qu'il est votre époux?

#### PHÈDRE.

Et sur quoi jugez-vous que j'en perds la mémoire,
Prince? Aurais-je perdu tout le soin de ma gloire?

#### HIPPOLYTE.

Madame, pardonnez : j'avoue en rougissant,
Que j'accusais à tort un discours innocent.
Ma honte ne peut plus soutenir votre vue;
Et je vais...

#### PHÈDRE.

Ah! cruel! tu m'as trop entendue!
Je t'en ai dit assez pour te tirer d'erreur.
Hé bien! connais donc Phèdre et toute sa fureur.
J'aime. Ne pense pas qu'au moment que je t'aime,
Innocente à mes yeux, je m'approuve moi-même;
Ni que du fol amour qui trouble ma raison
Ma lâche complaisance ait nourri le poison;
Objet infortuné des vengeances célestes,
Je m'abhorre encor plus que tu ne me détestes.
Les dieux m'en sont témoins, ces dieux qui dans mon flanc
Ont allumé le feu fatal à tout mon sang;
Ces dieux qui se sont fait une gloire cruelle
De séduire le cœur d'une faible mortelle.
Toi-même en ton esprit rappelle le passé :
C'est peu de t'avoir fui, cruel, je t'ai chassé;
J'ai voulu te paraître odieuse, inhumaine;
Pour mieux te résister, j'ai recherché ta haine.
De quoi m'ont profité mes inutiles soins?
Tu me haïssais plus, je ne t'aimais pas moins;

Tes malheurs te prêtaient encor de nouveaux charmes.
J'ai langui, j'ai séché dans les feux, dans les larmes :
Il suffit de tes yeux pour t'en persuader,
Si tes yeux un moment pouvaient me regarder.
Que dis-je? Cet aveu que je te viens de faire,
Cet aveu si honteux, le crois-tu volontaire?
Tremblante pour un fils que je n'osais trahir,
Je te venais prier de ne le point haïr :
Faibles projets d'un cœur trop plein de ce qu'il aime!
Hélas! je ne t'ai pu parler que de toi-même!
Venge-toi, punis-moi d'un odieux amour :
Digne fils du héros qui t'a donné le jour,
Délivre l'univers d'un monstre qui t'irrite.
La veuve de Thésée ose aimer Hippolyte!
Crois-moi, ce monstre affreux ne doit point t'échapper;
Voilà mon cœur : c'est là que ta main doit frapper.
Impatient déjà d'expier son offense,
Au-devant de ton bras je le sens qui s'avance.
Frappe : ou si tu le crois indigne de tes coups,
Si ta haine m'envie un supplice si doux,
Ou si d'un sang trop vil ta main serait trempée,
Au défaut de ton bras prête-moi ton épée;
Donne.

OENONE.

Que faites-vous, madame? Justes dieux!
Mais on vient : évitez des témoins odieux.
Venez, rentrez, fuyez une honte certaine.


## SCÈNE VI.

#### HIPPOLYTE, THÉRAMÈNE.

THÉRAMÈNE.

Est-ce Phèdre qui fuit, ou plutôt qu'on entraîne!
Pourquoi, seigneur, pourquoi ces marques de douleur?

Je vous vois sans épée, interdit, sans couleur!
### HIPPOLYTE.
Théramène, fuyons. Ma surprise est extrême.
Je ne puis sans horreur me regarder moi-même.
Phèdre... Mais non, grands dieux! qu'en un profond oubli
Cet horrible secret demeure enseveli!
### THÉRAMÈNE.
Si vous voulez partir, la voile est préparée.
Mais Athènes, seigneur, s'est déjà déclarée;
Ses chefs ont pris les voix de toutes ses tribus :
Votre frère l'emporte, et Phèdre a le dessus.
### HIPPOLYTE.
Phèdre?
### THÉRAMÈNE.
  Un héraut chargé des volontés d'Athènes
De l'État en ses mains vient remettre les rênes.
Son fils est roi, seigneur.
### HIPPOLYTE.
   Dieux, qui la connaissez,
Est-ce donc sa vertu que vous récompensez?
### THÉRAMÈNE.
Cependant un bruit sourd veut que le roi respire :
On prétend que Thésée a paru dans l'Épire.
Mais moi, qui l'y cherchai, seigneur, je sais trop bien...
### HIPPOLYTE.
N'importe; écoutons tout, et ne négligeons rien.
Examinons ce bruit, remontons à sa source :
S'il ne mérite pas d'interrompre ma course,
Partons; et, quelque prix qu'il en puisse coûter,
Mettons le sceptre aux mains dignes de le porter.

FIN DU DEUXIÈME ACTE.

# ACTE TROISIÈME.

## SCÈNE I.

PHÈDRE, ŒNONE.

PHÈDRE.

Ah! que l'on porte ailleurs les honneurs qu'on m'envoie :
Importune, peux-tu souhaiter qu'on me voie?
De quoi viens-tu flatter mon esprit désolé?
Cache-moi bien plutôt : je n'ai que trop parlé.
Mes fureurs au dehors ont osé se répandre :
J'ai dit ce que jamais on ne devait entendre.
Ciel! comme il m'écoutait! Par combien de détours
L'insensible a longtemps éludé mes discours!
Comme il ne respirait qu'une retraite prompte!
Et combien sa rougeur a redoublé ma honte!
Pourquoi détournais-tu mon funeste dessein?
Hélas! quand son épée allait chercher mon sein,
A-t-il pâli pour moi? me l'a-t-il arrachée?
Il suffit que ma main l'ait une fois touchée,
Je l'ai rendue horrible à ses yeux inhumains;
Et ce fer malheureux profanerait ses mains.

ŒNONE.

Ainsi, dans vos malheurs ne songeant qu'à vous plaindre,
Vous nourrissez un feu qu'il vous faudrait éteindre.
Ne vaudrait-il pas mieux, digne sang de Minos,
Dans de plus nobles soins chercher votre repos;
Contre un ingrat qui plaît recourir à la fuite,
Régner, et de l'État embrasser la conduite?

PHÈDRE.

Moi, régner! Moi, ranger un État sous ma loi!
Quand ma faible raison ne règne plus sur moi,
Lorsque j'ai de mes sens abandonné l'empire,
Quand sous un joug honteux à peine je respire,
Quand je me meurs!

OENONE.

Fuyez.

PHÈDRE

Je ne le puis quitter.

OENONE.

Vous l'osâtes bannir, vous n'osez l'éviter?

PHÈDRE.

Il n'est plus temps : il sait mes ardeurs insensées.
De l'austère pudeur les bornes sont passées :
J'ai déclaré ma honte aux yeux de mon vainqueur,
Et l'espoir malgré moi s'est glissé dans mon cœur.
Toi-même, rappelant ma force défaillante,
Et mon âme déjà sur mes lèvres errante,
Par tes conseils flatteurs tu m'as su ranimer :
Tu m'as fait entrevoir que je pouvais l'aimer.

OENONE.

Hélas! de vos malheurs innocente ou coupable,
De quoi pour vous sauver n'étais-je point capable?
Mais si jamais l'offense irrita vos esprits,
Pouvez-vous d'un superbe oublier les mépris?
Avec quels yeux cruels sa rigueur obstinée
Vous laissait à ses pieds peu s'en faut prosternée!
Que son farouche orgueil le rendait odieux!
Que Phèdre en ce moment n'avait-elle mes yeux!

PHÈDRE.

OEnone, il peut quitter cet orgueil qui te blesse;
Nourri dans les forêts, il en a la rudesse.
Hippolyte, endurci par de sauvages lois,
Entend parler d'amour pour la première fois :

Peut-être sa surprise a causé son silence ;
Et nos plaintes peut-être ont trop de violence.
####### OENONE.
Songez qu'une barbare en son sein l'a formé.
####### PHÈDRE.
Quoique Scythe et barbare, elle a pourtant aimé.
####### OENONE.
Il a pour tout le sexe une haine fatale.
####### PHÈDRE.
Je ne me verrai point préférer de rivale.
Enfin tous tes conseils ne sont plus de saison :
Sers ma fureur, OEnone, et non point ma raison.
Il oppose à l'amour un cœur inaccessible ;
Cherchons pour l'attaquer quelque endroit plus sensible :
Les charmes d'un empire ont paru le toucher ;
Athènes l'attirait, il n'a pu s'en cacher ;
Déjà de ses vaisseaux la pointe était tournée,
Et la voile flottait aux vents abandonnée.
Va trouver de ma part ce jeune ambitieux,
OEnone, fais briller la couronne à ses yeux :
Qu'il mette sur son front le sacré diadème ;
Je ne veux que l'honneur de l'attacher moi-même.
Cédons-lui ce pouvoir que je ne puis garder.
Il instruira mon fils dans l'art de commander ;
Peut-être il voudra bien lui tenir lieu de père :
Je mets sous son pouvoir et le fils et la mère.
Pour le fléchir enfin tente tous les moyens :
Tes discours trouveront plus d'accès que les miens ;
Presse, pleure, gémis ; peins-lui Phèdre mourante ;
Ne rougis point de prendre une voix suppliante :
Je t'avouerai de tout ; je n'espère qu'en toi.
Va : j'attends ton retour pour disposer de moi.

## SCÈNE II.

#### PHÈDRE.

O toi qui vois la honte où je suis descendue,
Implacable Vénus, suis-je assez confondue!
Tu ne saurais plus loin pousser ta cruauté.
Ton triomphe est parfait; tous tes traits ont porté.
Cruelle, si tu veux une gloire nouvelle,
Attaque un ennemi qui te soit plus rebelle.
Hippolyte te fuit; et, bravant ton courroux,
Jamais à tes autels n'a fléchi les genoux;
Ton nom semble offenser ses superbes oreilles :
Déesse, venge-toi; nos causes sont pareilles.
Qu'il aime... Mais déjà tu reviens sur tes pas,
OEnone? On me déteste; on ne t'écoute pas?

## SCÈNE III.

#### PHÈDRE, ŒNONE.

#### OENONE.

Il faut d'un vain amour étouffer la pensée,
Madame; rappelez votre vertu passée :
Le roi, qu'on a cru mort, va paraître à vos yeux;
Thésée est arrivé, Thésée est en ces lieux.
Le peuple pour le voir court et se précipite.
Je sortais par votre ordre, et cherchais Hippolyte,
Lorsque jusques au ciel mille cris élancés...

#### PHÈDRE.

Mon époux est vivant, OEnone; c'est assez.
J'ai fait l'indigne aveu d'un amour qui l'outrage;
Il vit : je ne veux pas en savoir davantage.

OENONE.

Quoi?

PHÈDRE.

Je te l'ai prédit; mais tu n'as pas voulu :
Sur mes justes remords tes pleurs ont prévalu.
Je mourais ce matin digne d'être pleurée;
J'ai suivi tes conseils, je meurs déshonorée.

OENONE.

Vous mourez?

PHÈDRE.

Juste ciel! qu'ai-je fait aujourd'hui?
Mon époux va paraître, et son fils avec lui.
Je verrai le témoin de ma flamme adultère
Observer de quel front j'ose aborder son père,
Le cœur gros de soupirs qu'il n'a point écoutés,
L'œil humide de pleurs par l'ingrat rebutés.
Penses-tu que, sensible à l'honneur de Thésée,
Il lui cache l'ardeur dont je suis embrasée?
Laissera-t-il trahir et son père et son roi?
Pourra-t-il contenir l'horreur qu'il a pour moi?
Il se tairait en vain : je sais mes perfidies,
OEnone, et ne suis point de ces femmes hardies
Qui, goûtant dans le crime une tranquille paix,
Ont su se faire un front qui ne rougit jamais.
Je connais mes fureurs, je les rappelle toutes :
Il me semble déjà que ces murs, que ces voûtes
Vont prendre la parole, et, prêts à m'accuser,
Attendent mon époux pour le désabuser.
Mourons : de tant d'horreurs qu'un trépas me délivre.
Est-ce un malheur si grand que de cesser de vivre?
La mort aux malheureux ne cause point d'effroi :
Je ne crains que le nom que je laisse après moi.
Pour mes tristes enfants quel affreux héritage!
Le sang de Jupiter doit enfler leur courage;
Mais, quelque juste orgueil qu'inspire un sang si beau,

## ACTE IIII. SCÈNE II.

Le crime d'une mère est un pesant fardeau.
Je tremble qu'un discours, hélas! trop véritable,
Un jour ne leur reproche une mère coupable.
Je tremble qu'opprimés de ce poids odieux,
L'un ni l'autre jamais n'osent lever les yeux.

### OENONE.

Il n'en faut point douter, je les plains l'un et l'autre;
Jamais crainte ne fut plus juste que la vôtre.
Mais à de tels affronts, pourquoi les exposer?
Pourquoi contre vous-même allez-vous déposer?
C'en est fait : on dira que Phèdre, trop coupable,
De son époux trahi fuit l'aspect redoutable.
Hippolyte est heureux qu'aux dépens de vos jours
Vous-même en expirant appuyez ses discours.
A votre accusateur que pourrai-je répondre?
Je serai devant lui trop facile à confondre :
De son triomphe affreux je le verrai jouir,
Et conter votre honte à qui voudra l'ouïr.
Ah! que plutôt du ciel la flamme me dévore!
Mais, ne me trompez point, vous est-il cher encore?
De quel œil voyez-vous ce prince audacieux?

### PHÈDRE.

Je le vois comme un monstre effroyable à mes yeux.

### OENONE.

Pourquoi donc lui céder une victoire entière?
Vous le craignez : osez l'accuser la première
Du crime dont il peut vous charger aujourd'hui.
Qui vous démentira? Tout parle contre lui :
Son épée en vos mains heureusement laissée,
Votre trouble présent, votre douleur passée,
Son père par vos cris dès longtemps prévenu,
Et déjà son exil par vous-même obtenu.

### PHÈDRE.

Moi, que j'ose opprimer et noircir l'innocence!

## OENONE.

Mon zèle n'a besoin que de votre silence.
Tremblante comme vous, j'en sens quelques remords.
Vous me verriez plus prompte affronter mille morts.
Mais puisque je vous perds sans ce triste remède,
Votre vie est pour moi d'un prix à qui tout cède :
Je parlerai. Thésée, aigri par mes avis,
Bornera sa vengeance à l'exil de son fils :
Un père, en punissant, madame, est toujours père;
Un supplice léger suffit à sa colère.
Mais le sang innocent dût-il être versé,
Que ne demande point votre honneur menacé?
C'est un trésor trop cher pour oser le commettre.
Quelque loi qu'il vous dicte, il faut vous y soumettre,
Madame; et pour sauver votre honneur combattu,
Il faut immoler tout, et même la vertu.
On vient; je vois Thésée.

## PHÈDRE.

Ah! je vois Hippolyte;
Dans ses yeux insolents je vois ma perte écrite.
Fais ce que tu voudras, je m'abandonne à toi.
Dans le trouble où je suis, je ne puis rien pour moi.

## SCÈNE IV.

THÉSÉE, PHÈDRE, HIPPOLYTE, ŒNONE, THÉRAMÈNE.

## THÉSÉE.

La fortune à mes vœux cesse d'être opposée,
Madame, et dans vos bras met...

## PHÈDRE.

Arrêtez, Thésée,
Et ne profanez point des transports si charmants :
Je ne mérite plus ces doux empressements;
Vous êtes offensé. La fortune jalouse

N'a pas en votre absence épargné votre épouse.
Indigne de vous plaire et de vous approcher,
Je ne dois désormais songer qu'à me cacher.

## SCÈNE V.

#### THÉSÉE, HIPPOLYTE, THÉRAMÈNE.

###### THÉSÉE.

Quel est l'étrange accueil qu'on fait à votre père,
Mon fils?

###### HIPPOLYTE.

Phèdre peut seule expliquer ce mystère.
Mais, si mes vœux ardents vous peuvent émouvoir,
Permettez-moi, seigneur, de ne la plus revoir ;
Souffrez que pour jamais le tremblant Hippolyte
Disparaisse des lieux que votre épouse habite.

###### THÉSÉE.

Vous, mon fils, me quitter?

###### HIPPOLYTE.

Je ne la cherchais pas ;
C'est vous qui sur ces bords conduisîtes ses pas.
Vous daignâtes, seigneur, aux rives de Trézène
Confier en partant Aricie et la reine :
Je fus même chargé du soin de les garder.
Mais quels soins désormais peuvent me retarder?
Assez dans les forêts mon oisive jeunesse
Sur de vils ennemis a montré son adresse :
Ne pourrai-je, en fuyant un indigne repos,
D'un sang plus glorieux teindre mes javelots?
Vous n'aviez pas encore atteint l'âge où je touche,
Déjà plus d'un tyran, plus d'un monstre farouche
Avait de votre bras senti la pesanteur;
Déjà, de l'insolence heureux persécuteur,
Vous aviez des deux mers assuré les rivages;

Le libre voyageur ne craignait plus d'outrages ;
Hercule, respirant sur le bruit de vos coups,
Déjà de son travail se reposait sur vous.
Et moi, fils inconnu d'un si glorieux père,
Je suis même encor loin des traces de ma mère !
Souffrez que mon courage ose enfin s'occuper :
Souffrez, si quelque monstre a pu vous échapper,
Que j'apporte à vos pieds sa dépouille honorable,
Ou que d'un beau trépas la mémoire durable,
Éternisant des jours si noblement finis,
Prouve à tout l'univers que j'étais votre fils.

THÉSÉE.

Que vois-je ? Quelle horreur dans ces lieux répandue
Fait fuir devant mes yeux ma famille éperdue ?
Si je reviens si craint et si peu désiré,
O ciel ! de ma prison pourquoi m'as-tu tiré ?
Je n'avais qu'un ami : son imprudente flamme
Du tyran de l'Épire allait ravir la femme ;
Je servais à regret ses desseins amoureux ;
Mais le sort irrité nous aveuglait tous deux.
Le tyran m'a surpris sans défense et sans armes.
J'ai vu Pirithoüs, triste objet de mes larmes,
Livré par ce barbare à des monstres cruels
Qu'il nourrissait du sang des malheureux mortels.
Moi-même il m'enferma dans des cavernes sombres,
Lieux profonds et voisins de l'empire des ombres.
Les dieux, après six mois, enfin m'ont regardé :
J'ai su tromper les yeux par qui j'étais gardé.
D'un perfide ennemi j'ai purgé la nature ;
A ses monstres lui-même a servi de pâture.
Et lorsque avec transport je pense m'approcher
De tout ce que les dieux m'ont laissé de plus cher,
Que dis-je ? quand mon âme, à soi-même rendue,
Vient se rassasier d'une si chère vue,
Je n'ai pour tout accueil que des frémissements ;

Tout fuit, tout se refuse à mes embrassements.
Et moi-même, éprouvant la terreur que j'inspire,
Je voudrais être encor dans les prisons d'Épire.
Parlez. Phèdre se plaint que je suis outragé.
Qui m'a trahi? Pourquoi ne suis-je pas vengé?
La Grèce, à qui mon bras fut tant de fois utile,
A-t-elle au criminel accordé quelque asile?
Vous ne répondez point! Mon fils, mon propre fils,
Est-il d'intelligence avec mes ennemis?
Entrons : c'est trop garder un doute qui m'accable.
Connaissons à la fois le crime et le coupable :
Que Phèdre explique enfin le trouble où je la voi.

## SCÈNE VI.

#### HIPPOLYTE, THÉRAMÈNE.

##### HIPPOLYTE.

Où tendait ce discours qui m'a glacé d'effroi?
Phèdre, toujours en proie à sa fureur extrême,
Veut-elle s'accuser et se perdre elle-même?
Dieux! que dira le roi? Quel funeste poison
L'amour a répandu sur toute sa maison!
Moi-même, plein d'un feu que sa haine réprouve,
Quel il m'a vu jadis, et quel il me retrouve!
De noirs pressentiments viennent m'épouvanter.
Mais l'innocence enfin n'a rien à redouter :
Allons : cherchons ailleurs par quelle heureuse adresse
Je pourrai de mon père émouvoir la tendresse,
Et lui dire un amour qu'il peut vouloir troubler,
Mais que tout son pouvoir ne saurait ébranler.

FIN DU TROISIÈME ACTE.

# ACTE QUATRIÈME.

## SCÈNE I.

### THÉSÉE, ŒNONE.

#### THÉSÉE.

Ah! qu'est-ce que j'entends? Un traître, un téméraire
Préparait cet outrage à l'honneur de son père?
Avec quelle rigueur, destin, tu me poursuis!
Je ne sais où je vais, je ne sais où je suis.
O tendresse! ô bonté trop mal récompensée!
Projet audacieux! détestable pensée!
Pour parvenir au but de ses noires amours,
L'insolent de la force empruntait le secours!
J'ai reconnu le fer, instrument de sa rage,
Ce fer dont je l'armai pour un plus noble usage;
Tous les liens du sang n'ont pu le retenir!
Et Phèdre différait à le faire punir!
Le silence de Phèdre épargnait le coupable!

#### OENONE.

Phèdre épargnait plutôt un père déplorable :
Honteuse du dessein d'un amant furieux
Et du feu criminel qu'il a pris dans ses yeux,
Phèdre mourait, seigneur, et sa main meurtrière
Éteignait de ses yeux l'innocente lumière;
J'ai vu lever le bras, j'ai couru la sauver.
Moi seule à votre amour j'ai su la conserver :
Et plaignant à la fois son trouble et vos alarmes,
J'ai servi, malgré moi, d'interprète à ses larmes.

THÉSÉE.

Le perfide! il n'a pu s'empêcher de pâlir :
De crainte, en m'abordant, je l'ai vu tressaillir.
Je me suis étonné de son peu d'allégresse;
Ses froids embrassements ont glacé ma tendresse.
Mais ce coupable amour dont il est dévoré
Dans Athènes déjà s'était-il déclaré?

OENONE.

Seigneur, souvenez-vous des plaintes de la reine :
Un amour criminel causa toute sa haine.

THÉSÉE.

Et ce feu dans Trézène a donc recommencé?

OENONE.

Je vous ai dit, seigneur, tout ce qui s'est passé.
C'est trop laisser la reine à sa douleur mortelle,
Souffrez que je vous quitte et me range auprès d'elle.


SCÈNE II.

THÉSÉE, HIPPOLYTE.

THÉSÉE.

Ah! le voici. Grands dieux! à ce noble maintien
Quel œil ne serait pas trompé comme le mien?
Faut-il que sur le front d'un profane adultère'
Brille de la vertu le sacré caractère!
Et ne devrait-on pas à des signes certains
Reconnaître le cœur des perfides humains!

HIPPOLYTE.

Puis-je vous demander quel funeste nuage,
Seigneur, a pu troubler votre auguste visage?
N'osez-vous confier ce secret à ma foi?

THÉSÉE.

Perfide! oses-tu bien te montrer devant moi!
Monstre, qu'a trop longtemps épargné le tonnerre,

Reste impur des brigands dont j'ai purgé la terre,
Après que le transport d'un amour plein d'horreur
Jusqu'au lit de ton père a porté ta fureur,
Tu m'oses présenter une tête ennemie!
Tu parais dans des lieux pleins de ton infamie!
Et ne vas pas chercher, sous un ciel inconnu,
Des pays où mon nom ne soit point parvenu!
Fuis, traître. Ne viens point braver ici ma haine,
Et tenter un courroux que je retiens à peine :
C'est bien assez pour moi de l'opprobre éternel
D'avoir pu mettre au jour un fils si criminel,
Sans que ta mort encor, honteuse à ma mémoire,
De mes nobles travaux vienne souiller la gloire.
Fuis : et, si tu ne veux qu'un châtiment soudain
T'ajoute aux scélérats qu'a punis cette main,
Prends garde que jamais l'astre qui nous éclaire
Ne te voie en ces lieux mettre un pied téméraire.
Fuis, dis-je; et, sans retour précipitant tes pas,
De ton horrible aspect purge tous mes États.
Et toi, Neptune, et toi, si jadis mon courage
D'infâmes assassins nettoya ton rivage,
Souviens-toi que, pour prix de mes efforts heureux,
Tu promis d'exaucer le premier de mes vœux.
Dans les longues rigueurs d'une prison cruelle
Je n'ai point imploré ta puissance immortelle;
Avare du secours que j'attends de tes soins,
Mes vœux t'ont réservé pour de plus grands besoins :
Je t'implore aujourd'hui. Venge un malheureux père;
J'abandonne ce traître à toute ta colère;
Étouffe dans son sang ses désirs effrontés :
Thésée à tes fureurs connaîtra tes bontés.

HIPPOLYTE.

D'un amour criminel Phèdre accuse Hippolyte!
Un tel excès d'horreur rend mon âme interdite;
Tant de coups imprévus m'accablent à la fois,

Qu'ils m'ôtent la parole, et m'étouffent la voix.
###### THÉSÉE.
Traître, tu prétendais qu'en un lâche silence
Phèdre ensevelirait ta brutale insolence :
Il fallait, en fuyant, ne pas abandonner
Le fer qui dans ses mains aide à te condamner ;
Ou plutôt il fallait, comblant ta perfidie,
Lui ravir tout d'un coup la parole et la vie.
###### HIPPOLYTE.
D'un mensonge si noir justement irrité,
Je devrais faire ici parler la vérité,
Seigneur ; mais je supprime un secret qui vous touche.
Approuvez le respect qui me ferme la bouche,
Et sans vouloir vous-même augmenter vos ennuis,
Examinez ma vie, et songez qui je suis.
Quelques crimes toujours précèdent les grands crimes.
Quiconque a pu franchir les bornes légitimes,
Peut violer enfin les droits les plus sacrés :
Ainsi que la vertu le crime a ses degrés ;
Et jamais on n'a vu la timide innocence
Passer subitement à l'extrême licence.
Un jour seul ne fait point d'un mortel vertueux
Un perfide assassin, un lâche incestueux.
Élevé dans le sein d'une chaste héroïne,
Je n'ai point de son sang démenti l'origine.
Pitthée, estimé sage entre tous les humains,
Daigna m'instruire encore au sortir de ses mains.
Je ne veux point me peindre avec trop d'avantage ;
Mais si quelque vertu m'est tombée en partage,
Seigneur, je crois surtout avoir fait éclater
La haine des forfaits qu'on ose m'imputer.
C'est par là qu'Hippolyte est connu dans la Grèce.
J'ai poussé la vertu jusques à la rudesse :
On sait de mes chagrins l'inflexible rigueur.
Le jour n'est pas plus pur que le fond de mon cœur.

Et l'on veut qu'Hippolyte, épris d'un feu profane...
### THÉSÉE.
Oui, c'est ce même orgueil, lâche! qui te condamne.
Je vois de tes froideurs le principe odieux :
Phèdre seule charmait tes impudiques yeux;
Et pour tout autre objet ton âme indifférente
Dédaignait de brûler d'une flamme innocente.
### HIPPOLYTE.
Non, mon père, ce cœur, c'est trop vous le celer,
N'a point d'un chaste amour dédaigné de brûler.
Je confesse à vos pieds ma véritable offense :
J'aime, j'aime, il est vrai, malgré votre défense.
Aricie à ses lois tient mes vœux asservis;
La fille de Pallante a vaincu votre fils :
Je l'adore; et mon âme, à vos ordres rebelle,
Ne peut ni soupirer, ni brûler que pour elle.
### THÉSÉE.
Tu l'aimes? ciel! Mais non, l'artifice est grossier :
Tu te feins criminel pour te justifier.
### HIPPOLYTE.
Seigneur, depuis six mois je l'évite et je l'aime :
Je venais, en tremblant, vous le dire à vous-même.
Hé quoi! de votre erreur rien ne vous peut tirer!
Par quel affreux serment faut-il vous rassurer?
Que la terre, le ciel, que toute la nature...
### THÉSÉE.
Toujours les scélérats ont recours au parjure.
Cesse, cesse, et m'épargne un importun discours,
Si ta fausse vertu n'a point d'autre secours.
### HIPPOLYTE.
Elle vous paraît fausse et pleine d'artifice :
Phèdre au fond de son cœur me rend plus de justice.
### THÉSÉE.
Ah! que ton impudence excite mon courroux!

###### HIPPOLYTE.

Quel temps à mon exil, quel lieu prescrivez-vous?

###### THÉSÉE.

Fusses-tu par-delà les colonnes d'Alcide,
Je me croirais encor trop voisin d'un perfide.

###### HIPPOLYTE.

Chargé du crime affreux dont vous me soupçonnez,
Quels amis me plaindront, quand vous m'abandonnez?

###### THÉSÉE.

Va chercher des amis dont l'estime funeste
Honore l'adultère, applaudisse à l'inceste;
Des traîtres, des ingrats sans honneur et sans loi,
Dignes de protéger un méchant tel que toi.

###### HIPPOLYTE.

Vous me parlez toujours d'inceste et d'adultère :
Je me tais. Cependant Phèdre sort d'une mère,
Phèdre est d'un sang, seigneur, vous le savez trop bien,
De toutes ces horreurs plus rempli que le mien.

###### THÉSÉE.

Quoi! ta rage à mes yeux perd toute retenue?
Pour la dernière fois, ôte-toi de ma vue;
Sors, traître : n'attends pas qu'un père furieux
Te fasse avec opprobre arracher de ces lieux.

## SCÈNE III.

###### THÉSÉE.

Misérable, tu cours à ta perte infaillible!
Neptune, par le fleuve aux dieux mêmes terrible,
M'a donné sa parole, et va l'exécuter.
Un dieu vengeur te suit, tu ne peux l'éviter.
Je t'aimais; et je sens que, malgré ton offense,
Mes entrailles pour toi se troublent par avance.
Mais à te condamner tu m'as trop engagé :

Jamais père, en effet, fut-il plus outragé?
Justes dieux, qui voyez la douleur qui m'accable,
Ai-je pu mettre au jour un enfant si coupable?

## SCÈNE IV.

### THÉSÉE, PHÈDRE.

#### PHÈDRE.

Seigneur, je viens à vous, pleine d'un juste effroi;
Votre voix redoutable a passé jusqu'à moi :
Je crains qu'un prompt effet n'ait suivi la menace.
S'il en est temps encor, épargnez votre race,
Respectez votre sang; j'ose vous en prier :
Sauvez-moi de l'horreur de l'entendre crier ;
Ne me préparez point la douleur éternelle
De l'avoir fait répandre à la main paternelle.

#### THÉSÉE.

Non, madame, en mon sang ma main n'a point trempé;
Mais l'ingrat toutefois ne m'est point échappé :
Une immortelle main de sa perte est chargée,
Neptune me la doit; et vous serez vengée.

#### PHÈDRE.

Neptune vous la doit ! Quoi ! vos vœux irrités...

#### THÉSÉE.

Quoi ! craignez-vous déjà qu'ils ne soient écoutés?
Joignez-vous bien plutôt à mes vœux légitimes :
Dans toute leur noirceur retracez-moi ses crimes ;
Échauffez mes transports trop lents, trop retenus :
Tous ses crimes encor ne vous sont pas connus :
Sa fureur contre vous se répand en injures ;
Votre bouche, dit-il, est pleine d'impostures ;
Il soutient qu'Aricie a son cœur, a sa foi,
Qu'il l'aime.

PHÈDRE.
Quoi, seigneur!
THÉSÉE.
Il l'a dit devant moi :
Mais je sais rejeter un frivole artifice.
Espérons de Neptune une prompte justice :
Je vais moi-même encore au pied de ses autels
Le presser d'accomplir ses serments immortels.


## SCÈNE V.

PHÈDRE.

Il sort. Quelle nouvelle a frappé mon oreille?
Quel feu mal étouffé dans mon cœur se réveille?
Quel coup de foudre, ô ciel! et quel funeste avis!
Je volais tout entière au secours de son fils;
Et, m'arrachant des bras d'OEnone épouvantée,
Je cédais au remords dont j'étais tourmentée.
Qui sait même où m'allait porter ce repentir?
Peut-être à m'accuser j'aurais pu consentir;
Peut-être, si la voix ne m'eût été coupée,
L'affreuse vérité me serait échappée.
Hippolyte est sensible, et ne sent rien pour moi!
Aricie a son cœur! Aricie a sa foi!
Ah! dieux! Lorsqu'à mes vœux l'ingrat inexorable
S'armait d'un œil si fier, d'un front si redoutable,
Je pensais qu'à l'amour son cœur toujours fermé
Fût contre tout mon sexe également armé :
Une autre cependant a fléchi son audace;
Devant ses yeux cruels une autre a trouvé grâce.
Peut-être a-t-il un cœur facile à s'attendrir :
Je suis le seul objet qu'il ne saurait souffrir.
Et je me chargerais du soin de le défendre!

## SCÈNE VI.

#### PHÈDRE, ŒNONE.

##### PHÈDRE.

Chère OEnone, sais-tu ce que je viens d'apprendre?
##### OENONE.
Non; mais je viens tremblante, à ne vous point mentir :
J'ai pâli du dessein qui vous a fait sortir;
J'ai craint une fureur à vous-même fatale.
##### PHÈDRE.
OEnone, qui l'eût cru? j'avais une rivale!
##### OENONE.
Comment?
##### PHÈDRE.
Hippolyte aime, et je n'en puis douter.
Ce farouche ennemi qu'on ne pouvait dompter,
Qu'offensait le respect, qu'importunait la plainte,
Ce tigre, que jamais je n'abordai sans crainte,
Soumis, apprivoisé, reconnaît un vainqueur :
Aricie a trouvé le chemin de son cœur.
##### OENONE.
Aricie?
##### PHÈDRE.
Ah! douleur non encore éprouvée!
A quel nouveau tourment je me suis réservée!
Tout ce que j'ai souffert, mes craintes, mes transports,
La fureur de mes feux, l'horreur de mes remords,
Et d'un cruel refus l'insupportable injure,
N'était qu'un faible essai du tourment que j'endure.
Ils s'aiment! Par quel charme ont-ils trompé mes yeux?
Comment se sont-ils vus? depuis quand? dans quels lieux?
Tu le savais : pourquoi me laissais-tu séduire?
De leur furtive ardeur ne pouvais-tu m'instruire?

Les a-t-on vus souvent se parler, se chercher?
Dans le fond des forêts allaient-ils se cacher?
Hélas! ils se voyaient avec pleine licence;
Le ciel de leurs soupirs approuvait l'innocence;
Ils suivaient sans remords leur penchant amoureux;
Tous les jours se levaient clairs et sereins pour eux!
Et moi, triste rebut de la nature entière,
Je me cachais au jour, je fuyais la lumière;
La mort est le seul dieu que j'osais implorer.
J'attendais le moment où j'allais expirer;
Me nourrissant de fiel, de larmes abreuvée,
Encor, dans mon malheur de trop près observée,
Je n'osais dans mes pleurs me noyer à loisir;
Je goûtais en tremblant ce funeste plaisir;
Et, sous un front serein déguisant mes alarmes,
Il fallait bien souvent me priver de mes larmes.

OENONE.

Quel fruit recevront-ils de leurs vaines amours?
Ils ne se verront plus.

PHÈDRE.

Ils s'aimeront toujours!
Au moment que je parle, ah! mortelle pensée!
Ils bravent la fureur d'une amante insensée!
Malgré ce même exil qui va les écarter,
Ils font mille serments de ne se point quitter.
Non, je ne puis souffrir un bonheur qui m'outrage;
OEnone, prends pitié de ma jalouse rage.
Il faut perdre Aricie; il faut de mon époux
Contre un sang odieux réveiller le courroux :
Qu'il ne se borne pas à des peines légères;
Le crime de la sœur passe celui des frères.
Dans mes jaloux transports je le veux implorer.
Que fais-je? Où ma raison se va-t-elle égarer?
Moi jalouse! et Thésée est celui que j'implore!
Mon époux est vivant, et moi je brûle encore!

Pour qui? Quel est le cœur où prétendent mes vœux?
Chaque mot sur mon front fait dresser mes cheveux.
Mes crimes désormais ont comblé la mesure :
Je respire à la fois l'inceste et l'imposture ;
Mes homicides mains, promptes à me venger,
Dans le sang innocent brûlent de se plonger.
Misérable ! et je vis ! et je soutiens la vue
De ce sacré soleil dont je suis descendue !
J'ai pour aïeul le père et le maître des dieux;
Le ciel, tout l'univers est plein de mes aïeux :
Où me cacher? Fuyons dans la nuit infernale.
Mais que dis-je? mon père y tient l'urne fatale;
Le sort, dit-on, l'a mise en ses sévères mains :
Minos juge aux enfers tous les pâles humains.
Ah ! combien frémira son ombre épouvantée,
Lorsqu'il verra sa fille à ses yeux présentée,
Contrainte d'avouer tant de forfaits divers,
Et des crimes peut-être inconnus aux enfers!
Que diras-tu, mon père, à ce spectacle horrible?
Je crois voir de ta main tomber l'urne terrible;
Je crois te voir cherchant un supplice nouveau,
Toi-même de ton sang devenir le bourreau.
Pardonne : un dieu cruel a perdu ta famille;
Reconnais sa vengeance aux fureurs de ta fille.
Hélas! du crime affreux dont la honte me suit,
Jamais mon triste cœur n'a recueilli le fruit :
Jusqu'au dernier soupir de malheurs poursuivie,
Je rends dans les tourments une pénible vie.

OENONE.

Eh! repoussez, madame, une injuste terreur !
Regardez d'un autre œil une excusable erreur.
Vous aimez. On ne peut vaincre sa destinée :
Par un charme fatal vous fûtes entraînée.
Est-ce donc un prodige inouï parmi nous?
L'amour n'a-t-il encor triomphé que de vous?

La faiblesse aux humains n'est que trop naturelle :
Mortelle, subissez le sort d'une mortelle.
Vous vous plaignez d'un joug imposé dès longtemps :
Les dieux mêmes, les dieux de l'Olympe habitants,
Qui d'un bruit si terrible épouvantent les crimes,
Ont brûlé quelquefois de feux illégitimes.

PHÈDRE.

Qu'entends-je? Quels conseils ose-t-on me donner?
Ainsi donc jusqu'au bout tu veux m'empoisonner,
Malheureuse! Voilà comme tu m'as perdue;
Au jour que je fuyais c'est toi qui m'as rendue.
Tes prières m'ont fait oublier mon devoir;
J'évitais Hippolyte, et tu me l'as fait voir.
De quoi te chargeais-tu? Pourquoi ta bouche impie
A-t-elle, en l'accusant, osé noircir sa vie?
Il en mourra peut-être, et d'un père insensé
Le sacrilége vœu peut-être est exaucé.
Je ne t'écoute plus. Va-t'en, monstre exécrable;
Va, laisse-moi le soin de mon sort déplorable.
Puisse le juste ciel dignement te payer !
Et puisse ton supplice à jamais effrayer
Tous ceux qui, comme toi, par de lâches adresses,
Des princes malheureux nourrissent les faiblesses,
Les poussent au penchant où leur cœur est enclin,
Et leur osent du crime aplanir le chemin !
Détestables flatteurs, présent le plus funeste
Que puisse faire aux rois la colère céleste !

ŒNONE, seule.

Ah! dieux! pour la servir, j'ai tout fait, tout quitté;
Et j'en reçois ce prix ! Je l'ai bien mérité.

FIN DU QUATRIÈME ACTE.

# ACTE CINQUIÈME.

## SCÈNE I.

#### HIPPOLYTE, ARICIE, ISMÈNE [1].

##### ARICIE.

Quoi! vous pouvez vous taire en ce péril extrême?
Vous laissez dans l'erreur un père qui vous aime?
Cruel, si, de mes pleurs méprisant le pouvoir,
Vous consentez sans peine à ne me plus revoir,
Partez; séparez-vous de la triste Aricie;
Mais du moins en partant assurez votre vie,
Défendez votre honneur d'un reproche honteux,
Et forcez votre père à révoquer ses vœux.
Il en est temps encor. Pourquoi, par quel caprice,
Laissez-vous le champ libre à votre accusatrice?
Éclaircissez Thésée.
##### HIPPOLYTE.
                    Eh! que n'ai-je point dit?
Ai-je dû mettre au jour l'opprobre de son lit?
Devais-je, en lui faisant un récit trop sincère,
D'une indigne rougeur couvrir le front d'un père?
Vous seule avez percé ce mystère odieux.
Mon cœur pour s'épancher n'a que vous et les dieux.

---

[1] Dans aucune des éditions données par Racine, dans l'édition princeps non plus que dans les trois éditions collectives, quoi qu'aient pu dire certains annotateurs de Racine, Ismène n'est indiquée comme faisant partie des personnages de cette scène. Nous l'y maintenons cependant parce que ce changement a prévalu, et qu'à la représentation Ismène accompagne toujours Aricie.

## ACTE V. SCÈNE I.

Je n'ai pu vous cacher, jugez si je vous aime,
Tout ce que je voulais me cacher à moi-même.
Mais songez sous quel sceau je vous l'ai révélé :
Oubliez, s'il se peut, que je vous ai parlé,
Madame; et que jamais une bouche si pure
Ne s'ouvre pour conter cette horrible aventure.
Sur l'équité des dieux osons nous confier;
Ils ont trop d'intérêt à me justifier :
Et Phèdre, tôt ou tard de son crime punie,
N'en saurait éviter la juste ignominie.
C'est l'unique respect que j'exige de vous.
Je permets tout le reste à mon libre courroux :
Sortez de l'esclavage où vous êtes réduite;
Osez me suivre, osez accompagner ma fuite;
Arrachez-vous d'un lieu funeste et profané,
Où la vertu respire un air empoisonné;
Profitez, pour cacher votre prompte retraite,
De la confusion que ma disgrâce y jette.
Je vous puis de la fuite assurer les moyens :
Vous n'avez jusqu'ici de gardes que les miens;
De puissants défenseurs prendront notre querelle;
Argos nous tend les bras, et Sparte nous appelle :
A nos amis communs portons nos justes cris;
Ne souffrons pas que Phèdre, assemblant nos débris,
Du trône paternel nous chasse l'un et l'autre,
Et promette à son fils ma dépouille et la vôtre.
L'occasion est belle, il la faut embrasser...
Quelle peur vous retient? Vous semblez balancer?
Votre seul intérêt m'inspire cette audace :
Quand je suis tout de feu, d'où vous vient cette glace?
Sur les pas d'un banni craignez-vous de marcher?

ARICIE.

Hélas ! qu'un tel exil, seigneur, me serait cher !
Dans quels ravissements, à votre sort liée,
Du reste des mortels je vivrais oubliée !

Mais, n'étant point unis par un lien si doux,
Me puis-je avec honneur dérober avec vous?
Je sais que, sans blesser l'honneur le plus sévère,
Je me puis affranchir des mains de votre père :
Ce n'est point m'arracher du sein de mes parents;
Et la fuite est permise à qui fuit ses tyrans.
Mais vous m'aimez, seigneur, et ma gloire alarmée...

HIPPOLYTE.

Non, non, j'ai trop de soin de votre renommée.
Un plus noble dessein m'amène devant vous :
Fuyez vos ennemis, et suivez votre époux.
Libres dans nos malheurs, puisque le ciel l'ordonne,
Le don de notre foi ne dépend de personne.
L'hymen n'est point toujours entouré de flambeaux.
Aux portes de Trézène, et parmi ces tombeaux,
Des princes de ma race antiques sépultures,
Est un temple sacré formidable aux parjures.
C'est là que les mortels n'osent jurer en vain;
Le perfide y reçoit un châtiment soudain;
Et, craignant d'y trouver la mort inévitable,
Le mensonge n'a point de frein plus redoutable.
Là, si vous m'en croyez, d'un amour éternel
Nous irons confirmer le serment solennel;
Nous prendrons à témoin le dieu qu'on y révère :
Nous le prierons tous deux de nous servir de père.
Des dieux les plus sacrés j'attesterai le nom,
Et la chaste Diane, et l'auguste Junon,
Et tous les dieux enfin, témoins de mes tendresses,
Garantiront la foi de mes saintes promesses.

ARICIE.

Le roi vient : fuyez, prince, et partez promptement.
Pour cacher mon départ je demeure un moment.
Allez; et laissez-moi quelque fidèle guide,
Qui conduise vers vous ma démarche timide.

## SCÈNE II.

### THÉSÉE, ARICIE, ISMÈNE.

THÉSÉE.

Dieux! éclairez mon trouble, et daignez à mes yeux
Montrer la vérité que je cherche en ces lieux!

ARICIE.

Songe à tout, chère Ismène, et sois prête à la fuite.

## SCÈNE III.

### THÉSÉE, ARICIE.

THÉSÉE.

Vous changez de couleur, et semblez interdite,
Madame : que faisait Hippolyte en ce lieu?

ARICIE.

Seigneur, il me disait un éternel adieu.

THÉSÉE.

Vos yeux ont su dompter ce rebelle courage ;
Et ses premiers soupirs sont votre heureux ouvrage.

ARICIE.

Seigneur, je ne vous puis nier la vérité :
De votre injuste haine il n'a pas hérité ;
Il ne me traitait point comme une criminelle.

THÉSÉE.

J'entends : il vous jurait une amour éternelle.
Ne vous assurez point sur ce cœur inconstant ;
Car à d'autres que vous il en jurait autant.

ARICIE.

Lui, seigneur ?

THÉSÉE.

Vous deviez le rendre moins volage :

Comment souffriez-vous cet horrible partage?

ARICIE.

Et comment souffrez-vous que d'horribles discours
D'une si belle vie osent noircir le cours?
Avez-vous de son cœur si peu de connaissance?
Discernez-vous si mal le crime et l'innocence?
Faut-il qu'à vos yeux seuls un nuage odieux
Dérobe sa vertu qui brille à tous les yeux?
Ah! c'est trop le livrer à des langues perfides.
Cessez : repentez-vous de vos vœux homicides;
Craignez, seigneur, craignez que le ciel rigoureux
Ne vous haïsse assez pour exaucer vos vœux.
Souvent dans sa colère il reçoit nos victimes :
Ses présents sont souvent la peine de nos crimes.

THÉSÉE.

Non, vous voulez en vain couvrir son attentat :
Votre amour vous aveugle en faveur de l'ingrat.
Mais j'en crois des témoins certains, irréprochables :
J'ai vu, j'ai vu couler des larmes véritables.

ARICIE.

Prenez garde, seigneur : vos invincibles mains
Ont de monstres sans nombre affranchi les humains;
Mais tout n'est pas détruit, et vous en laissez vivre
Un... Votre fils, seigneur, me défend de poursuivre.
Instruite du respect qu'il veut vous conserver,
Je l'affligerais trop si j'osais achever.
J'imite sa pudeur et fuis votre présence
Pour n'être pas forcée à rompre le silence.


## SCÈNE IV.

THÉSÉE.

Quelle est donc sa pensée, et que cache un discours
Commencé tant de fois, interrompu toujours!

Veulent-ils m'éblouir par une feinte vaine?
Sont-ils d'accord tous deux pour me mettre à la gêne?
Mais moi-même, malgré ma sévère rigueur,
Quelle plaintive voix crie au fond de mon cœur?
Une pitié secrète et m'afflige et m'étonne.
Une seconde fois interrogeons OEnone :
Je veux de tout le crime être mieux éclairci.
Gardes, qu'OEnone sorte, et vienne seule ici.

## SCÈNE V.

### THÉSÉE, PANOPE.

#### PANOPE.

J'ignore le projet que la reine médite,
Seigneur, mais je crains tout du transport qui l'agite.
Un mortel désespoir sur son visage est peint;
La pâleur de la mort est déjà sur son teint.
Déjà de sa présence avec honte chassée,
Dans la profonde mer OEnone s'est lancée.
On ne sait point d'où part ce dessein furieux ;
Et les flots pour jamais l'ont ravie à nos yeux.

#### THÉSÉE.

Qu'entends-je?

#### PANOPE.

Son trépas n'a point calmé la reine;
Le trouble semble croître en son âme incertaine.
Quelquefois, pour flatter ses secrètes douleurs,
Elle prend ses enfants et les baigne de pleurs;
Et soudain, renonçant à l'amour maternelle,
Sa main avec horreur les repousse loin d'elle;
Elle porte au hasard ses pas irrésolus ;
Son œil tout égaré ne nous reconnaît plus;
Elle a trois fois écrit; et, changeant de pensée,
Trois fois elle a rompu sa lettre commencée.

Daignez la voir, seigneur, daignez la secourir.
### THÉSÉE.
O ciel ! OEnone est morte, et Phèdre veut mourir ?
Qu'on rappelle mon fils, qu'il vienne se défendre ;
Qu'il vienne me parler, je suis prêt de l'entendre.
(Seul)
Ne précipite point tes funestes bienfaits,
Neptune, j'aime mieux n'être exaucé jamais.
J'ai peut-être trop cru des témoins peu fidèles,
Et j'ai trop tôt vers toi levé mes mains cruelles.
Ah ! de quel désespoir mes vœux seraient suivis !

## SCÈNE VI.

### THÉSÉE, THÉRAMÈNE.

### THÉSÉE.
Théramène, est-ce toi ? Qu'as-tu fait de mon fils ?
Je te l'ai confié dès l'âge le plus tendre.
Mais d'où naissent les pleurs que je te vois répandre ?
Que fait mon fils ?
### THÉRAMÈNE.
O soins tardifs et superflus !
Inutile tendresse ! Hippolyte n'est plus.
### THÉSÉE.
Dieux !
### THÉRAMÈNE.
J'ai vu des mortels périr le plus aimable,
Et j'ose dire encor, seigneur, le moins coupable.
### THÉSÉE.
Mon fils n'est plus ? Hé quoi ! quand je lui tends les bras
Les dieux impatients ont hâté son trépas !
Quel coup me l'a ravi ? quelle foudre soudaine ?
### THÉRAMÈNE.
A peine nous sortions des portes de Trézène,

Il était sur son char, ses gardes affligés
Imitaient son silence, autour de lui rangés;
Il suivait tout pensif le chemin de Mycènes;
Sa main sur ses chevaux laissait flotter les rênes;
Ses superbes coursiers qu'on voyait autrefois
Pleins d'une ardeur si noble obéir à sa voix,
L'œil morne maintenant, et la tête baissée,
Semblaient se conformer à sa triste pensée.
Un effroyable cri, sorti du fond des flots,
Des airs en ce moment a troublé le repos;
Et, du sein de la terre, une voix formidable
Répond en gémissant à ce cri redoutable.
Jusqu'au fond de nos cœurs notre sang s'est glacé;
Des coursiers attentifs le crin s'est hérissé.
Cependant, sur le dos de la plaine liquide,
S'élève à gros bouillons une montagne humide;
L'onde approche, se brise, et vomit à nos yeux,
Parmi des flots d'écume, un monstre furieux.
Son front large est armé de cornes menaçantes;
Tout son corps est couvert d'écailles jaunissantes,
Indomptable taureau, dragon impétueux,
Sa croupe se recourbe en replis tortueux;
Ses longs mugissements font trembler le rivage.
Le ciel avec horreur voit ce monstre sauvage;
La terre s'en émeut, l'air en est infecté;
Le flot qui l'apporta recule épouvanté.
Tout fuit; et, sans s'armer d'un courage inutile,
Dans le temple voisin chacun cherche un asile.
Hippolyte lui seul, digne fils d'un héros,
Arrête ses coursiers, saisit ses javelots,
Pousse au monstre, et d'un dard lancé d'une main sûre,
Il lui fait dans le flanc une large blessure.
De rage et de douleur le monstre bondissant,
Vient aux pieds des chevaux tomber en mugissant,
Se roule, et leur présente une gueule enflammée

Qui les couvre de feu, de sang, et de fumée.
La frayeur les emporte, et, sourds à cette fois,
Ils ne connaissent plus ni le frein ni la voix;
En efforts impuissants leur maître se consume.
Ils rougissent le mors d'une sanglante écume.
On dit qu'on a vu même, en ce désordre affreux,
Un dieu qui d'aiguillons pressait leur flanc poudreux.
A travers les rochers la peur les précipite;
L'essieu crie et se rompt : l'intrépide Hippolyte
Voit voler en éclats tout son char fracassé;
Dans les rênes lui-même il tombe embarrassé.
Excusez ma douleur : cette image cruelle
Sera pour moi de pleurs une source éternelle.
J'ai vu, seigneur, j'ai vu votre malheureux fils
Traîné par les chevaux que sa main a nourris.
Il veut les rappeler, et sa voix les effraie;
Ils courent : tout son corps n'est bientôt qu'une plaie.
De nos cris douloureux la plaine retentit.
Leur fougue impétueuse enfin se ralentit :
Ils s'arrêtent non loin de ces tombeaux antiques
Où des rois ses aïeux sont les froides reliques.
J'y cours en soupirant, et sa garde me suit :
De son généreux sang la trace nous conduit;
Les rochers en sont teints; les ronces dégouttantes
Portent de ses cheveux les dépouilles sanglantes.
J'arrive, je l'appelle ; et me tendant la main,
Il ouvre un œil mourant qu'il referme soudain :
« Le ciel, dit-il, m'arrache une innocente vie.
» Prends soin après ma mort de la triste Aricie.
» Cher ami, si mon père un jour désabusé
» Plaint le malheur d'un fils faussement accusé,
» Pour apaiser mon sang et mon ombre plaintive,
» Dis-lui qu'avec douceur il traite sa captive,
» Qu'il lui rende... » A ce mot, ce héros expiré
N'a laissé dans mes bras qu'un corps défiguré :

Triste objet où des dieux triomphe la colère,
Et que méconnaîtrait l'œil même de son père.
### THÉSÉE.
O mon fils! cher espoir que je me suis ravi!
Inexorables dieux, qui m'avez trop servi!
A quels mortels regrets ma vie est réservée!
### THÉRAMÈNE.
La timide Aricie est alors arrivée :
Elle venait, seigneur, fuyant votre courroux,
A la face des dieux l'accepter pour époux.
Elle approche; elle voit l'herbe rouge et fumante;
Elle voit (quel objet pour les yeux d'une amante!)
Hippolyte étendu, sans forme et sans couleur.
Elle veut quelque temps douter de son malheur;
Et, ne connaissant plus ce héros qu'elle adore,
Elle voit Hippolyte et le demande encore.
Mais, trop sûre à la fin qu'il est devant ses yeux,
Par un triste regard elle accuse les dieux;
Et froide, gémissante, et presque inanimée,
Aux pieds de son amant elle tombe pâmée.
Ismène est auprès d'elle; Ismène, tout en pleurs,
La rappelle à la vie, ou plutôt aux douleurs.
Et moi, je suis venu, détestant la lumière,
Vous dire d'un héros la volonté dernière,
Et m'acquitter, seigneur, du malheureux emploi
Dont son cœur expirant s'est reposé sur moi.
Mais j'aperçois venir sa mortelle ennemie.

## SCÈNE VII.

### THÉSÉE, PHÈDRE, THÉRAMÈNE, PANOPE, GARDES.

### THÉSÉE.
Hé bien! vous triomphez, et mon fils est sans vie!
Ah! que j'ai lieu de craindre! et qu'un cruel soupçon,

L'excusant dans mon cœur, m'alarme avec raison !
Mais, madame, il est mort, prenez votre victime ;
Jouissez de sa perte injuste ou légitime :
Je consens que mes yeux soient toujours abusés.
Je le crois criminel, puisque vous l'accusez.
Son trépas à mes pleurs offre assez de matières
Sans que j'aille chercher d'odieuses lumières,
Qui, ne pouvant le rendre à ma juste douleur,
Peut-être ne feraient qu'accroître mon malheur.
Laissez-moi, loin de vous, et loin de ce rivage,
De mon fils déchiré fuir la sanglante image.
Confus, persécuté d'un mortel souvenir,
De l'univers entier je voudrais me bannir.
Tout semble s'élever contre mon injustice ;
L'éclat de mon nom même augmente mon supplice ;
Moins connu des mortels, je me cacherais mieux.
Je hais jusques aux soins dont m'honorent les dieux ;
Et je m'en vais pleurer leurs faveurs meurtrières,
Sans plus les fatiguer d'inutiles prières.
Quoi qu'ils fissent pour moi, leur funeste bonté
Ne me saurait payer de ce qu'ils m'ont ôté.

PHÈDRE.

Non, Thésée, il faut rompre un injuste silence ;
Il faut à votre fils rendre son innocence :
Il n'était point coupable.

THÉSÉE.

Ah ! père infortuné !
Et c'est sur votre foi que je l'ai condamné !
Cruelle ! pensez-vous être assez excusée...

PHÈDRE.

Les moments me sont chers ; écoutez-moi, Thésée :
C'est moi qui, sur ce fils chaste et respectueux,
Osai jeter un œil profane, incestueux.
Le ciel mit dans mon sein une flamme funeste :
La détestable OEnone a conduit tout le reste.

## ACTE V. SCÈNE VII.

Elle a craint qu'Hippolyte, instruit de ma fureur,
Ne découvrît un feu qui lui faisait horreur :
La perfide, abusant de ma faiblesse extrême,
S'est hâtée à vos yeux de l'accuser lui-même.
Elle s'en est punie, et, fuyant mon courroux,
A cherché dans les flots un supplice trop doux.
Le fer aurait déjà tranché ma destinée ;
Mais je laissais gémir la vertu soupçonnée :
J'ai voulu, devant vous exposant mes remords,
Par un chemin plus lent descendre chez les morts.
J'ai pris, j'ai fait couler dans mes brûlantes veines
Un poison que Médée apporta dans Athènes.
Déjà jusqu'à mon cœur le venin parvenu
Dans ce cœur expirant jette un froid inconnu ;
Déjà je ne vois plus qu'à travers un nuage
Et le ciel et l'époux que ma présence outrage ;
Et la mort, à mes yeux dérobant la clarté,
Rend au jour qu'ils souillaient toute sa pureté.

PANOPE.

Elle expire, seigneur !

THÉSÉE.

D'une action si noire
Que ne peut avec elle expirer la mémoire !
Allons, de mon erreur, hélas ! trop éclaircis,
Mêler nos pleurs au sang de mon malheureux fils !
Allons de ce cher fils embrasser ce qui reste,
Expier la fureur d'un vœu que je déteste :
Rendons-lui les honneurs qu'il a trop mérités ;
Et, pour mieux apaiser ses mânes irrités,
Que, malgré les complots d'une injuste famille,
Son amante aujourd'hui me tienne lieu de fille !

FIN DE PHÈDRE.

# ESTHER.

## TRAGÉDIE

TIRÉE DE L'ÉCRITURE SAINTE.

1689.

## PRÉFACE.

La célèbre maison de Saint-Cyr ayant été principalement établie pour élever dans la piété un fort grand nombre de jeunes demoiselles rassemblées de tous les endroits du royaume, on n'y a rien oublié de tout ce qui pouvait contribuer à les rendre capables de servir Dieu dans les différents états où il lui plaira de les appeler. Mais, en leur montrant les choses essentielles et nécessaires, on ne néglige pas de leur apprendre celles qui peuvent servir à leur polir l'esprit, et à leur former le jugement. On a imaginé pour cela plusieurs moyens, qui, sans les détourner de leur travail et de leurs exercices ordinaires, les instruisent en les divertissant; on leur met, pour ainsi dire, à profit leurs heures de récréation : on leur fait faire entre elles, sur leurs principaux devoirs, des conversations ingénieuses qu'on leur a composées exprès, ou qu'elles-mêmes composent sur-le-champ ; on les fait parler sur les histoires qu'on leur a lues, ou sur les importantes vérités qu'on leur a enseignées; on leur fait réciter par cœur et déclamer les plus beaux endroits des meilleurs poëtes : et cela leur sert surtout à les défaire de quantité de mauvaises prononciations qu'elles pourraient avoir apportées de leurs provinces ; on a soin aussi de faire apprendre à chanter à celles qui ont de la voix, et on ne leur laisse pas perdre un talent qui les peut amuser innocemment, et qu'elles peuvent employer un jour à chanter les louanges de Dieu.

Mais la plupart des plus excellents vers de notre langue ayant été composés sur des matières fort profanes, et nos plus beaux airs étant sur des paroles extrêmement molles et efféminées, capables de faire des impressions dangereuses sur de jeunes esprits, les personnes illustres qui ont bien voulu prendre la principale direction de cette maison ont souhaité qu'il y eût quelque ouvrage qui, sans avoir tous ces défauts, pût produire une partie de ces bons effets. Elles me firent l'honneur de me communiquer leur dessein, et même de me demander si je ne pourrais pas faire sur quelque sujet de piété et de morale une espèce de poëme où le chant fût mêlé avec le récit, le tout lié par une action qui rendît la chose plus vive et moins capable d'ennuyer.

Je leur proposai le sujet d'Esther, qui les frappa d'abord, cette histoire leur paraissant pleine de grandes leçons d'amour de Dieu, et de détachement du monde au milieu du monde même. Et je crus de mon côté que je trouverais assez de facilités à traiter ce sujet : d'autant plus qu'il me sembla que, sans altérer aucune des circonstances tant soit peu considérables de l'Écriture sainte, ce qui serait, à mon avis, une espèce de sacrilége, je pourrais remplir toute mon action avec les seules scènes que Dieu lui-même, pour ainsi dire, a préparées.

J'entrepris donc la chose : et je m'aperçus qu'en travaillant sur le plan qu'on m'avait donné, j'exécutais en quelque sorte un dessein qui m'avait souvent passé dans l'esprit, qui était de lier, comme dans les anciennes tragédies grecques, le chœur et le chant avec l'action, et d'employer à chanter les louanges du vrai Dieu cette partie du chœur que les païens employaient à chanter les louanges de leurs fausses divinités.

A dire vrai, je ne pensais guère que la chose dût être aussi publique qu'elle l'a été. Mais les grandes vérités de l'Écriture, et la manière sublime dont elles y sont énoncées, pour peu qu'on les présente, même imparfaitement, aux yeux des hommes, sont si propres à les frapper ; et d'ailleurs ces jeunes demoiselles ont déclamé et chanté cet ouvrage avec tant de grâce, tant de modestie et tant de piété, qu'il n'a pas été possible qu'il demeurât renfermé dans le secret de leur maison : de sorte qu'un divertissement d'enfants est devenu le sujet de l'empressement de toute la cour, le roi lui-même, qui en avait été touché, n'ayant pu refuser à tout ce qu'il y a de plus grands seigneurs de les y mener, et ayant eu la satisfaction de voir, par le plaisir qu'ils y ont pris, qu'on se peut aussi bien divertir aux choses de piété, qu'à tous les spectacles profanes.

Au reste, quoique j'aie évité soigneusement de mêler le profane avec le sacré, j'ai cru néanmoins que je pouvais emprunter deux ou trois traits d'Hérodote pour mieux peindre Assuérus : car j'ai suivi le sentiment de plusieurs savants interprètes de l'Écriture, qui tiennent que ce roi est le même que le fameux Darius, fils d'Hystaspe, dont parle cet historien. En effet, ils en rapportent quantité de preuves, dont quelques-unes me paraissent des démonstrations. Mais je n'ai pas jugé à propos de croire ce même Hérodote sur sa parole, lorsqu'il dit que les Perses n'élevaient ni temples, ni autels, ni statues à leurs dieux, et qu'ils ne se servaient point de libations dans leurs sacrifices. Son témoignage est expressément détruit par l'Écriture, aussi bien que par Xénophon, beaucoup mieux instruit que lui des mœurs et des affaires de la Perse, et enfin par Quinte-Curce.

On peut dire que l'unité de lieu est observée dans cette pièce, en ce que toute l'action se passe dans le palais d'Assuérus. Cependant, comme on voulait rendre ce divertissement plus agréable à des enfants, en jetant quelque variété dans les décorations, cela a été cause que je n'ai pas gardé cette unité avec la même rigueur que j'ai fait autrefois dans mes tragédies.

Je crois qu'il est bon d'avertir ici que, bien qu'il y ait dans *Esther* des personnages d'hommes, ces personnages n'ont pas laissé d'être représentés par des filles avec toute la bienséance de leur sexe. La chose leur a été d'autant plus aisée, qu'anciennement les habits des Persans et des Juifs étaient de longues robes qui tombaient jusqu'à terre.

Je ne puis me résoudre à finir cette préface sans rendre à celui qui a fait la musique la justice qui lui est due, et sans confesser franchement que ses chants ont fait un des plus grands agréments de la pièce [1]. Tous les connaisseurs demeurent d'accord que depuis longtemps on n'a point entendu d'airs plus touchants ni plus convenables aux paroles. Quelques personnes ont trouvé la musique du dernier chœur un peu longue, quoique très-belle. Mais qu'aurait-on dit de ces jeunes Israélites qui avaient tant fait de vœux à Dieu pour être délivrées de l'horrible péril où elles étaient, si, ce péril étant passé, elles lui en avaient rendu de médiocres actions de grâces? Elles auraient directement péché contre la louable coutume de leur nation, où l'on ne recevait de Dieu aucun bienfait signalé qu'on ne l'en remerciât sur-le-champ par de fort longs cantiques : témoin ceux de Marie, sœur de Moïse, de Débora, et de Judith, et tant d'autres dont l'Écriture est pleine. On dit même que les Juifs, encore aujourd'hui, célèbrent par de grandes actions de grâces le jour où leurs ancêtres furent délivrés par Esther de la cruauté d'Aman.

---

[1] Ce musicien s'appelait Moreau.

## PERSONNAGES.

ASSUÉRUS, roi de Perse.
ESTHER, reine de Perse.
MARDOCHÉE, oncle d'Esther.
AMAN, favori d'Assuérus.
ZARÈS, femme d'Aman.
HYDASPE, officier du palais intérieur d'Assuérus.
ASAPH, autre officier d'Assuérus.
ÉLISE, confidente d'Esther.
THAMAR, Israélite de la suite d'Esther.
GARDES DU ROI ASSUÉRUS.
CHŒUR DE JEUNES FILLES ISRAÉLITES.

La scène est à Suse, dans le palais d'Assuérus.

LA PIÉTÉ fait le Prologue.

Dans le privilége accordé aux dames de Saint-Cyr pour faire imprimer *Esther*, cette pièce ne porte pas le titre de tragédie, mais seulement d'*ouvrage de poésie tiré de l'Écriture sainte, propre à être récité et à être chanté*. Les quatre principaux personnages de cette pièce de poésie furent représentés à Saint-Cyr par

| | |
|---|---|
| ESTHER. | M<sup>lle</sup> de Veillane. |
| ASSUÉRUS. | M<sup>lle</sup> de Lalie. |
| MARDOCHÉE. | M<sup>lle</sup> de Glapion. |
| AMAN. | M<sup>lle</sup> d'Abancourt. |

*Esther* fut représentée le 8 mai 1721, par les comédiens du roi, sur le théâtre des Fossés-Saint-Germain. Voici les noms des principaux acteurs qui jouèrent dans cette représentation :

| | |
|---|---|
| ASSUÉRUS. | Baron. |
| ESTHER. | M<sup>lle</sup> Duclos. |
| ZARÈS. | M<sup>lle</sup> Lecouvreur. |
| AMAN. | Du Fresne. |
| MARDOCHÉE. | Le Grand. |

# PROLOGUE[1].

## LA PIÉTÉ.

Du séjour bienheureux de la Divinité,
Je descends dans ce lieu par la Grâce habité[2];
L'Innocence s'y plaît, ma compagne éternelle,
Et n'a point sous les cieux d'asile plus fidèle.
Ici, loin du tumulte, aux devoirs les plus saints
Tout un peuple naissant est formé par mes mains :
Je nourris dans son cœur la semence féconde
Des vertus dont il doit sanctifier le monde.
Un roi qui me protége, un roi victorieux,
A commis à mes soins ce dépôt précieux.
C'est lui qui rassembla ces colombes timides,
Éparses en cent lieux, sans secours et sans guides :

---

[1] Tous les rôles de cette pièce étaient distribués aux demoiselles de Saint-Cyr, lorsque la jeune M<sup>lle</sup> de Caylus, qui avait été élevée dans cette maison et n'en était sortie que depuis peu de temps, témoigna une grande envie de faire quelque personnage, ce qui engagea l'auteur à faire pour elle ce prologue très-heureusement imaginé. Il ne ressemble point à ces prologues d'Euripide où tout ce qui doit arriver dans la pièce est froidement annoncé. C'est la Piété qui descend du ciel, et vient dans un séjour où habite l'Innocence : elle demande à Dieu de protéger le fondateur d'une si sainte maison, un roi qui a rassemblé ces timides colombes pour leur procurer l'abondance et la paix, un roi qui est toujours plein du zèle de la religion. Les louanges du roi, mises dans la bouche de la Piété, sont bien différentes de toutes ces basses flatteries dont les poëtes sont si prodigues. (L. R.)

[2] La maison de Saint-Cyr. *(Note de Racine.)*

Pour elles, à sa porte, élevant ce palais,
Il leur y fit trouver l'abondance et la paix.
Grand Dieu, que cet ouvrage ait place en ta mémoire !
Que tous les soins qu'il prend pour soutenir ta gloire
Soient gravés de ta main au livre où sont écrits
Les noms prédestinés des rois que tu chéris !
Tu m'écoutes ; ma voix ne t'est point étrangère :
Je suis la Piété, cette fille si chère,
Qui t'offre de ce roi les plus tendres soupirs :
Du feu de ton amour j'allume ses désirs.
Du zèle qui pour toi l'enflamme et le dévore
La chaleur se répand du couchant à l'aurore.
Tu le vois tous les jours devant toi prosterné,
Humilier ce front de splendeur couronné ;
Et, confondant l'orgueil par d'augustes exemples,
Baiser avec respect le pavé de tes temples.
De ta gloire animé, lui seul, de tant de rois,
S'arme pour ta querelle, et combat pour tes droits.
Le perfide intérêt, l'aveugle jalousie,
S'unissent contre toi pour l'affreuse hérésie ;
La discorde en fureur frémit de toutes parts ;
Tout semble abandonner tes sacrés étendards ;
Et l'enfer, couvrant tout de ses vapeurs funèbres,
Sur les yeux les plus saints a jeté ses ténèbres.
Lui seul, invariable et fondé sur la foi,
Ne cherche, ne regarde, et n'écoute que toi ;
Et, bravant du démon l'impuissant artifice,
De la religion soutient tout l'édifice.
Grand Dieu, juge ta cause, et déploie aujourd'hui
Ce bras, ce même bras qui combattait pour lui,
Lorsque des nations à sa perte animées
Le Rhin vit tant de fois disperser les armées.
Des mêmes ennemis je reconnais l'orgueil ;
Ils viennent se briser contre le même écueil :
Déjà, rompant partout leurs plus fermes barrières,

Du débris de leurs forts ils couvrent ses frontières.
Tu lui donnes un fils prompt à le seconder,
Qui sait combattre, plaire, obéir, commander ;
Un fils qui, comme lui, suivi de la victoire,
Semble à gagner son cœur borner toute sa gloire ;
Un fils à tous ses vœux avec amour soumis,
L'éternel désespoir de tous ses ennemis :
Pareil à ces esprits que ta justice envoie,
Quand son roi lui dit : Pars, il s'élance avec joie ;
Du tonnerre vengeur s'en va tout embraser,
Et, tranquille, à ses pieds revient le déposer.
Mais, tandis qu'un grand roi venge ainsi mes injures,
Vous qui goûtez ici des délices si pures,
S'il permet à son cœur un moment de repos,
A vos jeux innocents appelez ce héros ;
Retracez-lui d'Esther l'histoire glorieuse,
Et sur l'impiété la foi victorieuse.
Et vous, qui vous plaisez aux folles passions
Qu'allument dans vos cœurs les vaines fictions,
Profanes amateurs de spectacles frivoles,
Dont l'oreille s'ennuie au son de mes paroles,
Fuyez de mes plaisirs la sainte austérité :
Tout respire ici Dieu, la paix, la vérité.

FIN DU PROLOGUE.

# ESTHER.

## ACTE PREMIER.

(Le théâtre représente l'appartement d'Esther.)

### SCÈNE I.

ESTHER, ÉLISE.

ESTHER.
Est-ce toi, chère Élise ? O jour trois fois heureux !
Que béni soit le ciel qui te rend à mes vœux,
Toi qui, de Benjamin comme moi descendue,
Fus de mes premiers ans la compagne assidue,
Et qui d'un même joug souffrant l'oppression,
M'aidais à soupirer les malheurs de Sion !
Combien ce temps encore est cher à ma mémoire !
Mais toi, de ton Esther ignorais-tu la gloire ?
Depuis plus de six mois que je te fais chercher,
Quel climat, quel désert a donc pu te cacher ?
ÉLISE.
Au bruit de votre mort justement éplorée,
Du reste des humains je vivais séparée,
Et de mes tristes jours n'attendais que la fin,
Quand tout à coup, madame, un prophète divin :
« C'est pleurer trop longtemps une mort qui t'abuse,
» Lève-toi, m'a-t-il dit, prends ton chemin vers Suze :
» Là tu verras d'Esther la pompe et les honneurs,

» Et sur le trône assis le sujet de tes pleurs.
» Rassure, ajouta-t-il, tes tribus alarmées,
» Sion : le jour approche où le dieu des armées
» Va de son bras puissant faire éclater l'appui ;
» Et le cri de son peuple est monté jusqu'à lui. »
Il dit ; et moi, de joie et d'horreur pénétrée,
Je cours. De ce palais j'ai su trouver l'entrée.
O spectacle ! O triomphe admirable à mes yeux,
Digne en effet du bras qui sauva nos aïeux !
Le fier Assuérus couronne sa captive,
Et le Persan superbe est aux pieds d'une Juive !
Par quels secrets ressorts, par quel enchaînement
Le ciel a-t-il conduit ce grand événement ?

ESTHER.

Peut-être on t'a conté la fameuse disgrâce
De l'altière Vasthi, dont j'occupe la place,
Lorsque le roi, contre elle enflammé de dépit,
La chassa de son trône, ainsi que de son lit.
Mais il ne put sitôt en bannir la pensée :
Vasthi régna longtemps sur son âme offensée.
Dans ses nombreux États il fallut donc chercher
Quelque nouvel objet qui l'en pût détacher.
De l'Inde à l'Hellespont ses esclaves coururent :
Les filles de l'Égypte à Suse comparurent ;
Celles même du Parthe et du Scythe indompté
Y briguèrent le sceptre offert à la beauté.
On m'élevait alors, solitaire et cachée,
Sous les yeux vigilants du sage Mardochée :
Tu sais combien je dois à ses heureux secours.
La mort m'avait ravi les auteurs de mes jours ;
Mais lui, voyant en moi la fille de son frère,
Me tint lieu, chère Élise, et de père et de mère.
Du triste état des Juifs jour et nuit agité,
Il me tira du sein de mon obscurité ;
Et, sur mes faibles mains fondant leur délivrance,

Il me fit d'un empire accepter l'espérance.
A ses desseins secrets, tremblante, j'obéis :
Je vins ; mais je cachai ma race et mon pays.
Qui pourrait cependant t'exprimer les cabales
Que formait en ces lieux ce peuple de rivales,
Qui toutes, disputant un si grand intérêt,
Des yeux d'Assuérus attendaient leur arrêt ?
Chacune avait sa brigue et de puissants suffrages :
L'une d'un sang fameux vantait les avantages ;
L'autre, pour se parer de superbes atours,
Des plus adroites mains empruntait le secours ;
Et moi, pour toute brigue et pour tout artifice,
De mes larmes au ciel j'offrais le sacrifice.
Enfin, on m'annonça l'ordre d'Assuérus.
Devant ce fier monarque, Élise, je parus.
Dieu tient le cœur des rois entre ses mains puissantes ;
Il fait que tout prospère aux âmes innocentes,
Tandis qu'en ses projets l'orgueilleux est trompé.
De mes faibles attraits le roi parut frappé :
Il m'observa longtemps dans un sombre silence ;
Et le ciel, qui pour moi fit pencher la balance,
Dans ce temps-là, sans doute, agissait sur son cœur.
Enfin, avec des yeux où régnait la douceur :
« Soyez reine », dit-il ; et, dès ce moment même,
De sa main sur mon front posa son diadème.
Pour mieux faire éclater sa joie et son amour,
Il combla de présents tous les grands de sa cour ;
Et même ses bienfaits dans toutes ses provinces,
Invitèrent le peuple aux noces de leurs princes.
Hélas ! durant ces jours de joie et de festins,
Quelle était en secret ma honte et mes chagrins !
Esther, disais-je, Esther dans la pourpre est assise,
La moitié de la terre à son sceptre est soumise,
Et de Jérusalem l'herbe cache les murs !
Sion, repaire affreux de reptiles impurs,

Voit de son temple saint les pierres dispersées.
Et du Dieu d'Israël les fêtes sont cessées !
ÉLISE.
N'avez-vous point au roi confié vos ennuis ?
ESTHER.
Le roi, jusqu'à ce jour, ignore qui je suis :
Celui par qui le ciel règle ma destinée
Sur ce secret encor tient ma langue enchaînée.
ÉLISE.
Mardochée ? Hé ! peut-il approcher de ces lieux ?
ESTHER.
Son amitié pour moi le rend ingénieux.
Absent je le consulte, et ses réponses sages
Pour venir jusqu'à moi trouvent mille passages :
Un père a moins de soin du salut de son fils.
Déjà même, déjà, par ses secrets avis,
J'ai découvert au roi les sanglantes pratiques
Que formaient contre lui deux ingrats domestiques.
Cependant mon amour pour notre nation
A rempli ce palais de filles de Sion,
Jeunes et tendres fleurs par le sort agitées,
Sous un ciel étranger comme moi transplantées.
Dans un lieu séparé de profanes témoins,
Je mets à les former mon étude et mes soins,
Et c'est là que, fuyant l'orgueil du diadème,
Lasse de vains honneurs, et me cherchant moi-même,
Aux pieds de l'Éternel je viens m'humilier,
Et goûter le plaisir de me faire oublier.
Mais à tous les Persans je cache leurs familles.
Il faut les appeler. Venez, venez, mes filles,
Compagnes autrefois de ma captivité,
De l'antique Jacob jeune postérité.

## SCÈNE II.

#### ESTHER, ÉLISE, LE CHŒUR.

##### UNE ISRAÉLITE, chantant derrière le théâtre.
Ma sœur, quelle voix nous appelle ?
##### UNE AUTRE.
J'en reconnais les agréables sons :
C'est la reine.
##### TOUTES DEUX.
Courons, mes sœurs, obéissons.
La reine nous appelle :
Allons, rangeons-nous auprès d'elle.
##### TOUT LE CHOEUR, entrant sur la scène par plusieurs endroits différents.
La reine nous appelle :
Allons, rangeons-nous auprès d'elle.
##### ÉLISE.
Ciel ! quel nombreux essaim d'innocentes beautés
S'offre à mes yeux en foule, et sort de tous côtés !
Quelle aimable pudeur sur leur visage est peinte !
Prospérez, cher espoir d'une nation sainte.
Puissent jusques au ciel vos soupirs innocents
Monter comme l'odeur d'un agréable encens !
Que Dieu jette sur vous des regards pacifiques !
##### ESTHER.
Mes filles, chantez-nous quelqu'un de ces cantiques
Où vos voix si souvent se mêlant à mes pleurs
De la triste Sion célèbrent les malheurs.
##### UNE ISRAÉLITE chante seule.
Déplorable Sion, qu'as-tu fait de ta gloire ?
Tout l'univers admirait ta splendeur :
Tu n'es plus que poussière ; et de cette grandeur
Il ne nous reste plus que la triste mémoire.
Sion, jusques au ciel élevée autrefois,

Jusqu'aux enfers maintenant abaissée,
Puissé-je demeurer sans voix,
Si dans mes chants ta douleur retracée
Jusqu'au dernier soupir n'occupe ma pensée !

TOUT LE CHOEUR.

O rives du Jourdain ! ô champs aimés des cieux !
Sacrés monts, fertiles vallées,
Par cent miracles signalées !
Du doux pays de nos aïeux
Serons-nous toujours exilées ?

UNE ISRAÉLITE, seule.

Quand verrai-je, ô Sion ! relever tes remparts,
Et de tes tours les magnifiques faîtes ?
Quand verrai-je de toutes parts
Tes peuples en chantant accourir à tes fêtes ?

TOUT LE CHOEUR.

O rives du Jourdain ! ô champs aimés des cieux !
Sacrés monts, fertiles vallées,
Par cent miracles signalées !
Du doux pays de nos aïeux
Serons-nous toujours exilées ?


## SCÈNE III.

ESTHER, MARDOCHÉE, ÉLISE, LE CHŒUR.

ESTHER.

Quel profane en ce lieu s'ose avancer vers nous ?
Que vois-je ? Mardochée ! O mon père, est-ce vous ?
Un ange du Seigneur, sous son aile sacrée,
A donc conduit vos pas, et caché votre entrée ?
Mais d'où vient cet air sombre, et ce cilice affreux,
Et cette cendre enfin qui couvre vos cheveux ?
Que nous annoncez-vous ?

MARDOCHÉE.
        O reine infortunée !
O d'un peuple innocent barbare destinée !
Lisez, lisez l'arrêt détestable, cruel...
Nous sommes tous perdus ! et c'est fait d'Israël !
ESTHER
Juste ciel ! tout mon sang dans mes veines se glace.
MARDOCHÉE.
On doit de tous les Juifs exterminer la race.
Au sanguinaire Aman nous sommes tous livrés ;
Les glaives, les couteaux, sont déjà préparés ;
Toute la nation à la fois est proscrite.
Aman, l'impie Aman, race d'Amalécite,
A, pour ce coup funeste, armé tout son crédit ;
Et le roi, trop crédule, a signé cet édit.
Prévenu contre nous par cette bouche impure,
Il nous croit en horreur à toute la nature.
Ses ordres sont donnés ; et, dans tous ses États,
Le jour fatal est pris pour tant d'assassinats.
Cieux, éclairerez-vous cet horrible carnage !
Le fer ne connaîtra ni le sexe ni l'âge ;
Tout doit servir de proie aux tigres, aux vautours ;
Et ce jour effroyable arrive dans dix jours.
ESTHER.
O Dieu, qui vois former des desseins si funestes,
As-tu donc de Jacob abandonné les restes ?
UNE DES PLUS JEUNES ISRAÉLITES.
Ciel, qui nous défendra, si tu ne nous défends ?
MARDOCHÉE.
Laissez les pleurs, Esther, à ces jeunes enfants.
En vous est tout l'espoir de vos malheureux frères :
Il faut les secourir ; mais les heures sont chères ;
Le temps vole, et bientôt amènera le jour
Où le nom des Hébreux doit périr sans retour ;
Toute pleine du feu de tant de saints prophètes,

Allez, osez au roi déclarer qui vous êtes.
### ESTHER.
Hélas! ignorez-vous quelles sévères lois
Aux timides mortels cachent ici les rois?
Au fond de leur palais leur majesté terrible
Affecte à leurs sujets de se rendre invisible;
Et la mort est le prix de tout audacieux
Qui, sans être appelé, se présente à leurs yeux,
Si le roi dans l'instant, pour sauver le coupable,
Ne lui donne à baiser son sceptre redoutable.
Rien ne met à l'abri de cet ordre fatal,
Ni le rang, ni le sexe, et le crime est égal.
Moi-même, sur son trône, à ses côtés assise,
Je suis à cette loi, comme une autre, soumise :
Et, sans le prévenir, il faut, pour lui parler,
Qu'il me cherche, ou du moins qu'il me fasse appeler.
### MARDOCHÉE.
Quoi! lorsque vous voyez périr votre patrie,
Pour quelque chose, Esther, vous comptez votre vie!
Dieu parle, et d'un mortel vous craignez le courroux!
Que dis-je? votre vie, Esther, est-elle à vous?
N'est-elle pas au sang dont vous êtes issue?
N'est-elle pas à Dieu, dont vous l'avez reçue?
Et qui sait, lorsqu'au trône il conduisit vos pas,
Si pour sauver son peuple il ne vous gardait pas?
Songez-y bien : ce dieu ne vous a pas choisie
Pour être un vain spectacle aux peuples de l'Asie,
Ni pour charmer les yeux des profanes humains :
Pour un plus noble usage il réserve ses saints.
S'immoler pour son nom et pour son héritage,
D'un enfant d'Israël voilà le vrai partage :
Trop heureuse pour lui de hasarder vos jours!
Et quel besoin son bras a-t-il de nos secours?
Que peuvent contre lui tous les rois de la terre?
En vain ils s'uniraient pour lui faire la guerre :

Pour dissiper leur ligue il n'a qu'à se montrer ;
Il parle, et dans la poudre il les fait tous rentrer.
Au seul son de sa voix la mer fuit, le ciel tremble ;
Il voit comme un néant tout l'univers ensemble ;
Et les faibles mortels, vains jouets du trépas,
Sont tous devant ses yeux comme s'ils n'étaient pas.
S'il a permis d'Aman l'audace criminelle,
Sans doute qu'il voulait éprouver votre zèle.
C'est lui qui, m'excitant à vous oser chercher,
Devant moi, chère Esther, a bien voulu marcher ;
Et s'il faut que sa voix frappe en vain vos oreilles,
Nous n'en verrons pas moins éclater ses merveilles.
Il peut confondre Aman, il peut briser nos fers
Par la plus faible main qui soit dans l'univers ;
Et vous, qui n'aurez point accepté cette grâce,
Vous périrez peut-être et toute votre race.

ESTHER.

Allez : que tous les Juifs dans Suse répandus,
A prier avec vous jour et nuit assidus,
Me prêtent de leurs vœux le secours salutaire,
Et pendant ces trois jours gardent un jeûne austère.
Déjà la sombre nuit a commencé son tour :
Demain, quand le soleil rallumera le jour,
Contente de périr, s'il faut que je périsse,
J'irai pour mon pays m'offrir en sacrifice.
Qu'on s'éloigne un moment.

(Le chœur se retire vers le fond du théâtre.)

## SCÈNE IV.

ESTHER, ÉLISE, LE CHŒUR.

ESTHER.

                O mon souverain roi,
Me voici donc tremblante et seule devant toi !

Mon père mille fois m'a dit dans mon enfance
Qu'avec nous tu juras une sainte alliance,
Quand, pour te faire un peuple agréable à tes yeux,
Il plut à ton amour de choisir nos aïeux :
Même tu leur promis de ta bouche sacrée
Une postérité d'éternelle durée.
Hélas! ce peuple ingrat a méprisé ta loi;
La nation chérie a violé sa foi;
Elle a répudié son époux et son père,
Pour rendre à d'autres dieux un honneur adultère :
Maintenant elle sert sous un maître étranger.
Mais c'est peu d'être esclave, on la veut égorger :
Nos superbes vainqueurs, insultant à nos larmes,
Imputent à leurs dieux le bonheur de leurs armes,
Et veulent aujourd'hui qu'un même coup mortel
Abolisse ton nom, ton peuple, et ton autel.
Ainsi donc un perfide, après tant de miracles,
Pourrait anéantir la foi de tes oracles,
Ravirait aux mortels le plus cher de tes dons,
Le saint que tu promets et que nous attendons?
Non, non, ne souffre pas que ces peuples farouches,
Ivres de notre sang, ferment les seules bouches
Qui dans tout l'univers célèbrent tes bienfaits;
Et confonds tous ces dieux qui ne furent jamais.
Pour moi, que tu retiens parmi ces infidèles,
Tu sais combien je hais leurs fêtes criminelles,
Et que je mets au rang des profanations
Leur table, leurs festins et leurs libations;
Que même cette pompe où je suis condamnée,
Ce bandeau dont il faut que je paraisse ornée
Dans ces jours solennels à l'orgueil dédiés,
Seule et dans le secret je le foule à mes pieds;
Qu'à ces vains ornements je préfère la cendre,
Et n'ai de goût qu'aux pleurs que tu me vois répandre.
J'attendais le moment marqué dans ton arrêt,

Pour oser de ton peuple embrasser l'intérêt.
Ce moment est venu : ma prompte obéissance
Va d'un roi redoutable affronter la présence.
C'est pour toi que je marche : accompagne mes pas
Devant ce fier lion qui ne te connaît pas ;
Commande en me voyant que son courroux s'apaise,
Et prête à mes discours un charme qui lui plaise :
Les orages, les vents, les cieux te sont soumis ;
Tourne enfin sa fureur contre nos ennemis.

## SCÈNE V.

(Toute cette scène est chantée.)

### LE CHŒUR.

UNE ISRAÉLITE, seule.

Pleurons et gémissons, mes fidèles compagnes,
 A nos sanglots donnons un libre cours ;
 Levons les yeux sur les saintes montagnes
 D'où l'innocence attend tout son secours.
　　O mortelles alarmes !
Tout Israël périt. Pleurez, mes tristes yeux :
　　Il ne fut jamais sous les cieux
　　Un si juste sujet de larmes.

TOUT LE CHOEUR.

　　O mortelles alarmes !

UNE AUTRE ISRAÉLITE.

N'était-ce pas assez qu'un vainqueur odieux
De l'auguste Sion eût détruit tous les charmes,
Et traîné ses enfants captifs en mille lieux ?

TOUT LE CHOEUR.

　　O mortelles alarmes !

LA MÊME ISRAÉLITE.

Faibles agneaux livrés à des loups furieux,

Nos soupirs sont nos seules armes.
TOUT LE CHOEUR.
O mortelles alarmes!
UNE ISRAÉLITE.
Arrachons, déchirons tous ces vains ornements
Qui parent notre tête.
UNE AUTRE.
Revêtons-nous d'habillements
Conformes à l'horrible fête
Que l'impie Aman nous apprête.
TOUT LE CHOEUR.
Arrachons, déchirons tous ces vains ornements
Qui parent notre tête.
UNE ISRAÉLITE, seule.
Quel carnage de toutes parts !
On égorge à la fois les enfants, les vieillards,
Et la sœur, et le frère,
Et la fille, et la mère,
Le fils dans les bras de son père !
Que de corps entassés! Que de membres épars,
Privés de sépulture!
Grand Dieu! tes saints sont la pâture
Des tigres et des léopards.
UNE DES PLUS JEUNES ISRAÉLITES.
Hélas ! si jeune encore,
Par quel crime ai-je pu mériter mon malheur?
Ma vie à peine a commencé d'éclore :
Je tomberai comme une fleur
Qui n'a vu qu'une aurore.
Hélas! si jeune encore,
Par quel crime ai-je pu mériter mon malheur?
UNE AUTRE.
Des offenses d'autrui malheureuses victimes.
Que nous servent, hélas! ces regrets superflus?
Nos pères ont péché, nos pères ne sont plus,

## ACTE I. SCÈNE V.

Et nous portons la peine de leurs crimes.
#### TOUT LE CHOEUR.
Le dieu que nous servons est le dieu des combats :
Non, non, il ne souffrira pas
Qu'on égorge ainsi l'innocence.
#### UNE ISRAÉLITE, seule.
Eh quoi ! dirait l'impiété,
Où donc est-il ce dieu si redouté
Dont Israël nous vantait la puissance?
#### UNE AUTRE.
Ce dieu jaloux, ce dieu victorieux,
Frémissez, peuples de la terre,
Ce dieu jaloux, ce dieu victorieux,
Est le seul qui commande aux cieux :
Ni les éclairs ni le tonnerre
N'obéissent à vos dieux.
#### UNE AUTRE.
Il renverse l'audacieux.
#### UNE AUTRE.
Il prend l'humble sous sa défense.
#### TOUT LE CHOEUR.
Le dieu que nous servons est le dieu des combats :
Non, non, il ne souffrira pas
Qu'on égorge ainsi l'innocence.
#### DEUX ISRAÉLITES.
O Dieu, que la gloire couronne,
Dieu, que la lumière environne,
Qui voles sur l'aile des vents,
Et dont le trône est porté par les anges :
#### DEUX AUTRES DES PLUS JEUNES.
Dieu, qui veut bien que de simples enfants
Avec eux chantent tes louanges ;
#### TOUT LE CHOEUR.
Tu vois nos pressants dangers :
Donne à ton nom la victoire ;

Ne souffre point que ta gloire
Passe à des dieux étrangers.

UNE ISRAÉLITE, seule.

Arme-toi, viens nous défendre.
Descends, tel qu'autrefois la mer te vit descendre;
Que les méchants apprennent aujourd'hui
A craindre ta colère :
Qu'ils soient comme la poudre et la paille légère
Que le vent chasse devant lui.

TOUT LE CHOEUR.

Tu vois nos pressants dangers :
Donne à ton nom la victoire;
Ne souffre point que ta gloire
Passe à des dieux étrangers.

FIN DU PREMIER ACTE.

## ACTE DEUXIÈME.

(Le théâtre représente la chambre où est le trône d'Assuérus.)

### SCÈNE I.

#### AMAN, HYDASPE.

AMAN.
Eh quoi! lorsque le jour ne commence qu'à luire,
Dans ce lieu redoutable oses-tu m'introduire?
HYDASPE.
Vous savez qu'on s'en peut reposer sur ma foi ;
Que ces portes, seigneur, n'obéissent qu'à moi :
Venez. Partout ailleurs on pourrait nous entendre.
AMAN.
Quel est donc le secret que tu me veux apprendre?
HYDASPE.
Seigneur, de vos bienfaits mille fois honoré,
Je me souviens toujours que je vous ai juré
D'exposer à vos yeux, par des avis sincères,
Tout ce que ce palais renferme de mystères.
Le roi d'un noir chagrin paraît enveloppé :
Quelque songe effrayant cette nuit l'a frappé.
Pendant que tout gardait un silence paisible,
Sa voix s'est fait entendre avec un cri terrible :
J'ai couru. Le désordre était dans ses discours :
Il s'est plaint d'un péril qui menaçait ses jours :
Il parlait d'ennemi, de ravisseur farouche;
Même le nom d'Esther est sorti de sa bouche.

» Répandus sur la terre, ils en couvraient la face ;
» Un seul osa d'Aman attirer le courroux,
» Aussitôt de la terre ils disparurent tous. »

HYDASPE.

Ce n'est donc pas, seigneur, le sang amalécite
Dont la voix à les perdre en secret vous excite?

AMAN.

Je sais que, descendu de ce sang malheureux,
Une éternelle haine a dû m'armer contre eux ;
Qu'ils firent d'Amalec un indigne carnage ;
Que jusqu'aux vils troupeaux, tout éprouva leur rage ;
Qu'un déplorable reste à peine fut sauvé ;
Mais, crois-moi, dans le rang où je suis élevé,
Mon âme, à ma grandeur tout entière attachée,
Des intérêts du sang est faiblement touchée.
Mardochée est coupable ; et que faut-il de plus ?
Je prévins donc contre eux l'esprit d'Assuérus,
J'inventai des couleurs, j'armai la calomnie,
J'intéressai sa gloire : il trembla pour sa vie.
Je les peignis puissants, riches, séditieux ;
Leur dieu même ennemi de tous les autres dieux.
« Jusqu'à quand souffre-t-on que ce peuple respire,
» Et d'un culte profane infecte votre empire?
» Étrangers dans la Perse, à nos lois opposés,
» Du reste des humains ils semblent divisés,
» N'aspirent qu'à troubler le repos où nous sommes,
» Et, détestés partout, détestent tous les hommes.
» Prévenez, punissez leurs insolents efforts ;
» De leur dépouille enfin grossissez vos trésors. »
Je dis, et l'on me crut. Le roi, dès l'heure même,
Mit dans ma main le sceau de son pouvoir suprême :
« Assure, me dit-il, le repos de ton roi ;
» Va, perds ces malheureux : leur dépouille est à toi. »
Toute la nation fut ainsi condamnée.
Du carnage avec lui je réglai la journée.

Découvrit de Tharès le complot sanguinaire.
Le roi promit alors de le récompenser.
Le roi, depuis ce temps, paraît n'y plus penser.

AMAN.

Non, il faut à tes yeux dépouiller l'artifice.
J'ai su de mon destin corriger l'injustice :
Dans les mains des Persans jeune enfant apporté,
Je gouverne l'empire où je fus acheté ;
Mes richesses des rois égalent l'opulence ;
Environné d'enfants soutiens de ma puissance,
Il ne manque à mon front que le bandeau royal.
Cependant (des mortels aveuglement fatal!)
De cet amas d'honneurs la douceur passagère
Fait sur mon cœur à peine une atteinte légère ;
Mais Mardochée, assis aux portes du palais,
Dans ce cœur malheureux enfonce mille traits ;
Et toute ma grandeur me devient insipide
Tandis que le soleil éclaire ce perfide.

HYDASPE.

Vous serez de sa vue affranchi dans dix jours :
La nation entière est promise aux vautours.

AMAN.

Ah! que ce temps est long à mon impatience!
C'est lui, je te veux bien confier ma vengeance,
C'est lui qui, devant moi refusant de ployer,
Les a livrés au bras qui les va foudroyer.
C'était trop peu pour moi d'une telle victime :
La vengeance trop faible attire un second crime.
Un homme tel qu'Aman, lorsqu'on l'ose irriter,
Dans sa juste fureur ne peut trop éclater.
Il faut des châtiments dont l'univers frémisse ;
Qu'on tremble en comparant l'offense et le supplice ;
Que les peuples entiers dans le sang soient noyés.
Je veux qu'on dise un jour aux siècles effrayés :
« Il fut des Juifs, il fut une insolente race ;

## ACTE II. SCÈNE I.

HYDASPE.

Quel est cet ennemi de l'État et du roi?

AMAN.

Le nom de Mardochée est-il connu de toi?

HYDASPE.

Qui? ce chef d'une race abominable, impie?

AMAN.

Oui, lui-même.

HYDASPE.

Eh, seigneur! d'une si belle vie
Un si faible ennemi peut-il troubler la paix?

AMAN.

L'insolent devant moi ne se courba jamais.
En vain de la faveur du plus grand des monarques
Tout révère à genoux les glorieuses marques;
Lorsque d'un saint respect tous les Persans touchés
N'osent lever leurs fronts à la terre attachés,
Lui, fièrement assis, et la tête immobile,
Traite tous ces honneurs d'impiété servile,
Présente à mes regards un front séditieux,
Et ne daignerait pas au moins baisser les yeux!
Du palais cependant il assiége la porte :
A quelque heure que j'entre, Hydaspe, ou que je sorte,
Son visage odieux m'afflige et me poursuit,
Et mon esprit troublé le voit encor la nuit.
Ce matin, j'ai voulu devancer la lumière :
Je l'ai trouvé couvert d'une horrible poussière,
Revêtu de lambeaux, tout pâle; mais son œil
Conservait sous la cendre encor le même orgueil.
D'où lui vient, cher ami, cette impudente audace?
Toi, qui dans ce palais vois tout ce qui se passe,
Crois-tu que quelque voix ose parler pour lui?
Sur quel roseau fragile a-t-il mis son appui?

HYDASPE.

Seigneur, vous le savez, son avis salutaire

Il a dans ces horreurs passé toute la nuit.
Enfin, las d'appeler un sommeil qui le fuit,
Pour écarter de lui ces images funèbres,
Il s'est fait apporter ces annales célèbres
Où les faits de son règne, avec soin amassés,
Par de fidèles mains chaque jour sont tracés ;
On y conserve écrits le service et l'offense,
Monuments éternels d'amour et de vengeance.
Le roi, que j'ai laissé plus calme dans son lit,
D'une oreille attentive écoute ce récit.

AMAN.

De quel temps de sa vie a-t-il choisi l'histoire?

HYDASPE.

Il revoit tous ces temps si remplis de sa gloire,
Depuis le fameux jour qu'au trône de Cyrus
Le choix du sort plaça l'heureux Assuérus.

AMAN.

Ce songe, Hydaspe, est donc sorti de son idée?

HYDASPE.

Entre tous les devins fameux dans la Chaldée,
Il a fait assembler ceux qui savent le mieux
Lire en un songe obscur les volontés des cieux...
Mais quel trouble vous-même aujourd'hui vous agite?
Votre âme en m'écoutant paraît tout interdite :
L'heureux Aman a-t-il quelques secrets ennuis?

AMAN.

Peux-tu le demander dans la place où je suis?
Haï, craint, envié, souvent plus misérable
Que tous les malheureux que mon pouvoir accable !

HYDASPE.

Eh! qui jamais du ciel eut des regards plus doux?
Vous voyez l'univers prosterné devant vous.

AMAN.

L'univers! Tous les jours un homme... un vil esclave
D'un front audacieux me dédaigne et me brave.

Mais de ce traître enfin le trépas différé
Fait trop souffrir mon cœur, de son sang altéré.
Un je ne sais quel trouble empoisonne ma joie.
Pourquoi dix jours encor faut-il que je le voie?

### HYDASPE.

Et ne pouvez-vous pas d'un mot l'exterminer?
Dites au roi, seigneur, de vous l'abandonner.

### AMAN.

Je viens pour épier le moment favorable.
Tu connais, comme moi, ce prince inexorable :
Tu sais combien, terrible en ses soudains transports,
De nos desseins souvent il rompt tous les ressorts.
Mais à me tourmenter ma crainte est trop subtile :
Mardochée à ses yeux est une âme trop vile.

### HYDASPE.

Que tardez-vous? Allez, et faites promptement
Élever de sa mort le honteux instrument.

### AMAN.

J'entends du bruit; je sors. Toi, si le roi m'appelle...

### HYDASPE.

Il suffit.

## SCÈNE II.

ASSUÉRUS, HYDASPE, ASAPH, SUITE D'ASSUÉRUS.

### ASSUÉRUS.

Ainsi donc, sans cet avis fidèle,
Deux traîtres dans son lit assassinaient leur roi?
Qu'on me laisse, et qu'Asaph seul demeure avec moi.

## SCÈNE III.

### ASSUÉRUS, ASAPH.

ASSUÉRUS, assis sur son trône.

Je veux bien l'avouer : de ce couple perfide
J'avais presque oublié l'attentat parricide;
Et j'ai pâli deux fois au terrible récit
Qui vient d'en retracer l'image à mon esprit.
Je vois de quel succès leur fureur fut suivie,
Et que dans les tourments ils laissèrent la vie;
Mais ce sujet zélé qui, d'un œil si subtil,
Sut de leur noir complot développer le fil,
Qui me montra sur moi leur main déjà levée,
Enfin par qui la Perse avec moi fut sauvée,
Quel honneur pour sa foi, quel prix a-t-il reçu?

ASAPH.

On lui promit beaucoup : c'est tout ce que j'ai su.

ASSUÉRUS.

O d'un si grand service oubli trop condamnable!
Des embarras du trône effet inévitable!
De soins tumultueux un prince environné
Vers de nouveaux objets est sans cesse entraîné;
L'avenir l'inquiète, et le présent le frappe;
Mais, plus prompt que l'éclair, le passé nous échappe;
Et de tant de mortels à toute heure empressés
A nous faire valoir leurs soins intéressés,
Il ne s'en trouve point qui, touchés d'un vrai zèle,
Prennent à notre gloire un intérêt fidèle,
Du mérite oublié nous fassent souvenir,
Trop prompts à nous parler de ce qu'il faut punir.
Ah! que plutôt l'injure échappe à ma vengeance,
Qu'un si rare bienfait à ma reconnaissance!

Et qui voudrait jamais s'exposer pour son roi?
Ce mortel qui montra tant de zèle pour moi
Vit-il encore?

ASAPH.

Il voit l'astre qui vous éclaire.

ASSUÉRUS.

Et que n'a-t-il plus tôt demandé son salaire?
Quel pays reculé le cache à mes bienfaits?

ASAPH.

Assis le plus souvent aux portes du palais,
Sans se plaindre de vous ni de sa destinée,
Il y traîne, seigneur, sa vie infortunée.

ASSUÉRUS.

Et je dois d'autant moins oublier la vertu,
Qu'elle-même s'oublie. Il se nomme, dis-tu?

ASAPH.

Mardochée est le nom que je viens de vous lire.

ASSUÉRUS.

Et son pays?

ASAPH.

Seigneur, puisqu'il faut vous le dire,
C'est un de ces captifs à périr destinés,
Des rives du Jourdain sur l'Euphrate amenés.

ASSUÉRUS.

Il est donc Juif? O ciel, sur le point que la vie,
Par mes propres sujets m'allait être ravie
Un Juif rend par ses soins leurs efforts impuissants!
Un Juif m'a préservé du glaive des Persans!
Mais puisqu'il m'a sauvé, quel qu'il soit, il n'importe.
Holà, quelqu'un!

## SCÈNE IV.

### ASSUÉRUS, HYDASPE, ASAPH.

#### HYDASPE.
Seigneur?
#### ASSUÉRUS.
Regarde à cette porte,
Vois s'il s'offre à tes yeux quelque grand de ma cour.
#### HYDASPE.
Aman à votre porte a devancé le jour.
#### ASSUÉRUS.
Qu'il entre. Ses avis m'éclaireront peut-être.

## SCÈNE V.

### ASSUÉRUS, AMAN, HYDASPE, ASAPH.

#### ASSUÉRUS.
Approche, heureux appui du trône de ton maître,
Ame de mes conseils, et qui seul tant de fois
Du sceptre dans ma main as soulagé le poids.
Un reproche secret embarrasse mon âme.
Je sais combien est pur le zèle qui t'enflamme :
Le mensonge jamais n'entra dans tes discours,
Et mon intérêt seul est le but où tu cours.
Dis-moi donc : que doit faire un prince magnanime
Qui veut combler d'honneurs un sujet qu'il estime?
Par quel gage éclatant, et digne d'un grand roi,
Puis-je récompenser le mérite et la foi?
Ne donne point de borne à ma reconnaissance :
Mesure tes conseils sur ma vaste puissance.
#### AMAN, tout bas.
C'est pour toi-même, Aman, que tu vas prononcer;

Et quel autre que toi peut-on récompenser?

ASSUÉRUS.

Que penses-tu?

AMAN.

Seigneur, je cherche, j'envisage
Des monarques persans la conduite et l'usage :
Mais à mes yeux en vain je les rappelle tous;
Pour vous régler sur eux, que sont-ils près de vous?
Votre règne aux neveux doit servir de modèle.
Vous voulez d'un sujet reconnaître le zèle,
L'honneur seul peut flatter un esprit généreux :
Je voudrais donc, seigneur, que ce mortel heureux,
De la pourpre aujourd'hui paré comme vous-même,
Et portant sur le front le sacré diadème,
Sur un de vos coursiers pompeusement orné,
Aux yeux de vos sujets dans Suse fût mené;
Que, pour comble de gloire et de magnificence,
Un seigneur éminent en richesse, en puissance,
Enfin de votre empire après vous le premier,
Par la bride guidât son superbe coursier;
Et lui-même marchant en habits magnifiques
Criât à haute voix dans les places publiques :
« Mortels, prosternez-vous : c'est ainsi que le roi
» Honore le mérite, et couronne la foi. »

ASSUÉRUS.

Je vois que la sagesse elle-même t'inspire.
Avec mes volontés ton sentiment conspire.
Va, ne perds point de temps : ce que tu m'as dicté,
Je veux de point en point qu'il soit exécuté.
La vertu dans l'oubli ne sera plus cachée.
Aux portes du palais prends le Juif Mardochée :
C'est lui que je prétends honorer aujourd'hui;
Ordonne son triomphe et marche devant lui;
Que Suse par ta voix de son nom retentisse,

Et fais à son aspect que tout genou fléchisse.
Sortez tous.

AMAN.

Dieux !

## SCÈNE VI.

ASSUÉRUS.

Le prix est sans doute inouï :
Jamais d'un tel honneur un sujet n'a joui ;
Mais plus la récompense est grande et glorieuse,
Plus même de ce Juif la race est odieuse,
Plus j'assure ma vie, et montre avec éclat
Combien Assuérus redoute d'être ingrat.
On verra l'innocent discerné du coupable :
Je n'en perdrai pas moins ce peuple abominable ;
Leurs crimes...

## SCÈNE VII.

ASSUÉRUS, ESTHER, ÉLISE, THAMAR.
PARTIE DU CHŒUR.

(Esther entre s'appuyant sur Élise; quatre Israélites soutiennent sa robe.

ASSUÉRUS.

Sans mon ordre on porte ici ses pas !
Quel mortel insolent vient chercher le trépas?
Gardes... C'est vous, Esther? Quoi! sans être attendue?

ESTHER.

Mes filles, soutenez votre reine éperdue :
Je me meurs.
(Elle tombe évanouie.)

ASSUÉRUS.

Dieux puissants! quelle étrange pâleur
De son teint tout à coup efface la couleur!
Esther, que craignez-vous? Suis-je pas votre frère?
Est-ce pour vous qu'est fait un ordre si sévère?
Vivez : le sceptre d'or que vous tend cette main,
Pour vous de ma clémence est un gage certain.

ESTHER.

Quelle voix salutaire ordonne que je vive,
Et rappelle en mon sein mon âme fugitive?

ASSUÉRUS.

Ne connaissez-vous pas la voix de votre époux?
Encore un coup, vivez, et revenez à vous.

ESTHER.

Seigneur, je n'ai jamais contemplé qu'avec crainte
L'auguste majesté sur votre front empreinte;
Jugez combien ce front irrité contre moi
Dans mon âme troublée a dû jeter d'effroi :
Sur ce trône sacré qu'environne la foudre
J'ai cru vous voir tout prêt à me réduire en poudre.
Hélas! sans frissonner, quel cœur audacieux
Soutiendrait les éclairs qui partaient de vos yeux?
Ainsi du dieu vivant la colère étincelle...

ASSUÉRUS.

O soleil! ô flambeau de lumière immortelle!
Je me trouble moi-même; et sans frémissement
Je ne puis voir sa peine et son saisissement.
Calmez, reine, calmez la frayeur qui vous presse.
Du cœur d'Assuérus souveraine maîtresse,
Éprouvez seulement son ardente amitié.
Faut-il de mes États vous donner la moitié?

ESTHER.

Eh! se peut-il qu'un roi craint de la terre entière,
Devant qui tout fléchit et baise la poussière,
Jette sur son esclave un regard si serein,

## ACTE II. SCÈNE VII.

Et m'offre sur son cœur un pouvoir souverain?

ASSUÉRUS.

Croyez-moi, chère Esther, ce sceptre, cet empire,
Et ces profonds respects que la terreur inspire,
A leur pompeux éclat mêlent peu de douceur,
Et fatiguent souvent leur triste possesseur.
Je ne trouve qu'en vous je ne sais quelle grâce
Qui me charme toujours et jamais ne me lasse.
De l'aimable vertu doux et puissants attraits!
Tout respire en Esther l'innocence et la paix.
Du chagrin le plus noir elle écarte les ombres,
Et fait des jours sereins de mes jours les plus sombres;
Que dis-je? sur ce trône assis auprès de vous,
Des astres ennemis j'en crains moins le courroux,
Et crois que votre front prête à mon diadème
Un éclat qui le rend respectable aux dieux même.
Osez donc me répondre, et ne me cachez pas
Quel sujet important conduit ici vos pas.
Quel intérêt, quels soins vous agitent, vous pressent?
Je vois qu'en m'écoutant vos yeux au ciel s'adressent.
Parlez : de vos désirs le succès est certain,
Si ce succès dépend d'une mortelle main.

ESTHER.

O bonté qui m'assure autant qu'elle m'honore!
Un intérêt pressant veut que je vous implore :
J'attends ou mon malheur ou ma félicité;
Et tout dépend, seigneur, de votre volonté.
Un mot de votre bouche, en terminant mes peines,
Peut rendre Esther heureuse entre toutes les reines.

ASSUÉRUS.

Ah! que vous enflammez mon désir curieux!

ESTHER.

Seigneur, si j'ai trouvé grâce devant vos yeux,
Si jamais à mes vœux vous fûtes favorable,
Permettez, avant tout, qu'Esther puisse à sa table

416                    ESTHER.

Recevoir aujourd'hui son souverain seigneur,
Et qu'Aman soit admis à cet excès d'honneur.
J'oserai devant lui rompre ce grand silence;
Et j'ai pour m'expliquer besoin de sa présence.

### ASSUÉRUS.

Dans quelle inquiétude, Esther, vous me jetez!
Toutefois qu'il soit fait comme vous souhaitez.

(A ceux de sa suite.)

Vous, que l'on cherche Aman; et qu'on lui fasse entendre
Qu'invité chez la reine il ait soin de s'y rendre.

## SCÈNE VIII.

### ASSUÉRUS, ESTHER, ÉLISE, THAMAR, HYDASPE,
#### PARTIE DU CHŒUR.

### HYDASPE.

Les savants chaldéens, par votre ordre appelés,
Dans cet appartement, seigneur, sont assemblés.

### ASSUÉRUS.

Princesse, un songe étrange occupe ma pensée :
Vous-même en leur réponse êtes intéressée.
Venez, derrière un voile écoutant leurs discours,
De vos propres clartés me prêter le secours.
Je crains pour vous, pour moi, quelque ennemi perfide.

### ESTHER.

Suis-moi, Thamar. Et vous, troupe jeune et timide,
Sans craindre ici les yeux d'une profane cour,
A l'abri de ce trône attendez mon retour.

## SCÈNE IX.

( Cette scène est partie déclamée, et partie chantée. )

ÉLISE, PARTIE DU CHŒUR.

ÉLISE.

Que vous semble, mes sœurs, de l'état où nous sommes ?
   D'Esther, d'Aman, qui le doit emporter ?
      Est-ce Dieu, sont-ce les hommes,
      Dont les œuvres vont éclater ?
  Vous avez vu quelle ardente colère
  Allumait de ce roi le visage sévère.

UNE DES ISRAÉLITES.

Des éclairs de ses yeux l'œil était ébloui.

UNE AUTRE.

Et sa voix m'a paru comme un tonnerre horrible.

ÉLISE.

   Comment ce courroux si terrible
  En un moment s'est-il évanoui ?

UNE DES ISRAÉLITES chante.

Un moment a changé ce courage inflexible :
Le lion rugissant est un agneau paisible.
Dieu, notre Dieu sans doute a versé dans son cœur
      Cet esprit de douceur.

LE CHŒUR chante.

Dieu, notre Dieu sans doute a versé dans son cœur
      Cet esprit de douceur.

LA MÊME ISRAÉLITE chante.

   Tel qu'un ruisseau docile
Obéit à la main qui détourne son cours,
Et, laissant de ses eaux partager le secours,

Va rendre tout un champ fertile,
Dieu, de nos volontés arbitre souverain,
Le cœur des rois est ainsi dans ta main.

ÉLISE.

Ah! que je crains, mes sœurs, les funestes nuages
Qui de ce prince obscurcissent les yeux!
Comme il est aveuglé du culte de ses dieux!

UNE ISRAÉLITE.

Il n'atteste jamais que leurs noms odieux.

UNE AUTRE.

Aux feux inanimés dont se parent les cieux
Il rend de profanes hommages.

UNE AUTRE.

Tout son palais est plein de leurs images.

LE CHOEUR chante.

Malheureux! vous quittez le maître des humains,
Pour adorer l'ouvrage de vos mains!

UNE ISRAÉLITE chante.

Dieu d'Israël, dissipe enfin cette ombre :
Des larmes de tes saints quand seras-tu touché?
Quand sera le voile arraché
Qui sur tout l'univers jette une nuit si sombre?
Dieu d'Israël, dissipe enfin cette ombre :
Jusqu'à quand seras-tu caché?

UNE DES PLUS JEUNES ISRAÉLITES.

Parlons plus bas, mes sœurs. Ciel! si quelque infidèle,
Écoutant nos discours, nous allait déceler?

ÉLISE.

Quoi! fille d'Abraham, une crainte mortelle
Semble déjà vous faire chanceler?
Hé! si l'impie Aman, dans sa main homicide
Faisant luire à vos yeux un glaive menaçant,
A blasphémer le nom du Tout-Puissant
Voulait forcer votre bouche timide?

#### UNE AUTRE ISRAÉLITE.

Peut-être Assuérus, frémissant de courroux,
  Si nous ne courbons les genoux
  Devant une muette idole,
  Commandera qu'on nous immole.
  Chère sœur, que choisirez-vous?

#### LA JEUNE ISRAÉLITE.

Moi! je pourrais trahir le Dieu que j'aime?
J'adorerais un dieu sans force et sans vertu,
  Reste d'un tronc par les vents abattu,
  Qui ne peut se sauver lui-même?

#### LE CHOEUR chante.

Dieux impuissants, dieux sourds, tous ceux qui vous implorent
  Ne seront jamais entendus.
  Que les démons, et ceux qui les adorent,
  Soient à jamais détruits et confondus!

#### UNE ISRAÉLITE chante.

Que ma bouche et mon cœur, et tout ce que je suis,
Rendent honneur au Dieu qui m'a donné la vie.
  Dans les craintes, dans les ennuis,
  En ses bontés mon âme se confie.
Veut-il par mon trépas que je le glorifie?
Que ma bouche et mon cœur, et tout ce que je suis,
Rendent honneur au Dieu qui m'a donné la vie.

#### ÉLISE.

Je n'admirai jamais la gloire de l'impie.

#### UNE AUTRE ISRAÉLITE.

Au bonheur du méchant qu'une autre porte envie.

#### ÉLISE.

  Tous ses jours paraissent charmants;
  L'or éclate en ses vêtements;
Son orgueil est sans borne ainsi que sa richesse;
Jamais l'air n'est troublé de ses gémissements;
Il s'endort, il s'éveille au son des instruments;
  Son cœur nage dans la mollesse.

## UNE AUTRE ISRAÉLITE.

Pour comble de prospérité,
Il espère revivre en sa postérité;
Et d'enfants à sa table une riante troupe
Semble boire avec lui la joie à pleine coupe.

(Tout le reste est chanté.)

## LE CHOEUR.

Heureux, dit-on, le peuple florissant
Sur qui ces biens coulent en abondance!
Plus heureux le peuple innocent
Qui dans le Dieu du ciel a mis sa confiance!

## UNE ISRAÉLITE, seule.

Pour contenter ses frivoles désirs,
L'homme insensé vainement se consume :
Il trouve l'amertume
Au milieu des plaisirs.

## UNE AUTRE, seule.

Le bonheur de l'impie est toujours agité,
Il erre à la merci de sa propre inconstance.
Ne cherchons la félicité
Que dans la paix de l'innocence.

## LA MÊME, avec une autre.

O douce paix!
O lumière éternelle!
Beauté toujours nouvelle!
Heureux le cœur épris de tes attraits!
O douce paix!
O lumière éternelle!
Heureux le cœur qui ne te perd jamais!

## LE CHOEUR.

O douce paix!
O lumière éternelle!
Beauté toujours nouvelle!
O douce paix!
Heureux le cœur qui ne te perd jamais!

## ACTE II. SCÈNE IX.

**LA MÊME**, seule.

Nulle paix pour l'impie : il la cherche, elle fuit;
Et le calme en son cœur ne trouve point de place :
    Le glaive au dehors le poursuit;
    Le remords au dedans le glace.

**UNE AUTRE.**

La gloire des méchants en un moment s'éteint;
    L'affreux tombeau pour jamais les dévore.
Il n'en est pas ainsi de celui qui te craint;
Il renaîtra, mon Dieu, plus brillant que l'aurore.

**LE CHOEUR.**

    O douce paix!
Heureux le cœur qui ne te perd jamais!

**ÉLISE**, sans chanter.

Mes sœurs, j'entends du bruit dans la chambre prochaine.
On nous appelle : allons rejoindre notre reine.

FIN DU SECOND ACTE.

# ACTE TROISIÈME.

(Le théâtre représente les jardins d'Esther, et un des côtés du salon où se fait le festin.)

## SCÈNE I.

### AMAN, ZARÈS.

ZARÈS.

C'est donc ici d'Esther le superbe jardin,
Et ce salon pompeux est le lieu du festin.
Mais, tandis que la porte en est encor fermée,
Écoutez les conseils d'une épouse alarmée.
Au nom du sacré nœud qui me lie avec vous,
Dissimulez, seigneur, cet aveugle courroux;
Éclaircissez ce front où la tristesse est peinte :
Les rois craignent surtout le reproche et la plainte.
Seul entre tous les grands par la reine invité,
Ressentez donc aussi cette félicité.
Si le mal vous aigrit, que le bienfait vous touche.
Je l'ai cent fois appris de votre propre bouche :
Quiconque ne sait pas dévorer un affront,
Ni de fausses couleurs se déguiser le front,
Loin de l'aspect des rois qu'il s'écarte, qu'il fuie.
Il est des contre-temps qu'il faut qu'un sage essuie :
Souvent avec prudence un outrage enduré
Aux honneurs les plus hauts a servi de degré.

#### AMAN.

O douleur! ô supplice affreux à la pensée!
O honte qui jamais ne peut être effacée!
Un exécrable Juif, l'opprobre des humains,
S'est donc vu de la pourpre habillé par mes mains!
C'est peu qu'il ait sur moi remporté la victoire;
Malheureux, j'ai servi de héraut à sa gloire.
Le traître! il insultait à ma confusion;
Et tout le peuple même, avec dérision
Observant la rougeur qui couvrait mon visage,
De ma chute certaine en tirait le présage.
Roi cruel! ce sont là les jeux où tu te plais.
Tu ne m'as prodigué tes perfides bienfaits
Que pour me faire mieux sentir ta tyrannie,
Et m'accabler enfin de plus d'ignominie.

#### ZARÈS.

Pourquoi juger si mal de son intention?
Il croit récompenser une bonne action.
Ne faut-il pas, seigneur, s'étonner au contraire
Qu'il en ait si longtemps différé le salaire?
Du reste, il n'a rien fait que par votre conseil.
Vous-même avez dicté tout ce triste appareil :
Vous êtes après lui le premier de l'empire.
Sait-il toute l'horreur que ce Juif vous inspire?

#### AMAN.

Il sait qu'il me doit tout, et que, pour sa grandeur,
J'ai foulé sous les pieds remords, crainte, pudeur;
Qu'avec un cœur d'airain exerçant sa puissance,
J'ai fait taire les lois, et gémir l'innocence;
Que pour lui, des Persans bravant l'aversion,
J'ai chéri, j'ai cherché la malédiction :
Et, pour prix de ma vie à leur haine exposée,
Le barbare aujourd'hui m'expose à leur risée!

#### ZARÈS.

Seigneur, nous sommes seuls. Que sert de se flatter?

Ce zèle que pour lui vous fîtes éclater,
Ce soin d'immoler tout à son pouvoir suprême,
Entre nous, avaient-ils d'autre objet que vous-même?
Et sans chercher plus loin, tous ces Juifs désolés,
N'est-ce pas à vous seul que vous les immolez?
Et ne craignez-vous point que quelque avis funeste...
Enfin la cour nous hait, le peuple nous déteste.
Ce Juif même, il le faut confesser malgré moi,
Ce Juif, comblé d'honneurs, me cause quelque effroi.
Les malheurs sont souvent enchaînés l'un à l'autre,
Et sa race toujours fut fatale à la vôtre.
De ce léger affront songez à profiter.
Peut-être la fortune est prête à vous quitter;
Aux plus affreux excès son inconstance passe :
Prévenez son caprice avant qu'elle se lasse.
Où tendez-vous plus haut? Je frémis quand je voi
Les abîmes profonds qui s'offrent devant moi :
La chute désormais ne peut être qu'horrible.
Osez chercher ailleurs un destin plus paisible :
Regagnez l'Hellespont et ces bords écartés
Où vos aïeux errants jadis furent jetés,
Lorsque des Juifs contre eux la vengeance allumée
Chassa tout Amalec de la triste Idumée.
Aux malices du sort enfin dérobez-vous.
Nos plus riches trésors marcheront devant nous :
Vous pouvez du départ me laisser la conduite;
Surtout de vos enfants j'assurerai la fuite.
N'ayez soin cependant que de dissimuler.
Contente, sur vos pas vous me verrez voler :
La mer la plus terrible et la plus orageuse
Est plus sûre pour nous que cette cour trompeuse.
Mais à grands pas vers vous je vois quelqu'un marcher :
C'est Hydaspe.

## SCÈNE II.

### AMAN, ZARÈS, HYDASPE.

#### HYDASPE, à Aman.

Seigneur, je courais vous chercher.
Votre absence en ces lieux suspend toute la joie;
Et pour vous y conduire Assuérus m'envoie.

#### AMAN.

Et Mardochée est-il aussi de ce festin?

#### HYDASPE.

A la table d'Esther portez-vous ce chagrin?
Quoi! toujours de ce Juif l'image vous désole?
Laissez-le s'applaudir d'un triomphe frivole.
Croit-il d'Assuérus éviter la rigueur?
Ne possédez-vous pas son oreille et son cœur?
On a payé le zèle, on punira le crime;
Et l'on vous a, seigneur, orné votre victime.
Je me trompe, ou vos vœux par Esther secondés
Obtiendront plus encor que vous ne demandez.

#### AMAN.

Croirai-je le bonheur que ta bouche m'annonce?

#### HYDASPE.

J'ai des savants devins entendu la réponse :
Ils disent que la main d'un perfide étranger
Dans le sang de la reine est prête à se plonger.
Et le roi, qui ne sait où trouver le coupable,
N'impute qu'aux seuls Juifs ce projet détestable.

#### AMAN.

Oui, ce sont, cher ami, des monstres furieux :
Il faut craindre surtout leur chef audacieux.
La terre avec horreur dès longtemps les endure :
Et l'on n'en peut trop tôt délivrer la nature.
Ah! je respire enfin. Chère Zarès, adieu.

HYDASPE.

Les compagnes d'Esther s'avancent vers ce lieu[1] :
Sans doute leur concert va commencer la fête.
Entrez et recevez l'honneur qu'on vous apprête.

## SCÈNE III.

ÉLISE, LE CHŒUR.

(Ceci se récite sans chant.)

UNE DES ISRAÉLITES.

C'est Aman.

UNE AUTRE.

C'est lui-même, et j'en frémis, ma sœur.

LA PREMIÈRE.

Mon cœur de crainte et d'horreur se resserre.

L'AUTRE.

C'est d'Israël le superbe oppresseur.

LA PREMIÈRE.

C'est celui qui trouble la terre.

ÉLISE.

Peut-on en le voyant ne le connaître pas?
L'orgueil et le dédain sont peints sur son visage.

UNE ISRAÉLITE.

On lit dans ses regards sa fureur et sa rage.

---

[1] Aujourd'hui, dans les représentations d'*Esther* sans les chœurs, les comédiens substituent au vers de Racine le vers suivant de leur composition :

Esther, Assuérus, s'avancent vers ce lieu;

et de là ils passent sans interruption à la scène quatrième. Ce mauvais vers, substitué à celui de Racine, n'est pas le seul inconvénient attaché à la suppression d'un chœur si bien lié à l'action; car cette suppression détruit l'intervalle nécessaire entre les deux scènes pour le festin d'Esther.

UNE AUTRE.

Je croyais voir marcher la mort devant ses pas.

UNE DES PLUS JEUNES.

Je ne sais si ce tigre a reconnu sa proie :
Mais, en nous regardant, mes sœurs, il m'a semblé
Qu'il avait dans les yeux une barbare joie
    Dont tout mon sang est encore troublé.

ÉLISE.

Que ce nouvel honneur va croître son audace!
  Je le vois, mes sœurs, je le voi :
A la table d'Esther l'insolent près du roi
    A déjà pris sa place.

UNE DES ISRAÉLITES.

Ministres du festin, de grâce, dites-nous,
Quels mets à ce cruel, quel vin préparez-vous?

UNE AUTRE.

Le sang de l'orphelin,

UNE TROISIÈME.

    Les pleurs des misérables,

LA SECONDE.

Sont ses mets les plus agréables;

LA TROISIÈME.

C'est son breuvage le plus doux.

ÉLISE.

Chères sœurs, suspendez la douleur qui vous presse.
Chantons, on nous l'ordonne, et que puissent nos chants
Du cœur d'Assuérus adoucir la rudesse,
Comme autrefois David, par ses accords touchants,
Calmait d'un roi jaloux la sauvage tristesse!

    ( Tout le reste de cette scène est chanté. )

UNE ISRAÉLITE.

  Que le peuple est heureux,
  Lorsqu'un roi généreux,
Craint dans tout l'univers, veut encore qu'on l'aime!
  Heureux le peuple! heureux le roi lui-même!

### TOUT LE CHOEUR.

O repos! ô tranquillité!
Oh! d'un parfait bonheur assurance éternelle,
Quand la suprême autorité
Dans ses conseils a toujours auprès d'elle
La justice et la vérité!

*(Ces quatre stances sont chantées alternativement par une voix seule et par tout le chœur.)*

### UNE ISRAÉLITE.

Rois, chassez la calomnie :
Ses criminels attentats
Des plus paisibles États
Troublent l'heureuse harmonie.

Sa fureur, de sang avide,
Poursuit partout l'innocent.
Rois, prenez soin de l'absent
Contre sa langue homicide.

De ce monstre si farouche
Craignez la feinte douceur;
La vengeance est dans son cœur,
Et la pitié dans sa bouche.

La fraude adroite et subtile
Sème de fleurs son chemin :
Mais sur ses pas vient enfin
Le repentir inutile.

### UNE ISRAÉLITE, seule.

D'un souffle l'aquilon écarte les nuages,
Et chasse au loin la foudre et les orages.
Un roi sage, ennemi du langage menteur,
Écarte d'un regard le perfide imposteur.

### ACTE III. SCÈNE III.

UNE AUTRE.

J'admire un roi victorieux,
Que sa valeur conduit triomphant en tous lieux;
Mais un roi sage et qui hait l'injustice,
Qui sous la loi du riche impérieux
Ne souffre point que le pauvre gémisse,
Est le plus beau présent des cieux.

UNE AUTRE.

La veuve en sa défense espère.

UNE AUTRE.

De l'orphelin il est le père.

TOUTES ENSEMBLE.

Et les larmes du juste implorant son appui
Sont précieuses devant lui.

UNE ISRAÉLITE, seule.

Détourne, roi puissant, détourne tes oreilles
De tout conseil barbare et mensonger.
Il est temps que tu t'éveilles :
Dans le sang innocent ta main va se plonger
Pendant que tu sommeilles.
Détourne, roi puissant, détourne tes oreilles
De tout conseil barbare et mensonger.

UNE AUTRE.

Ainsi puisse sous toi trembler la terre entière!
Ainsi puisse à jamais contre tes ennemis
Le bruit de ta valeur te servir de barrière!
S'ils t'attaquent, qu'ils soient en un moment soumis;
Que de ton bras la force les renverse;
Que de ton nom la terreur les disperse;
Que tout leur camp nombreux soit devant tes soldats
Comme d'enfants une troupe inutile;
Et si par un chemin il entre en tes États,
Qu'il en sorte par plus de mille.

## SCÈNE IV.

#### ASSUÉRUS, ESTHER, AMAN, ÉLISE,
LE CHŒUR.

ASSUÉRUS, à Esther.

Oui, vos moindres discours ont des grâces secrètes :
Une noble pudeur à tout ce que vous faites
Donne un prix que n'ont point ni la pourpre ni l'or.
Quel climat renfermait un si rare trésor?
Dans quel sein vertueux avez-vous pris naissance,
Et quelle main si sage éleva votre enfance?
Mais dites promptement ce que vous demandez :
Tous vos désirs, Esther, vous seront accordés;
Dussiez-vous, je l'ai dit, et veux bien le redire,
Demander la moitié de ce puissant empire.

ESTHER.

Je ne m'égare point dans ces vastes désirs.
Mais puisqu'il faut enfin expliquer mes soupirs,
Puisque mon roi lui-même à parler me convie,
(Elle se jette aux pieds du roi.)
J'ose vous implorer, et pour ma propre vie,
Et pour les tristes jours d'un peuple infortuné
Qu'à périr avec moi vous avez condamné.

ASSUÉRUS, la relevant.

A périr? Vous! Quel peuple? Et quel est ce mystère?

AMAN, tout bas.

Je tremble.

ESTHER.

Esther, seigneur, eut un Juif pour son père :
De vos ordres sanglants vous savez la rigueur.

AMAN, à part.

Ah! dieux!

ASSUÉRUS.

Ah! de quel coup me percez-vous le cœur!
Vous la fille d'un Juif? Hé quoi! tout ce que j'aime,
Cette Esther, l'innocence et la sagesse même,
Que je croyais du ciel les plus chères amours,
Dans cette source impure aurait puisé ses jours?
Malheureux!

ESTHER.

Vous pourrez rejeter ma prière :
Mais je demande au moins que, pour grâce dernière,
Jusqu'à la fin, seigneur, vous m'entendiez parler,
Et que surtout Aman n'ose point me troubler.

ASSUÉRUS.

Parlez.

ESTHER.

O Dieu, confonds l'audace et l'imposture!
Ces Juifs, dont vous voulez délivrer la nature,
Que vous croyez, seigneur, le rebut des humains,
D'une riche contrée autrefois souverains,
Pendant qu'ils n'adoraient que le Dieu de leurs pères,
Ont vu bénir le cours de leurs destins prospères.
Ce Dieu, maître absolu de la terre et des cieux,
N'est point tel que l'erreur le figure à vos yeux :
L'Éternel est son nom, le monde est son ouvrage;
Il entend les soupirs de l'humble qu'on outrage,
Juge tous les mortels avec d'égales lois,
Et du haut de son trône interroge les rois.
Des plus fermes États la chute épouvantable,
Quand il veut, n'est qu'un jeu de sa main redoutable.
Les Juifs à d'autres dieux osèrent s'adresser :
Roi, peuples, en un jour tout se vit disperser :
Sous les Assyriens leur triste servitude
Devint le juste prix de leur ingratitude.
Mais, pour punir enfin nos maîtres à leur tour,
Dieu fit choix de Cyrus avant qu'il vît le jour,

L'appela par son nom, le promit à la terre,
Le fit naître, et soudain l'arma de son tonnerre,
Brisa les fiers remparts et les portes d'airain,
Mit des superbes rois la dépouille en sa main,
De son temple détruit vengea sur eux l'injure :
Babylone paya nos pleurs avec usure.
Cyrus, par lui vainqueur, publia ses bienfaits,
Regarda notre peuple avec des yeux de paix,
Nous rendit et nos lois et nos fêtes divines;
Et le temple sortait déjà de ses ruines.
Mais, de ce roi si sage héritier insensé,
Son fils interrompit l'ouvrage commencé,
Fut sourd à nos douleurs : Dieu rejeta sa race,
Le retrancha lui-même, et vous mit à sa place.
Que n'espérions-nous point d'un roi si généreux!
Dieu regarde en pitié son peuple malheureux,
Disions-nous : un roi règne, ami de l'innocence.
Partout du nouveau prince on vantait la clémence :
Les Juifs partout de joie en poussèrent des cris.
Ciel! verra-t-on toujours par de cruels esprits
Des princes les plus doux l'oreille environnée,
Et du bonheur public la source empoisonnée?
Dans le fond de la Thrace un barbare enfanté
Est venu dans ces lieux souffler la cruauté;
Un ministre ennemi de votre propre gloire...

AMAN.

De votre gloire? Moi! Ciel! Le pourriez-vous croire?
Moi, qui n'ai d'autre objet ni d'autre dieu...

ASSUÉRUS.

Tais-toi.
Oses-tu donc parler sans l'ordre de ton roi?

ESTHER.

Notre ennemi cruel devant vous se déclare :
C'est lui, c'est ce ministre infidèle et barbare
Qui, d'un zèle trompeur à vos yeux revêtu,

Contre notre innocence arma votre vertu.
Et quel autre, grand Dieu! qu'un Scythe impitoyable
Aurait de tant d'horreurs dicté l'ordre effroyable!
Partout l'affreux signal en même temps donné
De meurtres remplira l'univers étonné :
On verra, sous le nom du plus juste des princes,
Un perfide étranger désoler vos provinces;
Et dans ce palais même, en proie à son courroux,
Le sang de vos sujets regorger jusqu'à vous.
Et que reproche aux Juifs sa haine envenimée?
Quelle guerre intestine avons-nous allumée?
Les a-t-on vus marcher parmi vos ennemis?
Fut-il jamais au joug esclaves plus soumis?
Adorant dans leurs fers le Dieu qui les châtie,
Pendant que votre main, sur eux appesantie,
A leurs persécuteurs les livrait sans secours,
Ils conjuraient ce Dieu de veiller sur vos jours,
De rompre des méchants les trames criminelles,
De mettre votre trône à l'ombre de ses ailes.
N'en doutez point, seigneur, il fut votre soutien :
Lui seul mit à vos pieds le Parthe et l'Indien,
Dissipa devant vous les innombrables Scythes,
Et renferma les mers dans vos vastes limites;
Lui seul aux yeux d'un Juif découvrit le dessein
De deux traîtres tout prêts à vous percer le sein.
Hélas! ce Juif jadis m'adopta pour sa fille.

ASSUÉRUS.

Mardochée?

ESTHER.

Il restait seul de notre famille.
Mon père était son frère. Il descend comme moi
Du sang infortuné de notre premier roi.
Plein d'une juste horreur pour un Amalécite,
Race que notre Dieu de sa bouche a maudite,
Il n'a devant Aman pu fléchir les genoux,

Ni lui rendre un honneur qu'il ne croit dû qu'à vous.
De là contre les Juifs et contre Mardochée
Cette haine, seigneur, sous d'autres noms cachée.
En vain de vos bienfaits Mardochée est paré :
A la porte d'Aman est déjà préparé
D'un infâme trépas l'instrument exécrable;
Dans une heure au plus tard ce vieillard vénérable,
Des portes du palais par son ordre arraché,
Couvert de votre pourpre y doit être attaché.

ASSUÉRUS.

Quel jour mêlé d'horreur vient effrayer mon âme!
Tout mon sang de colère et de honte s'enflamme.
J'étais donc le jouet... Ciel, daigne m'éclairer!
Un moment sans témoins cherchons à respirer.
Appelez Mardochée : il faut aussi l'entendre.

(Le roi s'éloigne.)

UNE ISRAÉLITE.

Vérité, que j'implore, achève de descendre [1] !


## SCÈNE V.

ESTHER, AMAN, ÉLISE, LE CHŒUR.

AMAN, Esther.

D'un juste étonnement je demeure frappé.
Les ennemis des Juifs m'ont trahi, m'ont trompé :
J'en atteste du ciel la puissance suprême,
En les perdant j'ai cru vous assurer vous-même.
Princesse, en leur faveur employez mon crédit :
Le roi, vous le voyez, flotte encore interdit.
Je sais par quels ressorts on le pousse, on l'arrête ;
Et fais, comme il me plaît, le calme et la tempête.

---

[1] A la représentation, la suppression des chœurs oblige les comédiens à mettre ce vers dans la bouche d'Esther.

Les intérêts des Juifs déjà me sont sacrés.
Parlez : vos ennemis aussitôt massacrés,
Victimes de la foi que ma bouche vous jure,
De ma fatale erreur répareront l'injure.
Quel sang demandez-vous ?

### ESTHER.

Va, traître, laisse-moi.
Les Juifs n'attendent rien d'un méchant tel que toi.
Misérable, le Dieu vengeur de l'innocence,
Tout prêt à te juger, tient déjà sa balance !
Bientôt son juste arrêt te sera prononcé.
Tremble : son jour approche, et ton règne est passé.

### AMAN.

Oui, ce dieu, je l'avoue, est un dieu redoutable.
Mais veut-il que l'on garde une haine implacable ?
C'en est fait : mon orgueil est forcé de plier ;
L'inexorable Aman est réduit à prier.

(Il se jette à ses pieds.)

Par le salut des Juifs, par ces pieds que j'embrasse,
Par ce sage vieillard, l'honneur de votre race,
Daignez d'un roi terrible apaiser le courroux ;
Sauvez Aman, qui tremble à vos sacrés genoux.


## SCÈNE VI.

ASSUÉRUS, ESTHER, AMAN, ÉLISE, LE CHŒUR, GARDES.

### ASSUÉRUS.

Quoi ! le traître sur vous porte ses mains hardies ?
Ah ! dans ses yeux confus je lis ses perfidies ;
Et son trouble, appuyant la foi de vos discours,
De tous ses attentats me rappelle le cours.
Qu'à ce monstre à l'instant l'âme soit arrachée ;
Et que devant sa porte, au lieu de Mardochée,

Apaisant par sa mort et la terre et les cieux,
De mes peuples vengés il repaisse les yeux.

(Aman est emmené par les gardes.)

## SCÈNE VII.

#### ASSUÉRUS, ESTHER, MARDOCHÉE, ÉLISE, LE CHŒUR.

ASSUÉRUS continue en s'adressant à Mardochée.

Mortel chéri du ciel, mon salut et ma joie,
Aux conseils des méchants ton roi n'est plus en proie ;
Mes yeux sont dessillés, le crime est confondu :
Viens briller près de moi dans le rang qui t'est dû.
Je te donne d'Aman les biens et la puissance :
Possède justement son injuste opulence.
Je romps le joug funeste où les Juifs sont soumis ;
Je leur livre le sang de tous leurs ennemis ;
A l'égal des Persans je veux qu'on les honore,
Et que tout tremble au nom du Dieu qu'Esther adore.
Rebâtissez son temple, et peuplez vos cités ;
Que vos heureux enfants dans leurs solennités
Consacrent de ce jour le triomphe et la gloire,
Et qu'à jamais mon nom vive dans leur mémoire.


## SCÈNE VIII.

#### ASSUÉRUS, ESTHER, MARDOCHÉE, ASAPH, ÉLISE, LE CHŒUR.

ASSUÉRUS.
Que veut Asaph ?

ASAPH.
Seigneur, le traître est expiré,
Par le peuple en fureur à moitié déchiré.
On traîne, on va donner en spectacle funeste

De son corps tout sanglant le misérable reste.
MARDOCHÉE.
Roi, qu'à jamais le ciel prenne soin de vos jours !
Le péril des Juifs presse, et veut un prompt secours.
ASSUÉRUS.
Oui, je t'entends. Allons, par des ordres contraires,
Révoquer d'un méchant les ordres sanguinaires.
ESTHER.
O Dieu, par quelle route inconnue aux mortels
Ta sagesse conduit ses desseins éternels !

## SCÈNE IX.

LE CHŒUR.

TOUT LE CHOEUR.
Dieu fait triompher l'innocence :
Chantons, célébrons sa puissance.
UNE ISRAÉLITE.
Il a vu contre nous les méchants s'assembler,
Et notre sang prêt à couler.
Comme l'eau sur la terre ils allaient le répandre :
Du haut du ciel sa voix s'est fait entendre ;
L'homme superbe est renversé,
Ses propres flèches l'ont percé.
UNE AUTRE.
J'ai vu l'impie adoré sur la terre ;
Pareil au cèdre, il cachait dans les cieux
Son front audacieux ;
Il semblait à son gré gouverner le tonnerre,
Foulait aux pieds ses ennemis vaincus :
Je n'ai fait que passer, il n'était déjà plus.
UNE AUTRE.
On peut des plus grands rois surprendre la justice.

Incapables de tromper,
Ils ont peine à s'échapper
Des piéges de l'artifice.
Un cœur noble ne peut soupçonner en autrui
La bassesse et la malice
Qu'il ne sent point en lui.

UNE AUTRE.

Comment s'est calmé l'orage ?

UNE AUTRE.

Quelle main salutaire a chassé ce nuage ?

TOUT LE CHOEUR.

L'aimable Esther a fait ce grand ouvrage.

UNE ISRAÉLITE, seule.

De l'amour de son Dieu son cœur s'est embrasé ;
Au péril d'une mort funeste
Son zèle ardent s'est exposé :
Elle a parlé ; le ciel a fait le reste.

DEUX ISRAÉLITES.

Esther a triomphé des filles des Persans :
La nature et le ciel à l'envi l'ont ornée.

L'UNE DES DEUX.

Tout ressent de ses yeux les charmes innocents.
Jamais tant de beauté fut-elle couronnée ?

L'AUTRE.

Les charmes de son cœur sont encor plus puissants.
Jamais tant de vertu fut-elle couronnée ?

TOUTES DEUX, ensemble.

Esther a triomphé des filles des Persans :
La nature et le ciel à l'envi l'ont ornée.

UNE SEULE.

Ton Dieu n'est plus irrité :
Réjouis-toi, Sion, et sors de la poussière ;
Quitte les vêtements de ta captivité,
Et reprends ta splendeur première.
Les chemins de Sion à la fin sont ouverts :

Rompez vos fers,
Tribus captives ;
Troupes fugitives,
Repassez les monts et les mers ;
Rassemblez-vous des bouts de l'univers.

TOUT LE CHOEUR.

Rompez vos fers,
Tribus captives ;
Troupes fugitives,
Repassez les monts et les mers ;
Rassemblez-vous des bouts de l'univers.

UNE ISRAÉLITE seule.

Je reverrai ces campagnes si chères.

UNE AUTRE.

J'irai pleurer au tombeau de mes pères.

TOUT LE CHOEUR.

Repassez les monts et les mers ;
Rassemblez-vous des bouts de l'univers.

UNE ISRAÉLITE, seule.

Relevez, relevez les superbes portiques
Du temple où notre Dieu se plaît d'être adoré ;
Que de l'or le plus pur son autel soit paré,
Et que du sein des monts le marbre soit tiré.
Liban, dépouille-toi de tes cèdres antiques ;
Prêtres sacrés, préparez vos cantiques.

UNE AUTRE.

Dieu descend et revient habiter parmi nous :
Terre, frémis d'allégresse et de crainte.
Et vous, sous sa majesté sainte,
Cieux, abaissez-vous !

UNE AUTRE.

Que le Seigneur est bon, que son joug est aimable !
Heureux qui dès l'enfance en connaît la douceur !
Jeune peuple, courez à ce maître adorable :
Les biens les plus charmants n'ont rien de comparable

Aux torrents de plaisirs qu'il répand dans un cœur.
Que le Seigneur est bon, que son joug est aimable!
Heureux qui dès l'enfance en connaît la douceur!

UNE AUTRE.

Il s'apaise, il pardonne;
Du cœur ingrat qui l'abandonne
Il attend le retour;
Il excuse notre faiblesse;
A nous chercher même il s'empresse.
Pour l'enfant qu'elle a mis au jour
Une mère a moins de tendresse.
Ah! qui peut avec lui partager notre amour!

TROIS ISRAÉLITES.

Il nous fait remporter une illustre victoire.

L'UNE DES TROIS.

Il nous a révélé sa gloire.

TOUTES TROIS, ensemble.

Ah! qui peut avec lui partager notre amour?

TOUT LE CHOEUR.

Que son nom soit béni; que son nom soit chanté;
Que l'on célèbre ses ouvrages
Au-delà des temps et des âges,
Au-delà de l'éternité!

FIN D'ESTHER.

# ATHALIE.

## TRAGÉDIE

TIRÉE DE L'ÉCRITURE SAINTE.

1691.

# PRÉFACE.

Tout le monde sait que le royaume de Juda était composé des deux tribus de Juda et de Benjamin, et que les dix autres tribus qui se révoltèrent contre Roboam composaient le royaume d'Israël. Comme les rois de Juda étaient de la maison de David, et qu'ils avaient dans leur partage la ville et le temple de Jérusalem, tout ce qu'il y avait de prêtres et de lévites se retirèrent auprès d'eux, et leur demeurèrent toujours attachés : car, depuis que le temple de Salomon fut bâti, il n'était plus permis de sacrifier ailleurs ; et tous ces autres autels qu'on élevait à Dieu sur des montagnes, appelés par cette raison dans l'Écriture les hauts lieux, ne lui étaient point agréables. Ainsi le culte légitime ne subsistait plus que dans Juda. Les dix tribus, excepté un très-petit nombre de personnes, étaient ou idolâtres ou schismatiques.

Au reste, ces prêtres et ces lévites faisaient eux-mêmes une tribu fort nombreuse. Ils furent partagés en diverses classes pour servir tour à tour dans le temple, d'un jour de sabbat à l'autre. Les prêtres étaient de la famille d'Aaron; et il n'y avait que ceux de cette famille lesquels pussent exercer la sacrificature. Les lévites leur étaient subordonnés, et avaient soin, entre autres choses, du chant, de la préparation des victimes, et de la garde du temple. Ce nom de lévite ne laisse pas d'être donné quelquefois indifféremment à tous ceux de la tribu. Ceux qui étaient en semaine avaient, ainsi que le grand-prêtre, leur logement dans les portiques ou galeries dont le temple était environné, et qui faisaient partie du temple même. Tout l'édifice s'appelait en général le lieu saint; mais on appelait plus particulièrement de ce nom cette partie du temple intérieur où étaient le chandelier d'or, l'autel des parfums, et les tables des pains de proposition; et cette partie était encore distinguée du Saint des saints, où était l'arche, et où le grand-prêtre seul avait droit d'entrer une fois l'année. C'était une tradition assez constante que la montagne sur laquelle le temple fut bâti était la même montagne où Abraham avait autrefois offert en sacrifice son fils Isaac.

J'ai cru devoir expliquer ici ces particularités, afin que ceux à qui l'histoire de l'Ancien Testament ne sera pas assez présente n'en soient point arrêtés en lisant cette tragédie. Elle a pour sujet Joas reconnu et mis sur le trône; et j'aurais dû, dans les règles, l'intituler Joas; mais la plupart du monde n'en ayant entendu parler que sous le nom d'Athalie, je n'ai pas jugé à propos de la leur présenter sous un autre titre, puisque d'ailleurs Athalie y joue un personnage si considérable, et que c'est sa mort qui termine la pièce. Voici une partie des principaux événements qui devancèrent cette grande action.

Joram, roi de Juda, fils de Josaphat, et le septième roi de la race de David, épousa Athalie, fille d'Achab et de Jézabel, qui régnaient en Israël, fameux l'un et l'autre, mais principalement Jézabel, par leurs sanglantes persécutions contre les prophètes. Athalie, non moins impie que sa mère, entraîna bientôt le roi son mari dans l'idolâtrie, et fit même construire dans Jérusalem un temple à Baal, qui était le dieu du pays de Tyr et de Sidon, où Jézabel avait pris naissance. Joram, après avoir vu périr par les mains des Arabes et des Philistins tous les princes ses enfants, à la réserve d'Ochozias, mourut lui-même misérablement d'une longue maladie qui lui consuma les entrailles. Sa mort funeste n'empêcha pas Ochozias d'imiter son impiété et celle d'Athalie sa mère. Mais ce prince, après avoir régné seulement un an, étant allé rendre visite au roi d'Israël, frère d'Athalie, fut enveloppé dans la ruine de la maison d'Achab, et tué par l'ordre de Jéhu, que Dieu avait fait sacrer par ses prophètes pour régner sur Israël, et pour être le ministre de ses vengeances. Jéhu extermina toute la postérité d'Achab, et fit jeter par les fenêtres Jézabel, qui, selon la prédiction d'Élie, fut mangée des chiens dans la vigne de ce même Naboth qu'elle avait fait mourir autrefois pour s'emparer de son héritage. Athalie ayant appris à Jérusalem tous ces massacres, entreprit de son côté d'éteindre entièrement la race royale de David, en faisant mourir tous les enfants d'Ochozias, ses petits-fils.

Mais heureusement Josabeth, sœur d'Ochozias, et fille de Joram, mais d'une autre mère qu'Athalie, étant arrivée lorsqu'on égorgeait les princes ses neveux, elle trouva moyen de dérober du milieu des morts le petit Joas, encore à la mamelle, et le confia avec sa nourrice au grand-prêtre son mari, qui les cacha tous deux dans le temple, où l'enfant fut élevé secrètement jusqu'au jour qu'il fut proclamé roi de Juda. L'*Histoire des Rois* dit que ce fut la septième année d'après. Mais le texte grec des Paralipomènes, que Sévère Sulpice a suivi, dit que ce fut la huitième. C'est ce qui m'a autorisé à donner à ce prince neuf à dix ans, pour le mettre déjà en état de répondre aux questions qu'on lui fait.

Je crois ne lui avoir rien fait dire qui soit au-dessus de la portée d'un enfant de cet âge qui a de l'esprit et de la mémoire. Mais quand j'aurais été un peu au delà, il faut considérer que c'est ici un enfant tout extraordinaire, élevé dans le temple par un grand-prêtre, qui, le regardant comme l'unique espérance de sa nation, l'avait instruit de bonne heure dans tous les devoirs de la religion et de la royauté. Il n'en était pas de même des enfants des Juifs que de la plupart des nôtres : on leur apprenait les saintes lettres, non-seulement dès qu'ils avaient atteint l'usage de la raison, mais, pour me servir de l'expression de saint Paul, dès la mamelle. Chaque Juif était obligé d'écrire une fois en sa vie, de sa propre main, le volume de la loi tout entier. Les rois étaient même obligés de l'écrire deux fois, et il leur était enjoint de l'avoir continuellement devant les yeux. Je puis dire ici que la France voit en la personne d'un prince de huit ans et demi[1], qui fait aujourd'hui ses plus chères délices, un exemple illustre de ce que peut dans un enfant un heureux naturel aidé d'une excellente éducation; et que si j'avais donné au petit Joas la même vivacité et le même discernement qui brillent dans les reparties de ce jeune prince, on m'aurait accusé avec raison d'avoir péché contre les règles de la vraisemblance.

L'âge de Zacharie, fils du grand-prêtre, n'étant point marqué, on peut lui supposer, si l'on veut, deux ou trois ans de plus qu'à Joas.

J'ai suivi l'explication de plusieurs commentateurs fort habiles, qui prouvent, par le texte même de l'Écriture, que tous ces soldats à qui Joïada, ou Joad, comme il est appelé dans Josèphe, fit prendre les armes consacrées à Dieu par David, étaient autant de prêtres et de lévites, aussi bien que les cinq centeniers qui les commandaient. En effet, disent ces interprètes, tout devait être saint dans une si sainte action, et aucun profane n'y devait être employé. Il s'y agissait non-seulement de conserver le sceptre dans la maison de David, mais encore de conserver à ce grand roi cette suite de descendants dont devait naître le Messie : « Car » ce Messie, tant de fois promis comme fils d'Abraham,

---

[1] Louis de France, duc de Bourgogne, fils de Monseigneur, élève de Fénelon, pour lequel il conserva le plus vif attachement. Sa mort prématurée plongea la France dans le deuil. Le duc de Bourgogne fit éclater dès son enfance un esprit fort supérieur à son âge. Né en 1682, il n'avait que huit ans et demi dans les premiers mois de 1691, lorsque Racine fit cette préface.

» devait aussi être fils de David et de tous les rois de
» Juda. » De là vient que l'illustre et savant prélat[1] de
qui j'ai emprunté ces paroles appelle Joas le précieux
reste de la maison de David. Josèphe en parle dans les
mêmes termes ; et l'Écriture dit expressément que Dieu
n'extermina pas toute la famille de Joram, voulant
conserver à David la lampe qu'il lui avait promise. Or
cette lampe, qu'était-ce autre chose que la lumière qui
devait être un jour révélée aux nations ?

L'histoire ne spécifie point le jour où Joas fut proclamé. Quelques interprètes veulent que ce fut un jour
de fête. J'ai choisi celle de la Pentecôte, qui était l'une
des trois grandes fêtes des Juifs. On y célébrait la mémoire de la publication de la loi sur le mont de Sinaï, et
on y offrait aussi à Dieu les premiers pains de la nouvelle
moisson : ce qui faisait qu'on la nommait encore la
fête des prémices. J'ai songé que ces circonstances me
fourniraient quelque variété pour les chants du chœur.

Ce chœur est composé de jeunes filles de la tribu de
Lévi, et je mets à leur tête une fille que je donne pour
sœur à Zacharie. C'est elle qui introduit le chœur chez
sa mère. Elle chante avec lui, porte la parole pour lui,
et fait enfin les fonctions de ce personnage des anciens
chœurs qu'on appelait le coryphée. J'ai aussi essayé
d'imiter des anciens cette continuité d'action qui fait
que leur théâtre ne demeure jamais vide, les intervalles des actes n'étant marqués que par des hymnes

---

[1] M. de Meaux.

et par des moralités du chœur, qui ont rapport à ce qui se passe.

On me trouvera peut-être un peu hardi d'avoir osé mettre sur la scène un prophète inspiré de Dieu, et qui prédit l'avenir. Mais j'ai eu la précaution de ne mettre dans sa bouche que des expressions tirées des prophètes mêmes. Quoique l'Écriture ne dise pas en termes exprès que Joïada ait eu l'esprit de prophétie, comme elle le dit de son fils, elle le représente comme un homme tout plein de l'esprit de Dieu. Et d'ailleurs ne paraît-il pas, par l'Évangile, qu'il a pu prophétiser en qualité de souverain pontife? Je suppose donc qu'il voit en esprit le funeste changement de Joas, qui, après trente années d'un règne fort pieux, s'abandonna aux mauvais conseils des flatteurs, et se souilla du meurtre de Zacharie, fils et successeur de ce grand-prêtre. Ce meurtre, commis dans le temple, fut une des principales causes de la colère de Dieu contre les Juifs, et de tous les malheurs qui leur arrivèrent dans la suite. On prétend même que depuis ce jour-là les réponses de Dieu cessèrent entièrement dans le sanctuaire. C'est ce qui m'a donné lieu de faire prédire tout de suite à Joad et la destruction du temple et la ruine de Jérusalem. Mais comme les prophètes joignent d'ordinaire les consolations aux menaces, et que d'ailleurs il s'agit de mettre sur le trône un des ancêtres du Messie, j'ai pris occasion de faire entrevoir la venue de ce consolateur, après lequel tous les anciens justes soupiraient. Cette scène, qui est une espèce d'épisode, amène très-naturellement la musique, par la coutume qu'avaient plusieurs prophètes d'entrer dans leurs saints transports au son des instruments : témoin cette troupe de prophètes qui vinrent au-devant de Saül avec des harpes et des lyres qu'on portait devant eux; et témoin Élisée lui-même, qui, étant consulté sur l'avenir par le roi de Juda et par le roi d'Israël, dit, comme fait ici Joad : *Adducite mihi psalten* [1]. Ajoutez à cela que cette prophétie sert beaucoup à augmenter le trouble dans la pièce, par la consternation et par les différents mouvements où elle jette le chœur et les principaux acteurs [2].

---

[1] « Faites-moi venir un joueur de harpe. » (Chap. III, vers. 15 du liv. IV *des Rois*.)

[2] Le silence que l'auteur garde sur la conduite de sa pièce, dans la préface, est remarquable. Dans ses autres préfaces, il a coutume de parler de l'économie de sa tragédie, du succès qu'elle a eu, ou des critiques qu'elle a essuyées; il se contente, dans celle-ci, d'instruire le lecteur du sujet, et ne dit rien de la manière dont il l'a traité, ni de ce qu'il pense de son ouvrage. Comme cette tragédie n'avait point été représentée, il ignorait l'impression qu'elle pouvait faire sur les spectateurs; ainsi il n'ose en rien dire : il est incertain si elle plaira aux lecteurs; il attend le jugement du public. Il ne soupçonnait pas alors que dans la suite il lui serait si favorable. (L. R.)

# ATHALIE.

## TRAGÉDIE.

## PERSONNAGES.

JOAS, roi de Juda, fils d'Ochozias.

ATHALIE, veuve de Joram, aïeule de Joas.

JOAD, autrement Joïada, grand-prêtre.

JOSABETH, tante de Joas, femme du grand-prêtre.

ZACHARIE, fils de Joad et de Josabeth.

SALOMITH, sœur de Zacharie.

ABNER, l'un des principaux officiers des rois de Juda.

AZARIAS, ISMAEL, et les trois autres chefs des prêtres et des lévites.

MATHAN, prêtre apostat, sacrificateur de Baal.

NABAL, confident de Mathan.

AGAR, femme de la suite d'Athalie.

Troupe de prêtres et de lévites.

Suite d'Athalie.

La Nourrice de Joas.

Chœur de jeunes filles de la tribu de Lévi.

La scène est dans le temple de Jérusalem, dans un vestibule de l'appartement du grand-prêtre.

---

Le jeudi 3 mars 1716, *Athalie* fut représentée pour la première fois sur le Théâtre-Français ; les acteurs qui y jouèrent d'original étaient :

| | |
|---|---|
| JOAD. | Beaubourg. |
| ATHALIE. | M<sup>lle</sup> Desmares. |
| JOSABETH. | M<sup>me</sup> Duclos. |
| MATHAN. | Dancourt. |
| ZACHARIE. | M<sup>me</sup> Dancourt. |
| JOAS. | Laurent, fils du concierge. |

Le nom des autres acteurs ne nous est pas parvenu.

# ATHALIE[1].

## ACTE PREMIER.

### SCÈNE I.

#### JOAD, ABNER.

**ABNER.**
Oui, je viens dans son temple adorer l'Éternel;
Je viens, selon l'usage antique et solennel,
Célébrer avec vous la fameuse journée
Où sur le mont Sina la loi nous fut donnée.
Que les temps sont changés ! Sitôt que de ce jour
La trompette sacrée annonçait le retour,

---

[1] *Athalie* devait être jouée à Saint-Cyr, le 1er janvier 1690; des considérations de diverses natures s'y opposèrent. Cependant elle fut représentée deux fois à Versailles, dans la chambre de $M^{me}$ de Maintenon, devant le roi, par les demoiselles de Saint-Cyr avec leurs habits ordinaires.
Au mois de février 1702 elle fut représentée trois fois à Versailles, par des personnes de la cour et un seul acteur, Baron. Voici les noms des personnes qui prirent part à cette représentation :

| | |
|---|---|
| JOAD, | Baron. |
| ATHALIE. | La présidente de Chailly. |
| ABNER. | Le duc d'Orléans. |
| JOSABETH. | La duchesse de Bourgogne. |
| JOAS. | Le comte d'Esparc. |
| MATHAN. | Le duc d'Ayen. |
| SALOMITH. | La comtesse de Noailles. |
| ZACHARIE. | M. Champeron. |

Ce ne fut que sous la régence du duc d'Orléans, ainsi qu'on vient de le voir, qu'*Athalie* parut sur un véritable théâtre.

Du temple, orné partout de festons magnifiques,
Le peuple saint en foule inondait les portiques;
Et tous, devant l'autel avec ordre introduits,
De leurs champs dans leurs mains portant les nouveaux fruits,
Au Dieu de l'univers consacraient ces prémices :
Les prêtres ne pouvaient suffire aux sacrifices.
L'audace d'une femme, arrêtant ce concours,
En des jours ténébreux a changé ces beaux jours.
D'adorateurs zélés à peine un petit nombre
Ose des premiers temps nous retracer quelque ombre :
Le reste pour son Dieu montre un oubli fatal;
Ou même, s'empressant aux autels de Baal,
Se fait initier à ses honteux mystères,
Et blasphème le nom qu'ont invoqué leurs pères.
Je tremble qu'Athalie, à ne vous rien cacher,
Vous-même de l'autel vous faisant arracher,
N'achève enfin sur vous ses vengeances funestes,
Et d'un respect forcé ne dépouille les restes.

JOAD.

D'où vous vient aujourd'hui ce noir pressentiment?

ABNER.

Pensez-vous être saint et juste impunément?
Dès longtemps elle hait cette fermeté rare
Qui rehausse en Joad l'éclat de la tiare;
Dès longtemps votre amour pour la religion
Est traité de révolte et de sédition.
Du mérite éclatant cette reine jalouse
Hait surtout Josabeth, votre fidèle épouse.
Si du grand-prêtre Aaron Joad est successeur,
De notre dernier roi Josabeth est la sœur.
Mathan, d'ailleurs, Mathan, ce prêtre sacrilége,
Plus méchant qu'Athalie, à toute heure l'assiége;
Mathan, de nos autels infâme déserteur,
Et de toute vertu zélé persécuteur.
C'est peu que le front ceint d'une mitre étrangère,

Ce lévite à Baal prête son ministère ;
Ce temple l'importune, et son impiété
Voudrait anéantir le dieu qu'il a quitté.
Pour vous perdre il n'est point de ressorts qu'il n'invente ;
Quelquefois il vous plaint, souvent même il vous vante ;
Il affecte pour vous une fausse douceur ;
Et, par là de son fiel colorant la noirceur,
Tantôt à cette reine il vous peint redoutable,
Tantôt, voyant pour l'or sa soif insatiable,
Il lui feint qu'en un lieu que vous seul connaissez,
Vous cachez des trésors par David amassés.
Enfin, depuis deux jours, la superbe Athalie
Dans un sombre chagrin paraît ensevelie.
Je l'observais hier, et je voyais ses yeux
Lancer sur le lieu saint des regards furieux :
Comme si, dans le fond de ce vaste édifice,
Dieu cachait un vengeur armé pour son supplice.
Croyez-moi, plus j'y pense, et moins je puis douter
Que sur vous son courroux ne soit prêt d'éclater,
Et que de Jézabel la fille sanguinaire
Ne vienne attaquer Dieu jusqu'en son sanctuaire.

JOAD.

Celui qui met un frein à la fureur des flots
Sait aussi des méchants arrêter les complots.
Soumis avec respect à sa volonté sainte,
Je crains Dieu, cher Abner, et n'ai point d'autre crainte.
Cependant je rends grâce au zèle officieux
Qui sur tous mes périls vous fait ouvrir les yeux.
Je vois que l'injustice en secret vous irrite,
Que vous avez encore le cœur israélite.
Le ciel en soit béni ! Mais ce secret courroux,
Cette oisive vertu, vous en contentez-vous ?
La foi qui n'agit point est-ce une foi sincère ?
Huit ans déjà passés, une impie étrangère
Du sceptre de David usurpe tous les droits,

Se baigne impunément dans le sang de nos rois,
Des enfants de son fils détestable homicide,
Et même contre Dieu lève son bras perfide ;
Et vous, l'un des soutiens de ce tremblant État,
Vous, nourri dans les camps du saint roi Josaphat,
Qui sous son fils Joram commandiez nos armées,
Qui rassurâtes seul nos villes alarmées,
Lorsque d'Ochozias le trépas imprévu
Dispersa tout son camp à l'aspect de Jéhu :
« Je crains Dieu, dites-vous ; sa vérité me touche ! »
Voici comme ce Dieu vous répond par ma bouche :
« Du zèle de ma loi que sert de vous parer?
» Par des stériles vœux pensez-vous m'honorer?
» Quel fruit me revient-il de tous vos sacrifices?
» Ai-je besoin du sang des boucs et des génisses?
» Le sang de vos rois crie, et n'est point écouté.
» Rompez, rompez tout pacte avec l'impiété ;
» Du milieu de mon peuple exterminez les crimes ;
» Et vous viendrez alors m'immoler vos victimes. »

ABNER.

Hé ! que puis-je au milieu de ce peuple abattu ?
Benjamin est sans force, et Juda sans vertu :
Le jour qui de leurs rois vit éteindre la race
Éteignit tout le feu de leur antique audace.
Dieu même, disent-ils, s'est retiré de nous :
De l'honneur des Hébreux autrefois si jaloux,
Il voit sans intérêt leur grandeur terrassée ;
Et sa miséricorde à la fin s'est lassée :
On ne voit plus pour nous ses redoutables mains
De merveilles sans nombre effrayer les humains ;
L'arche sainte est muette, et ne rend plus d'oracles.

JOAD.

Et quel temps fut jamais si fertile en miracles?
Quand Dieu par plus d'effets montra-t-il son pouvoir ?
Auras-tu donc toujours des yeux pour ne point voir,

Peuple ingrat? Quoi! toujours les plus grandes merveilles
Sans ébranler ton cœur frapperont tes oreilles?
Faut-il, Abner, faut-il vous rappeler le cours
Des prodiges fameux accomplis en nos jours?
Des tyrans d'Israël les célèbres disgrâces,
Et Dieu trouvé fidèle dans toutes ses menaces;
L'impie Achab détruit, et de son sang trempé
Le champ que par le meurtre il avait usurpé;
Près de ce champ fatal Jézabel immolée,
Sous les pieds des chevaux cette reine foulée,
Dans son sang inhumain les chiens désaltérés,
Et de son corps hideux les membres déchirés :
Des prophètes menteurs la troupe confondue,
Et la flamme du ciel sur l'autel descendue;
Élie aux éléments parlant en souverain,
Les cieux par lui fermés et devenus d'airain,
Et la terre trois ans sans pluie et sans rosée,
Les morts se ranimant à la voix d'Élisée?
Reconnaissez, Abner, à ces traits éclatants,
Un Dieu tel aujourd'hui qu'il fut dans tous les temps :
Il sait, quand il lui plaît, faire éclater sa gloire;
Et son peuple est toujours présent à sa mémoire.

ABNER.

Mais où sont ces honneurs à David tant promis,
Et prédits même encore à Salomon son fils?
Hélas! nous espérions que de leur race heureuse
Devait sortir de rois une suite nombreuse,
Que sur toute tribu, sur toute nation,
L'un d'eux établirait sa domination,
Ferait cesser partout la discorde et la guerre,
Et verrait à ses pieds tous les rois de la terre.

JOAD.

Aux promesses du ciel pourquoi renoncez-vous?

ABNER.

Ce roi fils de David, où le chercherons-nous?

Le ciel même peut-il réparer les ruines
De cet arbre séché jusque dans ses racines?
Athalie étouffa l'enfant même au berceau.
Les morts, après huit ans, sortent-ils du tombeau?
Ah! si dans sa fureur elle s'était trompée;
Si du sang de nos rois quelque goutte échappée...

JOAD.

Hé bien! que feriez-vous?

ABNER.

O jour heureux pour moi!
De quelle ardeur j'irais reconnaître mon roi!
Doutez-vous qu'à ses pieds nos tribus empressées...
Mais pourquoi me flatter de ces vaines pensées?
Déplorable héritier de ces rois triomphants,
Ochozias restait seul avec ses enfants;
Par les traits de Jéhu je vis percer le père;
Vous avez vu les fils massacrés par la mère.

JOAD.

Je ne m'explique point; mais quand l'astre du jour
Aura sur l'horizon fait le tiers de son tour,
Lorsque la troisième heure aux prières rappelle,
Retrouvez-vous au temple, avec ce même zèle.
Dieu pourra vous montrer, par d'importants bienfaits,
Que sa parole est stable, et ne trompe jamais.
Allez : pour ce grand jour il faut que je m'apprête,
Et du temple déjà l'aube blanchit le faîte.

ABNER.

Quel sera ce bienfait que je ne comprends pas?
L'illustre Josabeth porte vers vous ses pas :
Je sors, et vais me joindre à la troupe fidèle
Qu'attire de ce jour la pompe solennelle.

## SCÈNE II.

JOAD, JOSABETH.

#### JOAD.

Les temps sont accomplis, princesse : il faut parler,
Et votre heureux larcin ne se peut plus celer.
Des ennemis de Dieu la coupable insolence,
Abusant contre lui de ce profond silence,
Accuse trop longtemps ses promesses d'erreur.
Que dis-je? Le succès animant leur fureur,
Jusque sur notre autel votre injuste marâtre
Veut offrir à Baal un encens idolâtre.
Montrons ce jeune roi que vos mains ont sauvé,
Sous l'aile du Seigneur dans le temple élevé.
De nos princes hébreux il aura le courage,
Et déjà son esprit a devancé son âge.
Avant que son destin s'explique par ma voix,
Je vais l'offrir au Dieu par qui règnent les rois :
Aussitôt, assemblant nos lévites, nos prêtres,
Je leur déclarerai l'héritier de leurs maîtres.

#### JOSABETH.
Sait-il déjà son nom et son noble destin?

#### JOAD.
Il ne répond encor qu'au nom d'Éliacin,
Et se croit quelque enfant rejeté par sa mère,
A qui j'ai par pitié daigné servir de père.

#### JOSABETH.
Hélas! de quel péril je l'avais su tirer!
Dans quel péril encore est-il prêt de rentrer!

#### JOAD.
Quoi! déjà votre foi s'affaiblit et s'étonne?

#### JOSABETH.
A vos sages conseils, seigneur, je m'abandonne.

Du jour que j'arrachai cet enfant à la mort,
Je remis en vos mains tout le soin de son sort·
Même, de mon amour craignant la violence,
Autant que je le puis j'évite sa présence,
De peur qu'en le voyant quelque trouble indiscret
Ne fasse avec mes pleurs échapper mon secret.
Surtout j'ai cru devoir aux larmes, aux prières,
Consacrer ces trois jours et ces trois nuits entières.
Cependant aujourd'hui puis-je vous demander
Quels amis vous avez prêts à vous seconder?
Abner, le brave Abner viendra-t-il nous défendre?
A-t-il près de son roi fait serment de se rendre?

JOAD.

Abner, quoiqu'on se pût assurer sur sa foi,
Ne sait pas même encor si nous avons un roi.

JOSABETH.

Mais à qui de Joas confiez-vous la garde?
Est-ce Obed, est-ce Amnon que cet honneur regarde?
De mon père sur eux les bienfaits répandus...

JOAD.

A l'injuste Athalie ils se sont tous vendus.

JOSABETH.

Qui donc opposez-vous contre ses satellites?

JOAD.

Ne vous l'ai-je pas dit? Nos prêtres, nos lévites.

JOSABETH.

Je sais que, près de vous en secret assemblé,
Par vos soins prévoyants leur nombre est redoublé;
Que, pleins d'amour pour vous, d'horreur pour Athalie,
Un serment solennel par avance les lie
A ce fils de David qu'on leur doit révéler.
Mais, quelque noble ardeur dont ils puissent brûler,
Peuvent-ils de leur roi venger seuls la querelle?
Pour un si grand ouvrage est-ce assez de leur zèle?

Doutez-vous qu'Athalie, au premier bruit semé
Qu'un fils d'Ochozias est ici renfermé,
De ses fiers étrangers assemblant les cohortes,
N'environne le temple, et n'en brise les portes?
Suffira-t-il contre eux de vos ministres saints,
Qui, levant au Seigneur leurs innocentes mains,
Ne savent que gémir et prier pour nos crimes,
Et n'ont jamais versé que le sang des victimes?
Peut-être dans leurs bras Joas percé de coups...

JOAD.

Et comptez-vous pour rien Dieu, qui combat pour nous?
Dieu, qui de l'orphelin protège l'innocence,
Et fait dans la faiblesse éclater sa puissance;
Dieu, qui hait les tyrans, et qui dans Jézraël
Jura d'exterminer Achab et Jezabel;
Dieu, qui frappant Joram, le mari de leur fille,
A jusque sur son fils poursuivi leur famille;
Dieu, dont le bras vengeur, pour un temps suspendu,
Sur cette race impie est toujours étendu?

JOSABETH.

Et c'est sur tous ces rois sa justice sévère
Que je crains pour le fils de mon malheureux frère.
Qui sait si cet enfant, par leur crime entraîné,
Avec eux en naissant ne fut pas condamné?
Si Dieu, le séparant d'une odieuse race,
En faveur de David voudra lui faire grâce?
Hélas! l'état horrible où le ciel me l'offrit
Revient à tout moment effrayer mon esprit.
De princes égorgés la chambre était remplie;
Un poignard à la main, l'implacable Athalie
Au carnage animait ses barbares soldats,
Et poursuivait le cours de ses assassinats.
Joas, laissé pour mort, frappa soudain ma vue :
Je me figure encor sa nourrice éperdue,
Qui devant les bourreaux s'était jetée en vain

Et, faible, le tenait renversé sur son sein.
Je le pris tout sanglant. En baignant son visage
Mes pleurs du sentiment lui rendirent l'usage ;
Et, soit frayeur encore, ou pour me caresser,
De ses bras innocents je me sentis presser.
Grand Dieu! que mon amour ne lui soit point funeste!
Du fidèle David c'est le précieux reste ;
Nourri dans ta maison, en l'amour de ta loi,
Il ne connaît encor d'autre père que toi.
Sur le point d'attaquer une reine homicide,
A l'aspect du péril si ma foi s'intimide,
Si la chair et le sang, se troublant aujourd'hui,
Ont trop de part aux pleurs que je répands pour lui,
Conserve l'héritier de tes saintes promesses,
Et ne punis que moi de toutes mes faiblesses!

JOAD.

Vos larmes, Josabeth, n'ont rien de criminel ;
Mais Dieu veut qu'on espère en son soin paternel.
Il ne recherche point, aveugle en sa colère,
Sur le fils qui le craint l'impiété du père.
Tout ce qui reste encor de fidèles Hébreux
Lui viendront aujourd'hui renouveler leurs vœux :
Autant que de David la race est respectée,
Autant de Jézabel la fille est détestée.
Joas les touchera par sa noble pudeur,
Où semble de son sang reluire la splendeur ;
Et Dieu, par sa voix même appuyant notre exemple,
De plus près à leur cœur parlera dans son temple.
Deux infidèles rois tour à tour l'ont bravé :
Il faut que sur le trône un roi soit élevé,
Qui se souvienne un jour qu'au rang de ses ancêtres
Dieu l'a fait remonter par la main de ses prêtres,
L'a tiré par leur main de l'oubli du tombeau,
Et de David éteint rallumé le flambeau.
Grand Dieu! si tu prévois qu'indigne de sa race,

Il doive de David abandonner la trace,
Qu'il soit comme le fruit en naissant arraché,
Ou qu'un souffle ennemi dans sa fleur a séché!
Mais si ce même enfant, à tes ordres docile,
Doit être à tes desseins un instrument utile,
Fais qu'au juste héritier le sceptre soit remis;
Livre en mes faibles mains ses puissants ennemis;
Confonds dans ses conseils une reine cruelle :
Daigne, daigne, mon Dieu, sur Mathan et sur elle
Répandre cet esprit d'imprudence et d'erreur,
De la chute des rois funeste avant-coureur!
L'heure me presse : adieu. Des plus saintes familles
Votre fils et sa sœur vous amènent les filles.


## SCÈNE III.

### JOSABETH, ZACHARIE, SALOMITH, LE CHŒUR.

#### JOSABETH.

Cher Zacharie, allez, ne vous arrêtez pas;
De votre auguste père accompagnez les pas.
O filles de Lévi, troupe jeune et fidèle,
Que déjà le Seigneur embrase de son zèle,
Qui venez si souvent partager mes soupirs,
Enfants, ma seule joie en mes longs déplaisirs,
Ces festons dans vos mains, et ces fleurs sur vos têtes,
Autrefois convenaient à nos pompeuses fêtes :
Mais, hélas! en ce temps d'opprobre et de douleurs,
Quelle offrande sied mieux que celle de nos pleurs!
J'entends déjà, j'entends la trompette sacrée,
Et du temple bientôt on permettra l'entrée.
Tandis que je me vais préparer à marcher,
Chantez, louez le Dieu que vous venez chercher.

## SCÈNE IV.

### LE CHŒUR.

**TOUT LE CHOEUR** chante.

Tout l'univers est plein de sa magnificence :
Qu'on l'adore ce Dieu, qu'on l'invoque à jamais!
Son empire a des temps précédé la naissance;
    Chantons, publions ses bienfaits.

**UNE VOIX**, seule.

    En vain l'injuste violence
Au peuple qui le loue imposerait silence :
    Son nom ne périra jamais.
Le jour annonce au jour sa gloire et sa puissance;
Tout l'univers est plein de sa magnificence :
    Chantons, publions ses bienfaits.

**TOUT LE CHOEUR** répète.

Tout l'univers est plein de sa magnificence :
    Chantons, publions ses bienfaits.

**UNE VOIX**, seule.

  Il donne aux fleurs leur aimable peinture;
    Il fait naître et mûrir les fruits :
    Il leur dispense avec mesure
Et la chaleur des jours et la fraîcheur des nuits;
Le champ qui les reçut les rend avec usure.

**UNE AUTRE.**

Il commande au soleil d'animer la nature,
    Et la lumière est un don de ses mains;
    Mais sa loi sainte, sa loi pure
Est le plus riche don qu'il ait fait aux humains.

**UNE AUTRE.**

O mont de Sinaï, conserve la mémoire
De ce jour à jamais auguste et renommé.

## ACTE I. SCÈNE IV.

Quand, sur ton sommet enflammé,
Dans un nuage épais le Seigneur enfermé
Fit luire aux yeux mortels un rayon de sa gloire.
  Dis-nous, pourquoi ces feux et ces éclairs,
Ces torrents de fumée, et ce bruit dans les airs,
  Ces trompettes et ce tonnerre ?
Venait-il renverser l'ordre des éléments ?
  Sur ses antiques fondements
  Venait-il ébranler la terre ?

### UNE AUTRE.

Il venait révéler aux enfants des Hébreux
De ses préceptes saints la lumière immortelle ;
  Il venait à ce peuple heureux
Ordonner de l'aimer d'une amour éternelle.

### TOUT LE CHOEUR.

  O divine, ô charmante loi !
  O justice, ô bonté suprême !
Que de raisons, quelle douceur extrême
D'engager à ce Dieu son amour et sa foi !

### UNE VOIX, seule.

D'un joug cruel il sauva nos aïeux,
Les nourrit au désert d'un pain délicieux ;
Il nous donne ses lois, il se donne lui-même :
  Pour tant de biens, il commande qu'on l'aime.

### LE CHOEUR.

O justice, ô bonté suprême !

### LA MÊME VOIX.

Des mers pour eux il entr'ouvrit les eaux ;
D'un aride rocher fit sortir des ruisseaux ;
Il nous donne ses lois, il se donne lui-même :
  Pour tant de biens, il commande qu'on l'aime.

### LE CHOEUR

O divine, ô charmante loi !

Que de raisons, quelle douceur extrême
D'engager à ce Dieu son amour et sa foi!

UNE AUTRE VOIX, seule.

Vous qui ne connaissez qu'une crainte servile,
Ingrats, un Dieu si bon ne peut-il vous charmer?
Est-il donc à vos cœurs, est-il si difficile
    Et si pénible de l'aimer?
  L'esclave craint le tyran qui l'outrage;
  Mais des enfants l'amour est le partage.
Vous voulez que ce Dieu vous comble de bienfaits,
    Et ne l'aimer jamais!

TOUT LE CHOEUR.

  O divine, ô charmante loi!
  O justice, ô bonté suprême!
Que de raisons, quelle douceur extrême
D'engager à ce Dieu son amour et sa foi!

FIN DU PREMIER ACTE.

# ACTE DEUXIÈME.

## SCÈNE I.

JOSABETH, SALOMITH, LE CHŒUR.

JOSABETH.

Mes filles, c'est assez ; suspendez vos cantiques :
Il est temps de nous joindre aux prières publiques.
Voici notre heure : allons célébrer ce grand jour,
Et devant le Seigneur paraître à notre tour.

## SCÈNE II.

JOSABETH, ZACHARIE, SALOMITH, LE CHŒUR.

JOSABETH.

Mais que vois-je ? Mon fils, quel sujet vous ramène ?
Où courez-vous ainsi tout pâle et hors d'haleine ?

ZACHARIE.

O ma mère !

JOSABETH.

Hé bien ! quoi ?

ZACHARIE.

Le temple est profané !

JOSABETH.

Comment ?

ZACHARIE.

Et du Seigneur l'autel abandonné.

##### JOSABETH.

Je tremble. Hâtez-vous d'éclaircir votre mère.
##### ZACHARIE.
Déjà, selon la loi, le grand-prêtre mon père,
Après avoir au Dieu qui nourrit les humains
De la moisson nouvelle offert les premiers pains,
Lui présentait encore entre ses mains sanglantes
Des victimes de paix les entrailles fumantes ;
Debout à ses côtés le jeune Éliacin
Comme moi le servait en long habit de lin ;
Et cependant du sang de la chair immolée
Les prêtres arrosaient l'autel et l'assemblée :
Un bruit confus s'élève, et du peuple surpris
Détourne tout à coup les yeux et les esprits.
Une femme... Peut-on la nommer sans blasphème ?
Une femme... C'était Athalie elle-même.
##### JOSABETH.
Ciel !
##### ZACHARIE.
Dans un des parvis, aux hommes réservé,
Cette femme superbe entre, le front levé,
Et se préparait même à passer les limites
De l'enceinte sacrée ouverte aux seuls lévites.
Le peuple s'épouvante, et fuit de toutes parts.
Mon père... Ah ! quel courroux animait ses regards !
Moïse à Pharaon parut moins formidable :
« Reine, sors, a-t-il dit, de ce lieu redoutable,
» D'où te bannit ton sexe et ton impiété.
» Viens-tu du Dieu vivant braver la majesté ? »
La reine alors, sur lui jetant un œil farouche,
Pour blasphémer sans doute ouvrait déjà la bouche :
J'ignore si de Dieu l'ange se dévoilant
Est venu lui montrer un glaive étincelant ;
Mais sa langue en sa bouche à l'instant s'est glacée,
Et toute son audace a paru terrassée ;

Ses yeux, comme effrayés, n'osaient se détourner ;
Surtout, Éliacin paraissait l'étonner.

JOSABETH.

Quoi donc? Éliacin a paru devant elle?

ZACHARIE.

Nous regardions tous deux cette reine cruelle,
Et d'une égale horreur nos cœurs étaient frappés.
Mais les prêtres bientôt nous ont enveloppés :
On nous a fait sortir. J'ignore tout le reste,
Et venais vous conter ce désordre funeste.

JOSABETH.

Ah ! de nos bras sans doute elle vient l'arracher ;
Et c'est lui qu'à l'autel sa fureur vient chercher.
Peut-être en ce moment l'objet de tant de larmes...
Souviens-toi de David, Dieu qui vois mes alarmes !

SALOMITH.

Quel est-il cet objet des pleurs que vous versez?

ZACHARIE.

Les jours d'Éliacin seraient-ils menacés?

SALOMITH.

Aurait-il de la reine attiré la colère?

ZACHARIE.

Que craint-on d'un enfant sans support et sans père?

JOSABETH.

Ah ! la voici. Sortons : il la faut éviter.

## SCÈNE III.

### ATHALIE, ABNER, AGAR, SUITE D'ATHALIE.

AGAR.

Madame, dans ces lieux pourquoi vous arrêter?
Ici tous les objets vous blessent, vous irritent.
Abandonnez ce temple aux prêtres qui l'habitent;
Fuyez tout ce tumulte, et dans votre palais

A vos sens agités venez rendre la paix.
### ATHALIE.
Non, je ne puis : tu vois mon trouble et ma faiblesse.
Va, fais dire à Mathan qu'il vienne, qu'il se presse ;
Heureuse si je puis trouver par son secours
Cette paix que je cherche, et qui me fuit toujours !

(Elle s'assied.)

## SCÈNE IV.

### ATHALIE, ABNER, SUITE D'ATHALIE.

### ABNER.

Madame, pardonnez si j'ose le défendre :
Le zèle de Joad n'a point dû vous surprendre.
Du Dieu que nous servons tel est l'ordre éternel ;
Lui-même il nous traça son temple et son autel,
Aux seuls enfants d'Aaron commit ses sacrifices,
Aux lévites marqua leur place et leurs offices,
Et surtout défendit à leur postérité
Avec tout autre dieu toute société.
Hé quoi ! vous de nos rois et la femme et la mère,
Êtes-vous à ce point parmi nous étrangère ?
Ignorez-vous nos lois ? et faut-il qu'aujourd'hui...
Voici votre Mathan : je vous laisse avec lui.

### ATHALIE.

Votre présence, Abner, est ici nécessaire.
Laissons là de Joad l'audace téméraire,
Et tout ce vain amas de superstitions
Qui ferment votre temple aux autres nations :
Un sujet plus pressant excite mes alarmes.
Je sais que, dès l'enfance élevé dans les armes,
Abner a le cœur noble, et qu'il rend à la fois
Ce qu'il doit à son Dieu, ce qu'il doit à ses rois.
Demeurez.

## SCÈNE V.

ATHALIE, ABNER, MATHAN, SUITE D'ATHALIE.

MATHAN.

Grande reine, est-ce ici votre place?
Quel trouble vous agite, et quel effroi vous glace?
Parmi vos ennemis que venez-vous chercher?
De ce temple profane osez-vous approcher?
Avez-vous dépouillé cette haine si vive...

ATHALIE.

Prêtez-moi l'un et l'autre une oreille attentive.
Je ne veux point ici rappeler le passé,
Ni vous rendre raison du sang que j'ai versé :
Ce que j'ai fait, Abner, j'ai cru le devoir faire.
Je ne prends point pour juge un peuple téméraire :
Quoi que son insolence ait osé publier,
Le ciel même a pris soin de me justifier.
Sur d'éclatants succès ma puissance établie
A fait jusqu'aux deux mers respecter Athalie;
Par moi Jérusalem goûte un calme profond;
Le Jourdain ne voit plus l'Arabe vagabond,
Ni l'altier Philistin, par d'éternels ravages,
Comme au temps de vos rois, désoler ses rivages,
Le Syrien me traite et de reine et de sœur;
Enfin de ma maison le perfide oppresseur,
Qui devait jusqu'à moi pousser sa barbarie,
Jéhu, le fier Jéhu, tremble dans Samarie;
De toutes parts pressé par un puissant voisin,
Que j'ai su soulever contre cet assassin,
Il me laisse en ces lieux souveraine maîtresse.
Je jouissais en paix du fruit de ma sagesse;
Mais un trouble importun vient, depuis quelques jours,
De mes prospérités interrompre le cours.

Un songe (me devrais-je inquiéter d'un songe?)
Entretient dans mon cœur un chagrin qui le ronge :
Je l'évite partout, partout il me poursuit.
C'était pendant l'horreur d'une profonde nuit ;
Ma mère Jézabel devant moi s'est montrée,
Comme au jour de sa mort pompeusement parée ;
Ses malheurs n'avaient point abattu sa fierté ;
Même elle avait encor cet éclat emprunté
Dont elle eut soin de peindre et d'orner son visage,
Pour réparer des ans l'irréparable outrage :
« Tremble, m'a-t-elle dit, fille digne de moi ;
» Le cruel dieu des Juifs l'emporte aussi sur toi.
» Je te plains de tomber dans ses mains redoutables,
» Ma fille. » En achevant ces mots épouvantables,
Son ombre vers mon lit a paru se baisser ;
Et moi je lui tendais les mains pour l'embrasser ;
Mais je n'ai plus trouvé qu'un horrible mélange
D'os et de chair meurtris, et traînés dans la fange,
Des lambeaux pleins de sang, et des membres affreux
Que des chiens dévorants se disputaient entre eux.

ABNER.

Grand Dieu !

ATHALIE.

Dans ce désordre à mes yeux se présente
Un jeune enfant couvert d'une robe éclatante,
Tels qu'on voit des Hébreux les prêtres revêtus.
Sa vue a ranimé mes esprits abattus ;
Mais lorsque, revenant de mon trouble funeste,
J'admirais sa douceur, son air noble et modeste,
J'ai senti tout à coup un homicide acier
Que le traître en mon sein a plongé tout entier.
De tant d'objets divers le bizarre assemblage
Peut-être du hasard vous paraît un ouvrage :
Moi-même quelque temps, honteuse de ma peur,
Je l'ai pris pour l'effet d'une sombre vapeur.

Mais de ce souvenir mon âme possédée
A deux fois en dormant revu la même idée ;
Deux fois mes tristes yeux se sont vu retracer
Ce même enfant toujours tout prêt à me percer.
Lasse enfin des horreurs dont j'étais poursuivie,
J'allais prier Baal de veiller sur ma vie,
Et chercher du repos au pied de ses autels :
Que ne peut la frayeur sur l'esprit des mortels !
Dans le temple des Juifs un instinct m'a poussée,
Et d'apaiser leur Dieu j'ai conçu la pensée ;
J'ai cru que des présents calmeraient son courroux,
Que ce Dieu, quel qu'il soit, en deviendrait plus doux.
Pontife de Baal, excusez ma faiblesse.
J'entre : le peuple fuit, le sacrifice cesse,
Le grand-prêtre vers moi s'avance avec fureur :
Pendant qu'il me parlait, ô surprise ! ô terreur !
J'ai vu ce même enfant dont je suis menacée,
Tel qu'un songe effrayant l'a peint à ma pensée.
Je l'ai vu : son même air, son même habit de lin,
Sa démarche, ses yeux, et tous ses traits enfin ;
C'est lui-même. Il marchait à côté du grand-prêtre ;
Mais bientôt à ma vue on l'a fait disparaître.
Voilà quel trouble ici m'oblige à m'arrêter,
Et sur quoi j'ai voulu tous deux vous consulter.
Que présage, Mathan, ce prodige incroyable ?

### MATHAN.

Ce songe et ce rapport, tout me semble effroyable.

### ATHALIE.

Mais cet enfant fatal, Abner, vous l'avez vu :
Quel est-il ? de quel sang, et de quelle tribu ?

### ABNER.

Deux enfants à l'autel prêtaient leur ministère :
L'un est fils de Joad, Josabeth est sa mère ;
L'autre m'est inconnu.

MATHAN.

     Pourquoi délibérer?
De tous les deux, madame, il se faut assurer.
Vous savez pour Joad mes égards, mes mesures;
Que je ne cherche point à venger mes injures;
Que la seule équité règne en tous mes avis;
Mais lui-même, après tout, fût-ce son propre fils,
Voudrait-il un moment laisser vivre un coupable?

ABNER.

De quel crime un enfant peut-il être capable?

MATHAN.

Le ciel nous le fait voir un poignard à la main :
Le ciel est juste et sage, et ne fait rien en vain.
Que cherchez-vous de plus?

ABNER.

     Mais, sur la foi d'un songe,
Dans le sang d'un enfant voulez-vous qu'on se plonge?
Vous ne savez encor de quel père il est né,
Quel il est.

MATHAN.

   On le craint, tout est examiné.
A d'illustres parents s'il doit son origine,
La splendeur de son sort doit hâter sa ruine;
Dans le vulgaire obscur si le sort l'a placé,
Qu'importe qu'au hasard un sang vil soit versé?
Est-ce aux rois à garder cette lente justice?
Leur sûreté souvent dépend d'un prompt supplice.
N'allons point les gêner d'un soin embarrassant :
Dès qu'on leur est suspect, on n'est plus innocent.

ABNER.

Hé quoi! Mathan! d'un prêtre est-ce là le langage?
Moi, nourri dans la guerre, aux horreurs du carnage,
Des vengeances des rois ministre rigoureux,
C'est moi qui prête ici ma voix au malheureux!
Et vous, qui lui devez des entrailles de père,

## ACTE II. SCÈNE V.

Vous, ministre de paix dans les temps de colère,
Couvrant d'un zèle faux votre ressentiment,
Le sang à votre gré coule trop lentement!
Vous m'avez commandé de vous parler sans feinte,
Madame : quel est donc ce grand sujet de crainte?
Un songe, un faible enfant, que votre œil, prévenu,
Peut-être sans raison croit avoir reconnu.

### ATHALIE.

Je le veux croire, Abner; je puis m'être trompée :
Peut-être un songe vain m'a trop préoccupée.
Hé bien! il faut revoir cet enfant de plus près;
Il en faut à loisir examiner les traits.
Qu'on les fasse tous deux paraître en ma présence.

### ABNER.

Je crains...

### ATHALIE.

        Manquerait-on pour moi de complaisance?
De ce refus bizarre où seraient les raisons?
Il pourrait me jeter en d'étranges soupçons.
Que Josabeth, vous dis-je, ou Joad les amène.
Je puis, quand je voudrai, parler en souveraine.
Vos prêtres, je veux bien, Abner, vous l'avouer,
Des bontés d'Athalie ont lieu de se louer.
Je sais sur ma conduite et contre ma puissance
Jusqu'où de leurs discours ils portent la licence :
Ils vivent cependant, et leur temple est debout.
Mais je sens que bientôt ma douceur est à bout.
Que Joad mette un frein à son zèle sauvage,
Et ne m'irrite point par un second outrage.
Allez.

## SCÈNE VI.

### ATHALIE, MATHAN, SUITE D'ATHALIE.

#### MATHAN.

Enfin je puis parler en liberté ;
Je puis dans tout son jour mettre la vérité.
Quelque monstre naissant dans ce temple s'élève,
Reine : n'attendez pas que le nuage crève.
Abner chez le grand-prêtre a devancé le jour :
Pour le sang de ses rois vous savez son amour.
Et qui sait si Joad ne veut point en leur place
Substituer l'enfant dont le ciel vous menace,
Soit son fils, soit quelqu'autre...

#### ATHALIE.

Oui, vous m'ouvrez les yeux,
Je commence à voir clair dans cet avis des cieux.
Mais je veux de mon doute être débarrassée :
Un enfant est peu propre à trahir sa pensée ;
Souvent d'un grand dessein un mot vous fait juger.
Laissez-moi, cher Mathan, le voir, l'interroger.
Vous cependant, allez ; et, sans jeter d'alarmes,
A tous mes Tyriens faites prendre les armes.


## SCÈNE VII.

### JOAS, ATHALIE, JOSABETH, ZACHARIE, SALOMITH, ABNER, DEUX LÉVITES, LE CHŒUR, SUITE D'ATHALIE.

#### JOSABETH, aux deux lévites.

O vous ! sur ces enfants si chers, si précieux,
Ministres du Seigneur, ayez toujours les yeux.

#### ABNER, à Josabeth.

Princesse, assurez-vous, je les prends sous ma garde.

ATHALIE.

O ciel! plus j'examine, et plus je le regarde...
C'est lui! D'horreur encor tous mes sens sont saisis.

(Montrant Joas.)

Épouse de Joad, est-ce là votre fils?

JOSABETH.

Qui? lui, madame?

ATHALIE.

Lui.

JOSABETH.

Je ne suis point sa mère.

(Montrant Zacharie.)

Voilà mon fils.

ATHALIE, à Joas.

Et vous, quel est donc votre père?
Jeune enfant, répondez.

JOSABETH.

Le ciel jusqu'aujourd'hui...

ATHALIE.

Pourquoi vous pressez-vous de répondre pour lui?
C'est à lui de parler.

JOSABETH.

Dans un âge si tendre
Quel éclaircissement en pouvez-vous attendre?

ATHALIE.

Cet âge est innocent : son ingénuité
N'altère point encore la simple vérité.
Laissez-le s'expliquer sur tout ce qui le touche.

JOSABETH, tout bas.

Daigne mettre, grand Dieu, ta sagesse en sa bouche!

ATHALIE.

Comment vous nommez-vous?

JOAS.

J'ai nom Éliacin.

ATHALIE.

Votre père?

JOAS.

Je suis, dit-on, un orphelin
Entre les bras de Dieu jeté dès ma naissance,
Et qui de mes parents n'eus jamais connaissance.

ATHALIE.

Vous êtes sans parents?

JOAS.

Ils m'ont abandonné.

ATHALIE.

Comment? et depuis quand?

JOAS.

Depuis que je suis né.

ATHALIE.

Ne sait-on pas au moins quel pays est le vôtre?

JOAS.

Ce temple est mon pays; je n'en connais point d'autre.

ATHALIE.

Où dit-on que le sort vous a fait rencontrer?

JOAS.

Parmi des loups cruels prêts à me dévorer.

ATHALIE.

Qui vous mit dans ce temple?

JOAS.

Une femme inconnue,
Qui ne dit pas son nom, et qu'on n'a point revue.

ATHALIE.

Mais de vos premiers ans quelles mains ont pris soin?

JOAS.

Dieu laissa-t-il jamais ses enfants au besoin?
Aux petits des oiseaux il donne leur pâture,
Et sa bonté s'étend sur toute la nature.
Tous les jours je l'invoque; et d'un soin paternel
Il me nourrit des dons offerts sur son autel.

ATHALIE.

Quel prodige nouveau me trouble et m'embarrasse?
La douceur de sa voix, son enfance, sa grâce,
Font insensiblement à mon inimitié
Succéder... Je serais sensible à la pitié?

ABNER.

Madame, voilà donc cet ennemi terrible?
De vos songes menteurs l'imposture est visible,
A moins que la pitié qui semble vous troubler
Ne soit ce coup fatal qui vous faisait trembler.

ATHALIE, à Joas et à Josabeth.

Vous sortez?

JOSABETH.

Vous avez entendu sa fortune :
Sa présence à la fin pourrait être importune.

ATHALIE.

(A Joas.)

Non : revenez. Quel est tous les jours votre emploi?

JOAS.

J'adore le Seigneur; on m'explique sa loi,
Dans son livre divin on m'apprend à la lire;
Et déjà de ma main je commence à l'écrire.

ATHALIE.

Que vous dit cette loi?

JOAS.

Que Dieu veut être aimé;
Qu'il venge tôt ou tard son saint nom blasphémé;
Qu'il est le défenseur de l'orphelin timide;
Qu'il résiste au superbe, et punit l'homicide.

ATHALIE.

J'entends. Mais tout ce peuple enfermé dans ce lieu,
A quoi s'occupe-t-il?

JOAS.

Il loue, il bénit Dieu.

ATHALIE.

Dieu veut-il qu'à toute heure on prie, on le contemple?

JOAS.

Tout profane exercice est banni de son temple.

ATHALIE.

Quels sont donc vos plaisirs?

JOAS.

Quelquefois à l'autel
Je présente au grand-prêtre ou l'encens ou le sel;
J'entends chanter de Dieu les grandeurs infinies;
Je vois l'ordre pompeux de ses cérémonies.

ATHALIE.

Hé quoi! vous n'avez point de passe-temps plus doux?
Je plains le triste sort d'un enfant tel que vous.
Venez dans mon palais, vous y verrez ma gloire.

JOAS.

Moi! des bienfaits de Dieu je perdrais la mémoire?

ATHALIE.

Non, je ne vous veux pas contraindre à l'oublier.

JOAS.

Vous ne le priez point.

ATHALIE.

Vous le pourrez prier.

JOAS.

Je verrais cependant en invoquer un autre.

ATHALIE.

J'ai mon dieu que je sers; vous servirez le vôtre :
Ce sont deux puissants dieux.

JOAS.

Il faut craindre le mien,
Lui seul est Dieu, madame, et le vôtre n'est rien.

ATHALIE.

Les plaisirs près de moi vous chercheront en foule.

JOAS.

Le bonheur des méchants comme un torrent s'écoule.

## ACTE II. SCÈNE VII.

ATHALIE.

Ces méchants, qui sont-ils?

JOSABETH.

Hé, madame! excusez
Un enfant...

ATHALIE, à Josabeth.

J'aime à voir comme vous l'instruisez.
Enfin, Éliacin, vous avez su me plaire;
Vous n'êtes point sans doute un enfant ordinaire.
Vous voyez, je suis reine, et n'ai point d'héritier :
Laissez là cet habit, quittez ce vil métier;
Je veux vous faire part de toutes mes richesses;
Essayez dès ce jour l'effet de mes promesses.
A ma table, partout, à mes côtés assis,
Je prétends vous traiter comme mon propre fils

JOAS.

Comme votre fils?

ATHALIE.

Oui... Vous vous taisez?

JOAS.

Quel père
Je quitterais! et pour...

ATHALIE.

Hé bien?

JOAS.

Pour quelle mère!

ATHALIE, à Josabeth.

Sa mémoire est fidèle; et, dans tout ce qu'il dit,
De vous et de Joad je reconnais l'esprit.
Voilà comme, infectant cette simple jeunesse,
Vous employez tous deux le calme où je vous laisse.
Vous cultivez déjà leur haine et leur fureur;
Vous ne leur prononcez mon nom qu'avec horreur.

### JOSABETH.

Peut-on de nos malheurs leur dérober l'histoire?
Tout l'univers les sait; vous-même en faites gloire.

### ATHALIE.

Oui, ma juste fureur, et j'en fais vanité,
A vengé mes parents sur ma postérité.
J'aurais vu massacrer et mon père et mon frère,
Du haut de son palais précipiter ma mère,
Et dans un même jour égorger à la fois
(Quel spectacle d'horreur!) quatre-vingts fils de rois;
Et pourquoi? pour venger je ne sais quels prophètes
Dont elle avait puni les fureurs indiscrètes :
Et moi, reine sans cœur, fille sans amitié,
Esclave d'une lâche et frivole pitié,
Je n'aurais pas du moins à cette aveugle rage
Rendu meurtre pour meurtre, outrage pour outrage,
Et de votre David traité tous les neveux
Comme on traitait d'Achab les restes malheureux!
Où serais-je aujourd'hui si, domptant ma faiblesse,
Je n'eusse d'une mère étouffé la tendresse;
Si de mon propre sang ma main versant des flots
N'eût par ce coup hardi réprimé vos complots?
Enfin de votre Dieu l'implacable vengeance
Entre nos deux maisons rompit toute alliance :
David m'est en horreur; et les fils de ce roi,
Quoique nés de mon sang, sont étrangers pour moi.

### JOSABETH.

Tout vous a réussi. Que Dieu voie, et nous juge.

### ATHALIE.

Ce Dieu, depuis longtemps votre unique refuge,
Que deviendra l'effet de ses prédictions?
Qu'il vous donne ce roi promis aux nations,
Cet enfant de David, votre espoir, votre attente...
Mais nous nous reverrons. Adieu. Je sors contente :
J'ai voulu voir; j'ai vu.

ABNER, à Josabeth.

Je vous l'avais promis :
Je vous rends le dépôt que vous m'avez commis.


## SCÈNE VIII.

### JOAS, JOSABETH, ZACHARIE, SALOMITH; JOAD, ABNER, LÉVITES, LE CHŒUR.

JOSABETH, A Joad.

Avez-vous entendu cette superbe reine,
Seigneur?

JOAD.

J'entendais tout, et plaignais votre peine.
Ces lévites et moi, prêts à vous secourir,
Nous étions avec vous résolus de périr.

(A Joas, en l'embrassant.)

Que Dieu veille sur vous, enfant dont le courage
Vient de rendre à son nom ce noble témoignage.
Je reconnais, Abner, ce service important :
Souvenez-vous de l'heure où Joad vous attend.
Et nous, dont cette femme impie et meurtrière
A souillé les regards et troublé la prière,
Rentrons ; et qu'un sang pur, par mes mains épanché,
Lave jusques au marbre où ses pas ont touché.


## SCÈNE IX.

### LE CHŒUR.

UNE DES FILLES DU CHŒUR.

Quel astre à nos yeux vient de luire?

Quel sera quelque jour cet enfant merveilleux?
Il brave le faste orgueilleux,
Et ne se laisse point séduire
A tous ses attraits périlleux.

UNE AUTRE.

Pendant que du dieu d'Athalie
Chacun court encenser l'autel,
Un enfant courageux publie
Que Dieu lui seul est éternel,
Et parle comme un autre Élie
Devant cette autre Jézabel.

UNE AUTRE.

Qui nous révélera ta naissance secrète,
Cher enfant? Es-tu fils de quelque saint prophète?

UNE AUTRE.

Ainsi l'on vit l'aimable Samuel
Croître à l'ombre du tabernacle :
Il devint des Hébreux l'espérance et l'oracle.
Puisses-tu, comme lui, consoler Israël!

UNE AUTRE chante.

O bienheureux mille fois
L'enfant que le Seigneur aime,
Qui de bonne heure entend sa voix,
Et que ce Dieu daigne instruire lui-même!
Loin du monde élevé, de tous les dons des cieux
Il est orné dès sa naissance;
Et du méchant l'abord contagieux
N'altère point son innocence.

TOUT LE CHŒUR.

Heureuse, heureuse l'enfance
Que le Seigneur instruit et prend sous sa défense!

LA MÊME VOIX, seule.

Tel en un secret vallon,

Sur le bord d'une onde pure,
Croît, à l'abri de l'aquilon,
Un jeune lis, l'amour de la nature.
Loin du monde élevé, de tous les dons des cieux
Il est orné dès sa naissance;
Et du méchant l'abord contagieux
N'altère point son innocence.

TOUT LE CHOEUR.

Heureux, heureux mille fois
L'enfant que le Seigneur rend docile à ses lois!

UNE VOIX, seule.

Mon Dieu, qu'une vertu naissante
Parmi tant de périls marche à pas incertains!
Qu'une âme qui te cherche et veut être innocente
Trouve d'obstacle à ses desseins!
Que d'ennemis lui font la guerre!
Où se peuvent cacher tes saints?
Les pécheurs couvrent la terre.

UNE AUTRE.

O palais de David, et sa chère cité,
Mont fameux, que Dieu même a longtemps habité,
Comment as-tu du ciel attiré la colère?
Sion, chère Sion, que dis-tu quand tu vois
Une impie étrangère
Assise, hélas! au trône de tes rois?

TOUT LE CHOEUR.

Sion, chère Sion, que dis-tu quand tu vois
Une impie étrangère
Assise, hélas! au trône de tes rois?

LA MÊME VOIX continue.

Au lieu des cantiques charmants
Où David t'exprimait ses saints ravissements,
Et bénissait son Dieu, son seigneur, et son père;

Sion, chère Sion, que dis-tu quand tu vois
  Louer le dieu de l'impie étrangère,
Et blasphémer le nom qu'ont adoré tes rois?

UNE VOIX, seule.

Combien de temps, Seigneur, combien de temps encore
Verrons-nous contre toi les méchants s'élever?
Jusque dans ton saint temple ils viennent te braver :
Ils traitent d'insensé le peuple qui t'adore.
Combien de temps, Seigneur, combien de temps encore
Verrons-nous contre-toi les méchants s'élever?

UNE AUTRE.

Que vous sert, disent-ils, cette vertu sauvage?
  De tant de plaisirs si doux
  Pourquoi fuyez-vous l'usage?
  Votre Dieu ne fait rien pour vous.

UNE AUTRE.

Rions, chantons, dit cette troupe impie;
De fleurs en fleurs, de plaisirs en plaisirs,
  Promenons nos désirs.
Sur l'avenir insensé qui se fie.
De nos ans passagers le nombre est incertain :
Hâtons-nous aujourd'hui de jouir de la vie;
  Qui sait si nous serons demain?

TOUT LE CHOEUR.

Qu'ils pleurent, ô mon Dieu! qu'ils frémissent de crainte,
  Ces malheureux, qui de ta cité sainte
  Ne verront point l'éternelle splendeur.
C'est à nous de chanter, nous à qui tu révèles
  Tes clartés immortelles;
C'est à nous de chanter tes dons et ta grandeur.

UNE VOIX, seule.

De tous ces vains plaisirs où leur âme se plonge,
Que leur restera-t-il? Ce qui reste d'un songe
  Dont on a reconnu l'erreur.

A leur réveil, ô réveil plein d'horreur !
Pendant que le pauvre à ta table
Goûtera de ta paix la douceur ineffable,
Ils boiront dans la coupe affreuse, inépuisable,
Que tu présenteras, au jour de ta fureur,
A toute la race coupable.

TOUT LE CHOEUR.

O réveil plein d'horreur !
O songe peu durable !
O dangereuse erreur !

FIN DU SECOND ACTE.

# ACTE TROISIÈME.

## SCÈNE I.

MATHAN, NABAL, LE CHŒUR.

MATHAN.

Jeunes filles, allez : qu'on dise à Josabeth
Que Mathan veut ici lui parler en secret.
UNE FILLE DU CHOEUR.
Mathan ! O Dieu du ciel, puisses-tu le confondre !
NABAL.
Hé quoi ! tout se disperse, et fuit sans vous répondre?
MATHAN.
Approchons.

## SCÈNE II.

ZACHARIE, MATHAN, NABAL.

ZACHARIE.

Téméraire, où voulez-vous passer?
Au-delà de ce lieu gardez-vous d'avancer :
C'est des ministres saints la demeure sacrée;
Les lois à tout profane en défendent l'entrée.
Qui cherchez-vous? Mon père, en ce jour solennel,
De l'idolâtre impur fuit l'aspect criminel;
Et devant le Seigneur maintenant prosternée,
Ma mère en ce devoir craint d'être détournée.

MATHAN.

Mon fils, nous attendrons; cessez de vous troubler.
C'est votre illustre mère à qui je veux parler :
Je viens ici chargé d'un ordre de la reine.

## SCÈNE III.

MATHAN, NABAL.

NABAL.

Leurs enfants ont déjà leur audace hautaine.
Mais que veut Athalie dans cette occasion?
D'où naît dans ses conseils cette confusion?
Par l'insolent Joad ce matin offensée,
Et d'un enfant fatal en songe menacée,
Elle allait immoler Joad à son courroux,
Et dans ce temple enfin placer Baal et vous.
Vous m'en aviez déjà confié votre joie;
Et j'espérais ma part d'une si riche proie.
Qui fait changer ainsi ses vœux irrésolus?

MATHAN.

Ami, depuis deux jours je ne la connais plus.
Ce n'est plus cette reine, éclairée, intrépide,
Élevée au-dessus de son sexe timide,
Qui d'abord accablait ses ennemis surpris,
Et d'un instant perdu connaissait tout le prix :
La peur d'un vain remords trouble cette grande âme;
Elle flotte, elle hésite; en un mot elle est femme.
J'avais tantôt rempli d'amertume et de fiel
Son cœur déjà saisi des menaces du ciel;
Elle-même, à mes soins confiant sa vengeance,
M'avait dit d'assembler sa garde en diligence;
Mais, soit que cet enfant devant elle amené,
De ses parents, dit-on, rebut infortuné,
Eût d'un songe effrayant diminué l'alarme,

Soit qu'elle eût même en lui vu je ne sais quel charme,
J'ai trouvé son courroux chancelant, incertain,
Et déjà remettant sa vengeance à demain.
Tous ses projets semblaient l'un l'autre se détruire.
« Du sort de cet enfant je me suis fait instruire,
» Ai-je dit : on commence à vanter ses aïeux ;
» Joad de temps en temps le montre aux factieux,
» Le fait attendre aux Juifs comme un autre Moïse,
» Et d'oracles menteurs s'appuie et s'autorise. »
Ces mots ont fait monter la rougeur sur son front.
Jamais mensonge heureux n'eut un effet si prompt.
« Est-ce à moi de languir dans cette incertitude ?
» Sortons, a-t-elle dit, sortons d'inquiétude.
» Vous-même à Josabeth prononcez cet arrêt ;
» Les feux vont s'allumer et le fer est tout prêt ;
» Rien ne peut de leur temple empêcher le ravage,
» Si je n'ai de leur foi cet enfant pour otage. »

NABAL.

Eh bien ! pour un enfant qu'ils ne connaissent pas,
Que le hasard peut-être a jeté dans leurs bras,
Voudront-ils que leur temple, enseveli sous l'herbe...

MATHAN.

Ah ! de tous les mortels connais le plus superbe.
Plutôt que dans mes mains par Joad soit livré
Un enfant qu'à son Dieu Joad a consacré,
Tu lui verras subir la mort la plus terrible.
D'ailleurs pour cet enfant leur attache est visible.
Si j'ai bien de la reine entendu le récit,
Joad sur sa naissance en sait plus qu'il ne dit.
Quel qu'il soit, je prévois qu'il leur sera funeste ;
Ils le refuseront : je prends sur moi le reste ;
Et j'espère qu'enfin de ce temple odieux
Et la flamme et le fer vont délivrer mes yeux.

NABAL.

Qui peut vous inspirer une haine si forte ?

Est-ce que de Baal le zèle vous transporte?
Pour moi, vous le savez, descendu d'Ismaël,
Je ne sers ni Baal, ni le dieu d'Israël.

MATHAN.

Ami, peux-tu penser que d'un zèle frivole
Je me laisse aveugler pour une vaine idole,
Pour un fragile bois, que, malgré mon secours,
Les vers sur son autel consument tous les jours?
Né ministre du Dieu qu'en ce temple on adore,
Peut-être que Mathan le servirait encore,
Si l'amour des grandeurs, la soif de commander,
Avec son joug étroit pouvaient s'accommoder.
Qu'est-il besoin, Nabal, qu'à tes yeux je rappelle
De Joad et de moi la fameuse querelle,
Quand j'osai contre lui disputer l'encensoir,
Mes brigues, mes combats, mes pleurs, mon désespoir?
Vaincu par lui, j'entrai dans une autre carrière,
Et mon âme à la cour s'attacha tout entière.
J'approchai par degré de l'oreille des rois,
Et bientôt en oracle on érigea ma voix.
J'étudiai leur cœur, je flattai leurs caprices;
Je leur semai de fleurs les bords des précipices;
Près de leurs passions rien ne me fut sacré;
De mesure et de poids je changeais à leur gré.
Autant que de Joad l'inflexible rudesse
De leur superbe oreille offensait la mollesse,
Autant je les charmais par ma dextérité:
Dérobant à leurs yeux la triste vérité,
Prêtant à leurs fureurs des couleurs favorables,
Et prodigue surtout du sang des misérables.
Enfin, au dieu nouveau qu'elle avait introduit,
Par les mains d'Athalie un temple fut construit.
Jérusalem pleura de se voir profanée;
Des enfants de Lévi la troupe consternée
En poussa vers le ciel des hurlements affreux.

Moi seul, donnant l'exemple aux timides Hébreux,
Déserteur de leur loi, j'approuvai l'entreprise,
Et par là de Baal méritai la prêtrise ;
Par là je me rendis terrible à mon rival,
Je ceignis la tiare, et marchai son égal.
Toutefois, je l'avoue, en ce comble de gloire,
Du Dieu que j'ai quitté l'importune mémoire
Jette encore en mon âme un reste de terreur :
Et c'est ce qui redouble et nourrit ma fureur.
Heureux si, sur son temple achevant ma vengeance,
Je puis convaincre enfin sa haine d'impuissance,
Et parmi le débris, le ravage et les morts,
A force d'attentats perdre tous mes remords !
Mais voici Josabeth.

## SCÈNE IV.

### JOSABETH, MATHAN, NABAL.

#### MATHAN.

Envoyé par la reine,
Pour rétablir le calme et dissiper la haine,
Princesse, en qui le ciel mit un esprit si doux,
Ne vous étonnez pas si je m'adresse à vous.
Un bruit, que j'ai pourtant soupçonné de mensonge,
Appuyant les avis qu'elle a reçus en songe,
Sur Joad, accusé de dangereux complots,
Allait de sa colère attirer tous les flots.
Je ne veux point ici vous vanter mes services :
De Joad contre moi je sais les injustices ;
Mais il faut à l'offense opposer les bienfaits.
Enfin, je viens chargé de paroles de paix.
Vivez, solennisez vos fêtes sans ombrage.
De votre obéissance elle ne veut qu'un gage :

C'est, pour l'en détourner j'ai fait ce que j'ai pu,
Cet enfant sans parents qu'elle dit qu'elle a vu.

JOSABETH.

Éliacin?

MATHAN.

J'en ai pour elle quelque honte :
D'un vain songe peut-être elle fait trop de compte.
Mais vous vous déclarez ses mortels ennemis,
Si cet enfant sur l'heure en mes mains n'est remis.
La reine, impatiente, attend votre réponse.

JOSABETH.

Et voilà de sa part la paix qu'on nous annonce !

MATHAN.

Pourriez-vous un moment douter de l'accepter?
D'un peu de complaisance est-ce trop l'acheter?

JOSABETH.

J'admirais si Mathan, dépouillant l'artifice,
Avait pu de son cœur surmonter l'injustice,
Et si de tant de maux le funeste inventeur
De quelque ombre de bien pouvait être l'auteur.

MATHAN.

De quoi vous plaignez-vous? Vient-on avec furie
Arracher de vos bras votre fils Zacharie?
Quel est cet autre enfant si cher à votre amour?
Ce grand attachement me surprend à mon tour.
Est-ce un trésor pour vous si précieux, si rare?
Est-ce un libérateur que le ciel vous prépare?
Songez-y : vos refus pourraient me confirmer
Un bruit sourd que déjà l'on commence à semer.

JOSABETH.

Quel bruit?

MATHAN.

Que cet enfant est d'illustre origine;
Qu'à quelque grand projet votre époux le destine.

## JOSABETH.

Et Mathan, par ce bruit qui flatte sa fureur...

## MATHAN.

Princesse, c'est à vous à me tirer d'erreur.
Je sais que, du mensonge implacable ennemie,
Josabeth livrerait même sa propre vie,
S'il fallait que sa vie à sa sincérité
Coûtât le moindre mot contre la vérité.
Du sort de cet enfant on n'a donc nulle trace?
Une profonde nuit enveloppe sa race?
Et vous-même ignorez de quels parents issu,
De quelles mains Joad en ses bras l'a reçu?
Parlez; je vous écoute, et suis prêt à vous croire :
Au Dieu que vous servez, princesse, rendez gloire.

## JOSABETH.

Méchant, c'est bien à vous d'oser ainsi nommer
Un Dieu que votre bouche enseigne à blasphémer !
Sa vérité par vous peut-elle être attestée,
Vous, malheureux, assis dans la chaire empestée
Où le mensonge règne et répand son poison;
Vous, nourri dans la fourbe et dans la trahison?

## SCÈNE V.

### JOAD, JOSABETH, MATHAN, NABAL.

## JOAD.

Où suis-je? De Baal ne vois-je pas le prêtre?
Quoi! fille de David, vous parlez à ce traître?
Vous souffrez qu'il vous parle? Et vous ne craignez pas
Que du fond de l'abîme entr'ouvert sous ses pas
Il ne sorte à l'instant des feux qui vous embrasent,
Ou qu'en tombant sur lui, ces murs ne vous écrasent?
Que veut-il? De quel front cet ennemi de Dieu
Vient-il infecter l'air qu'on respire en ce lieu?

MATHAN.

On reconnaît Joad à cette violence.
Toutefois il devrait montrer plus de prudence,
Respecter une reine, et ne pas outrager
Celui que de son ordre elle a daigné charger.

JOAD.

Hé bien! que nous fait-elle annoncer de sinistre?
Quel sera l'ordre affreux qu'apporte un tel ministre?

MATHAN.

J'ai fait à Josabeth savoir sa volonté.

JOAD.

Sors donc de devant moi, monstre d'impiété.
De toutes tes horreurs, va, comble la mesure.
Dieu s'apprête à te joindre à la race parjure,
Abiron et Dathan, Doëg, Achitophel :
Les chiens, à qui son bras a livré Jézabel,
Attendant que sur toi sa fureur se déploie,
Déjà sont à ta porte, et demandent leur proie.

MATHAN. (Il se trouble.)

Avant la fin du jour... on verra qui de nous...
Doit... Mais sortons, Nabal.

NABAL.

Où vous égarez-vous?
De vos sens étonnés quel désordre s'empare?
Voilà votre chemin.

## SCÈNE VI.

JOAD, JOSABETH.

JOSABETH.

L'orage se déclare :
Athalie en fureur demande Éliacin.
Déjà de sa naissance et de votre dessein
On commence, seigneur, à percer le mystère :

Peu s'en faut que Mathan ne m'ait nommé son père.

JOAD.

Au perfide Mathan qui l'aurait révélé?
Votre trouble à Mathan n'a-t-il point trop parlé?

JOSABETH.

J'ai fait ce que j'ai pu pour m'en rendre maîtresse.
Cependant, croyez-moi, seigneur, le péril presse.
Réservons cet enfant pour un temps plus heureux.
Tandis que les méchants délibèrent entre eux,
Avant qu'on l'environne, avant qu'on nous l'arrache,
Une seconde fois souffrez que je le cache :
Les portes, les chemins lui sont encore ouverts.
Faut-il le transporter aux plus affreux déserts?
Je suis prête : je sais une secrète issue
Par où, sans qu'on le voie, et sans être aperçue,
De Cédron avec lui traversant le torrent,
J'irai dans le désert où jadis en pleurant,
Et cherchant comme nous son salut dans la fuite,
David d'un fils rebelle évita la poursuite.
Je craindrai moins pour lui les lions et les ours...
Mais pourquoi de Jéhu refuser le secours?
Je vous ouvre peut-être un avis salutaire.
Faisons de ce trésor Jéhu dépositaire.
On peut dans ses États le conduire aujourd'hui,
Et le chemin est court qui mène jusqu'à lui.
Jéhu n'a point un cœur farouche, inexorable;
De David à ses yeux le nom est favorable.
Hélas! est-il un roi si dur et si cruel,
A moins qu'il n'eût pour mère une autre Jézabel,
Qui d'un tel suppliant ne plaignît l'infortune?
Sa cause à tous les rois n'est-elle pas commune?

JOAD.

Quels timides conseils m'osez-vous suggérer?
En l'appui de Jéhu pourriez-vous espérer?

##### JOSABETH.

Dieu défend-il tout soin et toute prévoyance?
Ne l'offense-t-on point par trop de confiance?
A ses desseins sacrés employant les humains,
N'a-t-il pas de Jéhu lui-même armé les mains?

##### JOAD.

Jéhu, qu'avait choisi sa sagesse profonde,
Jéhu, sur qui je vois que votre espoir se fonde,
D'un oubli trop ingrat a payé ses bienfaits :
Jéhu laisse d'Achab l'affreuse fille en paix,
Suit des rois d'Israël les profanes exemples,
Du vil dieu de l'Égypte a conservé les temples;
Jéhu, sur les hauts lieux enfin osant offrir
Un téméraire encens que Dieu ne peut souffrir,
N'a pour servir sa cause et venger ses injures
Ni le cœur assez droit, ni les mains assez pures.
Non, non : c'est à Dieu seul qu'il faut nous attacher.
Montrons Éliacin; et, loin de le cacher,
Que du bandeau royal sa tête soit ornée :
Je veux même avancer l'heure déterminée,
Avant que de Mathan le complot soit formé.

## SCÈNE VII.

#### JOAD, JOSABETH, AZARIAS, suivi du chœur et de plusieurs lévites

##### JOAD.

Hé bien, Azarias, le temple est-il fermé?

##### AZARIAS.

J'en ai fait devant moi fermer toutes les portes.

##### JOAD.

N'y reste-t-il que vous et vos saintes cohortes?

##### AZARIAS.

De ses parvis sacrés j'ai fait deux fois le tour.
Tout a fui, tous se sont séparés sans retour,

Misérable troupeau qu'a dispersé la crainte;
Et Dieu n'est plus servi que dans la tribu sainte.
Depuis qu'à Pharaon ce peuple est échappé,
Une égale terreur ne l'avait point frappé.

UNE DES FILLES DU CHOEUR.

JOAD.

Peuple lâche, en effet, et né pour l'esclavage,
Hardi contre Dieu seul! Poursuivons notre ouvrage.
Mais qui retient encor ces enfants parmi nous?

UNE DES FILLES DU CHOEUR.

Hé! pourrions-nous, seigneur, nous séparer de vous?
Dans le temple de Dieu sommes-nous étrangères?
Vous avez près de vous nos pères et nos frères.

UNE AUTRE.

Hélas! si pour venger l'opprobre d'Israël,
Nos mains ne peuvent pas comme autrefois Jahel[1],
Des ennemis de Dieu percer la tête impie,
Nous lui pouvons du moins immoler notre vie.
Quand vos bras combattront pour son temple attaqué,
Par nos larmes du moins il peut être invoqué.

JOAD.

Voilà donc quels vengeurs s'arment pour ta querelle,
Des prêtres, des enfants, ô Sagesse éternelle!
Mais, si tu les soutiens, qui peut les ébranler?
Du tombeau, quand tu veux, tu sais nous rappeler;
Tu frappes et guéris, tu perds et ressuscites.
Ils ne s'assurent point en leurs propres mérites,
Mais en ton nom sur eux invoqué tant de fois,
En tes serments jurés au plus saint de leurs rois,
En ce temple où tu fais ta demeure sacrée,
Et qui doit du soleil égaler la durée.
Mais d'où vient que mon cœur frémit d'un saint effroi?
Est-ce l'esprit divin qui s'empare de moi?
C'est lui-même; il m'échauffe, il parle : mes yeux s'ouvrent,

[1] *Juges,* ch. IV.

Et les siècles obscurs devant moi se découvrent.
Lévites, de vos sons prêtez-moi les accords,
Et de ses mouvements secondez les transports.

LE CHOEUR chante au son de toute la symphonie des instruments.

Que du Seigneur la voix se fasse entendre,
   Et qu'à nos cœurs son oracle divin
      Soit ce qu'à l'herbe tendre
  Est, au printemps, la fraîcheur du matin.

JOAD.

Cieux, écoutez ma voix; terre, prête l'oreille.
Ne dis plus, ô Jacob, que ton Seigneur sommeille!
Pécheurs, disparaissez : le Seigneur se réveille.

(Ici recommence la symphonie, et Joad aussitôt reprend la parole.)

Comment en un plomb vil l'or pur s'est-il changé[1]?
Quel est dans le lieu saint ce pontife égorgé[2]?
Pleure, Jérusalem, pleure, cité perfide,
Des phophètes divins malheureuse homicide :
De son amour pour toi ton Dieu s'est dépouillé;
Ton encens à ses yeux est un encens souillé.
   Où menez-vous ces enfants et ces femmes[3]?
Le Seigneur a détruit la reine des cités.
Ses prêtres sont captifs, ses rois sont rejetés;
Dieu ne veut plus qu'on vienne à ses solennités :
Temple, renverse-toi; cèdres, jetez des flammes.
   Jérusalem, objet de ma douleur,
Quelle main en un jour a ravi tous tes charmes?
Qui changera mes yeux en deux sources de larmes
     Pour pleurer ton malheur?

AZARIAS.

O saint temple!

JOSABETH.

  O David!

---

[1] Joas.
[2] Zacharie.
[3] Captivité de Babylone.

LE CHOEUR.

Dieu de Sion, rappelle,
Rappelle en sa faveur tes antiques bontés.

(La symphonie recommence encore; et Joad, un moment après, l'interrompt.)

JOAD.

Quelle Jérusalem nouvelle [1]
Sort du fond du désert, brillante de clartés,
Et porte sur le front une marque immortelle?
    Peuples de la terre, chantez :
Jérusalem renaît plus brillante et plus belle.
    D'où lui viennent de tous côtés
Ces enfants qu'en son sein elle n'a point portés [2] ?
Lève, Jérusalem, lève ta tête altière ;
Regarde tous ces rois de ta gloire étonnés ;
Les rois des nations, devant toi prosternés,
    De tes pieds baisent la poussière ;
Les peuples à l'envi marchent à ta lumière.
Heureux qui pour Sion d'une sainte ferveur
    Sentira son âme embrasée !
    Cieux, répandez votre rosée,
Et que la terre enfante son Sauveur !

JOSABETH.

Hélas! d'où nous viendra cette insigne faveur,
Si les rois de qui doit descendre ce Sauveur...

JOAD.

Préparez, Josabeth, le riche diadème
Que sur son front sacré David porta lui-même.

(Aux lévites.)

Et vous, pour vous armer, suivez-moi dans ces lieux
Où se garde caché, loin des profanes yeux,
Ce formidable amas de lances et d'épées

---

[1] L'Église.
[2] Les Gentils.

Qui du sang philistin jadis furent trempées,
Et que David vainqueur, d'ans et d'honneurs chargé,
Fit consacrer au Dieu qui l'avait protégé.
Peut-on les employer pour un plus noble usage?
Venez, je veux moi-même en faire le partage.

## SCÈNE VIII.

### SALOMITH, LE CHŒUR.

#### SALOMITH.

Que de craintes, mes sœurs, que de troubles mortels!
   Dieu tout-puissant, sont-ce là les prémices,
     Les parfums et les sacrifices
Qu'on devait en ce jour offrir sur tes autels?

#### UNE DES FILLES DU CHOEUR.

    Quel spectacle à nos yeux timides!
   Qui l'eût cru, qu'on dût voir jamais
Les glaives meurtriers, les lances homicides
    Briller dans la maison de paix?

#### UNE AUTRE.

D'où vient que, pour son Dieu, pleine d'indifférence,
Jérusalem se tait en ce pressant danger?
   D'où vient, mes sœurs, que, pour nous protéger,
Le brave Abner au moins ne rompt pas le silence?

#### SALOMITH.

Hélas! dans une cour où l'on n'a d'autres lois
    Que la force et la violence,
    Où les honneurs et les emplois
Sont le prix d'une aveugle et basse obéissance,
    Ma sœur, pour la triste innocence
    Qui voudrait élever la voix?

#### UNE AUTRE.

   Dans ce péril, dans ce désordre extrême,
Pour qui prépare-t-on le sacré diadème?

SALOMITH.

Le Seigneur a daigné parler ;
Mais ce qu'à son prophète il vient de révéler,
Qui pourra nous le faire entendre ?
S'arme-t-il pour nous défendre ?
S'arme-t-il pour nous accabler ?

TOUT LE CHOEUR chante.

O promesse ! ô menace ! ô ténébreux mystère !
Que de maux, que de biens sont prédits tour à tour !
Comment peut-on avec tant de colère
Accorder tant d'amour ?

UNE VOIX, seule.

Sion ne sera plus : une flamme cruelle
Détruira tous ses ornements.

UNE AUTRE VOIX.

Dieu protége Sion : elle a pour fondements
Sa parole éternelle.

LA PREMIÈRE.

Je vois tout son éclat disparaître à mes yeux.

LA SECONDE.

Je vois de toutes parts sa clarté répandue.

LA PREMIÈRE.

Dans un gouffre profond Sion est descendue.

LA SECONDE.

Sion a son front dans les cieux.

LA PREMIÈRE.

Quel triste abaissement !

LA SECONDE.

   Quelle immortelle gloire !

LA PREMIÈRE.

Que de cris de douleur !

LA SECONDE.

   Que de chants de victoire !

UNE TROISIÈME.

Cessons de nous troubler : notre Dieu, quelque jour,

## ACTE III. SCÈNE VIII.

Dévoilera ce grand mystère.
### TOUTES TROIS.
Révérons sa colère;
Espérons en son amour.
### UNE AUTRE.
D'un cœur qui t'aime,
Mon Dieu, qui peut troubler la paix?
Il cherche en tout ta volonté suprême,
Et ne se cherche jamais.
Sur la terre, dans le ciel même,
Est-il d'autre bonheur que la tranquille paix
D'un cœur qui t'aime?

FIN DU TROISIÈME ACTE.

# ACTE QUATRIÈME.

## SCÈNE I.

JOAS, JOSABETH, ZACHARIE, SALOMITH,
UN LÉVITE, LE CHŒUR.

**SALOMITH.**
D'un pas majestueux, à côté de ma mère,
Le jeune Éliacin s'avance avec mon frère.
Dans ces voiles, mes sœurs, que portent-ils tous deux?
Quel est ce glaive enfin qui marche devant eux?
**JOSABETH,** à Zacharie.
Mon fils, avec respect posez sur cette table
De notre sainte loi le livre redoutable.
Et vous aussi, posez, aimable Éliacin,
Cet auguste bandeau près du livre divin.
Lévite, il faut placer, Joad ainsi l'ordonne,
Le glaive de David auprès de sa couronne.
**JOAS.**
Princesse, quel est donc ce spectacle nouveau?
Pourquoi ce livre saint, ce glaive, ce bandeau?
Depuis que le Seigneur m'a reçu dans son temple,
D'un semblable appareil je n'ai point vu d'exemple.
**JOSABETH.**
Tous vos doutes, mon fils, bientôt s'éclairciront.
**JOAS.**
Vous voulez essayer ce bandeau sur mon front?

Ah! princesse, gardez d'en profaner la gloire :
Du roi qui l'a porté respectez la mémoire.
Un malheureux enfant aux ours abandonné...

JOSABETH, lui essayant le diadème.

Laissez, mon fils : je fais ce qui m'est ordonné.

JOAS.

Mais j'entends les sanglots sortir de votre bouche !
Princesse, vous pleurez ! Quelle pitié vous touche ?
Est-ce qu'en holocauste aujourd'hui présenté,
Je dois, comme autrefois la fille de Jephté,
Du Seigneur par ma mort apaiser la colère ?
Hélas ! un fils n'a rien qui ne soit à son père.

JOSABETH.

Voici qui vous dira les volontés des cieux.
Ne craignez rien. Et nous, sortons tous de ces lieux.

## SCÈNE II.

JOAS, JOAD.

JOAS, courant dans les bras du grand-prêtre.

Mon père !

JOAD.

Hé bien, mon fils ?

JOAS.

Qu'est-ce donc qu'on prépare ?

JOAD.

Il est juste, mon fils, que je vous le déclare.
Il faut que vous soyez instruit, même avant tous,
Des grands desseins de Dieu sur son peuple et sur vous.
Armez-vous d'un courage et d'une foi nouvelle :
Il est temps de montrer cette ardeur et ce zèle
Qu'au fond de votre cœur mes soins ont cultivés,
Et de payer à Dieu ce que vous lui devez.
Sentez-vous cette noble et généreuse envie ?

JOAS.

Je me sens prêt, s'il veut, de lui donner ma vie.

JOAD.

On vous a lu souvent l'histoire de nos rois :
Vous souvient-il, mon fils, quelles étroites lois
Doit s'imposer un roi digne du diadème ?

JOAS.

Un roi sage, ainsi Dieu l'a prononcé lui-même,
Sur la richesse et l'or ne met point son appui,
Craint le Seigneur son Dieu ; sans cesse a devant lui
Ses préceptes, ses lois, ses jugements sévères,
Et d'injustes fardeaux n'accable point ses frères[1].

JOAD.

Mais sur l'un de ces rois s'il fallait vous régler,
A qui choisiriez-vous, mon fils, de ressembler ?

JOAS.

David, pour le Seigneur plein d'un amour fidèle,
Me paraît des grands rois le plus parfait modèle.

JOAD.

Ainsi dans leurs excès vous n'imiteriez pas
L'infidèle Joram, l'impie Ochozias ?

JOAS.

O mon père !

JOAD.

Achevez, dites : que vous en semble ?

JOAS.

Puisse périr comme eux quiconque leur ressemble.
(Joad se prosterne à ses pieds.)
Mon père, en quel état vous vois-je devant moi ?

JOAD.

Je vous rends le respect que je dois à mon roi.
De votre aïeul David, Joas, rendez-vous digne.

JOAS.

Joas ? Moi ?

[1] *Deuter.*, chap. XVII.

JOAD, se relevant.

Vous saurez par quelle grâce insigne,
D'une mère en fureur Dieu trompant le dessein,
Quand déjà son poignard était dans votre sein,
Vous choisit, vous sauva du milieu du carnage.
Vous n'êtes pas encore échappé de sa rage :
Avec la même ardeur qu'elle voulut jadis
Perdre en vous le dernier des enfants de son fils,
A vous faire périr sa cruauté s'attache,
Et vous poursuit encor sous le nom qui vous cache.
Mais sous vos étendards j'ai déjà su ranger
Un peuple obéissant et prompt à vous venger.
Entrez, généreux chefs des familles sacrées,
Du ministère saint tour à tour honorées.

## SCÈNE III.

JOAS, JOAD, AZARIAS, ISMAEL, ET LES TROIS AUTRES CHEFS DES LÉVITES.

JOAD continue.

Roi, voilà vos vengeurs contre vos ennemis.
Prêtres, voilà le roi que je vous ai promis.

AZARIAS.

Quoi! c'est Éliacin?

ISMAEL.

Quoi! cet enfant aimable...

JOAD.

Est des rois de Juda l'héritier véritable,
Dernier né des enfants du triste Ochozias,
Nourri, vous le savez, sous le nom de Joas.
De cette fleur si tendre et sitôt moissonnée,
Tout Juda, comme vous, plaignant la destinée,
Avec ses frères morts le crut enveloppé.
Du perfide couteau comme eux il fut frappé;

Mais Dieu du coup mortel sut détourner l'atteinte,
Conserva dans son cœur la chaleur presque éteinte,
Permit que, des bourreaux trompant l'œil vigilant,
Josabeth dans son sein l'emportât tout sanglant,
Et, n'ayant de son vol que moi seul pour complice,
Dans le temple cachât l'enfant et la nourrice.

JOAS.

Hélas! de tant d'amour et tant de bienfaits,
Mon père, quel moyen de m'acquitter jamais?

JOAD.

Gardez pour d'autres temps cette reconnaissance.
Voilà donc votre roi, votre unique espérance.
J'ai pris soin jusqu'ici de vous le conserver :
Ministres du Seigneur, c'est à vous d'achever.
Bientôt de Jézabel la fille meurtrière,
Instruite que Joas voit encor la lumière,
Dans l'horreur du tombeau viendra le replonger :
Déjà, sans le connaître, elle veut l'égorger.
Prêtres saints, c'est à vous de prévenir sa rage;
Il faut finir des Juifs le honteux esclavage,
Venger vos princes morts, relever votre loi,
Et faire aux deux tribus reconnaître leur roi.
L'entreprise, sans doute, est grande et périlleuse :
J'attaque sur son trône une reine orgueilleuse,
Qui voit sous ses drapeaux marcher un camp nombreux
De hardis étrangers, d'infidèles Hébreux;
Mais ma force est au Dieu dont l'intérêt me guide.
Songez qu'en cet enfant tout Israël réside.
Déjà ce Dieu vengeur commence à la troubler;
Déjà, trompant ses soins, j'ai su vous rassembler.
Elle nous croit ici sans armes, sans défense.
Couronnons, proclamons Joas en diligence :
De là, du nouveau prince intrépides soldats,
Marchons, en invoquant l'arbitre des combats;
Et réveillant la foi dans les cœurs endormie,

## ACTE IV. SCÈNE III.

Jusque dans son palais cherchons notre ennemie.
Et quels cœurs si plongés dans un lâche sommeil,
Nous voyant avancer dans ce saint appareil
Ne s'empresseront pas à suivre notre exemple?
Un roi, que Dieu lui-même a nourri dans son temple,
Le successeur d'Aaron de ses prêtres suivi,
Conduisant au combat les enfants de Lévi,
Et, dans ces mêmes mains des peuples révérées,
Les armes au Seigneur par David consacrées;
Dieu sur ses ennemis répandra sa terreur.
Dans l'infidèle sang baignez-vous sans horreur;
Frappez et Tyriens, et même Israélites.
Ne descendez-vous pas de ces fameux lévites
Qui, lorsqu'au dieu du Nil le volage Israël
Rendit dans le désert un culte criminel,
De leurs plus chers parents saintement homicides,
Consacrèrent leurs mains dans le sang des perfides,
Et par ce noble exploit vous acquirent l'honneur
D'être seuls employés aux autels du Seigneur?
Mais je vois que déjà vous brûlez de me suivre.
Jurez donc, avant tout, sur cet auguste livre,
A ce roi que le ciel vous redonne aujourd'hui,
De vivre, de combattre, et de mourir pour lui.

AZARIAS.

Oui, nous jurons ici pour nous, pour tous nos frères,
De rétablir Joas au trône de ses pères,
De ne poser le fer entre nos mains remis,
Qu'après l'avoir vengé de tous ses ennemis.
Si quelque transgresseur enfreint cette promesse,
Qu'il éprouve, grand Dieu, ta fureur vengeresse;
Qu'avec lui ses enfants, de ton partage exclus,
Soient au rang de ces morts que tu connais plus!

JOAD.

Et vous, à cette loi, votre règle éternelle,
Roi, ne jurez-vous pas d'être toujours fidèle?

JOAS.
Pourrais-je à cette loi ne me pas conformer?
JOAD.
O mon fils, de ce nom j'ose encore vous nommer,
Souffrez cette tendresse, et pardonnez aux larmes
Que m'arrachent pour vous de trop justes alarmes.
Loin du trône nourri, de ce fatal honneur,
Hélas! vous ignorez le charme empoisonneur;
De l'absolu pouvoir vous ignorez l'ivresse,
Et des lâches flatteurs la voix enchanteresse.
Bientôt ils vous diront que les plus saintes lois,
Maîtresses du vil peuple, obéissent aux rois;
Qu'un roi n'a d'autre frein que sa volonté même;
Qu'il doit immoler tout à sa grandeur suprême;
Qu'aux larmes, au travail le peuple est condamné,
Et d'un sceptre de fer veut être gouverné;
Que, s'il n'est opprimé, tôt ou tard il opprime :
Ainsi de piége en piége, et d'abîme en abîme,
Corrompant de vos mœurs l'aimable pureté,
Ils vous feront enfin haïr la vérité,
Vous peindront la vertu sous une affreuse image.
Hélas! ils ont des rois égaré le plus sage.
Promettez sur ce livre, et devant ces témoins,
Que Dieu fera toujours le premier de vos soins;
Que, sévère aux méchants, et des bons le refuge,
Entre le pauvre et vous, vous prendrez Dieu pour juge,
Vous souvenant, mon fils, que, caché sous ce lin,
Comme eux vous fûtes pauvre, et comme eux orphelin.
JOAS.
Je promets d'observer ce que la loi m'ordonne.
Mon Dieu, punissez-moi si je vous abandonne.
JOAD.
Venez : de l'huile sainte il faut vous consacrer.
Paraissez, Josabeth : vous pouvez vous montrer.

## SCÈNE IV.

**JOAS, JOAD, JOSABETH, ZACHARIE, SALOMITH, AZARIAS, ISMAEL,**
LES TROIS AUTRES CHEFS DES LÉVITES, LE CHŒUR.

JOSABETH, embrassant Joas.

O roi, fils de David!

JOAS.

O mon unique mère!
Venez, cher Zacharie, embrasser votre frère.

JOSABETH, à Zacharie.

Aux pieds de votre roi prosternez-vous, mon fils.

(Zacharie se jette aux pieds de Joas.)

JOAD, pendant qu'ils s'embrassent.

Enfants, ainsi toujours puissiez-vous être unis!

JOSABETH, à Joas.

Vous savez donc quel sang vous a donné la vie?

JOAS.

Et je sais quelle main sans vous me l'eût ravie.

JOSABETH.

De votre nom, Joas, je puis donc vous nommer.

JOAS.

Joas ne cessera jamais de vous aimer.

LE CHOEUR.

Quoi! c'est là...

JOSABETH.

C'est Joas.

JOAD.

Écoutons ce lévite.

## SCÈNE V.

JOAS, JOAD, JOSABETH, ZACHARIE, SALOMITH, AZARIAS, ISMAEL,
LES TROIS AUTRES CHEFS DES LÉVITES, UN LÉVITE, LE CHŒUR.

#### UN LÉVITE.

J'ignore contre Dieu quel projet on médite ;
Mais l'airain menaçant frémit de toutes parts ;
On voit luire des feux parmi des étendards,
Et sans doute Athalie assemble son armée :
Déjà même au secours toute voie est fermée ;
Déjà le sacré mont, où le temple est bâti,
D'insolents Tyriens est partout investi ;
L'un deux, en blasphémant, vient de nous faire entendre
Qu'Abner est dans les fers, et ne peut nous défendre.

#### JOSABETH, à Joas.

Cher enfant, que le ciel en vain m'avait rendu,
Hélas ! pour vous sauver j'ai fait ce que j'ai pu :
Dieu ne se souvient plus de David votre père !

#### JOAD, à Josabeth.

Quoi ! vous ne craignez pas d'attirer sa colère
Sur vous et sur ce roi si cher à votre amour ?
Et quand Dieu, de vos bras l'arrachant sans retour,
Voudrait que de David la maison fût éteinte,
N'êtes-vous pas ici sur la montagne sainte
Où le père des Juifs sur son fils innocent[1]
Leva sans murmurer un bras obéissant,
Et mit sur un bûcher ce fruit de sa vieillesse,
Laissant à Dieu le soin d'accomplir sa promesse,
Et lui sacrifiant, avec ce fils aîné,
Tout l'espoir de sa race, en lui seul renfermé ?

---

[1] Abraham.

Amis, partageons-nous : qu'Ismaël en sa garde
Prenne tout le côté que l'orient regarde;
Vous, le côté de l'ourse; et vous, de l'occident;
Vous, le midi. Qu'aucun, par un zèle imprudent,
Découvrant mes desseins, soit prêtre, soit lévite,
Ne sorte avant le temps, et ne se précipite;
Et que chacun enfin, d'un même esprit poussé,
Garde en mourant le poste où je l'aurai placé.
L'ennemi nous regarde, en son aveugle rage,
Comme de vils troupeaux réservés au carnage,
Et croit ne rencontrer que désordre et qu'effroi.
Qu'Azarias partout accompagne le roi.

(A Joas.)

Venez, cher rejeton d'une vaillante race,
Remplir vos défenseurs d'une nouvelle audace;
Venez du diadème à leurs yeux vous couvrir,
Et périssez du moins en roi, s'il faut périr.

(A un lévite.)

Suivez-le, Josabeth. Vous, donnez-moi ces armes.

(Au chœur.)

Enfants, offrez à Dieu vos innocentes larmes.


## SCÈNE VI.

#### SALOMITH, LE CHŒUR.

**TOUT LE CHŒUR** chante.

Partez, enfants d'Aaron, partez :
Jamais plus illustre querelle
De vos aïeux n'arma le zèle.
Partez, enfants d'Aaron, partez :
C'est votre roi, c'est Dieu pour qui vous combattez.

UNE VOIX, seule.

Où sont les traits que tu lances,

Grand Dieu, dans ton juste courroux?
N'es-tu plus le Dieu jaloux?
N'es-tu plus le Dieu des vengeances?

UNE AUTRE.

Où sont, Dieu de Jacob, tes antiques bontés?
Dans l'horreur qui nous environne,
N'entends-tu que la voix de nos iniquités?
N'es-tu plus le Dieu qui pardonne?

TOUT LE CHOEUR.

Où sont, Dieu de Jacob, tes antiques bontés?

UNE VOIX, seule.

C'est à toi que dans cette guerre
Les flèches des méchants prétendent s'adresser.
« Faisons, disent-ils, cesser
» Les fêtes de Dieu sur la terre;
» De son joug importun délivrons les mortels;
» Massacrons tous ses saints; renversons ses autels;
» Que de son nom, que de sa gloire
» Il ne reste plus de mémoire;
» Que ni lui ni son Christ ne règnent plus sur nous. »

TOUT LE CHOEUR.

Où sont les traits que tu lances,
Grand Dieu, dans ton juste courroux?
N'es-tu plus le Dieu jaloux?
N'es-tu plus le Dieu des vengeances?

UNE VOIX, seule.

Triste reste de nos rois,
Chère et dernière fleur d'une tige si belle,
Hélas! sous le couteau d'une mère cruelle
Te verrons-nous tomber une seconde fois?
Prince aimable, dis-nous si quelque ange, au berceau,
Contre tes assassins prit soin de te défendre;
Ou si dans la nuit du tombeau
La voix du Dieu vivant a ranimé ta cendre?

UNE AUTRE.

D'un père et d'un aïeul contre toi révoltés,
Grand Dieu, les attentats lui sont-ils imputés?
Est-ce que sans retour ta pitié l'abandonne?

LE CHOEUR.

Où sont, Dieu de Jacob, tes antiques bontés?
    N'es-tu plus le Dieu qui pardonne?

UNE DES FILLES DU CHOEUR, sans chanter.

Chères sœurs, n'entendez-vous pas
Des cruels Tyriens la trompette qui sonne?

SALOMITH.

J'entends même les cris des barbares soldats,
    Et d'horreur j'en frissonne.
  Courons, fuyons, retirons-nous
    A l'ombre salutaire
   Du redoutable sanctuaire.

FIN DU QUATRIÈME ACTE.

# ACTE CINQUIÈME.

## SCÈNE I.

ZACHARIE, SALOMITH, LE chœur.

SALOMITH.
Cher Zacharie, hé bien! que nous apprenez-vous?
ZACHARIE.
Redoublez au Seigneur votre ardente prière :
Peut-être nous touchons à notre heure dernière;
Pour l'horrible combat, ma sœur, l'ordre est donné.
SALOMITH.
Que fait Joas?
ZACHARIE.
Joas vient d'être couronné:
Le grand prêtre a sur lui répandu l'huile sainte.
O ciel! dans tous les yeux quelle joie était peinte
A l'aspect de ce roi racheté du tombeau!
Ma sœur, on voit encor la marque du couteau;
On voit paraître aussi sa fidèle nourrice,
Qui, cachée en un coin de ce vaste édifice,
Gardait ce cher dépôt, et n'avait de ses soins
Que les yeux de ma mère et que Dieu pour témoins.
Nos lévites pleuraient de joie et de tendresse,
Et mêlaient leurs sanglots à leurs cris d'allégresse.
Lui, parmi ces transports, affable et sans orgueil,
A l'un tendait la main, flattait l'autre de l'œil,

Jurait de se régler par leurs avis sincères,
Et les appelait tous ses pères ou ses frères.

SALOMITH.

Ce secret au dehors est-il aussi semé?

ZACHARIE.

Ce secret dans le temple est encor renfermé.
Des enfants de Lévi la troupe partagée
Dans un profond silence aux portes s'est rangée.
Tous doivent à la fois précipiter leurs pas,
Et crier pour signal : Vive le roi Joas!
Mais mon père défend que le roi se hasarde,
Et veut qu'Azarias demeure pour sa garde.
Cependant Athalie, un poignard à la main,
Rit des faibles remparts de nos portes d'airain.
Pour les rompre, elle attend les fatales machines,
Et ne respire enfin que sang et que ruines.
Quelques prêtres, ma sœur, ont d'abord proposé
Qu'en un lieu souterrain, par nos pères creusé,
On renfermât du moins notre arche précieuse.
« O crainte, a dit mon père, indigne, injurieuse!
» L'arche qui fit tomber tant de superbes tours,
» Et força le Jourdain de rebrousser son cours,
» Des dieux des nations tant de fois triomphante,
» Fuirait donc à l'aspect d'une femme insolente! »
Ma mère, auprès du roi, dans un trouble mortel,
L'œil tantôt sur ce prince et tantôt vers l'autel,
Muette, et succombant sous le poids des alarmes,
Aux yeux des plus cruels arracherait des larmes.
Le roi de temps en temps la presse entre ses bras,
La flatte... Chères sœurs, suivez toutes mes pas;
Et, s'il faut aujourd'hui que notre roi périsse,
Allons, qu'un même sort avec lui nous unisse.

SALOMITH.

Quelle insolente main frappe à coups redoublés?
Qui fait courir ainsi ces lévites troublés?

Quelle précaution leur fait cacher leurs armes?
Le temple est-il forcé?

ZACHARIE.

Dissipez vos alarmes :
Dieu nous envoie Abner.


## SCÈNE II.

JOAD, JOSABETH, ZACHARIE, SALOMITH, ABNER, ISMAEL,
DEUX LÉVITES, LE CHŒUR.

JOAD.

En croirai-je mes yeux,
Cher Abner? Quel chemin a pu jusqu'en ces lieux
Vous conduire au travers d'un camp qui nous assiége?
On disait que d'Achab la fille sacrilége
Avait, pour assurer ses projets inhumains,
Chargé d'indignes fers vos généreuses mains.

ABNER.

Oui, seigneur, elle a craint mon zèle et mon courage;
Mais c'est le moindre prix que me gardait sa rage.
Dans l'horreur d'un cachot, par son ordre enfermé,
J'attendais que, le temple en cendre consumé,
De tant de flots de sang non encore assouvie,
Elle vînt m'affranchir d'une importune vie,
Et retrancher des jours qu'aurait dû mille fois
Terminer la douleur de survivre à mes rois.

JOAD.

Par quel miracle a-t-on obtenu votre grâce?

ABNER.

Dieu dans ce cœur cruel sait seul ce qui se passe.
Elle m'a fait venir; et d'un air égaré :
« Tu vois de mes soldats tout ce temple entouré,
» Dit-elle; un fer vengeur va le réduire en cendre,

» Et ton Dieu contre moi ne le saurait défendre.
» Ses prêtres toutefois, mais il faut se hâter,
» A deux conditions peuvent se racheter :
» Qu'avec Éliacin on mette en ma puissance
» Un trésor dont je sais qu'ils ont la connaissance,
» Par votre roi David autrefois amassé,
» Sous le sceau du secret au grand-prêtre laissé.
» Va, dis-leur qu'à ce prix je leur permets de vivre. »

JOAD.

Quel conseil, cher Abner, croyez-vous qu'on doit suivre?

ABNER.

Et tout l'or de David, s'il est vrai qu'en effet
Vous gardiez de David quelque trésor secret;
Et tout ce que des mains de cette reine avare
Vous avez pu sauver et de riche et de rare,
Donnez-le. Voulez-vous que d'impurs assassins
Viennent briser l'autel, brûler les chérubins,
Et, portant sur notre arche une main téméraire,
De votre propre sang souiller le sanctuaire?

JOAD.

Mais siérait-il, Abner, à des cœurs généreux
De livrer au supplice un enfant malheureux,
Un enfant que Dieu même à ma garde confie,
Et de nous racheter aux dépens de sa vie?

ABNER.

Hélas! Dieu voit mon cœur. Plût à ce Dieu puissant
Qu'Athalie oubliât un enfant innocent,
Et que du sang d'Abner sa cruauté contente
Crût calmer par ma mort le ciel qui la tourmente!
Mais que peuvent pour lui vos inutiles soins?
Quand vous périrez tous, en périra-t-il moins?
Dieu vous ordonne-t-il de tenter l'impossible?
Pour obéir aux lois d'un tyran inflexible,
Moïse, par sa mère au Nil abandonné,
Se vit, presque en naissant, à périr condamné;

Mais Dieu, le conservant contre toute espérance,
Fit par le tyran même élever son enfance.
Qui sait ce qu'il réserve à votre Éliacin ;
Et si, lui préparant un semblable destin,
Il n'a point de pitié déjà rendu capable
De nos malheureux rois l'homicide implacable?
Du moins, et Josabeth comme moi l'a pu voir,
Tantôt à son aspect je l'ai vu s'émouvoir ;
J'ai vu de son courroux tomber la violence.
Princesse, en ce péril vous gardez le silence?
Hé quoi! pour un enfant qui vous est étranger
Souffrez-vous que sans fruit Joad laisse égorger
Vous, son fils, tout ce peuple, et que le feu dévore
Le seul lieu sur la terre où Dieu veut qu'on l'adore?
Que feriez-vous de plus, si des rois vos aïeux
Ce jeune enfant était un reste précieux?

JOSABETH, tout bas à Joad.

Pour le sang de ses rois vous voyez sa tendresse :
Que ne lui parlez-vous?

JOAD.

Il n'est pas temps, princesse.

ABNER.

Le temps est cher, seigneur, plus que vous ne pensez.
Tandis qu'à me répondre ici vous balancez,
Mathan, près d'Athalie, étincelant de rage,
Demande le signal et presse le carnage.
Faut-il que je me mette à vos sacrés genoux?
Au nom du lieu si saint qui n'est ouvert qu'à vous,
Lieu terrible où de Dieu la majesté repose,
Quelque dure que soit la loi qu'on vous impose,
De ce coup imprévu songeons à nous parer.
Donnez-moi seulement le temps de respirer.
Demain, dès cette nuit, je prendrai des mesures
Pour assurer le temple et venger ses injures.

Mais je vois que mes pleurs et que mes vains discours
Pour vous persuader sont un faible secours;
Votre austère vertu n'en peut être frappée :
Hé bien! trouvez-moi donc quelque arme, quelque épée;
Et qu'aux portes du temple, où l'ennemi m'attend,
Abner puisse du moins mourir en combattant.

### JOAD.

Je me rends. Vous m'ouvrez un avis que j'embrasse :
De tant de maux, Abner, détournons la menace.
Il est vrai, de David un trésor est resté,
La garde en fut commise à ma fidélité;
C'était des tristes Juifs l'espérance dernière,
Que mes soins vigilants cachaient à la lumière.
Mais puisqu'à votre reine il le faut découvrir,
Je vais la contenter, nos portes vont s'ouvrir.
De ses plus braves chefs qu'elle entre accompagnée;
Mais de nos saints autels qu'elle tienne éloignée
D'un ramas d'étrangers l'indiscrète fureur :
Du pillage du temple épargnez-moi l'horreur.
Des prêtres, des enfants lui feraient-ils quelque ombre?
De sa suite avec vous qu'elle règle le nombre.
Et quant à cet enfant si craint, si redouté,
De votre cœur, Abner, je connais l'équité,
Je vous veux devant elle expliquer sa naissance :
Vous verrez s'il le faut remettre en sa puissance;
Et je vous ferai juge entre Athalie et lui.

### ABNER.

Ah! je le prends déjà, seigneur, sous mon appui.
Ne craignez rien. Je cours vers celle qui m'envoie.

## SCÈNE III.

JOAD, JOSABETH, ZACHARIE, SALOMITH, ISMAEL,
DEUX LÉVITES, LE CHŒUR.

JOAD.

Grand Dieu! voici ton heure, on t'amène ta proie!
Ismaël, écoutez.
(Il lui parle à l'oreille.)

JOSABETH.

Puissant maître des cieux,
Remets-lui le bandeau dont tu couvris ses yeux
Lorsque, lui dérobant tout le fruit de son crime,
Tu cachas dans mon sein cette tendre victime!

JOAD.

Allez, sage Ismaël, ne perdez point de temps;
Suivez de point en point ces ordres importants;
Surtout qu'à son entrée, et que sur son passage
Tout d'un calme profond lui présente l'image.
Vous, enfants, préparez un trône pour Joas;
Qu'il s'avance suivi de nos sacrés soldats.
Faites venir aussi sa fidèle nourrice,
Princesse, et de vos pleurs que la source tarisse.

(A un lévite.)

Vous, dès que cette reine, ivre d'un fol orgueil,
De la porte du temple aura passé le seuil,
Qu'elle ne pourra plus retourner en arrière,
Prenez soin qu'à l'instant la trompette guerrière
Dans le camp ennemi jette un subit effroi:
Appelez tout le peuple au secours de son roi;
Et faites retentir jusques à son oreille
De Joas conservé l'étonnante merveille.
Il vient.

## SCÈNE IV.

### JOAD, JOSABETH, ZACHARIE, SALOMITH, JOAS, AZARIAS,
#### TROUPE DE PRÊTRES ET DE LÉVITES, LE CHŒUR.

JOAD continue.

Lévites saints, prêtres de notre Dieu,
Partout, sans vous montrer, environnez ce lieu;
Et, laissant à mes soins gouverner votre zèle,
Pour paraître attendez que ma voix vous appelle.

(Ils se cachent tous.)

Roi, je crois qu'à vos vœux cet espoir est permis,
Venez voir à vos pieds tomber vos ennemis.
Celle dont la fureur poursuivit votre enfance
Vers ces lieux à grands pas pour vous perdre s'avance;
Mais ne la craignez point : songez qu'autour de vous
L'ange exterminateur est debout avec nous.
Montez sur votre trône, et... Mais la porte s'ouvre :
Permettez un moment que ce voile vous couvre.

(Il tire un rideau.)

Vous changez de couleur, princesse!

JOSABETH.

Ah! sans pâlir,
Puis-je voir d'assassins le temple se remplir?
Quoi! ne voyez-vous pas quelle nombreuse escorte...

JOAD.

Je vois que du saint temple on referme la porte :
Tout est en sûreté.

## SCÈNE V.

JOAS, ATHALIE, JOAD, JOSABETH, ABNER,
SUITE D'ATHALIE.

(Joas est caché derrière le rideau.)

ATHALIE, à Joad.

Te voilà, séducteur,
De ligues, de complots, pernicieux auteur,
Qui dans le trouble seul a mis tes espérances,
Éternel ennemi des suprêmes puissances !
En l'appui de ton Dieu tu t'étais reposé :
De ton espoir frivole es-tu désabusé ?
Il laisse en mon pouvoir et ton temple et ta vie.
Je devrais sur l'autel où ta main sacrifie
Te... Mais du prix qu'on m'offre il faut me contenter.
Ce que tu m'as promis, songe à l'exécuter :
Cet enfant, ce trésor qu'il faut qu'on me remette,
Où sont-ils ?

JOAD.

Sur-le-champ tu seras satisfaite :
Je te les vais montrer l'un et l'autre à la fois.

Le rideau se tire. On voit Joas sur son trône ; sa nourrice est à genoux à sa droite ; Azarias, l'épée à la main, est debout à sa gauche ; et près de lui Zacharie et Salomith sont à genoux sur les degrés du trône ; plusieurs lévites, l'épée à la main, sont rangés sur les côtés.)

Paraissez, cher enfant, digne sang de nos rois.
Connais-tu l'héritier du plus saint des monarques,
Reine ? De ton poignard connais du moins ces marques.
Voilà ton roi, ton fils, le fils d'Ochozias.
Peuples, et vous, Abner, reconnaissez Joas.

ABNER.

Ciel !

ATHALIE, à Joad.

Perfide !

JOAD.

Vois-tu cette Juive fidèle
Dont tu sais bien qu'alors il suçait la mamelle?
Il fut par Josabeth à ta rage enlevé :
Ce temple le reçut, et Dieu l'a conservé.
Des trésors de David voilà ce qui me reste.

ATHALIE.

Ta fourbe, à cet enfant, traître, sera funeste.
D'un fantôme odieux, soldats, délivrez-moi !

JOAD.

Soldats du Dieu vivant, défendez votre roi !

(Ici le fond du théâtre s'ouvre : on voit le dedans du temple ; et les lévites armés entrent de tous côtés sur la scène.)

ATHALIE.

Où suis-je? ô trahison ! ô reine infortunée !
D'armes et d'ennemis je suis environnée !

JOAD.

Tes yeux cherchent en vain, tu ne peux échapper,
Et Dieu de toutes parts a su t'envelopper.
Ce Dieu que tu bravais en nos mains t'a livrée :
Rends-lui compte du sang dont tu t'es enivrée.

ATHALIE.

Quoi ! la peur a glacé mes indignes soldats !
Lâche Abner, dans quel piége as-tu conduit mes pas?

ABNER.

Reine, Dieu m'est témoin...

ATHALIE.

Laisse-là ton Dieu, traître,
Et venge-moi.

ABNER, se jetant aux pieds de Joas.

Sur qui? Sur Joas ! sur mon maître !

### ATHALIE.

Lui Joas ! lui ton roi ! Songez, méchants, songez
Que mes armes encor vous tiennent assiégés.
J'entends à haute voix tout mon camp qui m'appelle.
On vient à mon secours : tremblez, troupe rebelle !

## SCÈNE VI.

#### JOAS, ATHALIE, JOAD, ISMAEL, ET TOUS LES ACTEURS DE LA SCÈNE PRÉCÉDENTE.

### ISMAEL, à Joad.

Seigneur, le temple est libre, et n'a plus d'ennemis :
L'étranger est en fuite, et le Juif est soumis.
Comme le vent dans l'air dissipe la fumée,
La voix du Tout-Puissant a chassé cette armée.
Nos lévites, du haut de nos sacrés parvis,
D'Ochozias au peuple ont annoncé le fils,
Ont conté son enfance au glaive dérobée,
Et la fille d'Achab dans le piége tombée.
Partout en même temps la trompette a sonné :
Et ses sons et leurs cris dans son camp étonné
Ont répandu le trouble et la terreur subite
Dont Gédéon frappa le fier Madianite.
Les Tyriens, jetant armes et boucliers,
Ont, par divers chemins, disparu les premiers ;
Quelques Juifs éperdus ont aussi pris la fuite ;
Mais, de Dieu sur Joas admirant la conduite,
Le reste à haute voix s'est pour lui déclaré.
Enfin, d'un même esprit tout le peuple inspiré,
Femmes, vieillards, enfants, s'embrassant avec joie,
Bénissent le Seigneur et celui qu'il envoie.
Tous chantent de David le fils ressuscité.
Baal est en horreur dans la sainte cité ;

De son temple profane on a brisé les portes ;
Mathan est égorgé.

ATHALIE.

Dieu des Juifs, tu l'emportes !
Oui, c'est Joas ; je cherche en vain à me tromper :
Je reconnais l'endroit où je le fis frapper ;
Je vois d'Ochozias et le port et le geste ;
Tout me retrace enfin un sang que je déteste.
David, David triomphe ; Achab seul est détruit.
Impitoyable Dieu, toi seul as tout conduit !
C'est toi qui, me flattant d'une vengeance aisée,
M'a vingt fois en un jour à moi-même opposée :
Tantôt pour un enfant excitant mes remords,
Tantôt m'éblouissant de tes riches trésors
Que j'ai craint de livrer aux flammes, au pillage.
Qu'il règne donc ce fils, ton soin et ton ouvrage ;
Et que, pour signaler son empire nouveau,
On lui fasse en mon sein enfoncer le couteau !
Voici ce qu'en mourant lui souhaite sa mère :
Que dis-je, souhaiter ! Je me flatte, j'espère
Qu'indocile à ton joug, fatigué de ta loi,
Fidèle au sang d'Achab qu'il a reçu de moi,
Conforme à son aïeul, à son père semblable,
On verra de David l'héritier détestable
Abolir tes honneurs, profaner ton autel,
Et venger Athalie, Achab et Jézabel.

(Athalie sort, les lévites la suivent.)

JOAD.

Qu'à l'instant hors du temple elle soit emmenée,
Et que la sainteté n'en soit pas profanée.
Allez, sacrés vengeurs de vos princes meurtris,
De leur sang par sa mort faire cesser les cris.
Si quelque audacieux embrasse sa querelle,
Qu'à la fureur du glaive on le livre avec elle.

## SCÈNE VII.

JOAS, JOAD, JOSABETH, ABNER, ET TOUS LES ACTEURS DE LA
SCÈNE PRÉCÉDENTE.

JOAS, descendu de son trône.

Dieu, qui voyez mon trouble et mon affliction,
Détournez loin de moi sa malédiction,
Et ne souffrez jamais qu'elle soit accomplie :
Faites que Joas meure avant qu'il vous oublie.

JOAD, aux lévites.

Appelez tout le peuple, et montrons-lui son roi :
Qu'il lui vienne en ses mains renouveler sa foi.
Roi, prêtres, peuple, allons, pleins de reconnaissance,
De Jacob avec Dieu confirmer l'alliance,
Et, saintement confus de nos égarements,
Nous rengager à lui par de nouveaux serments.
Abner, auprès du roi reprenez votre place.

## SCÈNE VIII.

JOAS, JOAD, UN LÉVITE, ET TOUS LES ACTEURS DE LA
SCÈNE PRÉCÉDENTE.

JOAD, au lévite.

Eh bien ! de cette impie a-t-on puni l'audace?

LE LÉVITE.

Le fer a de sa vie expié les horreurs.
Jérusalem, longtemps en proie à ses fureurs,
De son joug odieux à la fin soulagée,
Avec joie en son sang la regarde plongée.

## ACTE V. SCÈNE VIII.

JOAD.

Par cette fin terrible, et due à ses forfaits,
Apprenez, roi des Juifs, et n'oubliez jamais
Que les rois dans le ciel ont un juge sévère,
L'innocence un vengeur, et l'orphelin un père [1].

FIN D'ATHALIE.

---

[1] Cette pièce est regardée avec raison comme le modèle le plus parfait de la tragédie. On est étonné de ce que son mérite a été reconnu si tard. On peut s'étonner aussi de ce qu'il a été enfin si généralement reconnu, que, quand nous parlons des défauts communs aux tragédies, nous exceptons toujours *Athalie*, et que les étrangers en parlent comme nous. Par où une pièce sans amour, sans intrigue, sans aucun de ces événements extraordinaires qu'un poëte invente pour jeter du merveilleux, intéresse-t-elle ignorants et connaisseurs, spectateurs de tout âge, si ce n'est par le vrai d'une imitation où se trouvent réunies toutes les perfections, celle du style, celle de la versification, celle des caractères, celle de la conduite? Cette conduite est si simple, que cette pièce est en poésie ce qu'est en peinture ce tableau de Raphaël qui n'offre que deux figures, un ange qui, sans colère et sans émotion, écrase le démon. (L. R.)

# PLAN DU PREMIER ACTE

# D'IPHIGÉNIE EN TAURIDE [1].

### SCÈNE I.

#### IPHIGÉNIE, UNE CAPTIVE GRECQUE.

Iphigénie vient avec une captive grecque, qui s'étonne de sa tristesse, et lui demande si elle est affligée de ce que la fête de Diane se passera sans qu'on immole aucun étranger.

« Tu peux croire, dit Iphigénie, si c'est là un sentiment » digne de la fille d'Agamemnon. Tu sais avec quelle répu- » gnance j'ai préparé les misérables que l'on a sacrifiés depuis » que je préside à ces cruelles cérémonies. Je me faisais une

---

[1] On ne peut révoquer en doute l'existence de ce plan, dont le manuscrit, tracé par la main même de l'auteur, fut déposé dans la Bibliothèque du roi, et publié par Louis Racine, en 1747, non pas, dit-il, comme un fragment curieux, mais comme un morceau propre à faire connaître de quelle manière Racine, quand il entreprenait une tragédie, disposait chaque acte en prose. Le poëte qui sut si heureusement adapter à notre scène le sujet d'*Iphigénie en Aulide* a dû concevoir le dessein de traiter aussi celui d'*Iphigénie en Tauride*; mais on déplore la triste nécessité que lui imposait le goût du siècle de mêler notre amour moderne à des sujets antiques qui s'y prêtent mal.

» joie de ce que la fortune n'avait amené aucun Grec pour
» cette journée, et je triomphais de la douleur commune
» qui est répandue dans cette île, où l'on compte pour un
» présage funeste de ce que nous manquons de victimes
» pour cette fête. Mais je ne puis résister à la secrète tris-
» tesse dont je suis occupée depuis le songe que j'ai fait
» cette nuit. J'ai cru que j'étais à Mycène, dans la maison
» de mon père : il m'a semblé que mon père et ma mère
» nageaient dans le sang, et que moi-même je tenais un
» poignard à la main pour en égorger mon frère Oreste.
» Hélas! mon cher Oreste!

LA CAPTIVE.

» Mais, madame, vous êtes trop éloignés l'un de l'autre
» pour craindre l'accomplissement de votre songe.

IPHIGÉNIE.

» Et ce n'est pas aussi ce que je crains; mais je crains
» avec raison qu'il n'y ait de grands malheurs dans ma fa-
» mille : les rois sont sujets à de grands changements. Ah!
» si je t'avais perdu, mon cher frère Oreste, sur qui seul
» j'ai fondé mes espérances! car enfin j'ai plus sujet de t'ai-
» mer que tout le reste de ma famille : tu ne fus point
» coupable de ce sacrifice où mon père m'avait condamnée
» dans l'Aulide; tu étais un enfant de dix ans. Tu as été
» élevé avec moi, et tu es le seul de toute la Grèce que je
» regrette tous les jours.

LA CAPTIVE.

» Mais, madame, quelle apparence qu'il sache l'état où
» vous êtes? Vous êtes dans une île détestée de tout le
» monde : si le hasard y amène quelque Grec, on le sacri-
» fie. Que ne renoncez-vous à la Grèce? Que ne répondez-
» vous à l'amour du prince?

IPHIGÉNIE.

» Eh! que me servirait de m'y attacher? Son père Thoas
» lui défend de m'aimer; il ne me parle qu'en tremblant:
» car ils ignorent tous deux ma naissance, et je n'ai garde

» de leur découvrir une chose qu'ils ne croiraient pas; car
» quelle apparence qu'une fille que les pirates ont enlevée
» dans le moment qu'on allait la sacrifier pour le salut de
» la Grèce fût la fille du général de la Grèce? Mais voici ce
» prince. »

## SCÈNE II.

#### LE FILS DE THOAS, IPHIGÉNIE, LA CAPTIVE GRECQUE.

#### IPHIGÉNIE.

« Qu'avez-vous, prince? D'où vient ce désordre et cette
» émotion?

#### LE FILS DE THOAS.

» Madame, je suis cause du plus grand malheur du monde.
» Vous savez combien j'ai détesté avec vous les sacrifices de
» cette île; je me réjouissais de ce que vous seriez aujour-
» d'hui dispensée de cette funeste occupation; et cependan
» je suis cause que vous avez deux Grecs à sacrifier.

#### IPHIGÉNIE.

» Comment, seigneur?

#### LE FILS DE THOAS.

» On m'est venu avertir que deux jeunes hommes étaient
» environnés d'une grande foule de peuple contre lequel ils
» se défendaient. J'ai couru sur le bord de la mer; je les ai
» trouvés à la porte du temple, qui vendaient chèrement leur
» vie, et qui ne songeaient chacun qu'à la défense l'un de
» l'autre. Leur courage m'a piqué de générosité. Je les ai
» défendus moi-même; j'ai désarmé le peuple : et ils se sont
» rendus à moi. Leurs habits les ont fait passer pour Grecs :
» ils l'ont avoué. J'ai frémi à cette parole; on les a amenés
» malgré moi à mon père : et vous pouvez juger quelle sera
» leur destinée. La joie est universelle, et on remercie les

» dieux d'une prise qui me met au désespoir. Mais enfin, ma-
» dame, ou je ne pourrai, ou je vous affranchirai bientôt de
» la malheureuse dignité qui vous engage à ces sacrifices.
» Mais voici le roi mon père. »

## SCÈNE III.

THOAS, LE FILS DE THOAS, IPHIGÉNIE, LA CAPTIVE GRECQUE.

#### THOAS.

« Quoi! madame, vous êtes encore ici! Ne devriez-vous
» pas être dans le temple pour remercier la déesse de ces
» deux victimes qu'elle nous a envoyées? Allez préparer
» tout pour le sacrifice, et vous reviendrez ensuite, afin
» qu'on vous remette entre les mains ces deux étrangers. »

Iphigénie sort.

## SCÈNE IV.

THOAS, LE FILS DE THOAS.

Le prince fait quelques efforts pour obtenir de son père la vie des deux Grecs, afin qu'il ne les ait pas sauvés inutilement. Le roi le maltraite, et lui dit que ce sont là les sentiments qui lui ont été inspirés par la jeune Grecque; il lui reproche la passion qu'il a pour une esclave.

#### LE FILS DE THOAS.

« Et qui vous dit, seigneur, que c'est une esclave?

#### THOAS.

» Et quelle autre qu'une esclave aurait été choisie par les
» Grecs pour être sacrifiée?

#### LE FILS DE THOAS.

» Quoi! ne vous souvient-il plus des habillements qu'elle
» avait lorsqu'on l'amena ici? Avez-vous oublié que les pi-

» rates l'enlevèrent dans le moment qu'elle allait recevoir le
» coup mortel? Nos peuples eurent plus de compassion pour
» elle que les Grecs n'en avaient eu; et au lieu de la sacri-
» fier à Diane, ils la choisirent pour présider elle-même à
» ses sacrifices. »

Le prince sort déplorant sa malheureuse générosité, qui a sauvé la vie à deux Grecs, pour la leur faire perdre plus cruellement.

### SCÈNE V.

#### THOAS, LE CONFIDENT.

##### THOAS.

Le roi témoigne à son confident qu'il se fait violence en maltraitant son fils.

« Mais quelle apparence de donner les mains à une pas-
» sion qui le déshonore? Allons, et demandons à la déesse,
» parmi nos prières, qu'elle donne à mon fils des sentiments
» plus dignes de lui. »

FIN DU PLAN DU PREMIER ACTE D'IPHIGÉNIE.

# TABLE DES MATIÈRES.

| | |
|---|---|
| Bérénice, tragédie | 1 |
| Bajazet, tragédie | 73 |
| Mithridate, tragédie | 153 |
| Iphigénie en Aulide, tragédie | 209 |
| Phèdre, tragédie | 304 |
| Esther, tragédie | 377 |
| Athalie, tragédie | 441 |
| Plan du premier acte d'Iphigénie en Tauride | 530 |

# LA BIBLIOTHÈQUE UNIVERSELLE DES FAMILLES

## SE COMPOSE DE 500 BEAUX VOLUMES

DES MEILLEURS OUVRAGES ANCIENS ET MODERNES.

Prix, par série, 2 francs le volume. — Séparément, 2 fr. 50 c.

Voici les Ouvrages compris dans la première Série, classés par ordre de matière :

### RELIGION.

| | |
|---|---|
| LES ÉVANGILES. | 1 |
| L'IMITATION DE JÉSUS-CHRIST. | 1 |
| LA VIE DE JÉSUS-CHRIST | 1 |
| BOSSUET. — Traité de la Connaissance de Dieu et de soi-même. — Traité du libre arbitre. — Oraisons funèbres. Élév. à Dieu sur les Myst. de la Relig. | 3 |
| BOURDALOUE. — Avent. — Carême. | 3 |
| FÉNELON. — Traité de l'Existence de Dieu. — Lettres sur divers sujets de métaphysique et de religion. | 1 |
| SAINT FRANÇOIS DE SALES. — Introduction à la vie dévote. | 1 |
| FLÉCHIER. — Oraisons funèbres. — Sermons. — Discours de piété. | 3 |
| MASSILLON. — Avent. — Carême. — Petit Carême. — Oraisons funèbres. | 3 |

### MORALE.

| | |
|---|---|
| LA ROCHEFOUCAULD. — Maximes | 1 |
| LA BRUYÈRE. — Caractères. | 1 |
| PASCAL. — Pensées | 1 |
| VAUVENARGUES. — Pensées | 1 |

### PHILOSOPHIE.

| | |
|---|---|
| DESCARTES. — Discours sur la Méthode. — Les Méditations. — Les Objections. — Réponses aux Objections. — Passions de l'Ame | 1 |
| MALEBRANCHE. — Recherche de la vérité. — Entretiens métaphysiques. — Méditations. — Traité de l'amour de Dieu. Entretiens d'un philosophe chrétien et d'un philosophe chinois | 2 |

### HISTOIRE.

| | |
|---|---|
| BOSSUET. — Discours sur l'Hist. univ. | 1 |
| FLÉCHIER. — Hist. de Théodose le Grand. | 1 |
| MONTESQUIEU. — Considérations sur les Causes de la grandeur et de la décadence des Romains. | 1 |
| RETZ (CARDINAL DE). — Mémoires | 2 |
| VOLTAIRE. — Siècle de Louis XIV. — Siècle de Louis XV. — Hist. de Charles XII | 4 |

### POÉSIE.

| | |
|---|---|
| BOILEAU. — Œuvres complètes. | 3 |
| CORNEILLE (PIERRE). — Œuvres complètes | 7 |
| CORNEILLE (THOMAS). — Œuvres. | 1 |

### POÉSIE.

| | |
|---|---|
| CHÉNIER (ANDRÉ). — Poésies | 1 |
| DELILLE. — L'Imagination. — Les Géorgiques. — Malheur et Piété. — Les Jardins. — l'Homme des champs. — Pièces diverses. | 4 |
| MALHERBE. — Œuvres. | 1 |
| MOLIÈRE. — Œuvres complètes. | 5 |
| RACINE (JEAN). — Œuvres complètes | 4 |
| RACINE (LOUIS). — Poëme de la Religion. — Poëme de la Grâce. — Odes sacrées. — Pièces diverses | 1 |
| REGNARD. — Œuvres choisies. | 1 |
| VOLTAIRE. — Théâtre choisi. — La Henriade. — Choix de poésies. | 4 |

### LITTÉRATURE.

| | |
|---|---|
| BERNARDIN DE SAINT-PIERRE. — Études de la nature | 2 |
| FÉNELON. — Éducation des Filles. — Dialogues sur l'Éloquence. — Opuscules littéraires. — Poésies | 1 |
| FONTENELLE — Entretiens sur la pluralité des mondes | 1 |
| Mme DE SÉVIGNÉ. — Œuvres complètes. | 8 |
| Mme DE STAEL. — l'Allemagne. — De la Littérature. | 3 |
| VOLTAIRE. — Choix de Correspondance. | 2 |

### ROMANS.

| | |
|---|---|
| BERNARDIN DE SAINT-PIERRE. — Paul et Virginie. — La Chaumière indienne. Le Café de Surate | 1 |
| FÉNELON. — Télémaque | 1 |
| Mme DE STAEL. — Corinne. — Delphine. | 2 |

### FABLES.

| | |
|---|---|
| LA FONTAINE. — Fables | 1 |
| FÉNELON. — Fables | 1 |
| FLORIAN. — Fables | 1 |

### VOYAGES.

| | |
|---|---|
| BARTHÉLEMY. — Voyage d'Anacharsis. | 3 |
| BERNARDIN DE SAINT-PIERRE. — Voyage à l'Ile de France | 1 |

### DROIT PUBLIC.

| | |
|---|---|
| MONTESQUIEU. — Esprit des lois. | 2 |
| D'AGUESSEAU. — Mercuriales. | 1 |

www.ingramcontent.com/pod-product-compliance
Lightning Source LLC
Chambersburg PA
CBHW070828230426
43667CB00011B/1717